文史哲研究丛刊

南宋理学家
编纂诗文选本研究

李　昇　著

上海古籍出版社

图书在版编目(CIP)数据

南宋理学家编纂诗文选本研究 / 李昇著. —上海：
上海古籍出版社，2021.3
ISBN 978 - 7 - 5325 - 9885 - 4

Ⅰ.①南… Ⅱ.①李… Ⅲ.①理学—研究—中国—南
宋 Ⅳ.①B244.05

中国版本图书馆 CIP 数据核字(2021)第 039593 号

文史哲研究丛刊

南宋理学家编纂诗文选本研究
李 昇 著

上海古籍出版社出版发行
(上海瑞金二路 272 号 邮政编码 200020)
(1) 网址：www.guji.com.cn
(2) E-mail：guji1@guji.com.cn
(3) 易文网网址：www.ewen.co
上海颛辉印刷厂有限公司印刷
开本 890×1240 1/32 印张 13.25 插页 2 字数 297,000
2021 年 3 月第 1 版 2021 年 3 月第 1 次印刷
ISBN 978 - 7 - 5325 - 9885 - 4
B·1196 定价：58.00 元
如有质量问题，请与承印公司联系

目　录

引　言

　　中国古代总集如果按编纂方式分,大致可分为"全的总集"与"选的总集",前者是总集相关文献,用四库馆臣的话来说就是"网罗放佚,使零章残什,并有所归"①,其编纂的方法在于"总";后者则是"删汰繁芜,使莠稗咸除,菁华毕出"②,其编纂方法为"选"。在"选的总集"中按文体又可分为诗歌选本、文章选本、诗文合选本及词选本等,这些选本包含着选家的文学批评思想,体现了中国古代文学批评的主要方式,历来颇受研究者重视。

　　在众多的古代选本中,南宋理学家编纂的诗文选本值得关注,因为理学家给人的印象是不重视文学的,然而实际上他们却热衷于编纂诗文选本。《四库全书总目》总集类便著录了楼昉《崇古文诀》、真德秀《文章正宗》、谢枋得《文章轨范》等南宋理学家所编古文选本。当然,《四库全书》所收南宋理学家所编诗文选本是不全的,还有一些选本没被收录,如南宋初期理学家林之奇编的《观澜文集》。总之,南宋理学家所编诗文选本有一定数量,且有较大的

---

① （清）永瑢等《四库全书总目》卷一百八十六,北京：中华书局,1965 年,第 1685 页。
② 同上。

研究价值,现举一例说明之:

　　《左传》、《国语》之文在萧统编《文选》时便以"孔父之书,与日月俱悬",(经书)"岂可重以芟夷,加之剪裁"和(史书)"虽传之简牍,而事异篇章,今之所集,亦所不取"①为由不予收录。之后的数百年间,竟无一选本收录《左传》、《国语》之文,萧统当年编订的选文标准俨然成了选本编纂的准则。然而,南宋理学的兴盛使得原有的文化思潮发生了改变,选文思想也随之而变,开风气之先的是南宋理学家林之奇,他编的《观澜文集》中便录有《左传》之文(乙集卷十一《吕相绝秦书》),同时也编录了《史记》中的文章(丙集卷十七《乐毅遗燕惠王书》),也就是说林之奇打破了从萧统至南宋前选本不选经书和史书的惯例。之后,真德秀《文章正宗》开始大量收录《左传》、《国语》之文,其中录《左传》之文三十九篇,录《国语》之文四篇,其他理学家编纂古文选本时也继承这一改变,汤汉的《妙绝古今》便编选了《左传》之文,从而形成了南宋理学家所编古文选本的一个共同特征,并影响到明代理学家编纂的古文选本,如明代理学家唐顺之的《文编》便收录了《左传》、《国语》、《战国策》和《汉书》之文。

　　这说明,理学家编纂的诗文选本存在一种内在的编纂理路,是中国古代总集中自成体系的一类选本,值得深入探究。不过以往学者对南宋理学家编纂的诗文选本评价不高,比如马积高先生在《宋明理学与文学》一书中说:"南宋末年理学家真德秀选《文章正宗》,大量的优秀诗文因不合理学的标准被黜落。"②真实情况并非

---

①　(梁)萧统《文选序》,《四部丛刊》景明本《梁昭明太子文集》卷四,第40—41叶。

②　马积高《宋明理学与文学·前言》,长沙:湖南师范大学出版社,1989年,第3页。

如此,《文章正宗》实际上也选录了不少优秀的诗文作品,比如真德秀大量地选录了杜诗,其中有不少是我们今天耳熟能详的"诗史"之作,而当时南宋非理学家编的诗文选本虽选有杜诗但却未选杜诗中的"诗史"之作。这说明理学家编的诗文选本的价值并没有得到很好的挖掘,人们对南宋理学家所编诗文选本影响的认识自然也是不充分的,故而留下了较宽广且值得开垦的研究领域。本书便围绕南宋理学家所编诗文选本进行研究,以下详述研究对象的选取、研究术语的选用和本书内容架构。

一、研究对象的选取

本书主要研究南宋理学家编纂的诗文选本,哪些南宋理学家是本书的研究对象呢? 这是首先需要解决的一个问题。然而,中国哲学界对于理学家的划分本身就存在分歧,大家对于宋明理学家的核心代表人物都很清楚,如二程、朱熹、陆九渊、王守仁等,但对于其他哪些宋明之人算是理学家则众说纷纭,如王安石,他属于新学,但从现代学术界划分宋明理学体系为气学(张载为代表)、数学(邵雍为代表)、理学(程颐、朱熹为代表)和心学(陆九渊、王守仁为代表)来看,则王安石肯定不属于理学家范畴。不过学界有人将其归为道学一支,例如徐洪兴在《道学思潮》中将王安石的新学归入道学思潮的高涨阶段,并将王安石的新学与周敦颐的"濂学"、邵雍的"象数学"、张载的"关学"和二程的"洛学"并列,即将王安石与开创道学的"北宋五子"相提并论,他的这一划分是基于这样的认识:"即当时形成的诸学派都提出了各自的学说,以回应时代思潮所提出的任务。只是道学思潮发展的历史逐步走向狭窄化和正统化,最终选择了程朱学派的思想学说作为其代表、作为思潮后期定型的思想。"①如此则新学亦属于道学,王安石自然也可被称为道学家,而道学又是理学的另一种称谓,则王安石也可算作是理学家了,但当前学界又似乎普遍不将王安石视为理学家,至少在侯外庐、邱汉生、张岂之主编的《宋明理学史》、陈来的《宋明理学》以及其他的宋明理学研究专著中是这样。可见,"理学家"是一个中心明确而外围模糊的概念,当前学界对外围之人中哪些人属于理学家没有统一的看法,故不容易阐述,但本书又必须对南宋理学家的范围进行一个界定,这样才能有针对性地进行研究,所以本书打算以宋明理学研究专著为依据、以黄宗羲的《宋元学案》中提到的师承关系为线索来划分研究对象,之所以这样做是基于以下两点认知。

其一,《宋史·道学传》不能作为判断某人是否为理学家的唯一标准。

《宋史·道学传》共有 23 位传主,这些人自然都可以被称为理学家,但正如日本学者土田健次郎在《道学之形成》中所言:"一般提到'道学',总会令人想起如《宋史·道学传》所收录的那些儒者,但这样的选择出自元人的见解,并且是非常片面的见解。例如邵伯温、吕祖谦、蔡元定、蔡沈、胡安国父子、真德秀、魏了翁等理所应当进入《道学传》的人物,却都被安置在《儒林传》。"②也就是说,《宋史·道学传》的撰者所理解的"道学"在今天看来是较为偏狭的,原因在于其主要以朱熹《伊洛渊源录》提到的"洛学"人物为道

①　徐洪兴《道学思潮》,上海:上海社会科学院出版社,2006 年,第 22 页。
②　[日]土田健次郎著,朱刚译《道学之形成》,上海:上海古籍出版社,2010 年,第 13 页。

学正宗,不及宋代其他理学派别,这已是中外学术界的共识,如陈来先生在《宋明理学》中说:"道学是理学起源时期的名称,在整个宋代它是理学主流派的特称,不足以囊括理学的全部……道学在当时是以张载程颐学说为主、注重正心诚意等修养的学术派别。后来之人作《宋史》,特立《道学传》一门,以周敦颐、程颢、程颐、张载、朱熹为主,其着眼也在程朱派。"①土田健次郎在《道学之形成》中也说:"程颐在'关于真正的道的学问'的意义上作为普通名词使用的'道学'一词,此后逐渐成为专指一个学派的固有名词。这样,'道学'就专指程子学派了。这程子学派,意谓将二程尊为'程子',以继承其学问为己任的学派。"②可见,以《宋史·道学传》作为判断某人是否为理学家的标准不具有普遍适用性。

其二,以《宋元学案》、《明儒学案》为代表的学术史著作具有理学史的性质。

自朱熹《伊洛渊源录》始,真正意义上的学术史著作才开始出现,而明至清初的学术史著作基本上都具有理学史的性质,如明代周汝登的《圣学宗传》,仿《伊洛渊源录》体例,以学案体的形式将朱陆之学的源头上溯到伏羲、神农、黄帝时期,下至王学诸子,形成了一个完整的朱陆理学发展史。清初则出现了孙奇逢的《理学宗传》,黄宗羲的《明儒学案》、《宋元学案》,万斯同的《儒林宗派》等学案体学术史著作,主要是考证理学各学派的学统源流及理学家的师承关系,亦具有鲜明的理学史性质,而其中又以黄宗羲的《明儒学案》为优,黄宗羲本人对该书的价值亦颇为自负,其《明儒学案·

① 陈来《宋明理学》,上海:华东师范大学出版社,2004年,第7—8页。
② [日]土田健次郎著,朱刚译《道学之形成》,上海:上海古籍出版社,2010年,第15页。

发凡》开头就将《明儒学案》与《圣学宗传》、《理学宗传》做了一个比较,他说:

> 从来理学之书,前有周海门《圣学宗传》,近有孙钟元《理学宗传》……而海门主张禅学……钟元杂收,不复甄别……学者观羲是书,而后知两家之疏略。①

学界对此书也较为推崇,《宋明理学史》便这样评价它:"从资料收集的完备、编纂体例的严谨和论述的精当等方面来看,《明儒学案》均超过前此的学术史著作。从这个意义上说,《明儒学案》堪称为我国第一部内容宏富、体例严谨、观点鲜明的明代学术史专著。由于它是以理学的发展、演变为主线来编纂的,因此,实际上是一部明代理学史专著。"②如此则该书中所涉及的明代学者都可被称为理学家了。

不过,《宋元学案》因为经过全祖望的增补,许多非理学家也被其归入了学案,如他增补范仲淹入《高平学案》、欧阳修入《庐陵学案》,即使是王安石的新学、苏门父子的蜀学这类被称为理学之外的"杂学"派别也分别被全祖望增补为《荆公新学略》和《苏氏蜀学略》,所以《宋元学案》中提到的人不能全部都被视为理学家,要有所区分。

目前,专门研究宋明理学的专著除了上文提到的侯外庐、邱汉生、张岂之主编的《宋明理学史》和陈来的《宋明理学》外,还有钱穆

---

① (明)黄宗羲著,沈芝盈点校《明儒学案》,北京:中华书局,1985年,第17页。

② 侯外庐、邱汉生、张岂之主编《宋明理学史》,北京:人民出版社,1987年,下册,第821页。

先生的《宋明理学概述》、《宋代理学》，这些书都对理学的重要范畴和概念命题进行了阐述，以这类书中提到的理学家为基点，结合《宋元学案》中考证出的师承关系来判定谁属于南宋理学家应该是符合学界对理学家的认定心理的，同时也获得了一个大体合理的历史坐标，在这些南宋理学家之中编有选本的有以下几位：

1. 林之奇（1112—1176）

字少颖。黄宗羲原本《宋元学案》将吕本中归为《紫微学案》（《宋元学案》卷三十六），则黄宗羲亦将吕本中之学视为理学一学派，而林之奇为吕本中门人，又为理学家吕祖谦的老师，则林之奇亦应归为理学家。编有诗文选本《观澜文集》，今存。

2. 韩元吉（1118—1187）

字无咎。入《和靖学案》（《宋元学案》卷二十七），尹焞门人。尹焞，程颐门人，全祖望说尹焞"于洛学最为晚出，而守其师说最醇"[1]，则韩元吉为程颐再传，应视为理学家。编纂有诗歌选本《极目亭诗集》，今佚。

3. 吕祖谦（1137—1181）

字伯恭。黄宗羲原本《宋元学案》就已将其立为《东莱学案》（《宋元学案》卷五十一），《宋明理学史》设专章讲述其理学思想及其后学，为公认的宋代理学家。编纂有选本《宋文鉴》、《古文关键》等，今存。

4. 楼昉（生卒年不详）

字旸叔。黄宗羲原本《宋元学案》将其归入《丽泽诸儒学案》

---

① （明）黄宗羲原著，（清）全祖望补修，陈金生、梁运华点校《宋元学案》，北京：中华书局，1986年，第2册，第1001页。

（《宋元学案》卷七十三），为理学家吕祖谦门人，其应视为理学家。
编有文章选本《东汉诏令》、《迂斋古文标注》、《崇古文诀》，今存。

5. 赵蕃（1143—1229）

字昌父，学者称为章泉先生。全祖望特立《清江学案》，云：
"朱、张、吕三先生讲学时，最同调者，清江刘氏兄弟也。"①则刘靖
之、刘清之亦可归为理学家。赵蕃为刘清之门人，入《清江学案》
（《宋元学案》卷五十九），又为朱熹门人（见《晦翁学案下·晦翁门
人》，《宋元学案》卷四十九），故赵蕃也应被视为理学家。与韩淲合
编《章泉涧泉二先生选唐人绝句》，今存。

6. 叶适（1150—1223）

字正则。入黄宗羲原本《水心学案》（《宋元学案》卷五十四、五
十五），为永嘉事功派代表人物，为公认的宋代理学家。编有文章
选本《播芳集》等，今佚。

7. 李壁（1159—1222）

字季章。入黄宗羲原本《岳麓诸儒学案》（《宋元学案》卷七十
一）。编有文章选本《中兴诸臣奏议》，今佚。

8. 韩淲（1159—1224）

字仲止。亦入《清江学案》，刘清之门人，韩元吉之子，也应被
视为理学家。与赵蕃合编《章泉涧泉二先生选唐人绝句》，今存。

9. 真德秀（1178—1235）

字景元。入黄宗羲原本《西山真氏学案》（《宋元学案》卷八十
一），朱熹再传，为公认的宋代理学家。编有诗文选本《文章正宗》、

---

① （明）黄宗羲原著，（清）全祖望补修，陈金生、梁运华点校《宋元学案》，北京：
中华书局，1986 年，第 3 册，第 1938 页。

《续文章正宗》，今存。

10. **赵汝谈**(？—1237)

字履常。入《沧州诸儒学案上》(《宋元学案》卷六十九)，朱熹门人，应视为理学家。编有唱和诗集《萧秋诗集》，今佚。

11. **刘克庄**(1187—1269)

字潜夫。入黄宗羲原本《艾轩学案》(《宋元学案》卷四十七)，刘克庄秉承家学，其家学源自林光朝，刘克庄又为理学家真德秀门人，故可视其为理学家。编有《唐五七言绝句》、《本朝五七言绝句》等，今佚。

12. **汤汉**(1202—1272)

字伯纪。入全祖望补本《存斋晦静息庵学案》(《宋元学案》卷八十四)，汤汉对真德秀以门人自称，且从汤巾主陆学，可视为理学家。编有文章选本《妙绝古今》，今存。

13. **谢枋得**(1226—1289)

字君直。入全祖望补本《存斋晦静息庵学案》(《宋元学案》卷八十四)，师承关系：汤巾—徐霖—谢枋得，汤巾主陆学，故谢枋得应被视为理学家。编有文章选本《文章轨范》，今存。

14. **魏天应**(生卒年不详)

号梅墅。入《宋元学案》卷八十四《存斋晦静息庵学案》，为谢枋得门人。编有《论学绳尺》十卷，今存。

这些尚存的十余种选本是本书的重点研究对象。

二、研究术语的选用

中国古代"总集"是集部中的一大类，数量甚夥，历来受到研究

者的重视,但人们在使用该名称时往往出现"总集"与"选本"混用
的现象,以《四库全书总目》中真德秀《文章正宗》的提要为例,
其云:

> 是集分辞令、议论、叙事、诗歌四类,录《左传》、《国语》以
> 下,至于唐末之作。(按总集之选录《左传》、《国语》自是编始,
> 遂为后来坊刻古文之例。)①

四库馆臣按语"总集之选录《左传》、《国语》自是编始"中,"是编"指
《文章正宗》,很明显,该书被四库馆臣视为"总集",然而四库馆臣
在楼昉《崇古文诀》的提要中对《文章正宗》却又有另外一种称谓,
其云:

> 宋人多讲古文,而当时选本存于今者,不过三四家。真德
> 秀《文章正宗》以理为主……持论不为不正,而其说终不能行
> 于天下,世所传诵,惟吕祖谦《古文关键》,谢枋得《文章轨范》
> 及昉此书而已。②

这里四库馆臣又将《文章正宗》称为"选本"。类似的例子还有清代
纪容舒的《玉台新咏考异》,纪容舒在该书序言中说:"六朝总集之
存于今者,《文选》及《玉台新咏》耳。"而他在徐干《室思》的按语中
又说:"今按伟长本集不传其诗,《昭明》亦不录,见于选本者,惟《玉

---

① (清)永瑢等《四库全书总目》卷一百八十七,北京:中华书局,1965 年,第
1699 页。
② 同上。

台新咏》为最古。"(《玉台新咏考异》卷一)如果说《四库全书总目》
非出一人之手,出现名词运用不统一的现象在所难免,那么纪容舒
在一本书中用"总集"与"选本"并称同一本书《玉台新咏》的现象就
需要引起研究者的注意了,因为这种将"总集"与"选本"并用的现
象在当前学术界中很常见,出现这种情况似乎是因为使用者对二
词的概念和使用范围不明确,所以笔者以为还是有必要对"总集"
与"选本"进行语义辨析。

其实,对"总集"与"选本"的区别进行阐释的工作早有人做过,
王运熙先生便写有《总集与选本》一文,对"总集"与"选本"有一概
括性的介绍:

> 总集与选本二者,是既有区别又有交叉的两个名词。中
> 国古代文集一般分为总集、别集两大类,总集是包含多人(至
> 少不止一人)的集子,别集则是一个人的。选本(即选集)是选
> 录作品的集子,总集中既有全集(如《全唐诗》),也有选本(如
> 《唐诗三百首》)。别集也是如此,如《剑南诗稿》是陆游诗歌的
> 全集,而《剑南诗钞》则是其选本。总集与别集中都包括选本,
> 因而目录书中就不另立选本一类。①

王运熙先生以简短的语言深入浅出地说明了总集与选本的关系,
即总集包括选本,同时,选本也是别集中的一类,则称"选本"者亦
可称为"总集"或是"别集",而称"总集"或"别集"者却不一定能称
为"选本",但是仅凭如此还是无法准确判断一个文集到底是该称

---

① 　王运熙《总集与选本》,《古典文学知识》2004 年第 5 期,第 75 页。

"总集"还是"选本",而且古今之人似乎也没有用"选本"一词称呼别集中选集的习惯。为了解决这个问题,笔者以为还是得从语言学的角度探源"总集"与"选本"的原意及引申义,这样才能深入了解二者的含义、区别及使用范围。

(一)"总集"原义探源及发展流变

"总集"一词最早的出处大约是汉张平子《东京赋》:"总集瑞命,备致嘉祥。"三国吴薛综注:"总,会也;集,聚也。"①则"总集"最初之本义是"会聚",乃动词词性,当时使用"总集"一词的语料还有汉任彦升《为范尚书让吏部封侯第一表》:"狱讼讴歌,示同民志。而隆器大名,一朝总集,顾已及躬,何以臻此?"唐吕延济注:"'总集'谓集于身,言见任用也,躬身臻至也。"②之后,人们使用该词时仍然主要是用它的本义,如北齐魏收在《郑羲列传》所附《郑道昭传》中云:

> 从征沔汉,高祖飨侍臣于悬瓠方丈竹堂,道昭与兄懿俱侍坐焉。乐作酒酣,高祖乃歌曰:"白日光天无不曜,江左一隅独未照。"彭城王勰续歌曰……邢峦歌曰……高祖谓道昭曰:"自比迁务虽猥,与诸才俊不废咏缀。"遂命邢峦总集叙记。③

邢峦"总集"的是高祖与诸才俊的唱和之作,这里"总集"一词明显

---

①　(梁)萧统编,(唐)李善注《文选》,北京:中华书局,1977年,第64页。

②　(梁)萧统编,(唐)李善等注《六臣注文选》,北京:中华书局,1987年,第715页。

③　(北齐)魏收《魏书》卷五十六,北京:中华书局,1974年,第1240页。

是动词词性,表会聚之义。由于"总集"一词词性、意义明了,人们也将其运用于儒家经典的解释之中,如《诗经·陈风·东门之枌》:"谷旦于逝,越以鬷迈。"毛亨传曰:"逝,往。鬷,数。迈,行也。"汉郑玄笺:"鬷,总也,朝旦善明,曰往矣,谓之所会处也。于是以总行,欲男女合行。"唐孔颖达疏曰:"《商颂》称'鬷假无言',为总集之意,则此亦当然,故以'鬷'为'总',谓男女总集而合行也。"①这样的例子还有很多,不一一列举了。总之,古代"总集"的本义是会聚,动词词性,古人在使用该词时也是常用其本义及原本的动词词性。

　　然而,我们今天所讨论的"总集"却是名词词性,是目录学中的专有名称,专指汇集多人作品而成的诗文集这样的一类书,这是由"总集"一词的本义发展而来的引申义,词性也由原先的动词变化成名词。这种变化的产生最早可追溯到梁阮孝绪《七录》,此书虽已佚,但唐释道宣《广弘明集》卷三记载了《七录》目录,其中"文集录"分楚辞部、别集部、总集部和杂文部,"总集"一词作为目录学中一类书的名称由此而产生。

　　最早对目录学中"总集"一词进行概念界定的文献,是学者经常称引的《隋书·经籍志》(以下简称《隋志》)卷四集部总集类后序,其云:

　　　　总集者,以建安之后,辞赋转繁,众家之集,日以滋广,晋代挚虞,苦览者之劳倦,于是采摘孔翠,芟剪繁芜,自诗赋下,

---

　　①　(汉)毛亨传,(汉)郑玄笺,(唐)孔颖达疏《毛诗正义》卷十二,北京:中华书局,1957年,第611页。

各为条贯,合而编之,谓为《流别》。是后文集总抄,作者继轨,
属辞之士,以为覃奥,而取则焉。今次其前后,并解释评论,总
于此篇。①

从中可知"总集"之"总"字是总抄之意,"集"字既有文集之义(众家
之集),又有聚合之义,"总集"的特点首先是"采摘孔翠,芟剪繁
芜",即筛选"众家之集";其次是"各为条贯",即将筛选过的文集按
文体进行分类;最后便是将整理后的文集聚合总抄,以上便是《隋
志》中"总集"概念的要点,这与我们今天所说的"选本"是同一概
念。但是,《隋志》总集类所录之书有名不符实的现象,如其中录有
文论专著《文心雕龙》,有单篇之赋后汉傅毅之的《神雀赋》,有一人
之诗《江淹拟古》,这其实是《隋志》将《七录》"文集录"中的杂文部
之书并入到总集部造成的。

从隋唐至清代,"总集"在不断地发展,《隋志》所总结的"总集"
语义内涵已不能概括总集发展的新特点,所以《四库全书总目》对
"总集"有了新的阐释:

文籍日兴,散无统纪,于是总集作焉。一则网罗放佚,使
零章残什,并有所归;一则删汰繁芜,使莠稗咸除,菁华毕出。
是固文章之衡鉴,著作之渊薮矣。②

---

① (唐)长孙无忌《隋书·经籍志》,《丛书集成初编》,北京:中华书局,1985 年,
第 126 页。
② (清)永瑢等《四库全书总目》卷一百八十六,北京:中华书局,1965 年,第
1685 页。

"删汰繁芜"是"总集"形成时期的特点之一,如同《隋志》所说的"采摘孔翠,芟剪繁芜",至于"网罗放佚,使零章残什,并有所归"则是四库馆臣对总集后来发展所形成的新特点所作的新概括,这一类总集的编纂方法就是会聚"零章残什"的文献,其与"总集"一词原本之意"会聚"相较倒是显得名副其实了。

不难看出,"总集"一词的使用道出两途,一者沿着"会聚"的原本之义在古人日常生活中广泛出现,另者则是在目录学中充当一类书的专有名词,而作为目录学中的"总集"又包括"删汰繁芜"和"著作之渊薮"两类。但是,即便如此,古人在称《文章流别集》、《文选》一类的总集时却有专门的名词称谓,我们翻阅相关文献便能很容易地发现,他们基本上是用"选本"一词。

(二)"选本"一词的由来及本义

古人常用"选本"一词单独称呼《文章流别集》、《文选》一类的书,未见用"总集"直接称呼的,古人使用"总集"一词通常如上文所言是用其原意"会聚",这从相关文献中可以得到有力的印证,下面将部分此类文献以时代先后排列如下:

> 余自幼喜读唐诗,每慨叹不得诸君子之全诗,及观诸家选本载盛唐诗者,独《河岳英灵集》。(元杨士弘《唐音原序》)
>
> 及观诸家选本载盛唐诗者,唯殷璠《河岳英灵集》,独多古调。(明高棅《唐诗品汇·叙目·五言古诗十七》)
>
> 顾选本虽多,精确者少。梁昭明太子《文选》,虽称奇书,而专骛词华;真西山先生《文章正宗》,趋向正矣……(清魏裔介《古文欣赏集序》,《兼济堂文集》卷三)

　　近日坊间所鬻者,不过《古文必读》、《名世文宗》、《文章轨范》、《攀龙集》等,然选本虽多,瑕瑜兼收……(清魏裔介《古文分体大观序》,《兼济堂文集》卷三)

　　自《三百篇》降及汉魏六朝,体制递增,至唐而大备,故言诗者,以唐为法,其时选本,如《河岳英灵》、《中兴间气》、《御览》、《才调》诸集……(康熙《御选唐诗序》)

　　《明正音》七卷,海盐李(景孟)宗浩选本。(清朱彝尊《梅庵李氏明正音跋》,《曝书亭集》卷五十二)

　　然臣观自古之有选本,始于西晋挚虞《文章流别》一集,自后作者继轨于今。(清徐乾学《御选古文渊鉴后序》,清陈廷敬等编《皇清文颖》卷十五)①

这些语料清楚地告诉我们,古人称《文章流别集》、《文选》、《玉台新咏》、《河岳英灵集》、《中兴间气集》、《文章正宗》、《文章轨范》、《明正音》等这些我们今人都很熟知的诗文总集为"选本",而且就笔者所见到的语料来看,未见古人用"总集"一词单独称呼以上"选本"的。不仅如此,古人称某一部词总集时亦是称其为"选本",如清朱彝尊《书〈绝妙好词〉后》:"周公谨《绝妙好词》选本,虽未全醇,然中多俊语。"(《曝书亭集》卷四十三)清朱彝尊《词综·发凡》云:"古词选本,若《家宴集》、《谪仙集》、《兰畹集》、《复雅歌辞》……"清王奕清等在《御定词谱》卷五朱淑真《采桑子》(王孙去后无芳草)的按语中云:"此词见《花草粹编》选本,皆集唐宋女郎诗句也。"可见,古人在单独称呼某一部总集时是用"选本"一词,那么该词的本义是什

_____

　　①　以上均为文渊阁《四库全书》本。

么呢？

　　欲知"选本"的本义需先弄清楚该词的由来，笔者发现，"选本"一词的产生与宋代文人将《文选》作为校勘底本有关。宋人读书喜校书，《文选》是齐梁之前"著作之渊薮"，所以往往成为宋人校勘的底本，如宋代欧阳修在《唐颜真卿书东方朔画赞》中云：

　　　　右《东方朔画赞》，晋夏侯湛撰，唐颜真卿书。《赞》在《文选》中，今较《选》本，二字不同，而义无异也。《选》本曰"弃俗登仙"，而此云"弃世"，《选》本曰"神交造化"，而此云"神友"。①

此乃欧阳修将所录石刻之文《东方朔画赞》与《文选》中同篇之文进行对校，文中《选》本之《选》自然指《文选》，"本"字是校勘的底本之意，同类的例子还有宋王霆震《古文集成》卷七十五《对楚王问》"和者不过数十人"，其案语云"《选》本有'而已'二字"，这明显是将《文选》作为一种校勘的底本看待的。由于古代文献没有标点符号，"选本"一词大约从宋代便流传开来，从元代开始便广泛用来称呼《文选》一类的总集了，"选本"一词也由原先专指《文选》本"的专属名词变成普通名词了。

　　那么作为普通名词的"选本"，其语义又是什么呢？古人对该词没有作过解释，但从语源学的角度来看，既然"选本"是从"《选》本"一词演变而来，那么彼此在意思上是有关联的，通过对"《选》本"一词意思的探究可知"选本"一词的本义。《文选》之"选"字，从

---

　　① （北宋）欧阳修著，李逸安点校《欧阳修全集》，北京：中华书局，2001年，第5册，第2234页。

汉许慎著《说文解字》始便是一个常用字,《尔雅》中还以"选"字释"髦"(《尔雅注疏》卷三),其意思就是选拔、选择,这与梁萧统在《文选序》中说其编纂方法是"略其芜秽,集其清英"的意思相近,故"选本"之"选"字的意思就是指编纂方法上有所选择。至于"《选》本"之"本"字,上文已指出是校勘的底本之义。只不过,在版本学中,"本"字的本义除了是"底本"外,还有"书本"之义,清人叶德辉《书林清话》卷一《书之称本》中对此有所阐述,如果仅以上文所举"《选》本"的两个例子来看,"本"字确为"底本"之义,但如果以其他语料来看,"《选》本"之"本"字又有"书本"之义,如宋姚宽《西溪丛语》卷上云:"宋玉是夜梦见神女,寤而白王(楚襄王),王令玉言其状,使为《神女赋》,后人遂云襄王梦神女,非也。……今《文选》本'玉'、'王'字差误。"元刘履在《风雅翼》卷四中给陆士龙《为顾彦先赠妇》作的按语中说:"《文选》本有二篇皆妇答之词。"又如清朱彝尊《书玉台新咏后》中云:"《昭明文选》……入选之文,不无伪制,所录《古诗十九首》,以徐陵《玉台新咏》勘之……就《文选》本第十五首而论……"(《曝书亭集》卷五十二)可见"《选》本"之"本"字有两个意思,而之后出现的"选本"一词的"本"字根据上文所举的数个语料可知是"书本"之意。综合以上的分析,"选本"一词的本义就是在编纂方法上是"略其芜秽,集其清英"的选文之书,这与目录学上的"总集"一词的意思明显不同,故称《玉台新咏》、《文章正宗》一类书时既称其为"总集",又称其为"选本",这显然是不合理的,我们应该按照语义的不同加以区分使用,不能将二者混同使用。

(三)"选本"与"选集"的区别

知道了"选本"的本义之后,就不得不辨析一下"选本"与"选

集"的区别。在上文引述王运熙先生的文章中,王先生说"选本即
选集",当前学者也是将"选本"与"选集"并称,俨然二词就是同一
个概念,但即使翻阅《现代汉语词典》也能发现二词不是同一个意
思,《现代汉语词典》中对"选本"的解释是:"从一人的或若干人的
著作中选出部分篇章编辑成的书。"而"选集"的意思是:"选录一个
人或若干人的著作而成的集子。"前者是从著作中选录篇章,后者
则是直接选录著作,显然二词在现代汉语中不是同一个意思,不仅
如此,在古代,二词也不是同一个概念。

　　"选集"的本义是集中选拔为官,动词词性,如宋王应麟《玉海》
卷一百一十七中云:"至道二年四月,定任子出官制。先是五品以上
子孙,每覃庆中书皆授摄官,未几即补正员,上以其太滥,诏:'任选取
子,止赐同学究出身,依例赴选集。'"这里"选"是选取、选举之意,
"集"是集中之意,《尔雅注疏》卷三中便云:"集,会也。"宋邢昺疏曰:
"《说文》云'集,若群鸟在林木之上',故曰'集'指事也。故经典通
谓'聚会'为'集'。"①之后,"选集"的意思逐渐演变成选取会聚之
意,既可作动词又可作名词使用,如明游居敬《欧苏选集序》云:

　　　　予因选集二家之文而僭为之说如此,以俟知言者,倘有所
　　取云。(黄宗羲《明文海》卷二百五十二)

书名《欧苏选集》中的"选集"一词是名词词性,而"选集二家之文"
中的"选集"是动词,可见"选集"作为动词其本义已发生变化,变成

----

　　① (晋)郭璞注,(北宋)邢昺疏《尔雅注疏》卷三,北京:中华书局,1957年,第
96页。

选取会聚之意,同类的例子还有明黄佐的《岩居稿序》,其中云:

> 谢方石选集伊洛遗音,而谓近世道学诗为识者所姗笑,殊
> 不知程朱佳什正合唐人也,可谓知言矣。(黄宗羲《明文海》卷
> 二百三十八)

不过,"选集"在古代作为名词使用时,主要出现于书名之中,如南宋陆游《跋唐御览诗》中云:"本《御览》,一名《唐新诗》,一名《选集》,一名《元和御览》。"(《渭南文集》卷二十六)明陈柏撰《苏山集》二十卷,黄谦在此书基础上著成《苏山选集》七卷(《钦定续通志》卷一百六十二)。清顾图河著有《雄雉斋选集》。"选集"作为书名使用,其意思如同其动词词性时的意思,即选取会聚,这与"总集"一词作为书名使用时的情况是一样的,如宋孔延之的《会稽掇英总集》,然而书名中使用"总集"也好,"选集"也罢,只是为了标明该书的编纂方式,即是按"网罗放佚,使零章残什,并有所归"的方式编纂呢,还是以"删汰繁芜,使莠稗咸除,菁华毕出"的目的编纂,这与"选本"作为一类书的名称相比,明显不属于同一范畴的词语,所以"选集"与"选本"不属于同一个语义范畴,二者在古代的使用范围显然也是不同的,而且从现有的语料来看,也从未见古人以"选集"称谓《文选》、《玉台新咏》、《河岳英灵集》、《中兴间气集》等选本的现象,所以说"选本即选集"是不对的。

通过以上的分析,我们可以说"总集"是目录学上的概念,而"选本"是版本学上的概念,二者不属于同一个语义范畴,彼此之间不能相互替换。同时,二者的使用范围也因语义范畴的不同而明晰可见,如果从目录学上总称《文选》类的文集,则应用"总

集"一词；如果是单独称谓某一部具体总集，则要视具体情况而定，假如该总集的编纂目的只是搜集散佚的文献以成"著作之渊薮"，没有以"删汰繁芜，使莠稗咸除，菁华毕出"为目的，则称其为"选本"显然不合适，应还是称其为"总集"为宜，从"总集"一词的本义来看，这样称谓也是名副其实的，除此类总集之外，其他总集应称为"选本"。

这个总结应该是符合古人使用二词的实际情况的，以本书开头引述《四库全书总目》和纪容舒的材料为例，"总集之选录《左传》、《国语》自是编始"，其"总集"一词是总称《文章正宗》一类的选本的，四库馆臣在这里是从目录学的角度用该词作总称谓的，没有用错，而当四库馆臣在单独称呼《文章正宗》时使用的就是"选本"一词。同样的，纪容舒在统称《文选》及《玉台新咏》时用的是"六朝总集"这样的称谓，而单独称《玉台新咏》时用的就是"选本"一词，所以古人在使用"总集"与"选本"时，其使用范围是分得很清楚的。

我们今人既然是研究古代的文献，则在使用概念时还是要以古为尚，不能一律使用"总集"一词，如果不深入辨析"总集"与"选本"二词之别又忽视古人的习惯用法，又或被古代文献错综复杂的名词运用现象所蒙蔽，产生二词混用的状况，则只会妨碍古代总集与选本研究的发展。

三、研究内容的架构

本书主要围绕南宋理学家所编诗文选本的编纂思想、编纂体例和选本批评三个方面展开论述，这也是诗文选本研究必然要涉及的内容。对编纂思想的探究，是研究选本批评的基础，选本编纂者选什么、不选什么与其编纂思想息息相关,进而影响选本内容的取舍。编纂体例包括文体分类、选文标准等,是编纂者文体分类思想的表现,同时也是编纂思想的体现。选本批评则是在编纂思想研究的基础上对选本内容进行的研究,是选本研究的重点,从中可明白文学传播的方式及影响。

就本书具体的研究内容而言,第一章是对南宋理学家编纂诗文选本的情况进行概述,认为南宋理学家以教书先生的身份编纂的诗文选本具有教本的性质,因而在南宋诗文选本中具有重要的地位,故刊刻的版本数量多,影响大。正由于数量多,才形成了一个产生、发展的脉络,这是了解南宋理学家所编诗文选本的前提。进而可以发现南宋理学家所编诗文选本在编纂体制上具有独特性,即选本评点和卷首压卷,这是它的首创。

第二章为编纂意图即编纂目的研究,这是编纂思想研究的一部分,同时也是知晓选本内容的窗口。目前学界对选本编纂意图研究未予重视,然而探究编纂意图却能明了理学家编纂诗文选本的思想,可洞悉他们的编纂宗旨和编选原则,故应是重要的研究对象。通过探究可以发现,南宋理学家编纂诗文选本的初衷,很多都是为了教学,且与科举有一定关联,这促使部分理学家所编诗文选本不断被书商翻刻,影响到坊间选本的编纂。

第三章对南宋理学家所编诗文选本编纂思想的研究,是本书研究的重点。当前学界对南宋理学家所编诗文选本的编纂思想研究成果较多,本书选取了学界研究较多的《宋文鉴》、《文章正宗》为个案研究对象,提出了一些新见。比如对《宋文鉴》编纂思想的探究,学界多认为其是吕祖谦以理学思想编纂的,但本书剖析《宋文鉴》的选文标准,且与《宋文海》比较后发现,《宋文鉴》保存了北宋一代基本文献,并不以理学思想为主要编纂思想。对《文章正宗》编纂思想的研究,则注重与同时期编纂而成的《大学衍义》作对比研究,发现此二书不仅在成书时间上有重合,内容上也有互补。

第四章是对编纂体例的研究,本书未采取传统的文体研究方法,而是注重研究选本的选文标准,这是因为南宋理学家所编诗文选本中最具有文体学意义的是真德秀的《文章正宗》,但围绕该选本文体分析的论文甚夥,故笔者转而探究南宋理学家编纂诗文选本的选文标准。同时,本章还探究了南宋理学家所编诗文选本的成书过程,并发现南宋理学家编纂诗文选本是一个不断递修的过程,且成书时间往往是在南宋理学家学术思想成熟的后期,这说明南宋理学家所编诗文选本可以看成是理学家个人成熟思想的代表作,这与非理学家为了盈利或是一时的兴起而编的选本有着学理构建上的不同。

第五章、第六章是对南宋理学家所编诗文选本内容的研究,即选本批评研究。这两章分别从编纂者选了什么、没选什么两个方面做综合分析,编选《左传》这样的经部之文、杜诗、唐宋八大家散文是南宋理学家所编诗文选本选文的相同点,而理学家自身诗文的缺选也是南宋理学家所编诗文选本的共同特点。通过分析发现,南宋理学家所编诗文选本在选文方面具有引领当时选本编纂内容的态势,并影响到后世选本的编纂内容,如杜甫的"诗史"名作"三吏三别",从目前现存选本来看,最早编选杜诗"三吏三别"这样的"诗史"名作的选本是真德秀的《文章正宗》,后世选本受其影响才逐渐改变只编选杜诗绝句、律诗的倾向。

第一章　南宋理学家所编诗文选本的地位、产生发展及体制特点

　　宋代朝廷佑文兴化,其各项文化事业均得到良好发展自然是情理之中的事。宋代的诗文选本编纂相较于唐代有了长足的发展便是一个表现,这得益于宋代朝廷对选本编纂的重视,宋太宗、真宗时期便产生了三种御制选本①,可见宋初御制诗文选本的编纂为宋代选本编纂的繁荣营造了良好的外部环境。在这一情况下,宋代诗文选本约有三百八十多种,而唐代的诗文选本数量据统计约有二百三十多种②,数量上是绝对增加了,从这一点就可看出宋代总集编纂的繁盛局面,那么在这种局面之中,南宋理学家所编诗文选本处于怎样一种地位,其发展的脉络怎样,其自身又有怎样的特点呢?

---

　　①　分别是《两庙赞文》一卷,郑樵《通志》卷七十注曰:"太宗、真宗御制文宣、武成王等赞。"另一种是陈彭年编的《宸章集》,宋敏求《春明退朝录》卷下中云:"(真宗)命陈文僖公裒历代帝王文章为《宸章集》二十五卷。"此外,还有御制诗选《明良集》五百卷,《通志》卷七十注曰:"真宗御制及群臣进和歌。"
　　②　卢燕新《本研究领域学术史的简要回顾及选题意义》,《唐人编选诗文总集研究》,北京:中国人民大学出版社,2014年,第7页。

第一节　南宋理学家所编诗文选本
在南宋选本中的地位

一部选本到底有多大影响力,其地位如何,一般认为与选本编纂者的身份地位有关。例如,我们今天如果提到唐代较有名的诗歌选本,一般都会想到殷璠的《河岳英灵集》和高仲武的《中兴间气集》,但因为这两位编纂者身份地位的不同,导致这两部选本受到了不同的待遇。如据南宋计有功《唐诗纪事》卷七十记载:"(郑)谷不喜高仲武《间气集》,而喜殷璠《河岳英灵集》,尝有诗曰'殷璠鉴裁《英灵集》,颇觉同才得旨深。何事后来高仲武,品题《间气》未公心'。"晚唐郑谷喜殷璠《河岳英灵集》,而不喜高仲武《中兴间气集》,其原因之一是郑谷对殷璠有一种身份认同感,所谓"颇觉同才得旨深",何谓"同才"? 除了指思想意趣相投之外,也暗含了一种身份的认同。郑谷是唐僖宗时进士,而殷璠曾于《河岳英灵集》书首自题"丹阳进士",知其也是进士(高仲武的生平难详考,其身份地位在当时应该不会很高),二人身份地位相当,则郑谷自然更青睐《河岳英灵集》了。

宋代陆游对《中兴间气集》的批评是较有名的,其批评的原因也含有陆游瞧不上高仲武身份的因素,陆游就曾直言不讳地说高仲武"评品多妄,盖浅丈夫耳"(《渭南文集》卷二十七《跋〈中兴间气集〉》),其中"浅丈夫"含有对高仲武身份的鄙视。陆游还说高仲武在《中兴间气集》中"议论凡鄙,与近世《宋百家诗》中小序可相甲乙"(同上),其中所谓《宋百家诗》是指曾慥编的《本朝百家诗选》,曾慥也是平民,陆游将二者相提并论,而且用一"凡"字评价高仲武的议论,似乎也暗含了对其身份的不认同。陈振孙对曾慥的《宋百家诗选》也持批评态度,他在《直斋书录解题》卷十五中说曾慥及《宋百家诗选》:"识鉴不高,去取无法,为小传略无义类,议论亦凡鄙。陆放翁以比《中兴间气集》,谓相甲乙,非虚语也。"①陈振孙也用"凡鄙"二字,且赞同陆游的观点,从中不但可看出陈振孙也不看重《中兴间气集》,也可体会到古人对选本编纂者身份地位是相当看重的。

一、南宋理学家教书先生的身份对选本地位高低的影响

身份地位分好多种,比如有官阶大小之分,那么是否编纂者官阶越大,其所编诗文选本的地位就越高呢? 南宋孝宗淳熙四年(1177)坊间流传着江钿编的《宋文海》,当时孝宗曾令临安府开雕此书印行,但周必大却反对,《玉堂杂记》记载:

> (周必大)奏事毕,问陛下命临安府开《文海》有诸,上曰:"然。"(周必大)奏云:"《文选》之后有《文粹》,已远不及。所谓《文海》,乃近时江钿编类,殊无伦理,书坊刊行可也,今降旨校正刻板,事体则重,恐难传后,莫若委馆阁官,铨择本朝文章,成一代之书。"上大以为然,曰:"卿可理会。"(周必大)奏乞委馆职,上曰:"待差一两员。"其后,遂付吕伯恭祖谦。(文渊阁《四库全书》本)

---

① (南宋)陈振孙撰,徐小蛮、顾美华点校《直斋书录解题》,上海:上海古籍出版社,1987年,第447页。

周必大认为江钿所编《宋文海》"书坊刊行可也",但要"成一代之书"则要委任馆阁官编纂。据马茂军先生所撰《〈圣宋文海〉作者江钿考略》一文可知,江钿是宋徽宗政和五年(1115)进士,其在孝宗乾道九年(1173)时以散官儒林郎的头衔赋闲在家①,儒林郎是从八品,官阶很低,从周必大直呼江钿之名而未加任何官职头衔的情况来看,江钿是一个地方低级官僚的事实应是无疑的。然而,后来委任的馆阁文臣吕祖谦的官衔也不高,吕祖谦以"秘书郎"的身份参与编修《宋文鉴》,秘书郎乃正八品,与江钿的从八品相差不大,江钿编的《宋文海》如今只残存了六卷,与该选本原来一百二十卷的规模相比,可谓只留下了只言片语,而《宋文鉴》因其御制选本的特色,加上吕祖谦理学家身份,遂受到后世的重视,成为南宋最有名的选本之一。

　　所以,编纂者官阶的大小与选本的地位并没有必然联系。为了进一步说明这个问题,笔者对宋代诗文选本编纂者的官阶做了一个统计,结果表明一品(包含从一品,下同)官员有 8 人,二品有 6 人,三品有 14 人,四品有 16 人,五品有 10 人,六品有 40 人,七品有 11 人,八品有 29 人,九品有 10 人,从中我们可以发现以六品为界,宋代诗文选本编纂者的上层官阶人数与下层官阶人数几乎相当(六品以上 54 人,六品以下 50 人),这说明编纂诗文选本是宋代各个官阶之官员的普遍喜好,这与唐代的诗文选本编纂者身份主要以六品以上"京官等上层官吏"为主②的情况相比有明显的

---

　　①　马茂军《〈圣宋文海〉作者江钿考略》,《学术研究》2004 年第 4 期,第 147—148 页。

　　②　卢燕新《唐代诗文总集编纂者的数量化分析》,《唐人编选诗文总集研究》,北京:中国人民大学出版社,2014 年,第 92—96 页。

区别。

既然宋代诗文选本编纂者的官阶比较均等化,那么从编纂者官阶的高低来评价其编纂的选本地位的高低则失去了评判意义,宋代六品以上和六品以下的编纂者都编纂了当时很有名的选本,如陈彭年累官至兵部侍郎,从四品下,他编的《宸章集》是御制选本,地位本身就高,而同为御制选本的《宋文鉴》,则是由秘书郎吕祖谦编纂的,其官阶只有正八品,官品较低,但并未影响《宋文鉴》在南宋有较高的社会地位。从这个例子可看出,宋代编纂者的官阶不能作为评判标准。

除了编纂者官阶的大小并不完全影响选本地位的高低之外,编纂者是否为进士似乎也不是决定选本地位高低的因素,据笔者统计宋代选本编纂者大部分都是进士出身,但所编诗文选本还是有著名、不著名之别,故不能把编纂者是否为进士出身作为评判选本地位高低的依据。

那么,到底哪些因素影响到了选本的地位呢?笔者认为南宋理学家的教师身份影响到了其所编诗文选本地位的高低。南宋理学家大多身兼教书先生这一角色,不仅有给帝王教书者,如真德秀为宋理宗侍读,也有在书院中教书者,如吕祖谦在丽泽书院教书,《古文关键》就是吕祖谦为教授学生古文而编,该选本是南宋科举士子必读选本之一,在南宋士子心中的地位无疑是很高的,而这又是南宋理学家区别于其他选本编纂者的一个明显特点,所以我们应从南宋理学家大多为教师这个背景来看南宋理学家所编诗文选本的地位。

在"万般皆下品,唯有读书高"的宋代,教书先生的地位崇高无比,且宋代书院教育发达,宋代教书先生对广大学子的影响力自不待言。作为教师，授课的内容可以自己定，这就决定了一些选本在学子中具有崇高地位。比如有人记载林之奇教书的情景，说："先生家居，弟之邵之子子冲能嗣先生之学。士子会者坌集，先生时乘竹舆至群居之所，诸生列左右致敬，先生有喜色，或命诸生讲《论》、《孟》，是则首肯而笑，否即令再讲；或令诵先生所编《观澜集》而听之，倦则啜茗归卧，率以为常。"①学生排成两排迎接林之奇授课，尽学生之礼，林之奇则命学生诵读指定书籍，其中就包括他编的《观澜文集》，则《观澜文集》在南宋福建福州地区学子中是很有知名度的，该选本的地位自然是高于民间坊本的。

　　总之，南宋理学家所编诗文选本因为编纂者教书先生的身份及选本作为教材的性质而在南宋选本中占有重要的地位。

二、南宋理学家所编诗文选本的版本种数与其地位高低

　　选本在一个时期内的刊本种类较多，则说明该选本的传播影响力较大、地位较高，这是毋庸置疑的。所以研究南宋理学家所编诗文选本在南宋选本中的地位，选本的版本多寡也是值得注意的地方。

（一）南宋理学家所编部分重要选本版本概述

　　1. 林之奇的《观澜文集》刚问世时，在学生中先是以钞本的形式流传，后来才有了刊本，因为林之奇写有《观澜集·前后序》，如果该选本未刊刻，似乎不需要写两篇序言。且《宋史·艺文志》（以

---

① （南宋）姚同《行实》，《拙斋文集·附录》，文渊阁《四库全书》本。

下简称《宋志》）著录"林之奇《观澜文集》六十三卷",《宋志》的内容是抄录于南宋史志目录《中兴国史·艺文志》,赵士炜在《〈中兴馆阁书目〉辑考》后序中说:"宋《中兴国史·艺文志》序云:'今据《书目》(按《中兴馆阁书目》)、《续书目》诠校而志之',今《中兴国史》已亡,仅门目尚存于《通考》。今按《宋志》每类书数,间与之合,《宋志》编次,或以《中兴志》为依据。"(1933年北平图书馆暨中华图书馆协会铅印本,复旦大学图书馆有藏)所以,《宋志》著录的应是《观澜文集》在南宋时的最早刊本,刊刻时间应是在宋高宗绍兴年间。

后来,出现了《东莱集注类编观澜文集》七十卷本,《铁琴铜剑楼藏书目录》卷二十三著录:"书中'桓'作'亘','慎'作'真',贞、祯、恒、遘有阙,而敦、廓字不阙,光宗前刻本也。"此版本有所谓吕祖谦集注的内容,与《宋志》所著录的版本不一样,六十三卷本应该没有所谓吕祖谦集注,否则书名不至于连"集注"二字都未提。可知林之奇《观澜文集》在南宋至少有六十三卷和七十卷两种刊本流行于世。

2. 吕祖谦《古文关键》原本为二卷本,陈振孙《直斋书录解题》卷十五有著录。后蔡文子注该选本,遂有了二十卷本,《宋志》有著录。傅增湘《藏园群书经眼录》卷十七集部六载:"宋讳恒、框、桓、贞、敬均缺笔,'慎到'作'谨到','贞观'作'正观'。"由此可知,二十卷本大约刊于宋光宗时期。则《古文关键》在南宋至少也有两个版本。

3. 吕祖谦的《宋文鉴》是南宋理学家所编诗文选本中最著名的选本,在南宋后期就有多个版本问世。现存较早的版本是麻沙刘将仕宅刻本,该本现藏北京大学图书馆。《中华再造善本·唐宋编》影印,40册。该本"敦""廓"缺笔,乃避宋光宗赵惇、宁宗赵扩之讳,则该本是宋绍熙、庆元间刻本。后来,新安郡守沈有开不满麻沙本①刊刻文字有脱误,于宋宁宗嘉泰四年(1204)重新订正刻印,是为嘉泰本,又称新安郡斋本。之后,宁宗嘉定十五年(1222)新任的新安郡守赵彦适获得东莱吕氏家藏本《宋文鉴》,于是他在吕氏家藏本基础上对嘉泰本进行"易其谬误,补其脱略"(赵彦适跋)的重修工作,是为嘉定重修本。最后,理宗端平元年(1234)新任的新安郡太守刘炳又因不满前任赵彦适重修本即嘉定本的错误,又重修了一次,是为端平重修本,现藏日本静嘉堂文库。又,祝尚书先生《宋人总集叙录》中说《宋文鉴》在南宋还有一个"太平府本","此本刊于庆元六年(1200),即所谓小字本。世无传本,然其板明代犹藏南京国子监"②,则《宋文鉴》在南宋后期至少有五种刻本。

目前国家图书馆藏有所谓"宋嘉泰四年新安郡斋刻本"《皇朝文鉴》一百五十卷。《中华再造善本·唐宋编》影印,64 册。该本避宋宁宗讳,而理宗避讳之字如"筠"未缺笔,则年代在理宗之前,又有赵彦适宁宗嘉定十五年跋,则此本应为宋宁宗嘉定重修本。台北"中央图书馆"藏有"嘉泰本",残存六卷三册。

另外,张智华在《南宋的诗文选本研究》第三章"部分重要诗文选本版本源流考"第二节"吕祖谦《宋文鉴》成书过程及两个版本系统"中认为《宋文鉴》可以分为"宋沈有开本系统与宋庆元六年太平

---

① 沈有开跋《宋文鉴》:"《皇朝文鉴》一书,诸处未见有刊行善本,惟建宁书坊有之,而文字多脱误,开卷不快人意。新安出纸墨,乃无佳本,因为参校订正,锓板于郡斋。"(见《中华再造善本》影印国家图书馆藏赵彦适重修本),其中所说的"建宁书坊有之",指的就是麻沙刘将仕宅刻本,因宋时麻沙属建宁府。

② 祝尚书《宋人总集叙录》,北京:中华书局,2004 年,第 115 页。

府学本系统"①，从版本产生的时间顺序来看，显然是麻沙刘将仕宅刻本最早，沈有开本是在麻沙本基础上重修的，以沈有开本为版本系统的源头不太合理。

　　4. 楼昉《崇古文诀》在南宋的成书情况比较复杂，笔者认为其最初形式应该是《迂斋标注古文》或者叫《迂斋古文标注》，刘克庄写有《迂斋标注古文序》"迂斋楼氏，名昉，字旸叔，以古文倡莆东。经指授成进士名者甚众，其高弟为帝者师、天下宰，而迂斋已不及见"（《后村先生大全集》卷九十六，《四部丛刊》本），则刘克庄写序言时，楼昉已过世，同时期的陈振孙《直斋书录解题》卷十五载"《迂斋古文标注》五卷"，二人均说此书选文 168 篇，则《崇古文诀》最早的刻本形式应该就是 168 篇的《迂斋标注古文》。

　　今藏国家图书馆残宋本《迂斋标注诸家文集》可能就是刘克庄、陈振孙所提到的《迂斋标注古文》，张元济、潘宗周《宝礼堂宋本书录》："季沧苇《延令书目》有宋版宋人楼昉《标注诸家文集选》十本，是本卷首有季氏藏印四方，以册数计之，见存六册，所缺宋文约当四册之数，是必即季氏旧藏，且即为振孙所称五卷本也。"②但《迂斋标注古文》到底是不是《崇古文诀》的最初刻本形式，学界还没有定论，余嘉锡先生《四库提要辩证》卷二十四说："岂其书固非一本，五卷者其初稿，二十卷者其后定之本欤？"③祝尚书先生也说："然陈氏《书录解题》卷一五所录，乃《迂斋古文标注》五卷（即

　　①　张智华《南宋的诗文选本研究：南宋人所编诗文选本与诗文批评》，北京：北京师范大学出版社，2002 年，第 63—64 页。
　　②　张元济、潘宗周《宝礼堂宋本书录》，扬州：江苏广陵古籍刻印社，1984 年，第 4 册，第 62 页。
　　③　余嘉锡《四库提要辩证》，长沙：湖南教育出版社，2009 年，第 1356 页。

《迂斋标注诸家文集》），而非《崇古文诀》。故今存宋本《迂斋标注诸家文集》某氏跋以为《崇古文诀》后成一年，《迂斋标注诸家文集》'即《崇古文诀》之初稿'。此说是否，不得而知。"①

《崇古文诀》有二十卷本和三十五卷本两种，宋刊二十卷本，一藏日本静嘉堂文库，残宋刻拼补本；一藏国家图书馆，残存卷四至十一、卷十九、卷二十。

《崇古文诀》最常见的是三十五卷本，选文 193 篇，《藏园订补郘亭知见传本书目》卷十六上集部八载："《崇古文诀》三十五卷，宋楼昉编。黄荛圃有宋本。"然不见宋本留存于世，当今存世最早的三十五卷本是元刻本，现藏国家图书馆，《中华再造善本·金元编》影印，12 册。李由《楼昉〈崇古文诀〉版本新考》认为"现存三十五卷本选篇 193 篇左右，超出楼昉手定的 168 篇，显然篇目上存在窜伪问题"②，"而伪编的发生时间当是宋末，原因在于，虽然现存最早的三十五卷本是元刊麻沙巾箱本，但此本保留了许多宋刻的特点"③。

5. 真德秀《文章正宗》在南宋也是非常有名的一部诗文选本，该选本在南宋时的刊本有二十卷本和二十四卷本两种。陈振孙《直斋书录解题》卷十五著录《文章正宗》二十卷，但未有传本留存于世，而真德秀《文章正宗序》自称"今凡二十余卷"，则二十卷本似乎不是真德秀原编。

二十四卷本是《文章正宗》流传至今的版本，最早的宋刻本是刘克庄于广东番禺刊刻的，称为"广本"或"番禺"本。他在《〈文章

① 祝尚书《宋人总集叙录》，北京：中华书局，2004 年，第 244 页。
② 李由《楼昉〈崇古文诀〉版本新考》，《文献》2017 年第 4 期，第 15 页。
③ 同上，第 16 页。

正宗〉跋》中云：

> 西山先生真文忠遗书曰《西山读书说》、曰《诸老集略》者，
> 纲目详，篇帙多，其间或未脱稿。曰《文章正宗》者最为全书，
> 既成，以授汤巾仲能、汉伯纪，某与焉。晚使岭外，与常平使者
> 李鉴汝明协力锓梓，以淑后学。是书行，《选》、《粹》而下皆可
> 束之高阁。犹恨南中无监书，而二汤在远，不及精校也。（《后
> 村先生大全集》卷一百）

知真德秀编成《文章正宗》后，将此书授予汤巾、汤汉和刘克庄①，
当时应未刊刻，直到刘克庄为官于广东，才将其付梓。但这次的刊
刻无书精校，导致《文章正宗》二十四卷本第一次刊刻时的质量不
高，后来便有了"越本"，但仍然多误，直到"莆本"又称"郡学刊本"
的出现，宋刻《文章正宗》二十四卷本才出现质量较好的本子。这
一刊刻过程，刘克庄《郡学刊〈文章正宗〉跋》有详细记载，其云：

> 顷，余刻此书于番禺。委同官卢方春辈置局刊误，属以召
> 去，去时书犹未成。后得其本，殆不可读，有漏数行者，有阙
> 一、二句者，有颠倒文义者，如鲁鱼亥豕之类，则不可胜数。意
> 诸人为官事分夺，未之过目耶，抑南中无善本参校耶？每一开

---

① "以授汤巾仲能、汉伯纪"中的"授"字，一般理解成"授予"，《中华再造善本总目
提要》便云："《文章正宗》撰写成书后，即将文稿授予汤氏兄弟，刘克庄得到的应是一个
抄本。"（北京：国家图书馆出版社，2013年，第1282页）此"授"字不应理解成"传授、教"
的意思，因为《文章正宗》成书于宋理宗绍定五年（1232），此时汤巾、刘克庄均为官多年，
早已不是学子了。

卷,常败人意。其后乃有越本,亦多误。莆泮他书差备,今郡
文学王君谓朱先生《易本义》精于理者也,谓真先生此书邃于
文者也,既刻《本义》,遂及《正宗》。或虑费无所出,君命学职
丁南一、郑岩会学廪量出入,得赢钱六十七万,而二十四卷者
亦毕工。吾里藏书多善本,游泮多英才,傍考互校,它日莆本
当优于广、越矣。(《后村先生大全集》卷一百零六)

所以,《文章正宗》二十四卷本在宋代至少有三种本子。如今,留存
的二十四卷宋刻本有两种,均为残本,一藏美国柏克莱加州大学东
亚图书馆,藏有一册,为第十四卷,版框高 23.1 cm,宽 17.1 cm,半
页 10 行 20 字,左右双边,上下细黑口,顺鱼尾,周欣平、鲁德修主
编《柏克莱加州大学东亚图书馆藏宋元珍本丛刊》(中华书局 2014
年版)第 29 册影印。另一藏台北"中央图书馆",残存八册,为卷十
五、十九至二十二、二十四,共存六卷正文,还有目录一卷。然无法
判定二者是"广本""越本""莆本"中的何本,因这三种本子的详细
情况并不知晓。

(二) 版本之多寡与地位之高低

通过以上对南宋理学家所编部分选本版本的概述,我们可以
看到南宋理学家所编诗文选本在南宋时期大多有着两种刊本,其
他的南宋理学家所编诗文选本如汤汉的《妙绝古今》、谢枋得的《文
章轨范》因产生时间在宋末理宗之后,流传时间不长,所以在南宋
时期的版本可能只有一种,现存最早的版本也是元刊本,但相对于
南宋大多数已亡佚的选本,以及只有一种刊本留存于世的非理学
家所编选本而言,南宋理学家所编诗文选本的传播影响力是较广

的,因为书商是不会反复去刊刻影响力不大的选本的。

　　当然,南宋理学家一人编的数种选本,也会因版本的多寡而形成大小不同的影响力,进而也决定了选本高低不一的地位。例如吕祖谦的《宋文鉴》和《东莱标注三苏文集》,由上文可知,《宋文鉴》在南宋有五种本子,且开雕的地点范围较广,有福建建宁的麻沙本,有安徽当涂地区的太平府本和徽州地区的新安郡本,则《宋文鉴》的传播影响力是较大的,其地位在南宋自然也是较高的;而《东莱标注三苏文集》今仅存宋刻本一种,收入《中华再造善本》,《直斋书录解题》和《宋志》均未著录,说明该选本在南宋刊刻的版本少,并不著名,其影响自然也就不及有着五种宋版的《宋文鉴》。正因为影响力不大,所以清人潘祖荫《宝礼堂宋本书录》以为《东莱标注三苏文集》是南宋书商托名吕祖谦编纂以谋利。可见虽同为吕祖谦所编的选本①,但因版本的多寡导致了不同的境遇。

　　《崇古文诀》和《迂斋标注古文》也有着不同的地位差别,《崇古文诀》在南宋后期有二十卷和三十五卷两种版本,而《迂斋标注古文》却仅有一种五卷本,尽管《崇古文诀》可能存伪,但不得不说《崇古文诀》因版本较多,在南宋时比《迂斋标注古文》更为有名,所以宋度宗咸淳九年(1273),刘震孙评价当时的文章选本说:"有以《崇古》名者,未必皆《商盘》、《周诰》之作。"②提到的书名是《崇古文

---

①　南宋人吴炎济说:"先生父子(三苏父子)文体不同,世多混乱无别。书肆久亡善本……顷在上庠,得吕东莱手抄凡五百余篇,皆可诵习为矜式者……绍熙癸丑(四年,1193)八月既望,从事郎、桂阳军军学教授吴炎济之容。"(转引自《宋人总集叙录》,第140—141页)由此知南宋末人已认定《东莱标注三苏文集》乃吕祖谦所编,故该集编纂者为吕祖谦应是可信的。

②　(南宋)刘震孙《新编诸儒批点古今文章正印序》,台北"故宫博物院"藏宋刊本卷首。

诀》，而非《迂斋标注古文》。

总的来说，从版本种类数量来看，南宋理学家所编诗文选本在南宋选本中还是有着相当高的地位的，研究南宋诗文选本不可能忽视掉这些在当时就有着两种、三种乃至数种刻本的理学家所编诗文选本。

第二节　南宋理学家编纂诗文选本的产生发展

从南宋开始，宋代诗文选本编纂者中出现了理学家的身影，这可以说是宋代诗文选本发展中的一个特点，是值得关注的一个现象。目前学术界对南宋理学家编纂的诗文选本未做整体观照，笔者在此不揣浅陋，欲对南宋整个时期的理学家所编诗文选本的产生、发展及其影响做一探讨。

一、产生

从目前能见到的文献来看，宋代理学家编纂诗文选本是从南宋初期开始产生的，北宋理学家未见编有诗文选本。而南宋又是从哪一位理学家开始编纂诗文选本的呢？他作为一名理学家编纂诗文选本又是受了谁的影响？这些都是下文将要探讨的问题。

（一）现存理学家所编诗文选本第一书——《观澜文集》

从现有文献来看，我们可以看到宋代理学家编纂的最早选本是林之奇编的《观澜文集》，由于相关文献不足，笔者只能推断出

《观澜文集》编于宋高宗绍兴年间，以下述论之。

　　《观澜文集》是林之奇在教学活动中编纂而成的，而林之奇的教学活动分前后两个时期，前期是绍兴六年（1136）至绍兴二十六年，后期是其晚年。据文献记载，《观澜文集》在林之奇晚年教学活动中已经成书，南宋人姚同①为乡贤林之奇写的《行实》中说："先生家居，弟之邵之子子冲能嗣先生之学。士子会者坌集，先生时乘竹舆至群居之所，诸生列左右致敬，先生有喜色，或命诸生讲《论》、《孟》，是则首肯而笑，否即令再讲；或令诵先生所编《观澜集》而听之，倦则啜茗归卧，率以为常。未几，先生病革，不浃日而逝。"②林之奇于晚年即宋孝宗淳熙年间用《观澜文集》教学，但"未几"而逝，教学时间很短，《观澜文集》似不大可能于此时期才开始编纂，故其最有可能编纂于林之奇早年为官之前在福州教书育人之时，也就是林之奇教学活动的前期。

　　姚同在《行实》中记述了林之奇前期教学活动的起止时间，他说：

　　　　绍兴丙辰，以贤书将试南宫……及先生（按林之奇）西上，日夕以膝下温清为念，行至北津驿，慨然作诗，有"耿耿一寸心，不能去庭闱"之句，遂改辕以归。先生爱亲之心重于利禄，非学识过人，畴克尔？先生声名由此益重，士类归仰如水赴壑，其知向正，学宗正论，皆先生指踪之力。吕紫微（按吕本中）犹子仓部公（按吕大器）莅宪幕，时吕成公（按吕祖谦）未

――――――――――

　　①　姚同，字伯宽，宋宁宗嘉泰二年（1202）进士，生平不详，见（南宋）梁克家《淳熙三山志》卷三十一，文渊阁《四库全书》本。

　　②　（南宋）姚同《行实》，《拙斋文集·附录》，文渊阁《四库全书》本。

冠,以子职侍行,闻先生得西垣(按吕本中)之传,乃从先生游……绍兴己巳,先生奏名春官,注长汀尉,未上。乡枢陈公诚之荐试馆职,除正字。①

据此可知,林之奇于绍兴六年(1136)丙辰弃省试而改辕以归后,声名鹊起,慕名前来求学的学子如水赴壑。至绍兴十九年己巳中进士,但待次长汀尉,并未做官。吕祖谦的侄子吕乔年编的《(吕祖谦)年谱》"绍兴二十五年乙亥"条云:"三月,(吕祖谦)从三山林先生少颖之奇游。先生(指林之奇)时待次汀州长汀尉。"②知林之奇于绍兴二十五年时还在"待次"未做官,也就是说从绍兴六年至绍兴二十五年,林之奇一直在福州教学。陈诚之(1093—1170)举荐林之奇试馆职的时间应是在绍兴二十六年,南宋李心传《建炎以来系年要录》卷一百七十三记载林之奇于绍兴二十六年六月乙酉"召试馆职"③,卷一百七十四记载是年九月庚申"左迪功郎林之奇为秘书省正字"④,所以绍兴二十六年时林之奇才离开福州前往南宋行在临安做官,故林之奇为官之前在福州教学的时间近二十年,《观澜文集》应该编纂于此时期。

　　目前,还未见有比《观澜文集》更早的由理学家编纂的诗文选本,故可以将该集定性为南宋理学家所编诗文选本第一书。从此以后,南宋有越来越多的理学家参与到诗文选本的编纂之中,比如

---

　　① (南宋)姚同《行实》,《拙斋文集·附录》,文渊阁《四库全书》本。

　　② (南宋)吕祖谦《东莱吕太史文集附录》卷一,黄灵庚、吴战垒主编《吕祖谦全集》,杭州:浙江古籍出版社,2008年,第1册,第739页。

　　③ (南宋)李心传编撰,胡坤点校《建炎以来系年要录》,北京:中华书局,2013年,第7册,第3308页。

　　④ 同上,第3337页。

上文提到的林之奇的学生吕祖谦编有《宋文鉴》以及《古文关键》，吕祖谦的学生楼昉编有《迂斋标注古文》，真德秀编有《文章正宗》，真德秀的学生刘克庄编有唐宋诗歌选本等，南宋理学家编纂诗文选本也就成为一种独特的文学现象。

（二）南宋开始出现理学家编纂诗文选本的原因

整个宋代，为何只有南宋理学家编纂诗文选本，而北宋理学家却未见有一人编纂，这是一个无法回避的问题，形成这一现象的原因自然有多种，笔者仅从宋代理学的不同派别对待诗文作品的不同态度这一角度入手加以解释。

宋代理学以"程朱理学"为主要派别，这一理学派别对诗文作品的态度是相当严苛的，这一派别的理学家一般都将文学作品斥之为"闲言语""闲文字"，如程颐评价杜甫《曲江二首》（其二）中的诗句"'穿花蛱蝶深深见，点水蜻蜓款款飞'，如此闲言语，道出做甚！"（《二程遗书》卷十八）这一理学派别中的理学家对文学作品的态度一直到南宋都未有改变，并进一步发展到反对文学作品的编选，朱熹在《南岳游山后记》中的观点便具有代表性，他说：

> 诗之作，本非有不善也，而吾人之所以深惩而痛绝之者，惧其流而生患耳，初亦岂有咎于诗哉！然而今远别之期近在朝夕，非言则无以写难喻之怀。然则前日一时矫枉过甚之约，今亦可以罢矣。①

---

①　（南宋）朱熹《晦庵先生朱文公文集》卷七十七，朱杰人、严佐之、刘永翔主编《朱子全书》，上海：上海古籍出版社，合肥：安徽教育出版社，2002 年，第 24 册，第 3705 页。

宋孝宗乾道三年（1167）朱熹、张栻、林用中偕游南岳衡山，三人在游览的过程中曾有过不写诗的约定，因为担心诗作流传而生患，他们对诗作的流传是"深惩而痛绝"的，但三人又临近离别，"非言则无以写难喻之怀"，于是认为原先的约定"矫枉过甚"，故而打破原先的约定，"间亦发于吟咏，更迭倡酬，倒囊得百四十有九篇"（张栻《南岳唱酬序》，《南轩集》卷十五）。通过朱熹、张栻的自序，程朱学派之人的迂腐之态溢于言表。既然反对诗作流传，则更不可能编纂诗文选本了，目前署名朱熹编的《南岳唱酬集》是伪托朱熹之名。

朱熹的好友张栻对待诗文作品与朱熹有着同样的态度，其理学思想以二程思想为正宗，亦将文学作品视为"闲文字"，并进而对吕祖谦编的《宋文鉴》持批评态度。他在《答朱元晦书》中就说："伯恭（按吕祖谦）近遣人送药与之，未回。渠爱敝精神于闲文字中，徒自损，何益？如编《文海》（即《宋文鉴》），何补于治道？何补于后学？徒使精力困于翻阅，亦可怜耳。承当编此文字，亦非所以承君德。今病既退，当专意存养，此非特是养病之方也。"（张栻《南轩集》卷二十四）张栻认为将精力花费于编纂诗文选本之中是"徒自损"且无益的事情。

以上是程朱学派主要人物对待文学作品及作品选的看法，至于北宋其他理学派别的代表人物如气学的张载、象数学的邵雍，他们本身就没有创作多少文学作品，张载甚至连文集都没有，这些理学家如此不重视文学作品，他们怎么可能又去编纂文学选本呢，所以北宋未有理学家编纂诗文选本也就在情理之中了。

林之奇虽然也是理学家，但他的理学思想不同于程朱理学，也不同于北宋时期的理学各派。林之奇受学于吕本中，而吕本

中的学术特点,其从孙吕祖谦在《祭林宗丞文》中作了详细的
概述:

　　　　呜呼! 昔我伯祖西垣公(吕本中)躬受中原文献之传,载
　　而之南。裴回顾瞻,未得所付。逾岭入闽,而先生(林之奇)与
　　二李伯仲(李楠、李樗)实来,一见意合,遂定师生之分。于是
　　嵩洛关辅诸儒之源流靡不讲,庆历、元祐群叟之本末靡不咨。
　　以广大为心,而陋专门之暖姝;以践履为实,而刊繁文之枝叶。
　　致严乎辞受出处,而欲其明白无玷;致察乎邪正是非,而欲其
　　毫发不差。①

吕本中的学术特点概括而言就是躬受"中原文献之传",其要点有
二,一是"以广大为心",二是"以践履为实",吕本中授课,于"嵩洛
关辅诸儒之源流靡不讲,庆历、元祐群叟之本末靡不咨",可见吕本
中的思想不像程朱学派那样迂腐、保守,具有很强的开放性,这突
出地表现在吕本中本人对诗文作品的态度上,四库馆臣就说:"吕
氏虽谈经义,而不薄文章。"②而且吕本中还编有《江西诗社宗派
图》,该书具有浓厚的文学色彩,影响深远。吕本中的学生林之奇
也秉持了其师"不薄文章"的特点,南宋人史浩在《鄮峰真隐漫录》
卷三十一《辞两王府教授上宰执札子》中记载"操履端方、辞华绚
采,则有正字林之奇",四库馆臣评价林之奇诗:"其诗尤具有高韵,
如《江月图》、《早春偶题》诸篇,置之苏、黄集中,不甚可辨也。"(《四

_____

　　① (南宋)吕祖谦《东莱吕太史文集》卷八,黄灵庚、吴战垒主编《吕祖谦全集》,杭
州:浙江古籍出版社,2008年,第1册,第133页。
　　② (清)永瑢等《四库全书总目》卷一百五十八,北京:中华书局,1965年,第1366页。

库全书总目》卷一百五十八林之奇《拙斋文集》二十卷提要）可知林之奇的文学创作不仅在当时受到了肯定，后人对其诗歌创作的成就也给予了很高的评价，由此，林之奇编纂诗文选本也就具有了可能，而且林之奇编《观澜文集》是出于教学的实际需要，这是秉持了吕本中"以践履为实"一个表现。

林之奇的学生吕祖谦亦编有众多诗文选本，最有名的就是《宋文鉴》，可见从吕本中到林之奇再至吕祖谦，这一理学流派具有编纂诗文选本的传统，张栻批评吕祖谦"敝精神于闲文字中"（《答朱元晦书》），是没有看到吕祖谦所受的理学宗派传统，所以吕祖谦的学生、南宋理学家楼昉编有文章选本《东汉诏令》、《迂斋标注古文》也就不足为奇了。

总之，不同的理学流派对于文学作品的态度不同，对待编纂诗文选本的态度也就不一样，紫微学派、东莱学派是南宋理学派别中比较重视编纂诗文选本的学派，故而是南宋理学家编纂诗文选本研究的重点。当然，程朱学派之中的理学家也并非全部都反对诗文选本的编纂，真德秀是朱子后学，私淑朱熹，但他就编有诗文选本《文章正宗》，故对于传统的反对诗文作品及其流传的理学学派，我们还要看到其中的特例以及产生的原因。

二、发展

南宋理学家作为编纂诗文选本的一个群体，很早就受到了人们的重视，四库馆臣甚至将理学家真德秀所编《文章正宗》作为总集发展的一个标志，《四库全书总目》卷一百八十六集部总集类序言中说："《三百篇》既列为经，王逸所裒又仅《楚辞》一家，故体例所成，以挚虞《流别》为始，其书虽佚，其论尚散见《艺文类聚》中，盖分体编录者也，《文选》而下互有得失；至宋真德秀《文章正宗》，始别出谈理一派，而总集遂判两途。然文质相扶，理无偏废，各明一义，未害同归。"①四库馆臣认为总集分为"分体编录"一派和"谈理"一派，又以真德秀《文章正宗》作为谈理一派总集之首，这虽然看到了选本编纂史上存在理学家一派，但将这一"谈理"派的发端定为真德秀的《文章正宗》，似乎忽视了真德秀之前南宋理学家所编诗文选本存在的历史事实。本书引言部分已界定了 14 位编有诗文选本的南宋理学家，现将他们编纂的情况予以分期概述。

（一）发端期（1127—1189）

南宋理学家编纂诗文选本的初期，主要是以教学为目的而编纂诗文选本，包括唱和诗集和古文选本，代表人物是林之奇、韩元吉和吕祖谦。林之奇为教学所编的《观澜文集》上文已有所介绍，其最大的特点就是其教材性质，之后的南宋理学家有很多人也是出于教学的目的编纂诗文选本，吕祖谦编《古文关键》就受其直接影响，所以林之奇编《观澜文集》可谓开理学家编纂诗文选本风气之先。

韩元吉于宋孝宗淳熙六年（1179）编有唱和诗集《极目亭诗集》，他在《〈极目亭诗集〉序》中说：

　　　　婺之牙城东南隅有亭，才数椽，郡守周彦广尝取米元章所

---

　　① （清）永瑢等《四库全书总目》卷一百八十六，北京：中华书局，1965 年，第1685 页。

书"极目亭"三大字榜之……予再为婺之明年,值岁丰少事,乃
辟而新焉。其规制不能侈大,颇与其地为称。于是来登者酒
酣欢甚,往往赋诗或歌词,自见一时巨公长者,及乡评之彦与
经从贤士大夫也……吾恐异时太守之贤,不得而废,则啸歌觞
咏,有以慰吾之眼者,可不传乎? 虽兰亭逸少之风莫及,而岘
山叔子之叹未忘,因类而锓诸木,俾好事者其有考云。(《南涧
甲乙稿》卷十四)[1]

韩元吉为程颐再传,虽为理学家,且也是程朱学派中人,但他对诗
歌的态度决然不同于程颐、朱熹,上文曾谈到朱熹惧诗歌"流而生
患",故反对写诗以及编诗选,韩元吉与之截然相反,他因害怕"啸
歌觞咏""不传"而编纂了此唱和诗集。同时,我们也应该看到,韩
元吉对唱和诗集的编纂是有一定热情的,早在宋高宗绍兴十四年
(1144),韩元吉就向叶梦得索要叶氏与韩元吉祖父当年的唱和诗
集,韩元吉《书〈许昌唱和集〉后》中有记载:

叶公为许昌时,先大父贰府事,相得欢甚……绍兴甲子
岁,某见叶公于福唐,首问诗集在亡,抵掌慨叹。且曰昔与
许昌诸公唱酬甚多,许人类以成编,他日当授子。其后见公
石林,得之以归,又三十余年矣。今年某叨守建安,苏岘叔
子为市舶使者,会于郡斋,相与道乡间人物之伟,因出此集
披玩,始议刻之,盖叔子父祖诸诗亦多在也。(《南涧甲乙

稿》卷十六)①

此外,韩元吉与陆游在宋孝宗乾道元年(1165)还有唱和活动,据陆游《〈京口唱和〉序》(《渭南文集》卷十四)知该唱和集收二人唱和之作三十篇,可见韩元吉作为一位理学家对唱和诗的创作及唱和集的编纂是非常热衷的。此后理学家之间相互唱和以至编纂唱和诗集应是受到了韩元吉的影响,朱熹作为韩元吉的后辈,他与张栻、林用中的唱和诗的创作应该说从思想上是秉承了韩元吉的思想,尽管朱熹最后还说了一些回护理学保守思想的话,但理学家思想中"非言(指诗)则无以写难喻之怀"(朱熹《南岳游山后记》)的思想绝不是从朱熹时开始产生的,其源头显然是源自韩元吉。

　　吕祖谦编的《古文关键》是南宋理学家编纂的第一部古文选本,影响颇大,南宋后期产生了较多的以"古文"为题名的古文选本,如艾谦编的《古文丛珍》、楼昉编的《迂斋古文标注》、王霆震编的《诸儒批点古文集成》、佚名编的《古文正宗》前后集、黄坚编的《诸儒笺解古文真宝》前后集等,从王霆震、黄坚二人编的古文选本的题名来看,"诸儒批点""诸儒笺解"都表明宋代诸儒尤其是理学家对非理学之人编纂古文选本的影响,王霆震《古文集成》中就收录了四篇标明为"东莱集注"的古文篇章,分别是卷十六韩愈的《答陈商书》《答李翊书》、卷七十杨亿的《录蟊书鱼辞》和卷七十三柳宗元的《晋文公问守原议》,其内容标明是吕祖谦集注的,不管真伪

　　①　曾枣庄、刘琳主编《全宋文》,上海:上海辞书出版社,2006年,第216册,第119页。

如何，从这一现象中就能看到由理学家吕祖谦开启的古文编选风气对民间其他阶层的影响。

故林之奇、韩元吉和吕祖谦所处的南宋高宗、孝宗时代是南宋理学家编纂诗文选本的发端时期，其中所蕴含的编纂思想和编纂类别影响了南宋后期诗文选本的编纂。

（二）沉寂期（1190—1224）

南宋光宗至宁宗时期是南宋理学家编纂诗文选本沉寂的时期，主要表现在编纂选本的理学家数量少，据笔者统计，这一时期只有赵蕃、韩淲、叶适、李壁四位理学家编纂过选本，其中赵蕃、韩淲二人还是一起合编了一部选本《章泉涧泉二先生选唐人绝句》，且只有这一部留存下来，其他二位理学家叶适、李壁分别编纂的《播芳集》《中兴诸臣奏议》都亡佚了。南宋光宗至宁宗时期，是党争较严重的时期，尤其是理学被斥为异端，以朱熹为代表的理学家受到打击，或许这是造成这一时期理学家编纂诗文选本沉寂的一个原因。

（三）兴盛期（1225—1279）

南宋理宗之后，理学成为官方正统思想，理学家的地位提高，理学家编纂的诗文选本数量也开始增加，其对总集坊刻的影响也开始显现，所以南宋理学家编纂诗文选本迎来了一个兴盛的局面。主要表现在这一时期产生了非常著名的一部选本——真德秀的《文章正宗》；其次，南宋理学家编纂诗文选本发端期的唱和、古文类选本在此时期都有同类选本产生，如刘克庄为教学而编的《唐五七言绝句》、赵汝谈编的唱和集《萧秋诗集》以及谢枋得、楼昉、汤汉编的古文选本，可谓是延续了前期理学家编纂诗文选本发展的特点;最后,这一时期编纂诗文选本的理学家及其所编选本的数量都有了很大的增加,据统计,这一时期共有真德秀、赵汝谈、刘克庄、谢枋得、楼昉、汤汉六位理学家编纂了十三部诗文选本,其中真德秀两部(《文章正宗》和《续文章正宗》)、刘克庄六部,仅从数量上来说,这一时期就是南宋理学家编纂诗文选本的兴盛时期。

第三节　南宋理学家编纂诗文选本的体制特点

与历代诗文选本相比,南宋理学家编纂诗文选本有着自身的特点,有些特点在当时还是一种首创,后来甚至影响到非理学背景的诗文选本编纂,现揭橥一二。

一、评点

"评点"是中国古代文学批评中的一种形式,其中"评"就是读者自己的评论,常见的有评注、行批、眉批、夹批等,这其中就包含着评论者的文学理论,而"点"则包括标抹和圈点。

(一)标抹圈点

标抹圈点是古人读书的一种方式,清人袁枚在《小仓山房文集·凡例》中说:"古人文无圈点,方望溪(按方苞,号望溪)先生以为有之,则筋节处易于省览。按唐人刘守愚《文冢铭》云'有朱墨围者',疑即圈点之滥觞。"可见早在唐代就有圈点,而标抹在宋代读书人之中表现得最为明显,四库馆臣就总结说:"宋人读书,于切要处率以笔抹。故《朱子语类》论读书法云：先以某色笔抹出，再以某色笔抹出。"(《四库全书总目》卷三十七)四库馆臣提到的《朱子语类》论读书法是指以下内容：

> 尝看上蔡《论语》，其初将红笔抹出，后又用青笔抹出，又用黄笔抹出，三四番后，又用墨笔抹出，是要寻那精底。看道理，须是渐渐向里寻到那精英处，方是。①

> 某二十年前得《上蔡语录》观之，初用银朱画出合处；及再观，则不同矣，乃用粉笔；三观，则又用墨笔。数过之后，则全与元看时不同矣。②

> 某少时为学，十六岁便好理学，十七岁便有如今学者见识。后得谢显道《论语》，甚喜，乃熟读。先将朱笔抹出语意好处；又熟读得趣，觉见朱抹处太烦，再用墨抹出；又熟读得趣，别用青笔抹出；又熟读得其要领，乃用黄笔抹出。至此，自见所得处甚约，只是一两句上。却日夜就此一两句上用意玩味，胸中自是洒落。③

这里谈的就是标抹，从朱熹的话中我们可以看到宋人读书喜用不同的颜色抹出文章精华处，这是宋人普遍的读书方法，但只适用于私家藏书，不适用于版刻之书，毕竟不同颜色的标抹在刻书之上是

① （南宋）黎靖德编，王星贤点校《朱子语类》卷一百二十，北京：中华书局，1986年，第7册，第2887页。

② （南宋）黎靖德编，王星贤点校《朱子语类》卷一百零四，北京：中华书局，1986年，第7册，第2614页。

③ （南宋）黎靖德编，王星贤点校《朱子语类》卷一百一十五，北京：中华书局，1986年，第7册，第2783页。

无法呈现的,所以将这种标抹以及圈点的形式运用到文章选本之中,就成了南宋理学家的首创,因为在此之前的选本中是没有这种情况的。章学诚在《校雠通义》卷一"宗刘"篇中就说:"评点之书,其源亦始钟氏《诗品》、刘氏《文心》。然彼则有评无点,且自出心裁,发挥道妙。又且离诗与文而别自为书,信哉其能成一家言矣。"①早期的评点之书"有评无点",且"离诗与文",自为一书,而南宋理学家所编诗文选本将评与点结合运用于选本之中,且评点未离诗文,并不自成一书,这是评点发展的新现象,值得我们注意。

　　现存最早的评点选本是理学家吕祖谦编的《古文关键》,这是学界所公认的,陈振孙《直斋书录解题》卷十五便著录道:"《古文关键》二卷,吕祖谦所取韩、柳、欧、苏、曾诸家文标抹注释,以教初学。"②"标抹注释"成了《古文关键》的最大特点,俞樾在《〈古文关键〉跋》中具体指出了《古文关键》标抹圈点的体例,其云:"先生论文极细,凡文中精神、命脉,悉用笔抹出;其用字得力处,则或以点识之;而段落所在,则钩乙其旁,以醒读者之目。学者循是以求,古文关键可坐而得矣。"③只不过后人有时在刊刻《古文关键》时将宋本原书中的标抹给删掉了,《四库全书总目》对此有云:"此本为明嘉靖中所刊,前有郑凤翔序。又别一本所刻,旁有钩抹之处,而评论则同。考陈振孙谓其'标抹注释,以教初学',则原本实有标抹,

　　①　(清)章学诚著,王重民通解《校雠通义通解》,上海:上海古籍出版社,1987年,第12—13页。
　　②　(南宋)陈振孙撰,徐小蛮、顾美华点校《直斋书录解题》,上海:上海古籍出版社,1987年,第451页。
　　③　(清)俞樾《东莱先生古文关键后跋》,清光绪二十四年江苏书局本《东莱先生古文关键》卷末。

此本盖刊版之时,不知宋人读书于要处多以笔抹,不似今人之圈点,以为无用而删之矣。"①

此后,南宋理学家开始在选本中加以标抹注释,较有名的有吕祖谦的学生楼昉编的《迂斋古文标注》五卷(明代人题名为《迂斋标注诸家文集》)和《迂斋先生标注崇古文诀》三十五卷。真德秀的《文章正宗》亦是有圈点的,吴承学先生还总结说:"真德秀批点法是,'点':句读小点(语绝为句,句心为读);菁华小点(谓其言之藻丽者,字之新奇者);字眼圈点(谓以一二字为纲领)。'抹':主意、要语。'撇':转换。'截':节段。"②此外,谢枋得的《文章轨范》也是一部有名的评点选本,他的门人魏天应编的《论学绳尺》也是评点本,该集《四库全书》本虽有评语而无标抹圈点,但该书天顺本书名为《校正重刊单篇批点论学绳尺》,卷首标题亦为《批点分格类意句解论学绳尺》,则该书原先也应有"点"即圈点部分,只是后人在刊刻时也将其删掉了。据此,我们可以看到南宋理学家所编选本中的评点确实为其一大特色。

南宋理学家将评点引入到选本之中,使评点不离文本,意在指明文章写作技巧,这一形式直接影响到南宋民间书坊选本的编纂,如王霆震的《古文集成》直接抄录《古文关键》中的评语,而黄宗羲《南雷文定·凡例》中云:"文章行世,从来有批评而无圈点,自《正宗》、《轨范》肇其端,相沿以致荆川《文编》、鹿门《八家》。一篇之中,其精神筋骨所在,点出以便读者,非以为优劣也。"则南宋理学家所编诗文选本的评点形式不仅直接影响到南宋,对于明代选本

---

① (清)永瑢等《四库全书总目》卷一百八十七,北京:中华书局,1965年,第1698页。
② 吴承学《评点之兴——文学评点的形成和南宋的诗文评点》,《文学评论》1995年第1期,第28页。

编纂中的标抹圈点也产生了影响。

（二）文章理论

南宋理学家所编诗文选本中评论部分的内容，从广义上来讲属于"文章学"的范畴。目前，学界一般都将文章学的开端定为南宋，标志性著作是陈骙的《文则》，其内容是研究古文、时文的文法，其特点仍是"离诗与文而别自为书"（章学诚《校雠通义·宗刘》）。南宋理学家所编诗文选本中的评论部分也有许多论述文法的内容，不同的就是将论述与文本结合起来，让学习古文写作者一目了然。所以，南宋理学家所编诗文选本的另一特点是包含文章学理论，这是从《文选》至南宋理学家所编诗文选本之前的所有选本所不具备的一个特点。

具体而言，南宋理学家所编诗文选本中的文章理论主要包括以下几个方面：

1. 体式

南宋理学家所编诗文选本的文章理论首先谈论的是文章体式，吕祖谦《古文关键·总论》"看文字法"中说："学文须熟看韩、柳、欧、苏。先见文字体式，然后遍考古人用意下句处。"这里的"体式"就是我们今天讲的文体，陈望道先生在《修辞学发凡》中说："文体或辞体就是语文的体式。语文的体式很多，也有很多分类。"① 南宋理学家所编诗文选本中的提到的体式是按内容来分类的，比如《古文关键》卷上《谏臣论》的评语是"此篇是箴规攻击体"，《捕蛇者说》的评语是"感慨讥讽体"，《与韩愈书论史事》的评语是"亦是

---

①　陈望道《修辞学发凡》，上海：上海教育出版社，1997年，第256页。

攻击辨诘体,颇似退之《谏臣论》,曾巩《救灾议》的评语是"说利害体",其实这些文字体式就是文章的"大概主张"。"看文字法"中就说"第一看大概主张",这与"先见文字体式"应是同一意思,只是表述不同,即阅读一篇古文,首先要看该文大意,是攻击体,还是讥讽体,按文章内容对古文进行分类,然后按照每类文体即体式进行模仿写作。因为有些古文的"大概主张"有相通之处,所以吕祖谦的学生楼昉在《崇古文诀》中列出的体式有些与《古文关键》中提到的体式是一样的,又《崇古文诀》是在吕祖谦古文理论基础上"推阐加密"(《四库全书总目》卷一百八十七)而成,故该选本中提到的古文体式比《古文关键》多,现录其全部如下:

(1) 告谕之体

《崇古文诀》卷三司马相如《喻巴蜀檄》的评语是:"一篇之文全是为武帝文过饰非,最害人主心术。然文字委曲回护,出脱得不觉又不怯。全然道使者、有司不是,也要教百姓当一半不是,最善为辞,深得告谕之体。"此评语首先是概述《喻巴蜀檄》的文章大意,然后才点出该文属"告谕之体",此体顾名思义即是上对下的一种告示,这显然是从内容上划分的一种文体。

(2) 告君之体

《崇古文诀》卷二十三苏轼《上神宗皇帝书》的评语是:"一篇之文,几万余言,精采处都在闲语上,有忧深思远之意,有柔行巽入之态。当深切著明,则深切著明;当委曲含蓄,则委曲含蓄,真得告君之体。"此体是下对上,但因告君的语气不同,又分为谏君之体。

(3) 谏君之体

《崇古文诀》卷二十五苏轼《代张方平谏用兵书》的评说是"说利害深切,得老臣谏君之体",《代张方平谏用兵书》是一篇告诫之书,其语言就不是《上神宗皇帝书》中那样"精采处都在闲语上",宋代黄震《黄氏日抄》卷六十二就说《代张方平谏用兵书》的语言是"其言哀痛切至真,可为万世人主好用兵、人臣好生事者之戒",文章语言上的不同导致文体的不一样,毕竟文体的内涵包括风格,告君之体与谏君之体的区别就在语言风格的不同上。

（4）辨难攻击之体/掊击辩难之体

《崇古文诀》卷七刘歆《让太常博士书》的评语是:"辨难攻击之体,峻洁有力。"《御选古文渊鉴》卷十六对《让太常博士书》的创作背景有详细说明:"歆欲建立《左氏春秋》及《毛诗》、《逸礼》、《古文尚书》皆列于学官,哀帝令歆与五经博士讲论其义,诸博士或不肯置对,歆因移书责让之。"显然,该文是篇言辞激烈的论辩文。

《崇古文诀》卷十三柳宗元《与韩愈论史官书》的评语是"掊击辩难之体,沉着痛快,可以想见其人",从语言风格上来说,辨难攻击之体与掊击辩难之体是同一文体。

（5）箴规攻击体

《崇古文诀》卷八韩愈《争臣论》的评语是"此篇是箴规攻击体",这一体式名与吕祖谦《古文关键》卷上《谏臣论》(即《争臣论》)所提的体式名一样,它与上面的"辨难攻击之体"的区别可能就在于一者强调"辩难",一者却强调"箴规",内容不同所致。

以上《崇古文诀》所举的五种体式自然无法完全囊括古文体式的全部,但我们应该看到南宋理学家所提出的古文体式都是按照自己的意愿随意取名的,其中虽名称不同,实际还是同一种体式,如《古文关键》卷上《与韩愈书论史事》与《崇古文诀》卷十三《与韩愈论史官书》是同一篇文章,而吕祖谦说该文是"攻击辨诘体",楼昉却说该文是"掊击辩难之体",由此可见古文体式的命名在南宋理学家之中并未有统一标准，如此则需要研究者对其进行统一的归并。

2. 格式

《崇古文诀》卷九韩愈《送李愿归盘谷序》的评语是"一节是形容得意人，一节是形容闲居人，一节是形容奔走伺候人，却结在'人贤不肖何如也'一句上。终篇全举李愿说话，自说只数语，其实非李愿言，此又别是一格式"，此评语中提到了"格式"这一概念，这也是南宋理学家文章理论中的一个独特理论范畴。

"格式"相当于我们今天讲的修辞格，如《古文关键》卷上《答陈商书》的评语是"设譬格"，即修辞学中讲的譬喻，《崇古文诀》卷十一韩愈《送石洪处士序》的评语是"看前面'大夫''从事'四转反复，又看后面四转祝辞，有无限曲折变态，愈转愈佳，中间一联用三句譬喻，意联属而语不重叠。后山作《参廖序》用此格"，此评语中提到的"格"也是指修辞学中讲的曲折、譬喻。这也就决定了格式与体式是不同的概念，虽然《崇古文诀》中有将"体"与"格"连用的地方，如卷三扬雄《解嘲》的评语是"此又是一样文字体格，其实阴寓讥时之意，而阳咏叹之"，但南宋理学家对"体"与"格"分得还是很清楚的，《崇古文诀》卷八韩愈《争臣论》的评语是："此篇是箴规攻击体，是反难文字之格。"吕祖谦《古文关键》卷上该文的评语也是"意胜反题格，此篇是箴规攻击体"，可见"体"与"格"并未混用。

从上可知，楼昉提出的"反难文字之格"与吕祖谦提出的"意胜反题格"应是同一格式，取名不同，这与体式的命名是同样情况，在当时还没有统一标准。关于"反难文字之格"或者说"意胜反题格"的内涵，吕祖谦在《古文关键》卷上《谏臣论》后的评语中有详细说明：

从前难到此已极了,末后须用放他一着,盖阳子在当时毕
竟是个贤者。大抵文字须抑扬,若作汉、唐君臣文字,先须取
他长处,后说他短处。①

则所谓"意胜反题格"就是文章要有抑扬的意思,楼昉命名这一格
式为"文字抑扬格",《崇古文诀》卷十一韩愈《与孟简尚书书》中的
评语说:"出脱孟子,是自出脱;推尊孟子,亦是自推尊。文字抑扬
格。"其特点就是宛转,《崇古文诀》卷十二柳宗元《捕蛇者说》的评
语就说"此文抑扬起伏,宛转斡旋,含无限悲伤悽惋之态",卷二十
王安石《答韶州张殿丞书》的评语也说"文字宛转抑扬,中间一节,
曲尽作史情态"。陈望道先生将"宛转"归为意境上的修辞格,其含
义是"说话时不直白本意,只用委曲含蓄的话来烘托暗示的,名叫
婉转辞"②,所以古人提出的"文字抑扬格"就是一种修辞格,其特
点是"不直白本意",用古人的话说就是"放他一着"。

　　笔者发现,南宋理学家最喜欢的就是这种文字抑扬格,即宛转
格,楼昉在《崇古文诀》中多次以"宛转"一词评论古文,如《崇古文
诀》卷十二柳宗元《愚溪诗序》的评语是:"只一个'愚'字,旁引曲
取,横说竖说,更无穷已。宛转纡徐,含意深远,自'不愚'而入于
'愚',自'愚'而终于'不愚',屡变而不可诘,此文字妙处。"这就是
陈望道先生说的婉转辞的一种主要方法,即"不说本事,单将余事
来烘托本事"③,如此方达到了"宛转纡徐"的特点。据笔者统计,

　　①　(南宋)吕祖谦《古文关键》卷上,黄灵庚、吴战垒主编《吕祖谦全集》,杭州:浙
江古籍出版社,2008年,第11册,第6页。
　　②　陈望道《修辞学发凡》,上海:上海教育出版社,1997年,第135页。
　　③　同上。

《崇古文诀》中共有 10 篇文章被评为"宛转",分别是卷十二的柳宗元《捕蛇者说》、《愚溪诗序》,卷十八的欧阳修《画舫斋记》,卷十九的欧阳修《有美堂记》,卷二十的王安石《新田诗并序》、《读孟尝君传》、《答韶州张殿丞书》、《答段缝书》,卷二十二的苏洵《名二子说》,卷二十七的曾巩《书魏郑公传后》。

可以说,文章抑扬宛转是南宋理学家普遍欣赏的一种风格,朱熹就说"某旧最爱看陈无己文,他文字也多曲折"(《朱子语类》卷一三九),曲折即宛转意。朱熹还指出吕祖谦也喜文章曲折风格,朱熹说:"东莱(吕祖谦)教人作文,当看《获麟解》,也是其间多曲折。"(《朱子语类》卷一百三十九)包括吕祖谦的伯祖吕本中也是喜欢此修辞格的,吕本中将其命名为"婉曲格"。总之,研究古代修辞学,南宋理学家所编诗文选本中的评语内容无疑是非常好的研究材料,同时也是古代文章学理论研究的重要材料。

3. 主意

吕祖谦《古文关键·总论》"看文字法"中说:"先见文字体式,然后遍考古人用意下句处。"可见文章之意是南宋理学家比较注重的另外一个方面,并且《古文关键·总论》"看文字法"中还说"第一看大概主张;第二看文势规模;第三看纲目关键,如何是主意首尾相应,如何是一篇铺叙次第,如何是抑扬开合处",这体式相当于"大概主张",格式相当于"文势规模",主意就相当于"纲目",因为纲目在《古文关键》的评语中就有主意的意思,如《荀卿论》的评语为"纲目在'不敢放言'",此外,主意与纲目在《古文关键》的评语中也是连用的,如《古文关键》卷上《上范司谏书》中"诚以谏官者,天下之得失"后的评语是:"是一篇主意纲目。"所以在吕祖谦看来,一篇古文,先看其体式,再看其格式,最后要看其主意。

　　谢枋得《文章轨范》评论文章也是非常注重文章主意的阐述，《文章轨范》卷三苏轼《秦始皇扶苏论》，文末评语是："此论主意为两说：(李)斯、(赵)高矫诏立胡亥，杀扶苏、蒙恬、蒙毅，其祸不在于蒙毅之去左右，而在于始皇之用赵高。后世人主用宦官者，当以为戒。一说李斯、赵高敢于杀扶苏、蒙恬而不忧二人之复请者，其祸不在于斯、高之乱，而在于商鞅之变法，始皇之好杀。后世人主之果于杀者，当以为戒。前一段说始皇罪在用赵高，附入汉宣任恭、显事；后一段说始皇之果于杀，其祸反及其子孙，附入汉武杀戾太子事。此文法尤妙。"可见《文章轨范》是借阐述文章主意而论其文法，文章主意明晰，则写作文法亦明。通过对文章主意的阐述，南宋理学家教人习古文的目的也间接达到了，比如理学思想中内圣外王的宣扬，这在《文章轨范》的评语中很明显，上文对《秦始皇扶苏论》主意的评述就可看出楼昉选择的文章都是符合理学内涵的，卷五韩愈《杂说一》"龙嘘气成文"篇的评语同样如此，该评语是："此篇主意谓圣君不可无贤臣，贤臣不可无圣君，圣贤相逢，精聚神会，斯能成天下之大功。龙指圣君，云指贤臣。"对文章主意的阐述都尽量以理学为本，饱含着儒家济世的传统。

　　正因为南宋理学家所编诗文选本对古文主意阐述的重视，所以这就直接引发了南宋理学家文章理论中"立意"这一理论的产生，真德秀就说："读书须先看古人立意，所发明者何事，不可只于言上求之。"(真德秀《西山读书记》卷二十五)看古人立意，其实就是要学习古人文章的主意，《古文关键·总论看文字法》中就说"苏文当用其意，若用其文，恐易厌人"，吕祖谦教人习古文的一个重要方面就是学古人文章之意。在南宋理学家眼中，学习古人文章的主意要学其新、好、胜、高，《古文关键》中评韩愈《获麟解》为"意高",评《谏臣论》为"意胜""意新""意尤好",此外,吕祖谦还特别讲究言外之意,他评《原道》为"意外意",评柳宗元《桐叶封弟辩》为"委蛇曲折,有不尽意",这些都说明南宋理学家对文章主意的重视。

　　以上是对南宋理学家所编诗文选本涉及的文章学理论中的三个主要方面进行了论述,当然,其文章理论不止这三个方面,还有篇章结构论,《古文关键》提到的 31 种格制中就包括"上下、离合、聚散、前后、迟速、左右、远近、彼我、一二、次第、本末"等 11 种涉及篇章结构的理论名词,不过,与我国古代文章学开山之作——南宋陈骙的《文则》相比,南宋理学家所编诗文选本中涉及的文章学理论是不成系统的,往往是只言片语,但是通过选本的推广反而传播更广,如魏天应编的《论学绳尺》卷首就载录了《古文关键》之总论,而南宋出现的非理学家所编选本也将南宋理学家所编诗文选本中涉及文章学理论的评语编入到选本之中,如王霆震编的《古文集成》更是大量引用《古文关键》和《崇古文诀》中的评语,除此之外,南宋陈鹄的笔记著作《耆旧续闻》卷二还完整引述了《古文关键·总论看文字法》中的话:"学文须熟看韩、柳、欧、苏。先见文字体式,然后遍考古人用意下句处。"吕祖谦《古文关键》中的评语屡次被南宋非理学家们引用,足见其影响之大,而南宋理学家的文章学理论也就成了南宋理学家所编诗文选本的一大特点。

二、卷首压卷

　　"压卷"一词本指诗文书画中压倒其他作品的最佳之作,但将其作为一种选本的编纂体例最早是由朱熹提出的,吕祖谦的侄子吕乔年在《太史成公编〈皇朝文鉴〉始末》中说:"晦翁晚岁尝语学者,以为'此书编次,篇篇有意,每卷卷首,必取一大文字作压卷,如赋则取《五凤楼赋》之类'。"①这是朱熹提出的《宋文鉴》的编纂体例,即取一篇大文字放在每卷卷首为"压卷",这里就产生了一个问题,即朱熹所谓的"大文字"是指文章字数多,还是指文章重要,抑或是文章内容符合理学家的道统思想?

如果是指文章字数多,那么从《文选》以赋体作为选本文体排列之首开始,将篇幅较长的文章放在卷首的选本编纂方法就早已产生了,但是《宋文鉴》卷一首篇是梁周翰的《五凤楼赋》,其文章字数也远不及排在第二的王禹偁《藉田赋》,所以朱熹所谓的"大文字"不可能单指文章字数多。而且诗歌部分中四言、五言、七言等的诗作字数都是相同的,诗歌部分作品的排序标准更不可能依据诗作字数多寡来定次序先后。

同时,《宋文鉴》所选文章的排列顺序也不是按作者生年先后排列的,例如《宋文鉴》卷一所选赋文依次是梁周翰《五凤楼赋》、王禹偁《藉田赋》、种放《端居赋》、丁谓《大蒐赋》、夏侯嘉正《洞庭赋》、王曾《矮松赋》、张咏《声赋》、钱惟演《春雪赋》和杨亿《君可思赋》,然而张咏的生年是 946 年,均早于王禹偁(954—1001)、丁谓(966—1037)和夏侯嘉正(953—989),但张咏的《声赋》排在后面,杨亿(974—1020)的生卒年也都早于钱惟演(977—1034),位置却也排在钱氏之后,所以《宋文鉴》文章排序标准也不是按作者生年先后排序。

---

① (南宋)吕祖谦《皇朝文鉴》附录,黄灵庚、吴战垒主编《吕祖谦全集》,杭州:浙江古籍出版社,2008 年,第 14 册,第 893 页。

相比之下，"大文字"指较重要文章或符合理学家道统思想的文章更符合朱熹的本意。《五凤楼赋》借描写五凤楼的繁盛景象以歌颂宋代帝王功德，所谓"元圣明兮帝道昌，威四海兮君万方。峙高阙兮冠百常，赫宋德兮垂无疆"是也，该篇文章的内容自然要比王禹偁《藉田赋》揭露社会现实更容易被宋代理学家所接受，故《五凤楼赋》放在卷首也就顺理成章了。

当然，将重要的文章放在卷首，其实也有着学理上的考量。吕祖谦与朱熹共同编纂《近思录》时，吕祖谦就坚持将"道体"一章放在全书首卷，他在《题〈近思录〉》中说："《近思录》既成，或疑首卷阴阳变化性命之说，大氐非始学者之事。某窃尝与闻次辑之意。后出晚进于义理之本原，虽未容骤语，苟茫然不识其梗概，则亦何所底止？列之篇端，特使之知其名义，有所向望而已。至于余卷所载讲学之方、日用躬行之实，具有科级，循是而进，自卑升高，自近及远，庶几不失纂集之指。"①从中可知吕祖谦是出于让始学者知义理之本原，然后由本逐末的考虑才坚持要将"道体"放在《近思录》卷首，这种思维模式也影响到吕祖谦编纂诗文选本，可以说吕祖谦编选本的"纂集之指"正是让始学者学习诗文"循是而进，自卑升高，自近及远"，故而卷首首篇便编排最符合理学义理的文章作为压卷了。

不过，需要指出的是，《宋文鉴》卷首以符合理学家思想的重要作品"压卷"的方法在吕祖谦的老师林之奇编《观澜文集》时就已产生。《观澜文集》的编纂体例是以《文选》的文体分类为标准，按照

---

① （南宋）吕祖谦《东莱吕太史文集》卷七，黄灵庚、吴战垒主编《吕祖谦全集》，杭州：浙江古籍出版社，2008年，第1册，第115页。

赋、诗、歌、行、引、颂、书、碑、铭等文体先后编排,每一类文体中各篇章的排列顺序也不是按照时代的先后顺序排列,如《观澜文集》丙集卷一所录文章依次为东汉张衡的《思玄赋》、唐代高迈的《济河焚舟赋》、唐代刘禹锡的《何卜赋》、西汉贾谊的《吊屈原赋》,卷二中所录文章依次为宋代梁周翰的《五凤楼赋》、中唐李德裕的《欹器赋》、盛唐李白的《惜余春赋》、晚唐杜牧的《晚晴赋》、宋代王令(逢原)的《思归赋》,可见林之奇没有按照文章产生的时代先后顺序编排,林之奇在《观澜集后序》中也说"不以世次列叙先后"(《拙斋文集》卷十六)。《观澜文集》所选文章以及文章排序的标准自然要符合林之奇作为一名理学家的思想,从林之奇将梁周翰的《五凤楼赋》放在了卷二的卷首,可看出,林之奇也是看重《五凤楼赋》的内容,同时张衡的《思玄赋》也是篇"大文字",因其内容主要谈的是面对黑暗的社会现实,张衡自己仍然坚持正道,不抑操而苟荣,超绝尘世,寻觅安身立命之处,表示要"御六艺之珍驾兮,游道德之平林。默无为以凝志兮,与仁义乎逍遥",这正符合理学家修身思想,林之奇也将《思玄赋》放在卷一的卷首,可见这种将"大文字"放在卷首的做法从林之奇开始就产生了,吕祖谦编《宋文鉴》明显是借鉴了这种编纂体例。

可以说,"压卷"的编纂体例是南宋理学家所编诗文选本的一个特点,而南宋非理学家所编的选本如《宋文海》的编纂体例就不是这样了。目前《宋文海》残存六卷(卷四至卷六),其中卷四古赋收录了欧阳修《憎苍蝇赋》,王令《藏芝赋》、《思归赋》、《竹赋》,王禹偁《藉田赋》、《怪竹赋》、《花权赋》,崔伯易《珠赋》,虽然江钿也未按作者时代先后为标准排序(王禹偁明显早于欧阳修),但江钿选取的卷首赋作显然不是最能代表欧阳修赋作水平的一篇文章,可见江钿没有"压卷"的意识。林之奇《观澜文集》甲集卷四亦收录有欧阳修的《憎苍蝇赋》，但却是将其编排在卷末最后一篇，首篇选录的是苏轼的《前赤壁赋》，此与第二篇《后赤壁赋》共同形成一篇"大文字"，称得上是《观澜文集》甲集卷四的"压卷"之作，所以江钿编《宋文海》的体例不是选"大文字"于卷首作压卷。理学与非理学家所编诗文选本的区别，由此可见一斑。

《宋文鉴》之后，南宋较有名的理学家所编诗文选本就是真德秀的《文章正宗》，是集主要收录宋代以前的诗文，而宋代的文章则编纂于《续文章正宗》里。《续文章正宗》的编纂体例就是将一篇"大文字"放于卷首压卷，如《续文章正宗》卷一首篇是欧阳修的《本论》上下篇，内容主要是批佛法而正儒教，内容显然符合理学家的正统思想，而且该文后还附引了欧阳修《答李诩第二书》，真德秀为此解释道："愚谓公以世人之归佛，而知荀卿'性恶'之说为非，其论美矣，至与李诩书其说，乃如此，故附见焉。"知《本论》与《答李诩第二书》主旨相近，故合编于一处，可见真德秀对所选文章排序更看重文章的内容。真德秀曾在《〈文章正宗〉纲目》中批评了《文选》、《唐文粹》，而《文选》、《唐文粹》的编纂体例均无"压卷"现象，故可以说"压卷"就是南宋理学家编纂的诗文选本中新出现的一种编纂体例。

总之，南宋理学家编纂的诗文选本是一个有着完整发展过程、有一定数量、且有一定影响的研究对象，其特点不仅仅是上文所举的三点，下文将就南宋理学家编纂的诗文选本的编纂思想特点、选本内容特点作更进一步研究。

第二章　南宋理学家所编诗文
选本编纂意图

南宋理学家编的诸多诗文选本,有许多是为科举考试而编
的,这便成了南宋理学家编纂诗文选本意图的一个共同特点。
同时,南宋理学家编的诗文选本选什么、不选什么也有大致一样
的特点,这其实也反映了南宋理学家共同的一种编纂意图,其中
便包括南宋理学家的文论思想和对编选"诗"与"文"的不同处理
态度,所以有必要对南宋理学家编纂诗文选本的意图进行深入
分析。

第一节　以教学为目的的编纂意图

以教学为目的编纂诗文选本可以说是南宋理学家编纂诗文
选本的一大特点,综观南宋的诗文选本,以教学为目的编纂的选
本几乎都是理学家所编,这可能与南宋理学家更多地从事教育
这一活动有关,正如美国学者刘子健先生所言:"北宋的特征是
外向的,而南宋却在本质上趋向于内敛……这一点,特别要归功
于新的儒家哲学流派即通称新儒家的努力,他们致力于教育和

社会的重建。"①我们可以看到南宋理学家确实更多地从事教育活动,林之奇、吕祖谦、朱熹等有名的理学家无不是将主要精力投入到教育之中,其中吕祖谦创立了丽泽书院,朱熹曾到白鹿洞书院、岳麓书院讲过学,影响巨大,如此才形成了理学思想的传承和发展,在这样的理学教育背景之下,教学成了南宋理学家编纂诗文选本的动因。

一、为教学而编的诗文选本

南宋理学家所编诗文选本有数种是因教学需要而编成的,编成后用于教学,成为教本,这有比较明确的文献记载,现叙述如下:

(一) 林之奇与《观澜文集》

林之奇(1112—1176),字少颖,号拙斋,福建侯官人,师从吕本中,"嵩洛、关辅诸儒之源流靡不讲,庆历、元祐群叟之本末靡不咨"(吕祖谦《祭林宗丞文》)。他在福州教学长达二十余年,颇有声望,朱熹就曾说:"如福州,便教林少颖这般人做,士子也归心,他教也必不苟。"②可见林之奇的教学水平在当时已被晚辈如朱熹所推崇。林之奇教授学生的教材包括《观澜文集》,南宋人姚同为乡贤林之奇写的《行实》中就说:"先生家居……士子会者坌集,先生时乘竹舆至群居之所,诸生列左右致敬,先生有喜色,或命诸生讲

---

① ［美］刘子健著,赵冬梅译《中国转向内在——两宋之际的文化内向》,南京:江苏人民出版社,2001年,第10—11页。

② (南宋)黎靖德编,王星贤点校《朱子语类》卷一百零九,北京:中华书局,1986年,第7册,第2700—2701页。

《论》、《孟》，是，则首肯而笑，否，即令再讲；或令诵先生所编《观澜集》而听之，倦则啜茗归卧，率以为常。"①由此推知《观澜文集》在南宋高宗、孝宗时的福州地区应该是很有名的一部私塾选本。

我们今天见到的是含有所谓"东莱集注"（指吕祖谦集注）的《观澜文集》②，目前有《东莱集注类编观澜文集》三十二卷本和七十卷本两种，前者收入《宛委别藏》，现藏台北"故宫博物院"，已有多家出版社影印出版，包括台北商务印书馆 1962 年版、江苏古籍出版社 1988 年版、广陵书社 2017 年版等；后者有多家高校图书馆收藏，包括北京大学、清华大学、北京师范大学、辽宁大学、复旦大学、武汉大学、中山大学等。这两种本子书名、版式相同，其实就是残本与全本的关系，三十二卷本是个残本，由阮元"从宋本依样影钞"③，存甲集二十五卷，乙集七卷。七十卷本是个全本，包括甲集二十五卷、乙集二十五卷、丙集二十卷，由清人方功惠"从宋本影刊"④。内容上，七十卷本比三十二卷本更完整，比如阮氏抄本甲集卷十三仅有两篇碑文：蔡伯喈《郭有道碑文》和韩愈《南海神庙碑文》，而方氏刻本在此二篇碑文之后多了杜牧《书韩吏部孔子庙碑阴》一文。又，抄本中有一些文章的内容文字阙如，以"□"代替，如抄本甲集卷二五杜牧《罪言》、乙集卷七苏子由的《三宗论》均有原文字句不全的情况，而刻本均补全。

---

① （南宋）姚同《行实》，《拙斋文集·附录》，文渊阁《四库全书》本。
② 关于《观澜文集》"东莱集注"的真伪问题，可参看拙文《〈观澜文集〉"东莱集注"与南宋伪注现象》，载《文学遗产》2020 年第 2 期。
③ （清）阮元《揅经室外集》卷三，《清代诗文集汇编》，上海：上海古籍出版社，2010 年，第 477 册，第 839 页。
④ （清）方功惠《东莱集注古文观澜集附考凡例》第一条，《东莱集注类编观澜文集》，第 4 册甲集卷末，清光绪十年刊本（据复旦大学图书馆藏本），第 1 叶。

（二）吕祖谦与《古文关键》

吕祖谦（1137—1181），字伯恭，其编《古文关键》的时间并不明确，黄灵庚、吴战垒主编的《吕祖谦全集》第十一册《古文关键·点校说明》中说："《古文关键》乃吕祖谦在孝宗乾道、淳熙间之作，其时居丧于武义明招山。"但不知此说有何文献依据。据笔者所知，从目前流传下来的文献来看，吕祖谦就《古文关键》的编纂情况未置一词，吕祖谦之弟吕祖俭为吕祖谦编的《圹记》和吕祖谦的侄子吕乔年编的《（吕祖谦）年谱》也都未记载吕祖谦编《古文关键》一事，文献的不足无法考证出《古文关键》的产生时期，同时该选本的编纂目的也是不清楚的，而我们今天学界众口一词说《古文关键》是为教学而编的，恐怕都是依据陈振孙的观点。陈振孙《直斋书录解题》卷十五云："《古文关键》二卷，吕祖谦所取韩、柳、欧、苏、曾诸家文标抹注释，以教初学。"①这是最早阐述《古文关键》编纂目的的文献，虽然笔者也不知陈振孙持此论的依据何在，但因陈氏为宋人，与吕祖谦生活的年代相差不太远，所以也就只能姑且信之了。

目前我们比较容易看到的《古文关键》主要有两个版本，一个是文渊阁《四库全书》本，二卷，共选文 61 篇；另一个则是《中华再造善本》，题名《增注东莱吕成公古文关键》，二十卷。从版本情况来看，《古文关键》有如此大的版本差异，着实让人不解，同时其内容存在诸多疑问，因此其是否为吕祖谦所编一直受到后人的怀疑，只因文献不足，无法提出充分的理由否定《古文关键》的编纂者是

---

① （南宋）陈振孙撰，徐小蛮、顾美华点校《直斋书录解题》，上海：上海古籍出版社，1987 年，第 451 页。

吕祖谦。吴承学先生在《现存评点第一书——论〈古文关键〉的编选、评点及其影响》中说:"关于编者问题,我仍持慎重阙疑的态度,不敢妄测。"①笔者也只能把《古文关键》为吕祖谦所编的真伪问题暂付阙如了。

(三) 刘克庄与《唐五七言绝句》、《本朝五七言绝句》

刘克庄编纂了两部唐宋五七言绝句选本即《唐五七言绝句》、《本朝五七言绝句》,其编纂目的是教学,这有明确的文献记载,刘克庄在《〈唐五七言绝句〉序》中说:"余家童子初入塾,始选五七各百首口授之,切情诣理之作,匹士寒女不弃也……夫发乎情者,天理不容泯;止乎理义者,圣笔不能删也。"(《后村先生大全集》卷九十四)《〈本朝五七言绝句〉序》中说:"唐绝句诗选成,童子复以本朝诗为请……姑取所尝记诵南渡前五七言亦各百首,授童子。"(同上)可见,刘克庄所编的唐宋五七言绝句选本有明确的编纂目的和编纂标准,首先是以诗歌"授童子";其次,选"发乎情、止乎理义"之作,"切情诣理之作"是选诗标准,这体现了刘克庄作为一名理学家的本色。只可惜,此两种选本均已佚失,不知内容如何。

(四) 楼昉与《崇古文诀》

楼昉(生卒年不详),字旸叔,号迂斋,他所编《崇古文诀》也是因教学而编的,这也有明确的文献记载,其中以宋人陈森在《〈崇古

---

　　① 吴承学《现存评点第一书——论〈古文关键〉的编选、评点及影响》,《文学遗产》2003 年第 4 期,第 74 页。

文诀〉跋》中说的最为明白：

> 迂斋先生深于古文，尝掇取菁华，以惠四明学者。迨分教
> 金华，横经璧水，传授浸广，天下始知所宗师。森曩偕先生季
> 弟为馆下生，就得缮本，玩味不释，恨未锓梓。适先生守莆，幸
> 备冷官，因间叩请，尽得所藏，自先秦迄于我宋，上下千余年
> 间，其颖出者网罗无遗轶。①

由此可知，楼昉曾到金华教书，所谓"天下始知所宗师"，盖
谓楼昉所授古文乃秉承其师吕祖谦之学，吕祖谦就是金华人。
陈森为楼昉学生时就已读到了《崇古文诀》，只是该集当时还没
有付梓，总之，《崇古文诀》是因教学而编的历史事实是比较清
楚的。

（五）谢枋得与《文章轨范》

谢枋得（1226—1289），字君直，号叠山，他编的《文章轨范》一
般被认为是为场屋者而编的，最早提出此说的是明人王守仁，他在
《重刊〈文章轨范〉序》中说："宋谢枋得氏取古文之有资于场屋者，
自汉迄宋，凡六十有九篇，标揭其篇章句字之法，名之曰《文章轨
范》。"②从《文章轨范》的内容上来看，其点抹评点的形式确如为后
学指示撰写古文之门径，而且从其编排的体例上来看，以"侯、王、

---

① （清）陆心源《皕宋楼藏书志》卷一百一十四，《清人书目题跋丛刊一》，北京：中
华书局，1990年，第1288页。
② （明）王阳明著，吴光等编校《王阳明全集：新编本》，杭州：浙江古籍出版社，
2010年，第3册，第916页。

将、相、有、种、乎"为分集名,其教人博取功名的意图太明显了,虽然我们没见到谢枋得有关该集编纂目的的阐释性文献,但仅从内容形式上也可断定该集与教学之间存在着联系。

综合以上同类选本,我们可以看出南宋理学家所编教学类选本的一些共同特点:首先是为教学而编,不过都与科举有关,下文将详述;其次,教学类选本有批点,这两个特点对当时南宋后期民间书坊本的编刊产生重要影响。

二、南宋科举考试对理学家编纂诗文选本的影响

南宋理学家为教学而编的选本是有着功利色彩的,也就是说理学家编诗文选本,一方面是为教学所需,另一方面也是为了培养学生考科举而编。我们可以看到,南宋从事教学的理学家本身不仅考科举,而且他培养的学生也是热衷科举考试的。宋代出现"万般皆下品,惟有读书高"的观念是时代造就的,生活在那样时代里的理学家及其学生不可能脱俗,就连程颐都说:"人多说某不教人习举业。某何尝不教人习举业也? 人若不习举业而望及第,却是责天理而不修人事。"(《二程遗书》卷十八)虽然理学家讲究自身道德的修养与提升,不注重名利,但我们看到的实际情况却是大多数理学家都参加过科举考试,尤其是著名的南宋理学家当中,没参加科考的很少,如张栻,他是以荫补官,没参加过科举考试,但与他齐名的"东南三贤"另外二人朱熹和吕祖谦都是科举出身。所以笔者发现南宋理学家为教学而编的诗文选本与当时的科举考试有一定关联,其选编的文体与科考内容有一定联系,要研究这类为教学而编的选本就不能不考虑科举考试的影响。

（一）博学宏词科与选本内容文体的选择

宋代科举一般分为常科和非常科,常科又分文科和武科,其中文科包括进士科、诸科、明经科和说书举;非常科包括制科、百篇举和词科,其中词科又包括宏词科、词学兼茂科、博学宏词科和词学科(详见《宋登科记考》附录部分《宋代科举概述》)。这些科举考试科目当中与文学选本联系较大的无疑是词科了,其中又以博学宏词科与南宋理学家编纂诗文选本联系最为紧密。

博学宏词科是南宋初期才开始设立的,之前的宏词科和词学兼茂科分别在宋徽宗大观四年(1110)和宋高宗绍兴三年(1133)废止了,取而代之的就是博学宏词科,《宋会要·选举》一二之一一《词科》中说:"《绍圣法》以宏词为名,大观后以词学兼茂为名,今欲以博学宏词科为名。以制、诰、诏、书、表、露布、檄、箴、铭、记、赞、序一十二件为题,古今杂出六题,分为三场,每场一古、一今。"这考试的内容或许就成了从事教学的南宋理学家编选教学类选本所依据的考试大纲了。我们来了解一下林之奇《观澜文集》中所选的文体,该集甲集所选文体分别是赋、诗、歌、行、引、颂、书、碑、铭、箴、赞、哀辞、表、论、序、记、疏、杂文等;乙集所选文体分别是赋、诗、歌、辞、论、颂、书、表、制、启、序、状、碑铭、议、传、记、赞、杂文等;丙集所选文体分别是赋、说、论、记、序、碑、箴、铭、赞、传、杂文等,笔者将这些文体去除重复后统计得二十一种,其中"杂文"很难算一种文体,故未计入,如果将这二十一种文体又除去诗赋类,则文章文体就包括制、书、表、箴、铭、记、赞、序、颂、碑、辞、论、疏、启、状、传。与《宋会要》中所提到的博学宏词科考试的文体相比,《观澜文集》中无诰、诏、露布、檄四种文体,其余的八种文体均包含,可见林之奇编《观澜文集》重点还是想教人写实用性文体,并将这些文体及文体的代表作视为

"活水",要求观活水以得师,他在《观澜集前序》中说:

> 言,可闻而不可殚;书,可观而不可尽。人之以其蕞尔之
> 闻见而对万古浩博之书言,将以穷其无穷,极其无极,虽末世
> 穷年,曾不足以究马体之毫末,而毫及之矣,此《观澜》之编所
> 由作也。"观水有术,必观其澜",澜,活水也,水惟其活,是以
> 智者得师焉。①

不可否认的是,这种教学方法起到了很好的效果,林之奇的学生
吕祖谦便在宋孝宗隆兴元年(1163)进士及第,又中博学宏词科,
而且吕祖谦教其内弟曾德宽考博学宏词科时,其方法也如林之
奇一般,吕祖谦在《与内弟曾德宽》之一中说:"小三弟欲习宏词,
此亦无害。今去试尚远,且读秦、汉、韩、柳、欧、曾文字(原注小
字:四六且看欧、王、东坡三集),以养根本。"②所谓的"养根本"
正如林之奇所言要"观澜",而吕祖谦所讲的这些秦汉、唐宋文
字,《观澜文集》也都含有,可见《观澜文集》的编纂内容与博学宏
词科确有一些联系。

　　我们从真德秀编的《文章正宗》中也能看到博学宏词科对南宋
选本文体选择的影响,虽然真德秀未明确表示《文章正宗》是为教
学而编,但他的学生刘克庄说:"《文章正宗》初萌芽,西山先生(真
德秀)以诗歌一门属予编类,且约以世教民彝为主。"(《后村集》卷
十七)看来《文章正宗》的编纂还是有教人的目的。真德秀在宋宁

宗庆元五年（1199）进士及第，28 岁时也就是宋宁宗开禧元年
（1205）中了博学宏词科，这一榜只中了两人，另一人是留元刚，字
茂潜，他因中博学宏词科而赐同进士出身，可见博学宏词科在当时
科举考试中的地位是很高的。不过之后宁宗朝竟然无一人再中过
博学宏词科，那么真德秀在当时的地位就可想而知了，而由他编的
《文章正宗》对当时举子的影响自然也就很大，比如宋人王应麟备
考博学宏词科时所做的读书笔记《玉海》卷五十四艺文总集文章类
中便提到了《文章正宗》。该集成书于宋理宗绍定五年（1232），而
王应麟于宋理宗淳祐元年（1241）进士及第，过了十五年也就是理
宗宝祐四年（1256）才中了博学宏词科，这备考博学宏词科十五年
的时间对于王应麟来说足以读完《文章正宗》，但问题在于王应麟
备考博学宏词科为何要读《文章正宗》呢？究其主要原因恐怕还是
在于《文章正宗》所选文体正好符合博学宏词科考试的十二种文
体，如《文章正宗》以辞命、议论、叙事、诗歌四体分类，其中辞命、议
论、叙事其实涵盖了众多文体，"辞命"之中就包括"诰""诏""策"等
文体。《文章正宗》卷一所选文章是"周天子告谕诸侯之辞"，是
"诰"体，而卷二、三基本上都是选录汉代的诏书、策，如卷三《对燕
王策》、《成帝赐史丹策》等；"议论"部分包含的文体有谏（卷四《召
公谏监谤》）、论（卷五《范文子论战》）、奏（卷八《刘向上星孛等
奏》）、疏（卷七《贾谊陈政事疏》）、书（卷十《主父偃论伐匈奴书》）、
表（卷十一《诸葛亮出师表》）、赞（卷十四《赞文帝》）、序（卷十五《送
王秀才序》）等；"叙事"部分包括传（卷二十《屈原传》）、碑（卷二十
《平淮西碑》）、铭（卷二十一上《柳子厚墓志铭》）、记（卷二十一下
《钴𬭁潭记》）、序（卷二十一下《张中丞传后序》）等。综观《文章正
宗》辞命、议论、叙事三类所包含的各种文体，与博学宏词科所考的

十二种文体相比除了制、露布、檄、箴之外有很多文体是相吻合的，可见《文章正宗》与博学宏词科考试也存在一定的联系。关于这一点，明人郑真说得很明白，他在《亡兄金华府义乌县儒学教谕郑先生行状》中说：

> （郑驹）平生用志古学，自三代、秦、汉、唐、宋诸家，罔不涉猎，而于《文章正宗》及《玉海》词科十二体之中，为有得以为世之为文者，不过议论、叙事两端。（《荥阳外史集》卷四十二）

所谓"《玉海》词科十二体"是指王应麟《玉海》卷二百零一"辞学指南"中提到的博学宏词科考试内容："绍兴三年，工部侍郎李擢请别立一科。七月，诏以博学宏词为名，凡十二体，曰制、诰、诏、书、表、露布、檄、箴、铭、记、赞、颂、序，古今杂出六题，分为三场，每场一古一今，三岁一试。"明人郑真将《文章正宗》与《玉海》中提到的博学宏词科十二体相提并论，可见郑氏亦是看到了二者之间的联系，而且郑真还继承了真德秀《文章正宗》的分类方法，认为"议论""叙事"二体最为有用，其实这其中就包含了众多实用性文体，与科举考试是有关联的。

　　总之，南宋开始实行的博学宏词科对南宋理学家编纂的教学类诗文选本有着重要影响，当时举子也热衷阅读此类选本，加速了该类选本的传播与接受。

（二）进士科与选本中诗赋及古文文体的编纂

　　教学类选本中诗赋和古文文体的选择应该更多地受进士科考

试的影响。宋代科举独重进士科,其内容一直是经义与诗赋的考试,不同的是不同时期侧重不同,如宋神宗熙宁四年(1071)罢诗赋取士,宋哲宗元祐时期又恢复了诗赋取士,但从南宋高宗开始,经义取士与诗赋取士成为不变的形式,一直延续到南宋末年,遂产生经义进士和诗赋进士之别,这一差别的产生是由于南北地域不同所致,《宋登科记考·宋代科举概述》中就说:"此举实为照顾北方士子适应考经义,南方士子适应考诗赋之差别而制订。"①南宋因地域局限于南方,诗赋考试的重要性便凸显出来,刘克庄编的唐宋五七言绝句选本为何仅以诗歌作为童蒙的启蒙文体,这是值得思量的问题,总之进士科中诗赋考试的现实情况应是不可忽视的影响因素,加之南方士子又擅长诗赋考试,则南宋诗歌选本居多应是必然结果。

　　至于古文选本的盛行,这也与进士科考试内容息息相关。南宋进士科第一关——发解试按官学与私学的不同,士子分为"生员"与"乡贡",南宋理学家所办之学均为私学,所以师从林之奇、吕祖谦等理学家的士子都属乡贡,他们要经县、州两级考试淘汰选拔,其考试内容因文献记载缺乏而不详,大致是要考文章和经义。《宋会要辑稿·选举》一四之一六:宋太宗至道三年(997)翰林学士宋白等议"乞不限两京、国学及诸道州府,应新旧进士、诸科举人,每秋赋(指发解试)各依前后敕命,委本处逐色差官考试,须是文章、经义最精者",太宗依所奏。故会写文章是乡贡取得解额的首要条件,就连南宋末年增加的乡贡发解试复试,其复试内容也是重文章写作,《宋史·选举志二》:度宗咸淳九年(1273)"先是,州郡

----

①　傅璇琮主编《宋登科记考·附录》,南京:江苏教育出版社,2009年,第4页。

乡贡未有覆试。会言者谓冒滥之弊,惟在乡贡,遂命漕臣及帅守于解试揭晓之前,点差有出身倅贰或幕官专充覆试。尽一日命题考校,解名多者,斟酌分日。但能行文不缪、说理优通、觉非假手即取"。

第二关省试的考试内容以建炎法为依据,即以经义、诗赋两科取士,且试诗赋不复兼试经义,试经义止治一经。尽管这种考试形式在绍兴十三年(1143)变革为合经义、诗赋取士为一科,但在绍兴十五年时仍分为两科,迄南宋灭亡未变,与北宋省试内容相比,就是要加试诗、赋各一首。

第三关殿试考试的内容因神宗时罢试诗、赋、论三题,改为试策,终宋未改,故南宋殿试考的就是策问。

从进士科考试内容可看出"论"与"策"两种文体是进士考试中的主要考试形式,其文体形式自然要求是散文而非骈文,当年欧阳修借科举改革文风便已形成科考用散文的传统,故以古文作为教材教授学生来应对进士科考试自然是没有问题的了,《古文关键》《崇古文诀》和《文章轨范》之所以在南宋后期受到推崇,主要原因也是在于这些古文选本所选古文乃经典散文,符合进士科考试的文体要求。

三、南宋理学家所编教学选本对民间书坊本的影响

南宋理学家编的教学类诗文选本对当时民间书坊本产生巨大影响,这不仅有内容上的影响,坊间编纂思想受理学影响也是显著的,这也是理学家所编诗文选本的价值表现之一。

南宋后期民间书坊出现了为科举考试而编的古文选本,这不能不说是受到了南宋理学家为教学也是为科举而编的选本的影响,因为这些书坊本就内容而言有的是直接选录理学家编纂的古

文选本，这在南宋后期书坊之间是很普遍的一个现象。比如《古文集成》，旧题为王霆震编，大约为理宗时刊，为"南宋书肆本"(《四库全书总目》卷一百八十七)，其内容就是将南宋一些编过古文选本的理学家的批注汇编在一起，主要就是从吕祖谦的《古文关键》、楼昉的《崇古文诀》和真德秀的《文章正宗》中取材。如《古文集成》卷十五乐毅《报燕惠王书》，该文开篇载有"迂斋批云：可以见燕昭王、乐毅君臣相与之际，略似蜀昭烈诸葛武侯，书词明白，同见肺腑"，此批注抄自《崇古文诀》卷一《答燕惠王书》的题解，而"西山批云：战国策士谈说之辞"，则抄自《文章正宗》卷六后的总结性按语。《古文集成》中将吕祖谦、楼昉和真德秀三人批语集于一篇的文章，见于《古文集成》卷六十八韩愈的《原道》，该文开篇载录了朱熹校注韩愈集的内容以及"西山批"和"迂斋批"，但同时又说"全篇依东莱批注，全篇增迂斋批点"。总之，《古文集成》主要就是抄录此三人的古文选本，但同时也增加了其他一些南宋诸儒的批点，有熟知的如朱熹，也有未知其名者如"敩斋"，此人亦编有选本《古文标准》，已佚。这些民间书坊本将理学家编的古文选本合编为一种，其目的无非就是想让书好卖，按现在的广告词来说就是让消费者花一样钱买三样，不过这从反面说明了南宋理学家所编的古文选本在当时很有市场，影响自然也是很大的。

和《古文集成》同类的南宋书肆本还有无名氏的《古文正宗》前后集，《郡斋读书志·读书附志》卷下中说该选本："集诸儒评论先秦、两汉、三国、二晋、六朝、唐及我宋诸公之文也。"①此外还有黄坚的

---

① （南宋）晁公武撰，孙猛校证《郡斋读书志校证》，上海：上海古籍出版社，1990年，第1218页。

《诸儒笺解古文真宝》前后集,由此可见重新选编理学家的批点在南宋书坊间很是流行,其明显是受到了南宋理学古文选本的影响。

以上仅就南宋理学家所编的教学类选本在当时的影响价值做了初步的探究,不过我们也应该看到其对后世的影响也是很深远的,比如对后代选本批点的形式和古代文章学的影响,因学界对此方面论述较多,在此不赘述。

第二节　南宋理学家编纂诗文选本背后的理学观

南宋理学家编纂诗文选本除了存在为教学及科举而编的意图外,选本之中选什么文章、不选什么文章其实也反映了编纂者的编纂意图。笔者发现南宋理学家编纂诗文选本普遍不选北宋理学家诗和南宋理学家文,这种编纂意图的背后其实蕴涵着南宋理学家的文论思想,这是值得进一步探讨的问题。

一、以比兴之体　发理义之秘

宋代理学家之间对诗歌的态度是不同的,大体而言,北宋理学家对诗的要求较偏狭,程颐就自称"某素不作诗,亦非是禁止不作,但不欲为此闲言语。且如今言能诗无如杜甫,如云'穿花蛱蝶深深见,点水蜻蜓款款飞',如此闲言语,道出做甚!"①"闲言语"也就成

---

① （北宋）程颐《二程集・河南程氏遗书》卷十八,北京:中华书局,1981 年,第239 页。

了北宋理学之士对诸如此类诗歌的总评。南宋理学家对诗歌的态度显然没有这样严苛,在南宋理学家看来,纯粹的说理之诗倒不是好诗,而运用了比兴传统的诗歌才算是好诗,这一理学文论思想体现在真德秀的《〈咏古诗〉序》中,其云:

> 古今诗人,吟讽吊古多矣,断烟平芜、凄风澹月、荒寒萧瑟之状,读者往往慨然以悲。工则工矣,而于世道未有云补也。惟杜牧之、王介甫,高才远韵,超迈绝出。其赋《息妫》《留侯》等作,足以订千古是非。今吾德庄(龚德庄,真德秀友)所赋,遇得意处,不减二公。至若以诗人比兴之体,发圣门理义之秘,则虽前世以诗自雄者,犹有惭色也。(《西山真文忠公文集》卷二十七)

从中可看出真德秀看重的还是"比兴之体",提出"以诗人比兴之体,发圣门理义之秘",这与真德秀关于后世之诗能得古人性情之正者皆为"义理"的观点是一致的。要得古人性情之正,就需要"比兴",正如《〈文章正宗〉纲目》所言:"兴寄高远,读之使人忘宠辱、去系吝,翛然有自得之趣,而于君亲臣子大义亦时有发焉,其为性情心术之助。"诗歌只有"比兴"或者"兴寄",才能使"圣门理义之秘""君亲臣子大义"发焉。

而北宋理学家之诗多直接说理,素有理学诗鼻祖之称的"邵康节体"(严羽《沧浪诗话·诗体》),从内容上来看就多是直抒得义理之后的安乐情怀,这一类诗歌创作手法上未用"比兴",这样的理学诗从古至今也都未被称作好诗,不仅像真德秀这样的理学家不选此类诗歌,今人如钱锺书先生对此类诗歌也是批评的,他曾说:"程明道(颐)《秋日偶成》第二首云:'道通天地有形外,思入风云变态中.'乃理趣好注脚。有形之外,无兆可求,不落迹象,难着文字;必须冥漠冲虚者结为风云变态,缩虚入实,即小见大。具此手眼,方许诗中言理。如朱子学道有人,得句云:'等闲识得东风面,万紫千红总是春.'……诗虽凡近,略涵理趣,已大异于'先天一字无,后天着工夫'等坦直说理之韵语矣。"①其中"坦直说理之韵语"自然是指纯说理的诗歌,钱锺书先生对此显然是不喜欢的。而要达到"诗中有理",也就是要有比兴,这样才能"缩虚入实,即小见大",因为"比兴"的作用能使读者含咏其诗而体味诗之深蕴。

　　可以说,诗歌以比兴说理是南宋理学家的普遍审美趣味。盛如梓《庶斋老学丛谈》卷中云:"有以诗集呈南轩先生(指张栻),先生曰:'诗人之诗也,可惜不禁咀嚼.'或问其故,曰:'非学者之诗。学者诗读着似质,却有无限滋味,涵泳愈久,愈觉深长。'"张栻在此处提出了"学者之诗",即理学家诗,这类诗如无比兴、兴寄,则涵泳不可愈久。运用比兴才能抒写性情,得古人性情之正即"义理",这是因为"性情"在理学家眼中是体与用的关系,朱熹就曾说:"性是体,情是用,心字只一个字母,故性情字皆从心。"(《朱子语类》卷五)则性是形而上的,情是形而下的,二者统一于心,乃心之体用之分,南宋理学家陈淳继承朱熹此观点,也说:"心统性情,其未发则性也,心之体也;其已发则情也,心之用也。"(《北溪大全集》卷三十八)性与情的区别在于"性安然不动,情则因物而感"(《朱子语类》卷九十八),情既然是因物而感,因物而动,则人的情感表达就需要寄托于物,比兴的运用也就在所难免了。通过比兴的运用使得情

---

① 钱锺书《谈艺录》第69则,北京:中华书局,1984年,第229页。

感寄托于物,于是"因这情,便见得这性。因今日有这情,便见得本来有这性"(《朱子语类》卷五),通过这种"比兴逆推"的方式也就能因情见性了,也就得到了所谓的"义理"了。

二、学则正统　文则正宗

南宋理学家对文章都普遍讲求正宗,吕祖谦曾评价汪应辰"文则正宗"(《祭汪端明文》),真德秀编纂的选本取名也叫《文章正宗》,他还对"正宗"作了番解释:"'正宗'云者,以后世文辞之多变,欲学者识其'源流之正'也。"(《〈文章正宗〉纲目》)这"源流之正"其实就是指儒家思想,因为真德秀在《〈文章正宗〉纲目》中列举的文章源流之正均是儒家经典如《尚书》、《诗经》,所以在真德秀看来"文章正宗"的标准是要符合儒家思想,这与理学家普遍具有的文道观是一致的,即文者道之流,道是根本,所以欲得文之正,先从得道入手。

不过,吕祖谦在称赞汪应辰"文则正宗"时,前面还说了一句"学则正统",这两句话之间暗含了语意转承关系,即吕祖谦认为汪应辰先有"学正统"后才有"文正宗",儒者常谓"有德者必有言",正是这个意思。真德秀编《文章正宗》时也具有这种"先学后文"的思想,《〈文章正宗〉纲目》中就说:"夫士之于学,所以穷理而致用也,文虽学之一事,要亦不外乎此,故今所辑以'明义理、切世用'为主。"其中"文虽学之一事"就是"先学后文"的意思,"学"乃"文"之根本。

就《文章正宗》而言,其选文的标准是所选文章要合乎"学",其内核就是"明义理、切世用",而这又是理学的基本内涵,可谓是学统之正。正因如此,《续文章正宗》才会选北宋理学家的文章,如李觏的《袁州学记》(卷十二)、《景德寺修殿造弥陀阁记》(卷十五),原因就在于所选的理学家文章是在论君道圣学,如李觏的《袁州学记》:

> 皇帝二十有三年,制诏州县立学。惟时守令,有哲有愚,有屈力单虑,祗顺德意,有假官借师,苟具文书。或连数城,亡诵弦声,倡而不和,教尼不行。三十有二年,范阳祖君无择知袁州。始至,进诸生,知学官阙状,大惧人材放失,儒效阔疏,亡以称上旨。通判颍川陈君优闻而是之,议以克合。相旧夫子庙狭隘不足改为,乃营治之东北隅。厥土燥刚,厥位面阳,厥材孔良。瓦甓、黝垩、丹漆举以法,故殿堂、室房、庑门各得其度。百尔器备,并手偕作,工善吏勤,晨夜展力。越明年成,舍菜且有日,旴江李觏谂于众曰:
>
> 惟四代之学,考诸经可见已!秦以山西鏖六国,欲帝万世,刘氏一呼而关门不守,武夫健将卖降恐后,何邪?《诗》、《书》之道废,人唯见利而不闻义焉耳。孝武乘丰富,世祖出戎行,皆孳孳学术,俗化之厚,延于灵、献。草茅危言者折首而不悔,功烈震主者闻命而释兵。群雄相视,不敢去臣位尚数十年。教道之结人心如此。今代遭圣神,尔袁得贤君,俾尔由庠序践古人之迹。天下治,则摭礼乐以陶吾民;一有不幸,犹当仗大节,为臣死忠,为子死孝,使人有所法,且有所赖。是惟朝家教学之意。若其弄笔以徼利达而已,岂徒二三子之羞,抑为国者之忧。
>
> 此年实至和甲午(1054),夏某月甲子记。(《旴江集》卷二十三)

南宋王象之《舆地碑记目》卷二记载："（宋仁宗）皇祐中，祖无择营建州学，李泰伯（觏）为之记、章友直篆、柳洪书，世号为'三绝碑'。熙（宁）、（元）丰间，馆学第天下，学记以袁（州）为冠。"李觏的《袁州学记》之所以能在北宋称为一绝，原因在于该文内容符合北宋当时的儒学复兴思想，将儒家经典奉为根本，即该文提到的《诗》、《书》之道"，但秦朝废道，使人不闻义，以致国家大乱，而汉代君王"孳孳学术"，使国家安宁，君臣有序，"是惟朝家教学之意"，即提倡《诗》、《书》之道乃为治国的本意。李觏的这篇记体文体现了"学则正统"的思想，故而能被南宋理学家广泛推崇，朱熹就曾说："李太伯（觏）作《袁州学记》，说崇《诗》、《书》，尚节义，文字虽粗，其说振厉，使人读之森然，可以激懦夫之气。"（《朱子语类》卷一百二十二）可见文章"崇《诗》、《书》，尚节义"就能赢得南宋理学家的认同，其"学正统，则文正宗"的思想已隐含其中了。

　　而南宋理学家张九成（1092—1159）和张栻（1133—1180）都写有同题文章《袁州学记》，但楼昉《崇古文诀》、真德秀《续文章正宗》、谢枋得《文章轨范》这样有名的南宋理学古文选本都未选张九成和张栻的同题文章，却都选了李觏的《袁州学记》，这是为什么呢？我们来对比一下文章的内容，张九成《袁州学记》云：

　　　　绍兴己未，建安陈侯来守是邦，得祀先圣先师于学官，乃顾瞻庙貌，翱翔廊庑，喟然叹曰："夫子之道，传帝王，相天地，叙彝伦，膺夷狄，自天子以下皆师事之。顾丹青漫漶，楹桷倾弛，甚不称朝廷所以尊崇之意。风俗之本，教化之端，当如是乎？吾甚不取。"乃命教授刘瑜撤其故而一新之。越明年仲春经始，而季秋落成。画绘炳明，轮奂高洁，儒风之盛，甲于江西。余出守邵阳，道过其门，自念平时起居食息，不敢忘吾夫子，辄秉心一意，整冠肃容，拥笏以入，再拜而退。诸生乃交揖而进曰："吾乡人物，载在信史，在汉则有陈重，在唐则有卢肇、黄颇诸公相继而出。又韩文公振斯文于前，今陈公大其事于后，愿记厥实，以为不朽之传。"余曰："忧患流离，学殖荒落，不足以副子请。"既而教授以书来，宜春尉林仰又以书来，余再辞而弗获也，乃为之说曰：

　　学乎学乎，利禄云乎哉！《大学》平天下之道，自格物而入；夫子不逾矩之妙，自志学而入。盖一心之所管，即经纶天下之业也；一身之所履，即绥定国家之事也。耳目乃礼乐之原，其可以弗正？梦寐乃居处之验，其可以弗思？陈侯之为是举也，岂徒然哉？盖将使此邦之士，不迁怒、不贰过如颜子，无伐善、无施劳如颜子，自忠恕而得夫子之道如曾子，自洒扫而得君子之道如子夏，自徐行而得尧舜之道如孟子。抑将使此邦之士，从颜子、曾子、子夏、孟子数公而知格物之效，志学之宗，平天下、不逾矩之要。学乎，果利禄云乎哉？诸生其勉之。

　　绍兴十一年(1141)正月日记。(《横浦集》卷十七)

该文字数比李觏的多了不到一百字，也就是说两文的篇幅相当，行文思路也相同，先叙袁州州学新建之缘，后叙州学建立之义，但二文的思想内容是截然不同的。李觏的《袁州学记》开宗明义就道出学术"源流之正"，即"《诗》、《书》之道"，意思就是以儒家经典为学术之本，汉代君王孳孳于以儒家经典为本的学术，所以才能天下治，文章气势森然；而张九成的《袁州学记》却是在谈学习的重要性，他认为孔子不逾矩是因为孔子志于学，所以张氏文章强调学习颜子、曾子、子夏、孟子,让莘莘学子都树立学习的宗旨,所谓"志学之宗"是也。相较两文的内容,自然是李文的论调更高,更符合理学家内圣外王的目标。

张栻的《袁州学记》云:

> 淳熙五年(1178)秋八月,某来宜春。至之明日,州学教授李中与州之士合辞来言:"宜春之学,自皇祐中太守祖无择实始为之,今百有二十五年矣。中更兵革,废而复兴,惟是庳陋弗克称,至于今。守乃慨然按寻旧规,首辟讲肄之堂,立稽古阁于堂上,生师之舍皆撤而一新之。将告成,而君侯适来,敢请记以诏多士。"某谢不敏,则请益坚,乃进而告之曰:
>
> 先王所以建学造士之意,亦尝考之乎?惟民之生,其典有五,君臣、父子、兄弟、夫妇、朋友是也;而其德有四,仁、义、礼、智是也。人能充其德之所固有,以率夫典之所当然,则必无力不足之患。惟人之不能是也,故圣人使之学焉。自唐虞以来,固莫不以是教矣,至于三代之世,立教人之所,设官以董莅之,而其法益加详焉。然其所以为教则一道耳。故曰:"学则三代共之,皆所以明人伦也。"嗟夫!人伦之在天下,不可一日废,废则国随之。然则有国者之于学,其可一日而忽哉!皇朝列圣相承,留意教养,所以望于多士甚厚,三代而下言学校之盛,未有若此时也。然则教于斯,学于斯者,其可不深考先王建学造士之本意而勉之乎?惟四德之在人,各具于其性,人病不能求之耳。求之之方,载于孔孟之书,备有科级,惟致其知而后可以有明,惟力其行而后可以有至。孝弟之行,始乎闺门而形于乡党;忠爱之实,见于事君而推以泽民。是则无负于国家之

教养,而三代之士风亦不越是而已。嗟乎,可不勉哉! 于是书
以为记。今守名杓,实某之弟也。

是月庚戌记。(《南轩集》卷九)

张栻之文开头就大谈仁义、五常,最后总结出建学造士的本意就是
要"明人伦",论述过于腐儒气,而且张栻认为人是为了自身道德修
养才求于孔孟之书,这明显与真德秀的观点相反,真德秀认为孔孟
之书为根本,而张栻却将其视为手段,这种本末倒置的论点怎么可
能得到真德秀的赞同呢,可见《续文章正宗》不选张栻的《袁州学
记》是有学理方面的原因的。

真德秀在《跋彭忠肃文集》中将自己判断文章优劣的学理思想
表达得非常清楚,其中云:

汉西都文章最盛,至有唐为尤盛,然其发挥理义有补世教
者,董仲舒氏、韩愈氏而止尔。国朝文治猥兴,欧、王、曾、苏以
大手笔追还古作,高处不减二子。至濂洛诸先生出,虽非有意
为文,而片言只辞,贯综至理,若《太极》、《西铭》等作,直与六
经相出入,又非董、韩之可匹矣。然则文章在汉唐未足言盛,
至我朝乃为盛尔。(《西山真文忠公文集》卷三十六)

真德秀对濂洛诸先生的文章最为推崇,其理由是诸先生文章"若
《太极》、《西铭》等作,直与六经相出入",这与《〈文章正宗〉纲目》提
出的"其指近乎经"的文章才取焉的选文思想是一样的,由此可知
真德秀对文章正宗的判断标准就是上文提出的文章内容要与儒家
经典思想相表里,这也就是学统正,是真正地得儒家源流之正,而

不仅仅是指理学谱系的源流。即使讲到理学谱系，北宋理学家相较于南宋理学家更具有学术正统的特点，毕竟南宋理学家都是传承北宋理学家的学统，要讲"源流之正"自然还是北宋理学家更属正宗，加之从《文选》开始就形成的不选同时代人的传统选文观念的存在，故南宋理学家更倾向选北宋理学家文而不选同时代的南宋理学家的文章。

可以说"学则正统，文则正宗"中的"学"乃本体，"文"则为用，"本体"近乎经就能使"用"得以发挥，就如朱熹评价李觏《袁州学记》一样，虽然朱熹批评该文文字粗，但因该文指出《诗》《书》之道"，即儒家经典为学正之本，而使得该文形成一股文气，发挥振厉懦夫之气的作用，此文章自然也就被奉为正宗，供后人揣摩学习。对南宋理学家"学则正统，文则正宗"的文论思想了解之后，我们对于南宋理学家张九成、张栻二人的同题文章《袁州学记》不被南宋理学家编选的原因也就能知晓了。尽管南宋人魏齐贤、叶棻同编的《五百家播芳大全文粹》卷一百零五分别选录了李觏和张栻的《袁州学记》，但我们可以看出民间选本同题异作的编纂模式，是为学写古文者提供不同的写作方法，这与理学家编纂古文选本明显存在区别，即理学家编纂古文选本更注重学理的建构，而民间坊刻选本则是为了选录写作范文。

第三节　南宋理学家编选"诗"与
"文"的差别

南宋理学家更重视编选古文，对诗歌的重视程度相对较弱，这表现了理学家对"诗"与"文"两种文体的不同态度，其背后隐藏着理学家不同的编纂意图。

一、选诗与选文的比较

（一）诗文选录溯源的共同特点及影响

南宋理学家选诗与选文都讲究符合诗文源流之特色，类似于词曲之中讲求"本色"一样，这是南宋理学家选录诗文的共同特点，也是区别于宋前诗文选本的一大特色。

具体而言，《观澜文集》选诗与选文是尊崇《商颂》"曳縪而歌之，声满天地，若出金石，其乐之动于中，而发于声音，形于抃蹈，有不期然而然者"的特色，林之奇甚至认为"《中庸》、《大学》之所载，子思、孟子之所传，揆厥端倪，无非繇《商颂》而入者也"，故《观澜文集》选诗与选文的标准是要达到"至游、真乐之纯全在焉"（《观澜集后序》）的最初诗文状态，就是所选之诗文要符合诗文源流——《商颂》的本色。

真德秀的《文章正宗》也是诗文合选本，该选本从选本题名上就能显示出选本编纂者的文体溯源意识。从真德秀《〈文章正宗〉纲目》的内容可知，他所谓的文辞"源流之正"应是指以《尚书》为首的儒家经典，而后世文辞"其体本乎古，其指近乎经者"就可称为文体正宗了。从《文章正宗》中可看出，真德秀眼中正宗的文章包括《左传》、《国语》、《战国策》、汉代诏令等先秦秦汉文章，《文章正宗》对这类文章的大量编选影响到了后世选本的选文思想。至于诗歌，真德秀认为："古者有诗，自虞赓歌夏五子之歌始，而备于孔子所定《三百五篇》，若《楚辞》，则又诗之变，而赋之祖也。"他还引用了朱熹的话："郭景纯、陶渊明之作自为一编而附于《三百篇》、《楚辞》之后，以为诗之根本准则。"（《〈文章正宗〉纲目》）也就是说，诗歌的源头在真德秀看来是《诗经》,《楚辞》是赋之祖,所以真德秀所选之诗要符合《诗经》的特点,在真德秀看来,《诗经》的特点就是"讽咏之间,悠然得其性情之正,即所谓'义理'也"。可以说《文章正宗》是南宋理学家编纂诗文选本重诗文源流最好的例子,代表了理学家选录诗文的特色。

其他的南宋理学家所编诗文选本多为古文选本,其选文标准同样都说是要溯源,林之奇的学生吕祖谦编的最有名的一部古文选本《古文关键》就是如此。吕祖谦在"看韩文法"中说韩愈文"一本于经,亦学《孟子》",在"看柳文法"中说柳宗元文"出于《国语》",在"看欧文法"中说欧阳修文"祖述《韩子》",在"看苏文法"中说苏轼文"出于《战国策》、《史记》",在吕祖谦看来此四人之文渊源有自,故被视为古文范文。吕祖谦说:"学文须熟看韩、柳、欧、苏",这一观念应该就是基于此四人之文均源于先秦文而产生的;吕祖谦的学生楼昉编的《崇古文诀》则将古文的选录范围直接延伸至先秦文,该选本首篇选录的就是乐毅的《答燕惠王书》,可以说是继承了《古文关键》选文溯源的思想;真德秀的学生汤汉编的《妙绝古今》继承的则是《文章正宗》选文溯源的思想,大量编选了《左传》、《国语》、《战国策》等先秦史部之书,不过文章溯源的意识都是一样的,选录文章的范围从先秦开始也成为南宋后期理学家编纂文章选本选文的惯例。

相比之下,宋前诗文选本的编选思想则不具有南宋理学家编纂诗文选本选文溯源的特点,《文选》的选文特点就是最好的例子。《文选》收录作品的标准是"以能文为本"(《文选序》),所谓"综辑辞采","错比文华","事出于沉思,义归乎翰藻"是也,即讲究文辞之美。即使是《文选》收录的诏诰教令等实用性文体,在萧统看来也具有"入耳之娱""悦目之玩"的声色美,所以《文选》的选文观念是重视文辞之美。

　　唐代诗歌选本的选诗标准则是重视情景交融的审美价值。元兢《古今诗人秀句》是初唐较早的诗歌选本,该集虽佚,但元兢为该集所作之序却被日人遍照金刚《文镜秘府论》南卷《集论》保留了下来,该序最大的价值就在于体现了情景交融、以情为主的诗歌理论。元兢为此对《文选》以降选本的选文标准进行了批评,他说:

　　　　晚代铨文者多矣。至如梁昭明太子萧统与刘孝绰等撰集《文选》,自谓毕乎天地,悬诸日月。然于取舍,非无舛谬。方因秀句,且以五言论之:至如王中书"霜气下孟津"及"游禽暮知返",前篇则使气飞动,后篇则缘情宛密,可谓五言之警策,六义之眉首。弃而不纪,未见其得。及乎徐陵《玉台》,僻而不雅;丘迟《钞集》,略而无当。①

元兢对《文选》不录南朝齐诗人王融《和王友德元古意》一诗深感不满,看来元兢是反对《文选》重文辞之美的选文观的,他提倡的是那种"缘情宛密"的写景之诗,他所欣赏的"游禽暮知返"这类秀句就是情景交融的写法,所以元兢在该序中进一步揭橥了他的选诗观:"余于是以情绪为先,直置为本;以物色留后,绮错为末。助之以质气,润之以流华,穷之以形似,开之以振跃。或事理俱惬,词调双举。有一于此,罔或孑遗。"②其中提到的"以情绪为先,直置为本;

────────────

　　① ［日］遍照金刚撰,卢盛江校考《〈文镜秘府论〉汇校汇考》,北京:中华书局,2006年,第3册,第1539页。

　　② 同上,第1555页。

以物色留后，绮错为末"就是元兢的选诗标准，即以直抒胸臆为本，同时又加以物色的雕琢，达到情景交融的境界。

代表盛唐时期诗歌审美观念的《河岳英灵集》，其选诗标准有二：一是风骨；一是兴象。风骨是指强烈的诗歌情感，劲健有力，直抒胸臆；兴象则是诗人面对自然风景时的审美感受及兴致，二者其实就是一种追求诗歌情景交融的选诗标准，这种选文观与《文选》"以能文为本"确实是不同的。

稍后的《箧中集》虽然有着浓厚的诗歌复古气息，但反对《文选》将"以能文为本"作为选录诗文标准的态度与当时唐代诗歌选本选诗重情景交融的倾向是一致的。元结在《〈箧中集〉序》中就说："或问曰：'公所集之诗，何以订之？'对曰：'《风》《雅》不兴，几及千岁，溺于时者，世无人哉？'……近世作者，更相沿袭，拘限声病，喜尚形似，且以流易为辞，不知丧于雅正。"（《四部丛刊》本《唐文粹》卷九十三）所谓"拘限声病，喜尚形似，且以流易为辞"，就是指追求声色、讲究声律文辞之美。元结对此是反对的，他所提倡的是沈千运、王季友、于逖、孟云卿、张彪、赵微明、元季川七人的淳古淡泊、绝去雕饰之歌，格外重视诗人之情，这与安史之乱时期的社会需求有关，当时的社会环境要求发挥诗歌的美刺讽喻的社会作用。

代表中唐大历年间创作风尚和审美情趣的《中兴间气集》一方面选录了有所讽喻的诗歌作品，迎合了社会要求，但另一方面又大量选录了"体状风雅，理致清新"的山水描摹之作，又回到了中唐之前追求情景交融的老路上来，尤其是推崇王维的写景佳诗，其所谓的"风雅""清新"正与殷璠《河岳英灵集》称王维之诗"词秀调雅，意新理惬"相通，是种情景交融的意境。

　　至于唐代的文章选本则与《文选》选录的文章一样是重视文辞之美的,即使选录的应用性文体也是按文辞之美的标准选录的,比如柳宗直的《西汉文类》,其兄柳宗元在《柳宗直〈西汉文类〉序》中说明了该选本的编纂目的及标准,其云:

　　　　当文帝时,始得贾生明儒术,武帝尤好焉。而公孙弘、董仲舒、司马迁、相如之徒作,风雅益盛,敷施天下,自天子至公卿、大夫、士庶,人咸通焉。于是宣于诏策、达于奏议、讽于辞赋、传于歌谣,由高帝迄于哀、平,王莽之诛,四方之文章,盖烂然矣。史臣班孟坚修其书,拔其尤者充于简册,则二百三十年间,列辟之达道、名臣之大范、贤能之志业、黔黎之风美列焉。若乃合其英精、离其变通、论次其叙位,必俟学古者兴行之。唐兴,用文理,贞元间,文章特盛,本之三代,浃于汉氏,与之相准。于是有能者,取孟坚书,类其文,次其先后,为四十卷。①

唐人选文虽然也如中唐以后选诗那样讲究风雅,但最看重的还是文章的文辞,所谓“合其英精”就是要从二百三十年间产生的文章中选录文辞之盛者,也就是说唐代文章选本的选文也没有文章溯源的意识。

　　北宋的诗文选本较有名者如《文苑英华》、《唐文粹》等都是继承《文选》的选录标准,直到南宋理学家所编诗文选本的出现,才形成了选文溯源的特点,可以说这是古人“文本于经”思想在

---

　　①　(唐)柳宗元《柳宗元集》卷二十一,北京:中华书局,1979年,第577页。

选本编纂中的第一次具体运用。在此之前,虽然"文本于经"是古人的常识,在各种文学批评专著中也多有论述①,但在编纂选本的过程中,这一常识却没有被引入选本的编纂思想之中。从此之后,选本的选文由重文章溯源发展到重视文体的分类,明代选本的分类都是按文章源流划分的,所以南宋理学家编纂诗文选本"文本于经"的溯源思想对明代选本的文体分类思想产生了直接影响。

(二)不同点

南宋理学家所编诗文选本选诗与选文的不同,较明显者就是批评方式的不同,其对于选文有评点的方式,而选诗没有,这是形式上的最大不同。《古文关键》是目前学界公认的现存最早的一部古文评点选本,其编纂者吕祖谦没有评点过诗歌,他编的《丽泽集诗》也只是将数位诗人之作汇编在一起而已。其实,在宋前就已经出现了评点诗歌的选本,这就是秀句、句图一类的诗歌选本,将一些诗歌的妙句汇编在一起,这类选本如《新唐书·艺文志》著录的李洞《集贾岛句图》一卷,该集名后被改为《贾岛诗句图》,《崇文总目》和《宋志》均有著录。据元辛文房《唐才子传》卷七李洞传载:"洞尝集岛警句五十联及唐诸人警句五十联为《诗句图》。"将一些警句摘录出来就相当于古文评点中的将文章的关键圈点出来一

---

① 《文心雕龙·宗经》认为各文体分别从五经演变而来,颜之推《颜氏家训·文章》说:"夫文章者,原出五经。诏命策檄,生于《书》者也;序述论议,生于《易》者也;歌咏赋颂,生于《诗》者也;祭祀哀诔,生于《礼》者也;书奏箴铭,生于《春秋》者也。"所以清人叶燮在《与友人论文书》中感叹说:"为文必本于六经,人人能言之矣。"(《己畦集》卷十三)

样,而古文评论部分则相当于诗歌的摘句论析,该体例在唐代诗歌选本中很是盛行,傅刚先生《〈昭明文选〉研究》考证唐僧慧净的《续诗苑英华》已使用此体例,之后殷璠的《河岳英灵集》、高仲武的《中兴间气集》给我们展现了此体例的真实面貌,故摘句论析是唐代诗歌选本中的新现象,这也成为学界的共识①。所以早在唐代就有了诗歌评点选本,而南宋理学家所编诗文选本中没有这类摘句论析式诗歌评点选本,由此我们可以得出南宋理学家对于选诗与选文是区别对待的,理学家选文更注重圈点出文章的关键,道出文章的好坏,而选诗却未用这种批评方式。

　　除了形式上的不同外,二者在选录范围上也存在差异。南宋理学家选文有侧重于先秦秦汉文章或唐宋文章两种倾向,而选诗则偏向于唐诗。以《观澜文集》和《文章正宗》为例,这两部选本均选有诗文作品,在选录范围上最能说明问题。《观澜文集》选文侧重于唐宋文章,其选录 2 篇及以上文章数量者,汉代有 2 人,而唐代有 16 人,宋代有 14 人,无论选录作家数量还是选文篇数上,唐宋文的比重是占绝大部分的。不过,《观澜文集》选诗则以唐诗为圭臬,其中甲集选录诗人共有 14 人(《古诗十九首》《乐府上》不在统计人数之内),包括释子兰、释贯休、杜牧、陆龟蒙、姚合、聂夷中、宋之问、卢仝、曹邺、杨贲、李贺、皮日休、吕与叔、郑愚,乙集选录诗人共有 6 人,包括谢灵运、谢惠连、谢玄晖、谢宣远、杜甫、苏轼,从时代上来看,所选唐代诗人的数量绝对是最多的。《文章正宗》在选诗方面同样是重唐诗,该选本诗赋部分选录先秦诗歌 17 首,汉

---

　　① 可参看张伯伟《摘句论》(《文学评论》1990 年第 3 期)、凌郁之《句图论考》(《文学遗产》2000 年第 5 期)、张海鸥《从秀句到句图》(《文学评论》2007 年第 5 期)等文章。

魏六朝诗歌29家171首，所选唐代诗人数量虽不及此，但选诗数量上绝对是所占最多的，如选录李白诗歌58首、杜甫123首、韦应物92首、柳宗元20首、韩愈30首。通过比较，先唐选录诗歌数量最多的是陶渊明，共选陶诗50首，而所选杜甫一人诗歌的数量就是陶诗的两倍多，真德秀在选录诗歌范围上的倾向性一目了然。至于《文章正宗》的选文范围，除了选录韩愈、柳宗元、李翱三位唐人文章外，其余所选文章均为先秦两汉文章，且选文数量上也是先秦两汉文章数量占绝大多数，由此可看出南宋理学家编纂诗文选本重先秦两汉文章的倾向。

总的来说，南宋理学家编纂诗文选本在选文和选诗上存在着批评方式和选录范围的不同，不过从整体上而言，南宋理学家更重视文章而不是诗歌，这从南宋理学诗文选本只有文章评点而无诗歌评点就可以看出来，而且选文数量和选诗数量相比，也是选文数量多，《观澜文集》和《文章正宗》就是最好的说明。

二、尊"文"体

不难看出，南宋理学家编纂诗文选本是尊"文"体的，这与"文"体地位的不断上升有关。宋前诗文选本的编纂永远都是将"诗"体排在"文"体之前，就连五经的排列顺序也是将《诗经》置于五经之首，这表明古人对于"诗"体的重视要高于"文"体。但从中唐古文运动的产生至宋代理学的兴起，古文对于儒学道统复兴及社会改革的作用也日益得到肯定，古文的地位在南宋某些人的心目中也开始超过了诗歌，代表就是真德秀的《文章正宗》，这是古代诗文选本中第一部将"文"体的排列顺序置于诗歌之前的选本。这一改变在当时就得到了积极响应,南宋后期陈仁子的《文选补遗》就将"诏诰"等"文"体置于诗赋之前,后人揣测其意,认为陈仁子:"以为诏令,人主播告之典章;奏疏,人臣经济之方略。不当以诗赋先奏疏,矧诏令? 是君臣失位,质文先后失宜。"①这些表明南宋理学家编纂诗文选本出现的尊"文"体现象已影响到后世选本的编纂。

　　当然,南宋理学家编纂诗文选本尊"文"体还与理学家不喜诗和不善作诗有关。程朱学派不喜诗的观点众所周知,朱熹甚至也不打算将其一时兴起而创作的唱和诗"流而生患"(朱熹《南岳唱酬集序》),后世传为朱熹编的《南岳唱酬集》只是伪作,我们今天看到的多是朱熹编的文章、语录之类的"文"体,如《宋名臣言行录》,所以理学家不喜诗的观念对于理学家不重视"诗"体有很大影响。

　　宋代理学家不善作诗也是普遍现象,吕祖谦就说:"近偶作哭芮文十绝……今诗初非所习,正以往时有不敢作诗之语。"(《与周丞相子充》)由此知理学家少时是不习诗的,这或许与理学家所秉持的"有德者必有言"的观念有关,但不习诗,诗歌创作自然也不会很好,吕祖谦的诗歌创作水平就不怎样,当时人林择之就说吕祖谦"平生不会作诗"(《朱子语类》卷一百二十二)。既然连作诗水平都不高,那鉴赏诗歌的水平自然也高不到哪里去,所以吕祖谦编纂的诗歌选本就不受人重视了,他编的《丽泽集诗》就不见有人称赞,即使是吕祖谦一生中编纂的最重要的选本《宋文鉴》,其选诗也遭到了朱熹的诟病,朱熹说:"如诗,好底都不在上面,却载那衰飒底。把作好句法,又无好句法;把作好意思,又无好意思;把作劝戒,又

────────────

①　(元)赵文《文选补遗原序》,文渊阁《四库全书》本。

无劝戒。"①但与之相反的是,吕祖谦作文水平高,他曾考中博学宏词科,在南宋算是凤毛麟角之人,他编的文章选本《古文关键》因去取得法而受到后人重视。所以,理学家善作文而不善作诗,这也导致了理学家编纂选本重"文"体而轻"诗"体。

---

① (南宋)黎靖德编,王星贤点校《朱子语类》卷一百二十二,北京:中华书局,1986年,第8册,第2954页。

第三章　南宋著名理学家所编
诗文选本编纂思想

第一节　存一代文献的编纂思想

在南宋理学家所编的选本当中有一类选本是编纂者借选本之形,存一代文史资料,所选文体,无论诗赋还是奏、论、序、箴等,并非是从诗文的文学价值着眼而选的,而是从保存一代文献的角度选择的,其代表便是吕祖谦的《宋文鉴》和刘克庄的《中兴五七言绝句》。

一、《宋文鉴》存一代文献的编纂思想

吕祖谦编的《宋文鉴》是南宋一部著名的诗文选本,该选本不仅带有御制选本的色彩,其编纂者又为南宋著名理学家,随着理学思想在南宋后期至元明成为官方主流思想,《宋文鉴》也随之受到宋元明之人的日益重视,历来私版、官版不断,对该选本的研究热情也是经久不息。如果从南宋叶适《习学记言序目》卷四十七至卷五十较集中地研究《宋文鉴》开始算起,学者对于《宋文鉴》的研究

已有七百九十多年历史了(《习学记言序目》初刊于宋宁宗嘉定十六年[1223])。而对其编纂思想的研究是最主要的,目前大致有以下三种说法:

第一种是周必大提出的"有补治道"说。周必大在《〈皇朝文鉴〉序》中说:

> 皇帝陛下天纵将圣如夫子,焕乎文章如帝尧,万几余暇,犹玩意于众作,谓篇帙繁夥,难于遍览,思择有补治道者表而出之,乃诏著作郎吕祖谦,发三馆四库之所藏,裒缙绅故家之所录,断自中兴以前,汇次来上。古赋、诗、骚,则欲主文而谲谏;典、策、诏、诰,则欲温厚而有体;奏、疏、表、章,取其谅直而忠爱者;箴、铭、赞、颂,取其精悫而详明者。以至碑、记、论、序、书、启、杂著,大率事辞称者为先,事胜辞则次之;文质备者为先,质胜文则次之。复谓律赋、经义,国家取士之源,亦加采掇,略存一代之制,定为一百五十卷。

从周必大之序可知,当年宋孝宗命吕祖谦编《皇朝文鉴》的主导思想是要"有补治道",至于序中所言吕祖谦所选各类文体的标准如"主文而谲谏""温厚而有体""谅直而忠爱"等则是周必大的猜测之词,他自己在序言中就坦言"臣待罪翰墨,才识驽下,固无以推原作者,阐绎隆指"。不过,周必大所说的"有补治道"却成了后来阐释《宋文鉴》选文宗旨的主要思想,叶适《习学记言序目》卷四十七云:"此书刊落浩穰,百存一二,苟其义无所考,虽甚文不录;或于事有所该,虽稍质不废;巨家鸿笔,以浮浅受黜;稀名短句,以幽远见收。合而论之,大抵欲约一代治体归之于道,而不

以区区虚文为主。"①叶适此说可谓是直承周必大之意,虽然叶适
批评周必大《〈皇朝文鉴〉序》"无一词不谄,尚何望其开广德意哉!
盖此书以序而晦,不以序而显,学者宜审观也"②,但叶适此话是针
对周必大序中"建隆、雍熙之间,其文伟;咸平、景德之际,其文博;
天圣、明道之辞古;熙宁、元祐之辞达"一句提出的批评,认为此句
有悖于历史事实,而并非是对周必大序的全盘否定。所以从阐述
《宋文鉴》编纂思想这一点来看,认为《宋文鉴》是"有补治道"也好,
认为"约一代治体归之于道"也罢,其实都是一个意思,也就是说二
人的观点还是一致的,甚至在论说《宋文鉴》具体的选文标准时,二
人的观点也是相近的,如"事辞称者为先,事胜辞则次之;文质备者
为先,质胜文则次之"与"于事有所该,虽稍质不废",谈的都是一个
意思,所记之事备,虽文辞"稍质",即"事胜辞""质胜文",亦收录该
文,关于这一选文标准,周必大与叶适的看法是相同的。总之,在
宋人看来,《宋文鉴》编纂意图"合而论之"就是"有补治道",以至于
后人再为《宋文鉴》写序跋时,也是秉持此观点,如宋人程珌《书〈皇
朝文鉴〉后》云:"上焉者取其可以明道,次则取其可以致治。"(《洺
水集》卷九)明人商辂在《〈宋文鉴〉序》中说:"宋淳熙中,吕成公祖
谦奉朝旨裒辑建隆以后、建炎以前诸贤文集,精加校正,取其辞理
之醇,有补治道者,以类编次。"

第二种说法是刘克庄提出的"去取多朱意"说。刘克庄在《〈迂
斋标注古文〉序》中说:"本朝文治虽盛,诸老先生率崇性理,卑艺
文。朱(熹)主程而抑苏,吕氏《文鉴》(按指吕祖谦《宋文鉴》)去取

①　(南宋)叶适《习学记言序目》,北京:中华书局,1977年,下册,第695页。
②　同上,第696页。

多朱氏意。水心叶氏（适）又谓'洛学兴而文字坏'。二论相反，后学殆不知所适从矣。"（《后村先生大全集》卷九十六）此观点在当时就有人赞同，宋末周密在《浩然斋雅谈》卷上中就全文引述了刘克庄的这段话，只是在文字上有出入，其云："宋之文治虽盛，然诸老率崇性理，卑艺文。朱氏主程而抑苏，吕氏《文鉴》去取多朱意，故文字多遗落者，极可惜。水心叶氏云'洛学兴而文字坏'，至哉言乎！"①从中可看出，"至哉言乎"应是周密的话，可见周密对刘克庄提出的吕祖谦《宋文鉴》去取多朱熹意的观点是极为赞成的。

　　但是这种说法显然又不对，《宋文鉴》的编纂意图绝不可能"取朱意"，首先，吕祖谦与朱熹二人学术思想不同，吕祖谦不可能依朱熹的思想去编《宋文鉴》；其次，《宋文鉴》编成后受到了朱熹的批评，可见《宋文鉴》的编纂思想不可能取自朱熹之意。

　　第三种说法是业师杜海军先生提出的"《文鉴》编纂的文学意图"②。然古人似乎无"文学"之观念，郭绍虞先生就说："'文学'的名称，在唐以后也少见有人提到。韩愈《答窦秀才书》'念终无以树立，遂发愤笃专于文学'，此所谓文学，就是古文之学。古文之学，还是文道并重的；但自道学家只讲'学'，不讲'文学'，而在古文家也就只称有志为古文，不称有志于文学。"③

---

　　①　（南宋）周密撰，孔凡礼点校《浩然斋雅谈》，北京：中华书局，2010 年，第15 页。
　　②　详杜海军《吕祖谦文学研究》第四章《〈皇朝文鉴〉研究》第一节《〈皇朝文鉴〉的整理》，北京：学苑出版社，2003 年，第 130—134 页。
　　③　郭绍虞《试论"古文运动"——兼谈从文笔之分到诗文之分的关键》，转引闵泽平主编、熊礼汇审订《唐宋八大家学术档案》，武汉：武汉大学出版社，2012 年，第110 页。

不过,以上三种说法中,以"有补治道"说影响最巨,几乎成了《宋文鉴》编纂意图的的论,当代学者也多从之,例如陈广胜在《吕祖谦与〈宋文鉴〉》中说:"'约一代治体归之于道',正是吕祖谦编类《宋文鉴》时所遵循的总原则和指导思想。"①巩本栋《论〈宋文鉴〉》中也说:"吕祖谦编纂《宋文鉴》的指导思想,就是要'以道为治,而文出于其中',或'约一代治体,归之于道',即凡是符合儒家礼义道德、有益于治政的文章,便多在编选之列,而言不及义、无补治政的'虚文',即使具有文采,也弃之不取。"②

那么《宋文鉴》的编纂意图是否真的就是"有补治道"呢？吕祖谦的侄子吕乔年在《太史成公编〈皇朝文鉴〉始末》中说:"自太史以病归里,深知前日纷纷之由,遂绝口不道《文鉴》事,门人亦不敢请,故其去取之意,世罕知者。周益公(指周必大)既被旨作序,序成,书来以封示太史。太史一读,命子弟藏之。盖其编次之曲折,益公亦未必知也。"③吕祖谦对周必大序中所言"有补治道"的说法不置可否,以致其侄吕乔年认为周必大序中所言未必就符合吕祖谦本意,也就是说《宋文鉴》的编纂意图是"有补治道"的说法并非完全符合实际情况,还需要进一步探讨。

而且,笔者认为,前人大都认为《宋文鉴》"有补治道",其实都是遵循宋孝宗的意思。宋孝宗最早认为《宋文鉴》"有益治道",在《宋文鉴》编后不久,宋孝宗就下了一道圣旨:"馆阁之职,文史为先。今所编次,采取精详,观其用意,有益治道,故以宠之,可即命

---

①　陈广胜《吕祖谦与〈宋文鉴〉》,《史学史研究》1996 年第 4 期,第 57 页。

②　巩本栋《论〈宋文鉴〉》,《中国文化研究》2012 年第 1 期,第 45 页。

③　(南宋)吕祖谦《皇朝文鉴》附录,黄灵庚、吴战垒主编《吕祖谦全集》,杭州:浙江古籍出版社,2008 年,第 14 册,第 893 页。

词。"其中"观其用意，有益治道"即说明最早是宋孝宗认为《宋文鉴》"有益治道"的。后来依据这道圣旨而制词，该制词记录在吕乔年编的《（吕祖谦）年谱》之中：

> 制词："敕朝散郎吕某：馆阁之职，文史为先。以尔编类《文海》，用意甚深，采摭精详，有益治道，寓直中秘，酬宠良多。尔当知恩之有自，省行之不诬，用竭报焉，人斯无议。可特授依前朝散郎直秘阁中书舍人陈骙行。"①

上有所好，下必从焉，所以当时宋人遵循"上意"，基本都说是集"有补治道"。不仅如此，周必大在《〈皇朝文鉴〉序》中说宋孝宗"谓篇帙繁夥，难于遍览，思择有补治道者表而出之"，这说明宋孝宗当初让人重编《文海》的目的就是要"有补治道"，等吕祖谦进呈《宋文鉴》，孝宗认为符合他的初衷，故而予以嘉奖。而一些臣子反对吕祖谦编的《宋文鉴》也是从"有补治道"这一点去批评的，如张栻批评吕祖谦编《宋文鉴》就拿"无补治道"来论说。所以这样就给人一种假象，认为《宋文鉴》的编纂目的是"有补治道"，其实不是这样，当初吕祖谦编《宋文鉴》时并未按照宋孝宗"择有补治道者表而出之"的意思去编纂。

吕祖谦其实更多地是以己意编《宋文鉴》的，关于这一点，《建炎以来朝野杂记》乙集卷五中有详细记载：

> 今《孝宗实录》书此事颇详，未知何人当笔。其词云："初，

---

① （南宋）吕乔年《年谱》，转引自杜海军《吕祖谦年谱》，北京：中华书局，2007年，第 312 页。

祖谦得旨校正,盖上意令校雠差误而已。祖谦乃奏以为去取
未当,欲乞一就增损。三省取旨,许之。甫数日,上仍命磻老
与临安教官二员同校正,则上意犹如初也。时祖谦已诵言皆
当大去取,其实欲自为一书,非复如上命。议者不以为可。磻
老及教官畏之,不敢与共事,固辞不肯预,而祖谦方自谓得
计……"①

《孝宗实录》编纂于宋宁宗嘉泰年间,"时(韩)侂胄方以道学为禁,
故诋伯恭如此"②,不过说吕祖谦认为江钿《宋文海》"去取未当,欲
乞一就增损"则是符合历史事实的。我们将《宋文海》残卷与《宋文
鉴》进行一个比较就能看出,《宋文鉴》确实在《宋文海》的基础上
"大去取",已自成一书,这与宋孝宗的初衷完全不符。而且,吕祖
谦在《进所编〈文海〉赐银绢谢表》中说"抱椠怀铅,曷负右文之意?
赐金增秩,徒惭稽古之荣",则吕祖谦编《宋文鉴》是本着"右文"和
"稽古"之意。所以说《宋文鉴》是"有补治道"恐难符合吕祖谦本
意,毕竟"有益治道""有补治道"是宋孝宗和周必大所言,吕祖谦并
未说过这样的话。

那么《宋文鉴》的编纂意图究竟是什么呢? 笔者以为,吕祖谦
是从一个史学家的角度进行编纂的,也就是说吕祖谦是打算将北
宋一代文史资料汇编在一起。巩本栋先生说:"此书的编纂宗旨虽
是'以道为治,而文出于其中',但吕氏所谓'道',实内涵丰富,并不
仅限于理学一端;其所谓'治',不仅限于北宋新旧党争的是非恩

____

① (南宋)李心传撰,徐规点校《建炎以来朝野杂记》,北京:中华书局,2000年,
下册,第597页。
② 同上。

怨,还寓含着编者对国家社稷的前途与命运的忧患意识;其所谓
'文',也不只是论道议政之文,而是主张文质兼备、事辞相称,以选
录名家名作为主,而兼及其他,注意保存文献,反映了其对北宋文
学发展整体面貌的认识。"①但笔者的观点与之正好相反,《宋文
鉴》的编纂意图是保存一代文献,其中又含有各种思想,有反映治
道、党争、国家现实的文章都囊括在一起,并不局限在北宋文学
方面。

吕祖谦在《进编次〈文海〉札子》中云:

> 淳熙四年十一月……令临安府校正开雕《圣宋文海》。十
> 一月九日,三省同奉圣旨,委吕某专一精加校正。某窃见《文
> 海》元系书坊一时刊行,名贤高文大册尚多遗落,遂具札子,乞
> 一就增损,仍断自中兴以前铨次,庶几可以行远。②

从此札子可知,上文所引《孝宗实录》中的内容确实是真实的,当
初孝宗只是让吕祖谦对《圣宋文海》"专一精加校正",但吕祖谦
出于史学家的考虑,认为"名贤高文大册尚多遗落",故而将中兴
以前的资料予以"增损",所以吕祖谦是以汇聚史料的宗旨编《宋
文鉴》的。

这一看法前人有所提及,如上文所引宋孝宗的制词:"馆阁之
职,文史为先。以尔编类《文海》,用意甚深。"所谓"文史为先"据文
意应是指《宋文鉴》的编纂意图,即首先要履行编类文史资料的馆

---

① 巩本栋《论〈宋文鉴〉》,《中国文化研究》2012 年春之卷,第 58 页。
② (南宋)吕祖谦《东莱吕太史文集》卷三,黄灵庚、吴战垒主编《吕祖谦全集》,杭
州:浙江古籍出版社,2008 年,第 1 册,第 60 页。

阁之职，关于这一点，章学诚在《文史通义·书教》中说的最为明白：

> 东京以还，文胜篇富，史臣不能概见于纪传，则汇次为《文苑》之篇……萧统《文选》以还，为之者众。今之尤表者，姚氏之《唐文粹》、吕氏之《宋文鉴》、苏氏之《元文类》，并欲包括全代，与史相辅，此则转有似乎言事分书，其实诸选乃是春华，正史其秋实尔。[1]

《唐文粹》在"包括全代，与史相辅"方面稍逊之，而《宋文鉴》与《元文类》则无愧于史之"春华"之美誉，如明人修《元史》就多有依据《元文类》的地方。加之《元文类》的编者苏天爵"三居史职，预修武宗、文宗实录"，"于当代掌故，最为娴习"，"故是编去取精严，具有体要"[2]。而吕祖谦编《宋文鉴》时也是史官，宋孝宗淳熙三年（1176），"因孝宗重修《徽宗实录》，以李焘荐，（吕祖谦）除秘书省秘书郎，兼国史院编修官，实录院检讨官"[3]，淳熙四年"四月二十九日，以与修《实录》有劳，减一年磨勘，转承议郎，罢检讨，仍兼史职"[4]，虽然八月迁著作郎后请祠归，但十月时仍参与编撰《中兴馆阁书目》，不久，十一月就以著作郎的身份奉旨校正《圣宋文海》，所以吕祖谦编《宋文鉴》之前一直保持着史官的身份，加之史学又是

---

① （清）章学诚著，叶瑛校注《文史通义校注》，北京：中华书局，1994 年，第 40—41 页。

② （清）永瑢等《四库全书总目》卷一百八十八，北京：中华书局，1965 年，第 1709 页。

③ 杜海军《吕祖谦年谱》，北京：中华书局，2007 年，第 193 页。

④ 同上，第 201 页。

吕氏家族家学的重要内容，吕祖谦秉承家学，以史学的涵养编纂
《宋文鉴》，其编纂的宗旨自然与史学相关了。而说吕祖谦以文学
的角度编《宋文鉴》，似乎是过于抬高《宋文鉴》的文学价值了。其
实我们今天对待《宋文鉴》仍然是从史料的方面加以利用之，而并
不是像对待《文选》那样看重《宋文鉴》的文学地位及选文标准。为
了进一步说明《宋文鉴》是从汇聚一代史料的角度编纂的，下面笔
者将从《宋文海》与《宋文鉴》的比较及《宋文鉴》的资料来源两方面
进行阐述。

（一）《宋文海》与《宋文鉴》

众所周知，《宋文鉴》的编纂缘起是因江钿的《宋文海》，二者之
间既有联系又有区别，将二者进行一番比较，可以更清晰地看到
《宋文鉴》的编纂特点。

《宋文海》原有一百二十卷，选文年限是宋初至中兴之前，即选
北宋诗文。《郡斋读书志》卷二十著录道："《宋文海》一百二十卷。
右皇朝江钿编。辑本朝诸公所著赋、诗、表、启、书、论、说、述、议、
记、序、传、文、赞、颂、铭、碑、制、诏、疏、词、志、挽、祭、祷文，凡三十
八门。虽颇该博，而去取无法。"①今仅存卷四至卷九宋刻本残卷，
收入《宋集珍本丛刊》第 91 册，线装书局 2004 年版，其中卷四为
"古赋"，选录 8 篇文章，欧阳修 1 篇、王令 3 篇、王禹偁 3 篇、崔伯
易 1 篇；卷五为"赋"，选录 7 篇，王子韶 1 篇，周邦彦 1 篇，黄庭坚 4
篇，秦观 1 篇；卷六为"赋"，选录 1 篇，为崔伯易的《感山赋》；卷七

---

① （南宋）晁公武撰，孙猛校证《郡斋读书志校证》，上海：上海古籍出版社，1990
年，第 1071 页。

为"记",选录 12 篇文章,周邦彦 1 篇,苏轼 4 篇,苏辙 1 篇,王安国 1 篇,顾临 1 篇,苏舜钦 1 篇,丘郿 1 篇,谢监 1 篇,曾子固 1 篇;卷八为"铭",选录 7 篇文章,罗畸 1 篇,石悆 1 篇,张商英 1 篇,苏轼 2 篇,张咏 1 篇,王禹偁 1 篇;卷九为"诏",选录 21 篇文章,宋祁 5 篇,欧阳修 2 篇,张商英 3 篇,王安石 11 篇。

但因为《宋文海》残卷卷四之前和卷九之后均不知是何内容,或许卷四之前亦为"赋",卷九后亦有"诏",所以在不确定的情况下不能将《宋文海》残卷中的"赋"体和"诏"体与《宋文鉴》中的同类文体进行比较,这样可能有失准确。只有《宋文海》残卷中间的卷七"记"体文与卷八"铭"体文尚可比较,因为我们可以确定《宋文海》中除了卷七、卷八外,再无选录此二类文体,毋庸置疑,这是选本编纂的通例,故将二书中所选的"记"体文和"铭"体文进行比较,可以准确地分析出《宋文鉴》的编纂意图及特点。

1.《宋文鉴》大量增加了《宋文海》遗落的名贤高文大册

吕祖谦说《宋文海》遗落名贤高文大册尚多,这一点仅从数量上来看应该是不错的。《宋文海》仅选录了 9 位作家的 12 篇"记"体文,归为一卷,而《宋文鉴》却选录了 49 位作家的 90 篇"记"体文,分作八卷(《宋文鉴》卷七十七至卷八十四);《宋文海》选录了 6 位作家的 7 篇"铭"文,归为一卷,《宋文鉴》虽也只选录了一卷(卷七十三),但却选录了 22 位作家的 34 篇文章,这从数量上就能说明《宋文海》在选录作品时应该遗落了很多作品。我们再从二书所选内容上来看,《宋文海》较之《宋文鉴》确实遗落了众多名贤之作,如王禹偁的《待漏院记》、范仲淹的《岳阳楼记》、欧阳修的《醉翁亭记》等,这些都是我们今天耳熟能详的名家名作,至少在宋代也是选家常选之作,如现存最早的宋人选宋文选本《圣宋文选》卷七就

选录了王禹偁的《待漏院记》，江钿《宋文海》之后的宋人选本，如楼
昉的《崇古文诀》卷十六、王霆震的《古文集成》卷十亦选录了此文。
此外，楼昉的《崇古文诀》卷十六、谢枋得的《文章轨范》卷六、王霆
震的《古文集成》卷十均选录了范仲淹的《岳阳楼记》；《崇古文诀》
卷十八、真德秀的《续文章正宗》卷十三都选录了欧阳修的《醉翁亭
记》，但《宋文海》卷七中却未选这三篇文章，而且连这三位名家的
其他"记"体文也均不选录。难怪晁公武会说《宋文海》"去取无
法"，一些名贤之作不知江钿当时编《宋文海》时为何不选，既然自
己将书名定名为"文海"，则所选文章范围理应较广泛才是，但我们
看到的却是选文范围不但狭窄，且去取无法。

　　吕祖谦的《宋文鉴》不仅全部选录了以上所举之文，而且从所
选作家上来看，基本囊括了后世公认的大家，尤其是明人特别推崇
的唐宋八大家中的宋代六家，在《宋文鉴》卷七十六至卷八十四
"记"体文中都有选录，如选录欧阳修文 8 篇、王安石文 3 篇、苏洵
文 2 篇、曾巩文 8 篇、苏轼文 9 篇、苏辙文 4 篇，其总数达到了《宋
文鉴》所选记体文数量的三分之一，而《宋文海》卷七"记"体文中欧
阳修、王安石、苏洵、曾巩文均未选，其遗落名贤高文大册之实不言
而喻。

　　那么《宋文鉴》又是以何种标准选录《宋文海》遗落的文章的
呢？吕乔年在《太史成公编〈皇朝文鉴〉始末》中说：

　　　　今间得于传闻，以为太史尝云："国初文人尚少，故所取
　　稍宽，仁庙以后文士辈出，故所取稍严。如欧阳公、司马公、
　　苏内翰、苏黄门诸公之文，俱自成一家，以文传世，今姑择其
　　尤者，以备篇帙。或其人有闻于时，而其文不为后进所诵

习,如李公择、孙莘老、李泰伯之类,亦搜求其文以存其姓氏,使不湮没。或其尝仕于朝,不为清议所予,而其文自亦有可观,如吕惠卿之类,亦取其不悖于理者,而不以人废言。"又尝谓:"本朝文士……止是别无作者,不得已而取之。若断自渡江以前,盖其年之已远,议论之已定,定而无去取之嫌也。"其大略若此。①

吕乔年所听传闻并非虚传,《朱子语类》卷一百二十二:"伯恭《文鉴》,有正编其文理之佳者;有其文且如此,而众人以为佳者;有其文虽不甚佳,而其人贤名微,恐其泯没,亦编其一二篇者;有文虽不佳,而理可取者,凡五例。先生云:'已亡一例……'。"②朱熹与吕祖谦二人交往甚密,二人也常就《宋文鉴》一事互通书信,则朱熹所言《宋文鉴》所编条例应是可信的,而吕乔年所听传闻又与之吻合,故完全可以从这个编纂条例来看吕祖谦的编纂思想,即吕祖谦是广泛地搜取各类作品,"不以人废言"。更重要的是吕祖谦秉持着"存其姓氏,使不湮没"的文献整理心态,他并不是仅从文学的角度选择欧阳修、司马光、苏轼等自成一家者之文,他还注意选择其文不闻于时者之文。吕祖谦也并不是像当时人批评《宋文鉴》那样"有通经而不能文词者,亦以表奏厕其间,以自矜党同伐异之功"③,他选择了王安石、吕惠卿这类新党之人的作品,而且所选之

① (南宋)吕祖谦《皇朝文鉴》附录,黄灵庚、吴战垒主编《吕祖谦全集》,杭州:浙江古籍出版社,2008年,第14册,第893页。
② (南宋)黎靖德编,王星贤点校《朱子语类》卷一百二十二,北京:中华书局,1986年,第8册,第2954页。
③ (南宋)李心传撰,徐规点校《建炎以来朝野杂记》,北京:中华书局,2000年,下册,第597页。

文都是"议论已定"之文,即选"众人以为佳者",并无去取之嫌。至
于朱熹批评《宋文鉴》"文胜而义理乖僻者,恐不可取",则仅是朱熹
作为一位理学家的片面之词,且吕祖谦选文还是很注重义理的,所
谓"编其文理佳者""取其不悖于理者"是也。总之,《宋文鉴》的编
纂条例总结成一句话就是选文范围全面,所以即使前人说吕祖谦
编《宋文鉴》"党同伐异",但仍然承认该选本将"前辈名人之文,搜
罗殆尽",如果吕祖谦不是从整理一代文献的角度去编《宋文鉴》,
恐怕很难做到"搜罗殆尽"的效果。

　　2.《宋文鉴》基本不选《宋文海》所选篇章

　　与《宋文海》所选篇章相比,《宋文鉴》的选文有一特点,即基本
不选《宋文海》已选文章。例如,《宋文海》卷七中选有苏轼的《盖公堂
记》,此文亦被吕祖谦的老师林之奇选入《观澜文集》丙集卷七中,也
就说林之奇拿《观澜文集》教学生时,吕祖谦作为他的学生肯定读过
苏轼的《盖公堂记》,也知道自己的老师林之奇看重此文,但吕祖谦
编《宋文鉴》时却不收此文。同样的例子还有《宋文海》卷四首篇选
录了欧阳修的《憎苍蝇赋》,该赋亦被林之奇选入《观澜文集》甲集卷
四之中,但《宋文鉴》也未选录该赋。我们可以看到,以上两例中的作
家都是大家,所选文章至少在林之奇看来是"活水",可资"观澜",而且
按常理来看,欧阳修、苏轼二人的这两篇文章也应该属于吕祖谦所谓
的"名贤高文大册"的范畴,也就是说吕祖谦没有理由不选这二人的这
两篇文章的,但《宋文鉴》中就是没选这两篇文章,原因何在?

　　笔者以为,主要原因还是在于吕祖谦是从汇集一代文献的角
度编纂《宋文鉴》的,但如果选择《宋文海》已选录的文章,则会使得
选择的文献史料过于重复,故而不选,毕竟《宋文鉴》是在《宋文海》
的基础上"增损"得来的,吕祖谦所"损"的内容自然是《宋文海》中

的内容,而"损"的标准显然是不愿与其重复。这方面的例证是比较多的,例如上面所举的例子,《宋文海》选录了苏轼的《盖公堂记》,而《宋文鉴》没有选录。如果按照传统的"有补治道"的编纂思想去解释吕祖谦为何不选则显然不对,因为吕祖谦编的《东莱标注三苏文集》之《标注东坡先生文集》卷二十一中就选录了苏轼的《盖公堂记》,这说明吕祖谦本人是看重苏轼的这篇文章的,而且吕祖谦评价此文的主旨思想就是"论治道"①。既然《盖公堂记》一文是有补治道的,为何《宋文鉴》又不选呢? 显然吕祖谦不选此文不是从是否"有补治道"的角度考虑的。又例如《宋文海》卷七选录了苏轼的《喜雨亭记》,按照《宋文鉴》的编纂体例,苏轼这类自成一家者的文章要"择其尤者,以备篇帙",《喜雨亭记》怎么说也属于"尤者"的范围吧,吕祖谦编的《东莱标注三苏文集》之《标注东坡先生文集》卷二十一中就选录了苏轼的《喜雨亭记》,这说明吕祖谦亦是欣赏该文的,但《宋文鉴》却没有选录该文,难道这也要从"有补治道"的角度解释吗? 说《宋文海》所选的《喜雨亭记》一文没有达到"有补治道"的标准,故《宋文鉴》予以删除? 或者是从文学的角度解释,说《喜雨亭记》不够文学价值故而不选? 但谁都知道苏轼的《喜雨亭记》是篇文学名作。而解释这一现象的唯一合理解释就是《宋文鉴》是从避免所选文献重复的角度不选《宋文海》所选文章的,吕祖谦并不是以是否"有补治道"或者是否为文学名作的标准进行编选的。

　　我们可以看到,《宋文海》残存的六卷共选文 56 篇,而与《宋文鉴》所选文章相同的篇章只有 5 篇,具体篇目及卷数如下:

---

　　① （南宋）吕祖谦《东莱标注三苏文集》,黄灵庚、吴战垒主编《吕祖谦全集》,杭州：浙江古籍出版社,2008 年,第 11 册,第 416 页。

书　名 作者及篇名	《宋文海》	《宋文鉴》
王禹偁《藉田赋》	卷四	卷一
崔伯易《珠赋》	卷四	卷七
秦观《黄楼赋》	卷五	卷九
崔伯易《感山赋》	卷六	卷六
欧阳修《赐中书门下诏》	卷九	卷三十一

由此可见,《宋文鉴》选文的一个体例是基本不选《宋文海》所选文章,以此避免所选文献重复,这说明吕祖谦是在以更广泛的角度选文。

(二)《宋文鉴》选文资料的来源

吕祖谦《进编次〈文海〉札子》云:

> (宋孝宗淳熙四年)十一月十五日,三省同奉圣旨,依某寻将秘书省集库所藏本朝诸家文集,及于士大夫家,宛转假借,旁采传记、他书,虽不知名氏,而其文可录者,用《文选·古诗十九首》例,并行编类。凡六十一门,为百五十卷,目录四卷。①

由此可知吕祖谦编《宋文鉴》的资料来源是秘书省集库所藏宋朝诸家文集,以及士大夫家的私人藏书,同时还"旁采传记、他书",可谓

---

① （南宋）吕祖谦《东莱吕太史文集》卷三,黄灵庚、吴战垒主编《吕祖谦全集》,杭州:浙江古籍出版社,2008年,第1册,第60页。

搜求很广。从吕祖谦选文范围来看,全面是其主要特点,这样做的好处是使选文更加全面,不仅可以大量增补《宋文海》遗落的名贤高文大册,还可以搜求到"不知名氏,而其文可录者"之作,而且还可以去伪存真,访求到真实的历史文献。例如吕乔年在《太史成公编〈皇朝文鉴〉始末》中说到一件事:

> 有媚者密奏云:"《文鉴》所取之诗,多言田里疾苦之事,是乃借旧人作以刺今。又所载章疏,皆指祖宗过举,尤非宜。"于是上亦以为邹浩《谏立刘后疏》语讦,别命他官有所修定,而锓板之议遂寝。太史之取邹公谏疏非他,昔邹公抗疏之后,即遭远贬,其后还朝,徽宗劳苦之,且问谏草何在,邹公失于缴奏,同辈曰祸在此矣。既而国论复变,蔡京令人伪撰邹公谏草,言既鄙俚,加以狂奸,腾播中外,流闻禁中,徽宗果怒,降诏,有"奸人造言"之语,邹公遂再贬。太史得其原疏,故特载之。①

吕乔年所说邹浩的《谏立刘后疏》,被吕祖谦编入《皇朝文鉴》卷六十一,题名《谏立后》,按吕乔年的解说,吕祖谦编选此文仅仅是因搜求到邹浩的"原疏",因此该文极具文献价值。而宋人史传及笔记如王称的《东都事略》卷一百、曾敏行的《独醒杂志》卷五均载有徽宗之诏中的内容。王称是在宋孝宗淳熙十三年(1186)之前撰成《东都事略》(洪迈于淳熙十三年修成《四朝国史》,并将《东都事略》上孝宗),据杨万里为《独醒杂志》所作之序,知是书成书于孝宗淳

---

① （南宋）吕祖谦《皇朝文鉴》,黄灵庚、吴战垒主编《吕祖谦全集》,杭州:浙江古籍出版社,2008年,第14册,第892—893页。

熙十二年，二书均晚于《宋文鉴》的成书时间，可见吕祖谦是当时最早关注徽宗之诏与邹浩之疏一事的人，而这显然又是出于吕祖谦的史学修养，正因他能广求"诸家文集"，才能搜求到极具价值的历史文献。而这样做的初衷显然是出于搜求北宋一代的文献，而不是说要搜求"有补治道"的文章或文学价值高的文章，因为搜求这类文章，吕祖谦大可不必颇费周折地去"宛转假借"，他既有江钿的《宋文海》作为参考，又有"秘书省集库所藏"，只需选编一些"众人以为佳者"之作即可，完全没必要倾全力搜求文献以编《宋文鉴》，甚至"因此成病"（吕乔年《太史成公编〈皇朝文鉴〉始末》）。宋代很多人就没有广泛搜求文献而编纂成了一部选本，最有名的一个例子当然是王安石编《唐百家诗选》，据说他是依据宋敏求家藏书编纂而成的。与《宋文鉴》相同类型的宋人选宋文如《圣宋文选》、《宋文海》、《续文章正宗》等等，也都未听说编者是广求文献而编成的，相比之下，《宋文鉴》汇集一代文献的编纂色彩就显得更鲜明。

　　总之，《宋文鉴》主要是从文献的角度汇集一代史料，"包括全代，与史相辅"（章学诚《文史通义》），当然在选文过程中仍有一些选文条例，比如选择大家公认的名作以及基本不选《宋文海》选过的文章。所以有人从"有补治道"的角度盛赞《宋文鉴》的价值，似乎过于拔高了《宋文鉴》的地位，而且这一盛赞也没有得到吕祖谦本人的认可。

　　同时，我们也应该注意到，宋人好议论，故宋人文章本身就包含着治道的思想，所以只要集中选的是宋代著名政治家、思想家、文学家的文章，则这类选本都可以称之为"有补治道"。比如《宋文海》，当年宋孝宗本是想校正刊刻江钿《宋文海》的，且据周必大《〈皇朝文鉴〉序》知宋孝宗之所以要校正《宋文海》是"万几余暇，犹玩意于众作，谓篇帙繁夥，难于遍览，思择有补治道者表而出之，乃

诏著作郎吕祖谦,发三馆四库之所藏,裒缙绅故家之所录,断自中
兴以前,汇次来上",但"上意令(吕祖谦)校雠差误而已"(李心传
《建炎以来朝野杂记》乙集卷五)。吕祖谦自己也说"三省同奉圣
旨,委吕某专一精加校正"(吕祖谦《进编次〈文海〉札子》),也就是
说宋孝宗是认可江钿编的《宋文海》的,而认可的前提自然是认为
《宋文海》"有补治道",否则宋孝宗不会让吕祖谦只是校正《宋文
海》而已。而且从《宋文海》残卷所选文章来看,尤其是卷九所选的
"诏"体文章,又有哪一篇不是"有补治道"呢? 所以"有补治道"对
于宋代的文章选本而言,有一定的普适性,很难说《宋文鉴》之外的
文章选本就没有"有补治道"的特点,所以不能以"有补治道"作为
《宋文鉴》的编纂意图及特点。

二、《宋文鉴》与南宋选本编选有宋一代文献风气的形成

宋人编纂一代文献的思想从宋初就已形成,如《文苑英华》便
是主要汇集有唐一代的文史文献,但有意汇集有宋一代的文史文
献则是从北宋末期及南宋初开始形成的①。如现存最早的宋人选
宋文《圣宋文选》,该集未选三苏文,盖编纂于宋徽宗崇宁二年
(1103)下诏禁毁三苏文集之后。又李之仪《赠人》中说:"丙戌(指
宋徽宗崇宁五年)正月九日,过彦国,明窗稍理,蕴火取暖,焚香烹
茶,翛然相向。欲归,而德威遽至,复坐笑语。徐视几上散帙,得老

---

① 现知最早的宋人选宋文应是《宋文粹》,该集已亡佚,但据《欧阳文忠公集》卷五
九《考异》记载"庆历四年(1044),京师刊《宋文粹》十五卷,皆一时名公之古文",可知该
选本主要是选庆历群公之文,非选有宋一代之文,故有意汇集有宋一代文献思想的形成
时间不应以此时为始。

杜诗、《五代史》、《庐陵欧公集》、《宋文选》，不觉骇愕，辄谓彦国曰：
'子之胆过身矣。'"①文中所称《宋文选》应指《圣宋文选》，由此可
知，《圣宋文选》编成于崇宁二年至崇宁五年之间。但该集只选录
了欧阳修(永叔)、司马光(君实)、范仲淹(希文)、王禹偁、孙复(明
复)、王安石(介甫)、余元度、曾子固、石介(守道)、李邦直、唐子西、
张文潜、黄庭坚(鲁直)、陈莹中十四家文，并未完全搜集到有宋一
代诸家文章，而且编纂者的选文思想也颇不合当今的文学史观念，
该选本选了张文潜文七卷、李邦直文五卷，是选本中选文最多的，
这二人在今天看来显然不是北宋散文大家，而唐宋八大家中的欧
阳修、王安石二位每人只选了两卷。故其遗落名贤高文大册应比
《宋文海》更甚，所以在南渡初期就产生了该选本的续编《圣宋文选
后集》，南宋初张邦基《墨庄漫录》卷十中说："崔伯易尝有《金华神
记》，旧编入《圣宋文选后集》中，今亡。"可见南渡前后之人对整理
北宋文的热衷。

　　在诗歌选本方面，较早搜集北宋一代诗歌作品的选本是曾慥
的《皇宋诗选》，《郡斋读书志》卷二十云："慥，鲁公裔孙，守赣州、帅
荆渚日，选本朝自寇莱公以次至僧琏二百余家。"②曾慥卒于高宗
绍兴二十五年(1155)，则是集编于此之前。文中所称的"本朝"是
指北宋一朝，《直斋书录解题》卷十五中对该选本有详细介绍："编
此所以续荆公之《诗选》(指王安石《唐百家诗选》)，而识鉴不高，去
取无法，为小传略无义类，议论亦凡鄙。陆放翁以比《中兴间气
集》，谓相甲乙，非虚语也。其言欧、王、苏、黄不入选，以拟荆公不

---

①　(北宋)李之仪《姑溪居士集》前集卷十七杂书，文渊阁《四库全书》本。
②　(南宋)晁公武撰，孙猛校证《郡斋读书志校证》，上海：上海古籍出版社，1990
年，第1072页。

及李、杜、韩之意。"①该选本亦不选苏、黄之诗,盖亦为宋徽宗禁三苏文,连带禁苏门中人之后而编,而且从陈振孙的著录来看,曾慥的《皇宋诗选》在南宋初颇不受欢迎,以致到了宋理宗时期还有人续编是集,《直斋书录解题》卷十五云:"《续百家诗选》二十卷,三衢郑景龙伯允集,以续曾慥前《选》。凡慥所遗及在慥后者,皆取之。"②看来曾慥的《皇宋诗选》所遗甚多。

由上可见,《宋文鉴》之前专门搜集整理北宋诗文的选本只有《圣宋文选》、《皇宋诗选》,以及上文提到的《宋文海》,这三种选本虽然对保存北宋诗文有一定文献价值,但也都遗落了不少。不过这三种选本对于南宋编选有宋一代文献风气的形成开了先河,《宋文鉴》的问世,更是让这一风气蔚然成风,刘克庄《〈中兴五七言绝句〉序》中的内容就反映了《宋文鉴》对南宋人编选一代文献风气形成的影响,其中云:

> 客问余曰:"吕氏《文鉴》起建隆,讫宣(和)、靖(康),何也?"曰:"(建)炎、绍(兴)而后,大家数尤盛于汴都,其人非朝廷之公卿,即交游之父祖,并存则不胜记诵之繁,精拣则未免遗落之恨。去取之际,难哉!"客曰:"子选《本朝绝句》,亦此意乎?"曰:"固也。"客曰:"昔人有言,唐文三变,诗亦然,故有盛唐、中唐、晚唐之体。晚唐且不可废,奈何详汴都而略江左也?"余蘧然起谢,曰:"君言有理。"乃取中兴以后诸家五七言,

---

①　(南宋)陈振孙撰,徐小蛮、顾美华点校《直斋书录解题》,上海:上海古籍出版社,1987 年,第 447 页。

②　同上,第 452 页。

各选百首。内五言最难工,前《选》犹有未满人意者,此编则一
一精善矣。穷乡无借书处,所见少,所("少""所"二字据文渊
阁《四库全书》本补)取狭,可恨惟此一条尔。至于江湖诸人,
约而在下,如姜夔、刘翰、赵番、师秀、徐照之流,自当别选。客
曰:"《文鉴》可并续乎?"余曰:"以俟君子。"(《后村先生大全
集》卷九十四)

文中所称的"《本朝绝句》"即刘克庄为教学而编的《本朝五七言绝
句》,该选本所选时限是"南渡前"(刘克庄《〈本朝五七言绝句〉
序》),即选北宋五七言诗歌。但有人认为不应"详汴都而略江左",
意欲继《宋文鉴》后续编南宋诗文,这说明《宋文鉴》编选北宋一代
文献的价值受到了肯定,故而才有人想接续此事。而且,我们还可
以看到,上文提到的《圣宋文选》、《皇宋诗选》和《宋文海》都因搜集
文献不全而有续编产生(《宋文鉴》可谓是《宋文海》的续编),而《宋
文鉴》却没有,这说明南宋人普遍认可《宋文鉴》对"前辈名人之文,
搜罗殆尽"(李心传《建炎以来朝野杂记》乙集卷五),所以《宋文鉴》
对南宋编选有宋一代文史文献风气的形成影响最大。

　　笔者发现,自从《宋文鉴》产生以后,南宋出现了很多编选北宋
或南宋一代文献的选本,而在北宋时期这类选本是不多见的。比
如诗歌选本,上文提到的刘克庄《中兴五七言绝句》可接续《宋文
鉴》诗歌部分,刘克庄提到的"自当别选"的南宋江湖诸人之诗则有
南宋书商陈起编的《江湖集》系列选本,所搜江湖诗人之作应很广
博了。文章选本则更多,如赵汝愚的《宋朝诸臣奏议》,该选本编成
于孝宗淳熙十三年(1186),晚《宋文鉴》八年,但赵汝愚在《进皇朝
名臣奏议序》中仍说:"臣仰惟陛下天资睿明,圣学渊懿,顾非群臣

所能仰望,而若稽古训,虚受直言,二纪于兹,积勤不倦。尝命馆阁儒臣编类《国朝文鉴》,奏疏百五十六篇,犹病其太略。"①则《宋朝诸臣奏议》的编纂缘起是因《宋文鉴》所选奏议太略,故而赵汝愚便按吕祖谦的编纂方式开始编纂北宋一代诸臣的奏议,他在《乞进皇朝名臣奏议札子》中说:

> 然尝备数三馆,获观秘府四库所藏及累朝史氏所载忠臣良士便宜章奏,论议明切,无愧汉儒。臣私窃忻慕,收拾编缀,历时寖久,箧中所藏殆千余卷……与数僚友因事为目,以类分次,而去其复重与不合者,犹余数百卷,厘为百余门。始自建隆,迄于靖康……臣欲更于其间择其至精至要尤切于治道者,每缮写成十卷,即作一次投进。②

赵汝愚编是集如吕祖谦一样也是广搜秘府藏书,所编时限亦为北宋一代,同时还从《宋诸臣奏议》中择其"切于治道"者又重新誊写成十卷,则该选本亦有"有补治道"的特色,所以说该选本受《宋文鉴》影响较大。其他文章选本如《国朝二百家名臣文粹》三百卷,该选本之序作于宁宗庆元二年(1196),其卷数是《宋文鉴》的一倍。

　　要之,自《宋文鉴》后,南宋出现的编选有宋一代尤其是某一时期的选本较多,如编选中兴时期的诗文选本,除了上文提到的刘克庄《中兴五七言绝句》,还有李壁的《中兴诸臣奏议》四百五十卷。

---

　　①　(南宋)赵汝愚编,北京大学中国中古史研究中心校点整理《宋朝诸臣奏议》,上海:上海古籍出版社,1999年,下册,第1725页。

　　②　同上,第1724页。

其中有一点要说明的是,这些选本名为"中兴",实际收录文献时限是中兴及之后,刘克庄的《中兴五七言绝句》就是如此,李壁的《中兴诸臣奏议》四百五十卷比赵汝愚《宋朝诸臣奏议》三百卷(《宋史》卷三百九十二赵汝愚本传)还要多,这说明李壁所集奏议不止高宗时期,所以这类选本也可看成是编选南宋一代文献。而且,笔者以为,吕祖谦以整理一代文献的思想编《宋文鉴》,对于明代之人以一己之力编前代及明代文献的行为产生了影响,后来清人编《全唐诗》应是这一思想的进一步发展。

第二节　《文章正宗》编纂思想与《大学衍义》之关系

古时孔子以"文、行、忠、信"四教育人,"文"目前一般将其理解成"文辞",此四教可总称为"学",则文辞乃学术中之一事的观念由此初见端倪,后来此观念逐渐为人所接受,刘勰便说:"夫'文'以'行'立,'行'以'文'传,四教所先,符采相济。"(《文心雕龙·宗经》)"文"不能独立于四教之外,与另外三教"符采相济",融为一体,所以研究古代文学就不得不研究与之相关的学术思想,这也是当前学界的普遍共识。同样,研究南宋理学家真德秀(1178—1235 年,字希元,号西山)的《文章正宗》,就不得不研究真德秀的学术思想,真德秀在《〈文章正宗〉纲目》中便说:"夫士之于学,所以穷理而致用也,文虽学之一事,要亦不外乎此。故今所辑以'明义理、切世用'为主,其体本乎古,其指近乎经者,然后取焉。否则,辞虽工亦不录。"①可见,

---

① 　(南宋)真德秀《文章正宗》卷首,文渊阁《四库全书》本。

真德秀将《文章正宗》看成是"学之一事",其选文的标准是"穷理而致用",故而该书的编纂受真德秀学术思想的影响而有别于《文选》一类选本。然而,当前学界的研究多是先入为主地套用"明义理""切世用"的理学概念来说《文章正宗》体现了尊王尊圣、重礼治道、经世致用的选学观,如此研究未免简单。笔者发现,与《文章正宗》同时期稍早编成的《大学衍义》在编纂思想方面与《文章正宗》有密切的关联,以《大学衍义》为切入点可以更好地研究《文章正宗》的编纂思想。

一、《大学衍义》成书于绍定二年说申论

《大学衍义》是南宋后期著名理学家真德秀编纂的一部理学著作,该书原是《西山读书记》乙集中的一部分,后来真德秀将其单独抽出,于端平元年(1234)进献给了宋理宗,此后《大学衍义》便以单行本的形式流传开来,并受到了元明清三代统治者及学者的高度重视和极高的评价①。同时,该书的价值亦颇为真德秀看重,据刘克庄《西山真文忠公行状》记载:"公(指真德秀)归,修《西山读书记》……乙记曰人君为治之本,人臣辅治之法,凡二十有二卷……(真德秀)谓门人曰:'人君为治一门,告君之书也,以范《唐鉴》为法。如有用我,执此以往。'又曰:'他日得达乙览,死无恨矣。'"②这所谓的"乙记曰人君为治之本""人君为治一门"便是指《大学衍义》一书了。可以说,《大学衍义》是真德秀一生中

---

① 王连冬《〈大学衍义〉的历代评价与真德秀从祀孔庙》,《南京理工大学学报》(社会科学版)2009 年第 1 期,第 50—54 页。
② (南宋)刘克庄《后村先生大全集》卷一百六十八,《四部丛刊》本。

编纂的最重要的一部著作,该书亦是研究朱子后学思想的重要
参考文献。

　　然而,如此重要的一部理学著作,关于其成书时间,历史上却
产生了三种说法,一种是清代真鼎元、真采在《西山真夫子年谱》中
说的宋宁宗"嘉定十五年(1222)"之说,第二种是四库馆臣在《大学
衍义》提要中说的该书成书于宋理宗"绍定二年(1229)"之说,第三
种是孙先英先生在《〈大学衍义〉成书时间及版本考述》一文中提出
的成书于宋理宗"端平元年"之说①,此三种说法之间的年代差距
较大,当前《大学衍义》的研究者对此也是各持一说,如台湾"中央"
大学向鸿全 2006 年博士毕业论文《真德秀及其〈大学衍义〉之研
究》就是遵循清代真鼎元、真采之说,认为"《衍义》成书约在宋宁宗
嘉定十五年"(第 9 页),而有的研究者对此也并不看重,并不深究
此问题,但正所谓读书要"知人论世",如果连《大学衍义》产生的时
间都搞不清楚,又何谈对其作深入研究呢? 笔者在研读过程中便
遇到了真德秀晚年时期编纂的《文章正宗》与《大学衍义》成书时间
孰先孰后的问题,这关系到《文章正宗》的编纂思想是否受到《大学
衍义》理学思想的影响,故有必要对《大学衍义》成书时间进行一番
深入研究以辨是非。

　　据笔者浅见,四库馆臣提出的《大学衍义》成书于宋理宗绍定
二年说最为可信,只是四库馆臣在《四库全书总目》中没有进行充
分论述,笔者不揣浅陋,以下申论之。

---

　　①　孙先英在《〈大学衍义〉成书时间及版本考述》中说:"《大学衍义》的成书实际上
是一个不断续修的过程。事实上,《大学衍义》编撰于宝庆元年(1225),草成于绍定二
年,修订于绍定五年、六年,成书于端平元年,并于当年冬十月进献于宋理宗。"《图书馆
理论与实践》2008 年第 5 期,第 68 页。

(一) 从《〈大学衍义〉序》看该书的成书时间

按照古人的习惯,一本书写成之后会写一篇关于该书内容结构的序言,而该序言的撰写时间一般也就成了判断该书成书时间的一个重要参考。真德秀写有一篇《〈大学衍义〉序》,此序中虽未提及撰写时间,但真德秀在宋理宗端平元年十月十四日写的《讲筵进读〈大学章句〉手记》中说:"忽蒙圣(指宋理宗)训:'卿(指真德秀)所进《大学衍义》一书,便合就今日进读。'……(真德秀)读毕,奏曰:'臣之此序,成于绍定二年。'"①则知《〈大学衍义〉序》撰写于宋理宗绍定二年,这应是无争议的事实,所以据序言撰写时间推定《大学衍义》成书于绍定二年是符合逻辑判断的。而且,从该序言的内容上来看,也可以推定真德秀在撰写《〈大学衍义〉序》时,《大学衍义》已经成书。

首先,真德秀于宋理宗绍定二年写的《〈大学衍义〉序》中已详细提到了《大学衍义》的结构内容,纲目已定,如"剟取经文二百有五字载于是编,而先之以《尧典》、《皋谟》、《伊训》与《思齐》之诗、《家人》之卦者,见前圣之规橅不异乎此也;继之以子思、孟子、荀况、董仲舒、扬雄、周敦颐之说者,见后贤之议论不能外乎此也(以上论'帝王为治之序')。尧、舜、禹、汤、文、武之学,纯乎此者也;商高宗、周成王之学,庶几乎此者也;汉唐贤君之所谓学,已不能无悖乎此矣;而汉孝元以下数君之学,或以技艺,或以文辞,则甚缪乎此者也(以上论'帝王为学之本')……盖明道术、辨人材、审治体、察民情者,人君'格物致知之要'也……崇敬畏、戒逸欲者,'诚意正身之要'也……谨言行、正威仪者,'修身之

---

① (南宋) 真德秀《西山先生真文忠公文集》卷十八,《四部丛刊》本。

要'也……重妃匹、严内治、定国本、教戚属者,'齐家之要'
也……"①,这与真德秀于宋理宗端平元年写的《召除户书内引札
子四》(又题《〈大学衍义〉札子》)中提到的《大学衍义》的结构内容
无异,该札子中说:"首之以'帝王为治之序'者,见尧、舜、禹、汤、
文、武之为治,莫不自心身始也;次之以'帝王为学之本'者,见尧、
舜、禹、汤、文、武之为学,亦莫不自心身始也,此所谓'纲'也。首之
以明道术、辨人才、审治体、察民情者,'格物致知之要'也;次之以
崇敬畏、戒逸欲者,'诚意正心之要'也;又次之谨言行、正威仪者,
'修身之要'也;又次之以重妃匹、严内治、定国本、教戚属者,'齐家
之要'也,此所谓'目'也。"②也就是说,从绍定二年至端平元年5
年时间里,《大学衍义》的结构内容没有发生什么变化,既然如此,
则《大学衍义》成书于绍定二年应是无疑的了。

　　其次,《〈大学衍义〉序》中说:"比年以来,屏居无事,乃得翻阅
经传,汇而辑之,畎亩微忠,朝思暮绎,所得惟此,秘之巾衍,以俟时
而献焉。"③这"所得惟此"之"此",按照该序言的文意来看应是指
《大学衍义》,而"巾衍"是放置书卷等物的小箱子,"秘之巾衍"中的
自然是指《大学衍义》一书了,同时真德秀还想将该书"俟时而献"
给皇上,如果真德秀在写《〈大学衍义〉序》时《大学衍义》还未成书,
那真德秀拿什么"秘之巾衍",又拿什么"俟时而献"呢? 所以《〈大
学衍义〉序》中的这句话明确告诉我们真德秀在撰写《〈大学衍义〉
序》时,《大学衍义》已经成书。

---

①　真德秀《西山先生真文忠公文集》卷二十九,《四部丛刊》本。
②　真德秀《西山先生真文忠公文集》卷十三,《四部丛刊》本。
③　真德秀《西山先生真文忠公文集》卷二十九,《四部丛刊》本。

而且,真德秀于端平元年写的《讲筵进读〈大学章句〉手记》中还详细解说了《〈大学衍义〉序》中的文意,真德秀在该《手记》中说:"所谓'俟时而献'者,盖待陛下(宋理宗)亲政而后献者,若权臣(史弥远)尚在,陛下未亲大政,虽欲进献,必无由彻乙夜之览。"①此话明确表明宋理宗绍定六年十月亲政(见《宋史》卷四十一《理宗本纪一》)之前,《大学衍义》早已成书,所以《大学衍义》"成书于端平元年"的说法无法成立。况且真德秀是当着宋理宗的面解释"俟时而献"的含义的,如果《大学衍义》在绍定二年即宋理宗亲政之前尚未成书,则真德秀的此番解说便有欺君之嫌,像真德秀这样的大儒想必不会这样做,故《大学衍义》成书于绍定二年是可以采信的。下面笔者再提出一条旁证加以说明。

(二)《大学衍义》编纂的起讫时间

《大学衍义》的编纂是有一个过程的,如果我们能够考证出真德秀编纂《大学衍义》的起始时间,以及编纂《大学衍义》所花费的总时间,那么《大学衍义》的成书时间自然也就清楚了。

1.《大学衍义》编纂的起始时间

笔者发现,真德秀《跋吴仲坚史论》是判定《大学衍义》编纂起始时间的重要材料,该跋文中云:

> 余端忧多暇,因疏古今兴亡事数十条于《读书记》,将与儿侄辈讲论其所以然。仲坚吴兄见之,乃笔为一篇……以仲坚之学力,诚能充长不已,则其议论文采文(文渊阁《四库全书》

① 真德秀《西山先生真文忠公文集》卷十八,《四部丛刊》本。

本作"又")将以进乎此者,予将屡叹而未仙(文渊阁《四库全书》本作"休")也。岁壬午子日,某书以勉之。①

这则跋文写于壬午岁即宋宁宗嘉定十五年(1222),在此之前,真德秀于嘉定十三年丁母忧归福建浦城故居,嘉定十四年六月西山精舍建成,日与詹体仁等辈讲学而语论,由此推知真德秀最早应在嘉定十四年六月以后开始闲居家中撰修《西山读书记》。《西山读书记》分甲、乙、丙、丁四集,每集内容各不相同,如果我们能断定"疏古今兴亡事数十条于《读书记》"是乙集即《大学衍义》中的内容的话,则可推断《大学衍义》编纂的起始时间最迟应是宋宁宗嘉定十五年了。

　　下面我们来看看《西山读书记》甲、乙、丙、丁四集的具体内容是什么。据刘克庄《西山真文忠公行状》记载《西山读书记》"甲记曰性命道德之理,学问知行之要"②,陈振孙《直斋书录解题》卷三也谓《西山读书记》:"甲言性理,中述治道,末言出处,大抵本经子③格言,而述以己意。"④其内容无关史论,所以"疏古今兴亡事数十条于《读书记》"不可能是甲记中的内容。

　　而"丙记曰经邦立国之制,临政治人之方,其书惟兵政一问先

<hr>

① 　(南宋)真德秀《西山先生真文忠公文集》卷三十四,《四部丛刊》本。
② 　(南宋)刘克庄《后村先生大全集》卷一百六十八,《四部丛刊》本。
③ 　文渊阁《四库全书》本作"子",徐小蛮、顾美华点校本《直斋书录解题》却作"史"(上海古籍出版社1987年版,第84页),然元代马端临《文献通考》卷一百八十五、清代朱彝尊《经义考》卷二百四十四所引《直斋书录解题》该段内容时均作"子",疑徐、顾点校本有误。
④ 　(南宋)陈振孙《直斋书录解题》,文渊阁《四库全书》本。

成;丁记曰出处语默之道,辞受取舍之宜"①,今丙集不得见,丁集存两卷,附于甲集之后,其内容为论理,丙集的内容据刘克庄的记载也应为论理,总之与"古今兴亡事"无甚关联,故所谓的"疏古今兴亡事数十条于《读书记》"只能是《西山读书记》乙集即《大学衍义》中的内容了。

从现有资料来看,乙集《大学衍义》的内容确实涉及"古今兴亡事"。据《〈大学衍义〉序》所述内容结构云:"每条之中,首以圣贤之明训,参以前古之事迹,得失之鉴,炳然可观。"②真德秀在《召除户书内引札子四》中也说:"首之以圣贤之典训,次之以古今之事迹。"③这"前古之事迹""古今之事迹"的内容与"疏古今兴亡事数十条于《读书记》"应是相符的,而且刘克庄《西山真文忠公行状》记载了真德秀评《大学衍义》的一句话"人君为治一门,告君之书也,以范《唐鉴》为法"④,"人君为治一门"即《大学衍义》。《唐鉴》是史书,内引唐代兴亡之事为宋代之鉴,真德秀说《大学衍义》以范祖禹《唐鉴》为法,则"疏古今兴亡事数十条于《读书记》"是《西山读书记》乙集《大学衍义》中的内容便无疑了。由此可以推出《大学衍义》编纂的起始时间是宋宁宗嘉定十五年。

2.《大学衍义》编纂花费的总时间

真德秀曾经在不同文献中提到过编纂《大学衍义》所花费的时间,这是判断《大学衍义》成书时间的重要材料。但是,真德秀对此却有两种完全不同的表述,一种是真德秀在《召除户书内引札子

①　(南宋)刘克庄《后村先生大全集》卷一百六十八,《四部丛刊》本。
②　(南宋)真德秀《西山先生真文忠公文集》卷二十九,《四部丛刊》本。
③　(南宋)真德秀《西山先生真文忠公文集》卷十三,《四部丛刊》本。
④　(南宋)刘克庄《后村先生大全集》卷一百六十八,《四部丛刊》本。

四》，即《〈大学衍义〉札子》（宋理宗端平元年九月十三日）中说的：
"十年用功之勤"；之后不久，真德秀在《进〈大学衍义〉表》（端平元
年十月四日①）中说了类似的话"十年纂辑之余"，从这两条材料来
看，《大学衍义》花费了十年时间编纂。然而，真德秀在进读完《〈大
学衍义〉札子》后不久写的《得圣语申省状》中却又说"闲居八年，此
书方能成就"，则《大学衍义》花费了八年时间编纂，这岂不是自相
矛盾？想来古人在不同语境之中经常会说不一样的话，如此产生
前后不一致也是常有之事，碰到这种情况，我们只能细致地从语境
入手去分析古人说的哪句话最可信了。

　　真德秀于宋理宗端平元年九月十三日进读了四道札子，题名
《召除户书内引札子》，其中第四道札子即为《〈大学衍义〉札子》，其
中云："伏望圣慈察臣一念爱君之笃，矜臣十年用功之勤，特降叡
旨，许臣投进。"②这是真德秀首次言及编纂《大学衍义》所花费的
时间，即所谓的"十年用功之勤"。从这句话的语境来看，有语言修
饰的成分，"一念爱君之笃"与"十年用功之勤"明显是一种对偶，以
"一"对"十"。同样的，真德秀于端平元年十月四日写的《进〈大学
衍义〉表》中说："以十年纂辑之余，欣一旦遭逢之幸。"③其语境与
《〈大学衍义〉札子》的语境如出一辙，此句亦是对偶，有语言修饰成
分，以"十"对"一"。如果真德秀是出于修辞的考虑而用"十"字的
话，那这"十年"只能算是一种虚指。而且，真德秀因忤逆权臣史弥

---

　　①　（南宋）王霆震《古文集成》卷二十三《进〈大学衍义〉表》注曰"端平元年十月丁
卯上"（文渊阁《四库全书》本），知《大学衍义》当在十月四日（丁卯日）进呈给了宋理宗。
然而《宋史》卷四十一《理宗本纪一》却记载"（端平元年）冬十月己卯（十六），真德秀进
《大学衍义》"（《宋史》，北京：中华书局，1977年，第3册，第803页）。

　　②　（南宋）真德秀《西山先生真文忠公文集》卷十三，《四部丛刊》本。

　　③　（南宋）真德秀《西山先生真文忠公文集》卷十六，《四部丛刊》本。

远而去国十年,这是事实,宋理宗在端平元年九月十三日召真德秀
奏事,也就是真德秀进读《召除户书内引札子》时,理宗当着真德秀
的面也说"卿去国十年,每切思贤之念"①,则真德秀用"十年"一词
显然是有用意的,是暗指他"去国"的时间,故我们不能以此断定这
"十年"是指真德秀编纂《大学衍义》所花费的总时间。

　　真德秀在进读完《召除户书内引札子》后,回家又写了《得圣语申
省状》,将进读札子时的情况记录了下来,其内容是一种实录,其中云:

　　　　读"进书札"(《大学衍义札子》)……又读至"明道术、辨人
　　材"处,某(真德秀)奏云:昨来权臣凡事皆是欺罔陛下,是时讲
　　筵官亦为欺罔之言……臣于是时便欲编集此书,以献陛下(宋
　　理宗),缘去国之速,不曾做得。闲居八年,此书方能成就。②

从这篇省状的内容来看,真德秀是边读《〈大学衍义〉札子》,边与宋
理宗攀谈,他当着宋理宗的面说"闲居八年,此书方能成就",乃平
常说话的口气,无书面语修饰成分,可知真德秀说的这句话比"十
年"之说更可信,而且真德秀的学生刘克庄在《西山真文忠公行状》
中亦说《大学衍义》用了八年时间成书,即《大学衍义》应该总共花
了八年时间纂成。

　　由以上可知,真德秀于宋宁宗嘉定十三年(1220)丁母忧归故
里,十四年六月建成西山精舍后,真德秀便开始闲居家中编纂《读
书记》,该书乙记《大学衍义》最迟应是在嘉定十五年开始编纂的,

　　①　(南宋)真德秀《西山先生真文忠公文集》卷十三,《四部丛刊》本。
　　②　同上,第238页。

由此往下推八年,正好是真德秀撰写《〈大学衍义〉序》时的宋理宗绍定二年。在此期间真德秀虽于宋理宗宝庆元年(1225)六月至十一月入朝为官,但与史弥远就济王之事党争不断,中间还有八月患足疾请朝假和除职之事,故立朝不满百日便落职去国又归故里了(此经历下文将详述),所以此时期大可忽略,故"闲居八年"之说可理解成是宋宁宗嘉定十五年至宋理宗绍定二年(1229),据此旁证,则《大学衍义》的成书时间便可断定为绍定二年了。

(三) 反驳理由辨析

　　孙先英《〈大学衍义〉成书时间及版本考述》(以下简称《考述》)一文重点反驳了《大学衍义》"成书于绍定二年"说,该文提出了四条反驳理由,在此笔者觉得有必要对其辨析一番,以佐证愚说。

　　第一条反驳理由是"绍定二年"说无法解释"闲居八年,方克成书"之说。此推断是从刘克庄《西山真文忠公行状》中的一段记载开始的,其云:

　　　　公归,修《西山读书记》……别疏进《大学衍义》,曰:"近世大儒朱熹所为《章句》、《或问》备矣,臣不佞,思所以羽翼是书……臣于是时,便欲纂集是书,上裨圣学,缘去国不果。闲居八年,方克成书。"上喜甚,曰:"此书便可进入。"《衍义》即乙集中"人君为治一门"。①

《考述》中说:"这则材料明确表示:《大学衍义》动笔于宝庆元年

---

　　① (南宋)刘克庄《后村先生大全集》卷一百六十八,《四部丛刊》本。

(1225),完成于绍定五年(1232)。"(68页)看来该文将真德秀"公归"的开始时间定为宝庆元年了,则"闲居八年"编《大学衍义》的起止时间便是宝庆元年至绍定五年,但笔者具体查证真德秀的生平发现如此推断有问题。

《宋史》卷四十一《理宗本纪一》中说:"(宝庆元年十一月)甲申(二十一日),朱端常言魏了翁封章谤讪,真德秀奏札诬诋。诏魏了翁落职,夺三秩,靖州居住;真德秀落职罢祠。"①知真德秀于宋理宗宝庆元年十一月二十一日落职去国,此时从京城杭州回福建老家,少则一月,故真德秀真正落职归家后"闲居"的起始时间应从宝庆二年初算起。此后,真德秀便"闲居"至宋理宗绍定五年知泉州为止,魏了翁《参知政事资政殿学士致仕真公神道碑》中说:"(绍定)五年秋八月,进徽猷阁待制,守泉。"②《宋史》卷四十一《理宗本纪一》中也说:"(绍定五年)八月乙卯,起真德秀为徽猷阁待制、知泉州。"③故真德秀于绍定五年八月知泉州。所以,真德秀真正"闲居"家中的时间应是宝庆二年初至绍定五年八月,但却不满七年,何来"闲居八年"之说,可见这"闲居八年"不应是指宝庆元年至绍定五年。

显然,《考述》一文将刘克庄所言的"公归"错误地理解成是真德秀宝庆元年落职罢归一事了,其实从刘克庄所写的行状内容来看,他所说的"公归"应是指真德秀嘉定十三年丁母忧归,因为《西山读书记》是从真德秀丁归之后开始修撰的,而不是从宝庆元年罢祠之后才开始编纂的。

而且,上引材料中说:"臣于是时,便欲纂集是书,上裨圣学,缘去

① (元)脱脱等《宋史》,北京:中华书局,1977年,第3册,第787页。
② (南宋)魏了翁《鹤山集》卷六十九,文渊阁《四库全书》本。
③ (元)脱脱等《宋史》,北京:中华书局,1977年,第3册,第797页。

国不果。"何为"纂集"？《汉语大词典》解释其为"编撰汇集"，则真德秀在宝庆元年之前应该已经开始编撰《大学衍义》了，否则真德秀在宝庆元年"去国"之前拿什么"汇集"成书呢。当然，刘克庄所写的材料是第二手材料，不能轻信，但上文引述的《得圣语申省状》是真德秀的原话，为第一手材料，可信度毋庸置疑，真德秀说："臣于是时便欲编集此书，以献陛下，缘去国之速，不曾做得。""编集"一词更能说明真德秀在宋理宗宝庆元年登基之前便已撰有《大学衍义》部分内容，所以真德秀在宝庆元年六月入朝为官时方有"编集"此书的意图，只因"去国之速，不曾做得"，故《大学衍义》动笔的起始时间应早于宝庆元年。

况且，将"闲居八年"的起始时间定为宝庆元年又缺少旁证，从上面材料的文意来看，真德秀自己也没有明确将编纂《大学衍义》的起始时间定为宝庆元年之意，所以说《考述》一文中提出的第一条反驳理由无法成立。

第二条理由是无法解释真德秀在《召除户书内引札子四》中"陛下（宋理宗）亲政之始，而臣书适成"①之说，上文已提到宋理宗是绍定六年十月亲政的，故《考述》一文便以此认为《大学衍义》不可能成书于绍定二年，其实此话也不难解释。因为《大学衍义》原为《西山读书记》中的乙集部分，"凡一（文渊阁《四库全书》本作'二'）十有二卷"（刘克庄《西山真文忠公行状》），未单独刊行，宋理宗绍定六年十月亲政后，真德秀欲献《大学衍义》，便把该书从《西山读书记》中抽出，后该书"为卷四十有三"（《召除户书内引札子四》），从《大学衍义》前后卷数不同这一点可见真德秀在献《大学衍义》时将该书又重新做了章节上的编排，故真德秀所谓的"臣书适

① （南宋）真德秀《西山先生真文忠公文集》卷十三，《四部丛刊》本。

成"是指将《大学衍义》从《西山读书记》中抽出并重新厘定而成,并非是指《大学衍义》成书于宋理宗亲政之时。况且上文已论说了《大学衍义》在宋理宗亲政之前便已成书,不存在"成书于端平元年"的可能。

第三条理由是无法解释"十年纂辑"之说。此问题上文已论述过,即"十年纂辑"之说不可采信,因其有语言修饰成分,且暗指真德秀去国十年,但如果一定要坐实这"十年"的话,笔者以为,真德秀编纂《大学衍义》花费的八年时间(宋宁宗嘉定十五年至宋理宗绍定二年),加上真德秀将《大学衍义》从《西山读书记》中抽出重新编排献给宋理宗所花费的两年时间(绍定六年至端平元年),算在一起恰好是十年,而这种推断也未尝不可。

第四条理由是《考述》中提出的:"真德秀《〈文章正宗〉纲目》落款'绍定执徐之岁正月甲申学易斋书','绍定执徐之岁'即绍定五年。而刘克庄在《文章正宗》一文中说,'西山先生真文忠公遗书曰《西山读书说》(应为《西山读书记》)、曰《诸老集略》(即为《诸老先生集略》),纲目详、篇帙多,其间或未脱稿;曰《文章正宗》者,最为全书'。可见,在绍定五年《大学衍义》等在此时还未为全书,也就是说《大学衍义》还未完成。"(67—68 页)刘克庄的文章应叫《〈文章正宗〉跋》,他在跋文中只是说《文章正宗》成书时,《西山读书记》和《诸老集略》还未脱稿①,而《西山读书记》分甲乙丙丁四集,乙集为《大学衍义》,《西山读书记》在绍定五年时未脱稿,并不能证明《大学衍义》在绍定五年还未完成,这里《考述》一文对文献的解说显然也有误,将《大学衍义》等同于《西山读书记》了,所以这条反驳

---

① （南宋）刘克庄《后村先生大全集》卷一百,《四部丛刊》本。

理由根本不能成立。

　　要之,《考述》一文所提出的四条反驳理由均不能完全驳倒"绍定二年"说,而且《考述》一文说《大学衍义》"草成"于绍定二年也是有问题的,因为只有编纂者自己才能说其书"草成",这是一个谦词,旁人用此词便显得不妥了。

　　综上所言,《大学衍义》的成书过程应该是这样的:宋宁宗嘉定五年(1212),真德秀入侍宋宁宗经帷之时便有了编《大学衍义》的初衷①;嘉定十三年,真德秀丁母忧归;嘉定十四年,真德秀在福建浦城故居建成西山精舍,开始闲居读书,《西山读书记》最早应该在此时开始编纂;嘉定十五年,真德秀写《跋吴仲坚史论》,此文证明真德秀在这一年开始编纂《西山读书记》乙集《大学衍义》中的内容;宋理宗宝庆元年六月,真德秀回朝为官,鉴于权臣和讲筵官皆欺罔宋理宗,于是便打算"编集"以前所写《大学衍义》中的内容成书以献理宗,希望宋理宗读此书后"义理无不通晓,则此等奸罔之言自不敢进","缘去国之速,不曾做得"(《得圣语申省状》);宝庆二年初,真德秀重回家中后,"闲居无事,则取前所欲为而未遂者,朝夕编摩"②(《〈大学衍义〉札子》),至绍定二年,真德秀用了八年时间终于编成《大学衍义》,为此他还专门写了一篇序言,以介绍该书

――――――――――

　　①　真德秀《〈大学衍义〉序》中说"宁皇之初,入侍经帷,又尝以此书(《大学》)进讲,愿治之君傥取其书,玩而绎之,则凡帝王为治之序、为学之本,洞然于胸次矣,臣不佞,窃思所以羽翼是书者"(《西山先生真文忠公文集》卷二十九,《四部丛刊》本),知真德秀编《大学衍义》的初衷从入侍宋宁宗经帷之时就开始了。魏了翁《真公神道碑》云"(嘉定)五年夏,除军器少监,升权直学士院"(《鹤山集》卷六十九,文渊阁《四库全书》本),知真德秀嘉定五年除权直学士院,此官位同翰林学士,职掌也相同,而在宋代只有翰林学士或同类官员才有资格充任讲官,则真德秀在宋宁宗嘉定五年时有入宋宁宗经帷侍讲的经历,但《宋史》等相关史料均失载。

　　②　(南宋)真德秀《西山先生真文忠公文集》卷十三,《四部丛刊》本。

的内容结构;此后的日子,真德秀主要在编纂《西山读书记》未完成
的部分,以及《诸老先生集略》和《文章正宗》,直到绍定五年真德秀
赴泉州守泉为止;绍定六年十月,宋理宗亲政,真德秀开始将《大学
衍义》从《西山读书记》中抽出,重新厘定,将原来的二十二卷析成
四十三卷,并于端平元年(1234)冬十月进呈给了宋理宗,此后,《大
学衍义》便以单行本四十三卷的面貌流传于世了。

二、《文章正宗》产生的理学背景

关于《文章正宗》产生的背景,或者说真德秀是在怎样的情况
下编纂《文章正宗》这个问题,并未引起当前学者的足够重视,殊不
知,如果不从本源入手研究《文章正宗》产生的背景,则所谓的编纂
思想的研究就很难探骊得珠。

欲知《文章正宗》产生的背景,可从其成书时间入手研究。《文
章正宗纲目》是真德秀为《文章正宗》写的一篇自序,其落款时间为
"绍定执徐之岁正月甲申",即宋理宗绍定五年(1232)正月二十一,
也就是说《文章正宗》成书于这一年,而这一年是真德秀于宋理宗
宝庆元年(1225)十一月落职罢祠归家后的第七年。据刘克庄《西
山真文忠公行状》记载:

> 公归,修《西山读书记》,以六经、《语》、《孟》之言为主,荀
> 杨诸子附焉,诸老先生为解经而发者,附本经之注……又取
> 周、程以来诸老先生之书文,摘其关于大体,功于日用者,汇次
> 成编,名《诸老先生集略》,凡七十有八卷。又以后世文辞多
> 变,欲学者识其源流之正,集录《春秋》内外传,止唐元和、长庆

之文。以明义礼、功世用为主。否则，辞虽多亦不录。其目有四，曰辞命、曰议论、曰叙事、曰诗赋，名《文章正宗》，凡二十余卷……绍定辛卯，庆寿恩，复宝谟阁待制、玉隆祠；明年，除徽猷阁待制，知泉州。①

从此行状可知，真德秀在宝庆元年落职归家至绍定五年知泉州这七年时间里主要在编纂三部著作：《西山读书记》、《诸老先生集略》和《文章正宗》，前两者是理学著作，后者是文章选本。其中《西山读书记》的编纂方法是"以六经、《语》、《孟》之言为主，荀杨诸子附焉，诸老先生为解经而发者，附本经之注"，即纂集经部、子部之文而成，四库馆臣便说此书"名言绪论，征引极多"②；《诸老先生集略》是汇次周、程以来宋代学者的书文成编，其编纂方法也是纂集，该书今不得见，笔者以为其中的部分内容就是今天所见的《心经》、《政经》；《文章正宗》的编纂方法自然也是纂集，其纂集的内容除了文章之外，不少文章之末还附加二程、朱熹、吕祖谦等理学家的相关评语，以期读者在参玩诸老先生之说时，对所选篇章的主旨了然于胸。且《文章正宗》的编纂时间相对于《西山读书记》和《诸老先生集略》最靠后，所以可推知《文章正宗》是在前两部理学著作编纂的影响下形成的，难怪真德秀会在《〈文章正宗〉纲目》中说："夫士之于学，所以穷理而致用也，文虽学之一事，要亦不外乎此。"但具体到《西山读书记》与《诸老先生集略》如何影响《文章正宗》的编纂，这却是一个不容易能考证出结果的问题，笔者只能从中找出一

---

① （南宋）刘克庄《后村先生大全集》卷一百六十八，《四部丛刊》本。
② （清）永瑢等《四库全书总目》卷九十二，北京：中华书局，1965年，第785页。

条线索以管中窥豹。

　　刘克庄在《〈文章正宗〉跋》中说："西山先生真文忠公遗书,曰《西山读书记》、曰《诸老集略》者,纲目详、篇帙多,其间或未脱稿;曰《文章正宗》者,最为全书。"①知《文章正宗》成书之时,《西山读书记》、《诸老先生集略》二书还未脱稿,其中《诸老先生集略》今已不得见,无从论说,但《西山读书记》中的乙集即《大学衍义》却在《文章正宗》成书之前已经完成了。真德秀在《讲筵进读〈大学〉章句手记》中说："忽蒙圣(指宋理宗)训:'所进《大学衍义》一书,便合就今日进读。'……读毕,奏曰:'臣(指真德秀)之此序,成于绍定二年。'"②则《大学衍义序》撰写于绍定二年,由此推断《大学衍义》于此时已然完成,三年后,《文章正宗》亦成书,从二书的内容来看,二者有莫大之关联。

　　《大学衍义》是一部理学著作,其编纂方法是选录经史之文并加以阐发其中之义理,其阐发之语中包含了真德秀对某些人思想及文章看法的评论,而《文章正宗》所收与不收之文与《大学衍义》的相关评论却有所符契。如真德秀在《大学衍义序》中称："此书(《大学》)所陈,实百圣传心之要典,而非孔氏之私言也。三代而下,此学失传,其书虽存,概以传记目之而已,求治者既莫之或考,言治者亦不以望其君。独唐韩愈、李翱尝举其说,见于《原道》、《复性》之篇。"可见真德秀是看重《原道》、《复性》二文的,而《文章正宗》卷十二便录有此二文,真德秀在《文章正宗》中对此二文加按语说："朱文公曰'与兵部李侍郎书(指李翱《复性》)所谓旧文一卷,扶

---

①　(南宋)刘克庄《后村先生大全集》卷一百,《四部丛刊》本。
②　(南宋)真德秀《西山先生真文忠公文集》卷十八,《四部丛刊》本。

树教道,有所明白'者,疑即此诸篇(指韩愈《原道》、《原性》、《原毁》)也。""翱《复性》凡三篇,其二篇皆论灭情复性之道……独末篇之言可以警学者,故录焉。"看来真德秀将此二文选入《文章正宗》中是看重了此二文"树教道""警学者"之用,这比《大学衍义序》中说得更明白。又如《大学衍义》卷三述汉武帝举贤良文学之士,董仲舒对贤良策之事,真德秀对此评论道:"武帝之于道,徒闻而不尊,徒知而不行,此其受病之本,故仲舒箴之。"《文章正宗》卷七便录有董仲舒《对贤良策》三篇,而上引真德秀在《大学衍义》中的评论也被引用在《文章正宗·董仲舒对贤良策二》中。又如《大学衍义》卷三举汉宣帝元康元年(前65)八月《博举诏》,真德秀评论此诏说:"宣帝之诏,以阴阳风雨之未时,由其不明六艺,闇于大道,盖人君不明经,不知道,则无以正心……后世人主,鲜或知者,而帝独知之,可谓卓然有见矣。"真德秀认为此诏"卓然有见",《文章正宗》卷二便录有此诏,题名《博举吏民诏》,而且真德秀在《文章正宗》中对此诏加按语说:"宣帝此诏最为知本,然未闻当时有能举其人以副上意者,惜哉。"由此可见,《大学衍义》与《文章正宗》在所选之文的评论上有相互阐发之势。

《文章正宗》收录了《大学衍义》中提到并被称赞的文章,对于《大学衍义》中所摈斥之人的文章,《文章正宗》也不见收录。《大学衍义》卷三举汉高帝时陆贾说《诗》、《书》之事,真德秀对此评论说:"贾虽有修仁义、法先圣之言,而其所陈,不过秦汉间事,安能举其君于帝王之隆哉。"而《文章正宗》也不见收录陆贾之文。其余如"伏湛、侯霸辈"(《大学衍义》卷四"光武受尚书通大义",真德秀按语说:"时儒臣作辅,如伏湛、侯霸辈,皆章句书生,未明乎古人格心之业。")亦如是。

从以上数例可看出,《大学衍义》与《文章正宗》在编纂内容上有密切的关系,又《大学衍义》的成书早于《文章正宗》,加之《大学衍义》是真德秀一生中修撰的最重要的一部理学著作,故目前可以《大学衍义》为切入点来探讨《文章正宗》的编纂思想。

三、《大学衍义》的思想内容及体例

《大学衍义》是南宋理学家真德秀推衍《大学》之义而成的一部理学著作,真德秀在《大学衍义序》中说:"其书之指皆本《大学》,前列二者之纲,后分四者之目,所以推衍《大学》之义也,故题之曰《大学衍义》云。"该书原是《西山读书记》乙集中的一部分,真德秀于宋理宗绍定二年(1229)完成,后来真德秀于宋理宗端平元年(1234)回京为朝官,有感于权臣、讲筵官欺罔陛下,于是将《大学衍义》从《西山读书记》中单独抽出献给了宋理宗,以期理宗读此书后,"义理无不通晓,则此等奸罔之言自不敢进"①。此后《大学衍义》便以单行本的形式流传开来,并受到了历代的重视,而该书的价值亦颇为真德秀自重,据刘克庄《西山真文忠公行状》记载:"公归,修《西山读书记》……甲记曰性命道德之理,学问知行之要,凡二十有七卷;乙记曰人君为治之本,人臣辅治之法,凡二十有二卷……(真德秀)尝谓门人曰:'人君为治一门,告君之书也,以范《唐鉴》为法。如有用我,执此以往。'又曰:'他日得达乙览,死无憾矣。'"②这里所谓的"乙记曰人君为治之本""人君为治一门"便是《大学衍义》一

书了,所以据此说《大学衍义》是真德秀一生中最重要的一部理学著作也未尝不可。

真德秀编纂《大学衍义》的初衷是想让宋宁宗懂得"为治之序、为学之本",他在绍定二年写的《大学衍义序》中说:

> 宁皇之初,入侍经帷,又尝以此书(指《大学》)进讲,愿治之君傥取其书,玩而绎之,则凡帝王为治之序、为学之本,洞然于胸次矣,臣不佞,窃思所以羽翼是书者。

故该书就是一本供帝王参考为治之序、为学之本的教科书,但其教育的最终目的却是要达到"治国、平天下",真德秀在《大学衍义序》中说:"四者(指'格物致知''诚意正心''修身''齐家')之道得,则'治国''平天下'在其中矣。"他在宝庆元年(1225)写的《大学衍义札子》中也表达了同样的意思:"盖其所谓'格物致知、诚意正心、修身'者,体也;其所谓'齐家、治国、平天下'者,用也。人主之学必以此为据依,然后'体''用'之全可以默识矣",原来《大学衍义》只取《大学》八条中的前六条(格物、致知、正心、诚意、修身、齐家)为衍义之目,而不取"治国""平天下"这最后两条,原因就在于真德秀希望帝王能自心身做起,由"体"而"用",最后达到"治国、平天下"的终极目标。

关于《大学衍义》的体例,真德秀在《召除户书内引札子四》(又题《〈大学衍义〉札子》)中说的最为明白,其云:

> 首之以"帝王为治之序"者,见尧、舜、禹、汤、文、武之为治,莫不自心身始也;次之以"帝王为学之本"者,见尧、舜、禹、

汤、文、武之为学,亦莫不自心身始也,此所谓"纲"也。首之以
明道术、辨人材、审治体、察民情者,"格物致知之要"也;次之
以崇敬畏、戒逸欲者,"诚意正心之要"也;又次之以谨言行、正
威仪者,"修身之要"也;又次之以重妃匹、严内治、定国本、教
戚属者,"齐家之要"也,此所谓"目"也。而"目"之中又有细目
焉。每条之中,首之以圣贤之典训;次之以古今之事迹;诸儒
之释经、论史,有所发明者,录之;臣愚一得之见,亦窃附焉。①

由此可知,《大学衍义》首之以"帝王为治之序""帝王为学之本"为
两"纲",次之以"格物致知""诚意正心""修身""齐家"为四"目",
"目"之中又有"细目"。

具体而言,《大学衍义》的内容及体例是首之以两"纲",继之举
《大学》八条目中的六条目,辅之以"《尧典》、《皋谟》、《伊训》与思齐
之诗、家人之卦者,见前圣之规模,不异乎此也;继之以子思、孟子、
荀况、董仲舒、杨雄、周敦颐之说者,见后贤之议论,不能外乎此也"
(《大学衍义序》)。即以"纲""目"为题,汇集相关的经、史、诸家之
说及真德秀的按语对"纲""目"加以诠释,亦即上文所引的"首之以
圣贤之典训;次之以古今之事迹;诸儒之释经、论史,有所发明者,
录之;臣愚一得之见,亦窃附焉。"如《大学衍义》卷一"帝王为治之
序",此为"纲",然后引典训、诸家之语加以诠释,所引内容按时代
顺序排列,包括《尚书·尧典》、《尚书·皋陶谟》、《尚书·伊训》、
《诗经·思齐》、《周易·家人》、《礼记·大学》、《礼记·中庸》(附吕
大临、朱熹释经之语)、《孟子》、《荀子》及董仲舒、杨雄、周敦颐之

---

① 　(南宋)真德秀《西山先生真文忠公文集》卷十三,《四部丛刊》本。

语,所引内容均是围绕"帝王为治之序"截取相关片段,每引一条内容,其后均附真德秀按语加以推衍其义。从卷三"帝王为学之本"始,"古今之事迹"的内容开始出现,此"纲"中所引事迹乃"汉高、文、武、宣之学""汉光武、明帝、唐三宗之学""汉、魏、陈、隋、唐数君之学"。后面四"目"的编排体例也就如同两"纲"一般,只是在引用的内容上不同罢了,但基本上仍以《尚书》、《诗经》、《周易》、《礼记》、《孟子》及二程、朱熹之语为主。了解这些,对于我们充分认识《大学衍义》与《文章正宗》的编纂关系是大有帮助的。

四、《文章正宗》的理学编纂思想

《文章正宗》作为一部诗文选本,因其编纂背景带有浓厚色彩的理学思想,故其编纂思想与理学著作《大学衍义》有颇多关联,主要表现在以下三方面:

(一) 尊王图治

真德秀作为一位理学家,深知明理致用之道,他想要有补于世便只能依靠封建帝王来实现其政治目的,所以真德秀有着强烈的尊王图治思想,这既是儒家的传统,也是现实的需要。具体到《大学衍义》,该书便是真德秀尊王图治思想的集中展现,上文已指出《大学衍义》是一本供帝王参考为治之序、为学之本的教科书,真德秀编纂此书就是要达到"治国、平天下"的目的,而这种思想可以说与《文章正宗》的选文标准是一致的。

《文章正宗》分辞命、议论、叙事、诗赋四目,其第一目"辞命"中"取《春秋》内外传所载周天子谕告诸侯之辞、列国往来应对之辞,下至两汉诏册而止",此部分所选之文"皆王言也"①,而"文章之施于朝廷、布之天下者,莫此为重,故今以为编之首"(《〈文章正宗〉纲目》),真德秀将"王言"编为《文章正宗》之首,可见其尊王思想有多深,而从"王言"的内容来看,真德秀所选"辞命"之文是很有深意的。《文章正宗》的第一篇是《国语·周语》中的《周襄王不许晋文公请隧》,晋文公护佐周襄王复位,自以为不世之大功,便请求襄王允许他死后采用开地通路的天子葬礼,此等僭越之请,周襄王以优游而实峻烈的语气,以"光裕大德""懋昭明德"的道理予以回绝。如果我们仅从此篇表面文意来研究真德秀的选学观,很容易便得出真德秀的选学观是重礼制、重道德的结论,但如果从《大学衍义》入手来看真德秀选此文之用意,我们便会有新的发现。

《大学衍义》卷一"帝王为治之序"中所选文章的第一篇是《尚书·尧典》中的开头部分,即"曰若稽古帝尧,曰放勋"至"万邦黎民于变时雍",真德秀以《大学》之条目解释《尧典》,他说:"'明俊德'者,修身之事,'亲九族'者,齐家之事,所谓身修而家齐也;'九族既睦,平章百姓',所谓家齐而国治也;'百姓昭明协和,万邦黎民于变时雍',所谓国治而天下平也。"又说:"'德'者,人之所同得,本无智愚之间,凡民局于气禀,蔽于私欲,故其德不能自明,必赖神圣之君,明德为天下倡,然后各有以复其初。民德之明,由君德之先明也。"真德秀以《尧典》为据认为帝王之治需君先明其德即修身,然

————

①　"列国往来应对之辞"所选篇章乃取《左传》、《国语》中诸侯王与他国使臣的对答之语,诸侯王之语亦为"王言",只是此部分所选诸侯王之言不及"周天子谕告诸侯之辞"中周天子之言那样重德、重礼,故《文章正宗》卷一将诸侯王之言附在周天子之言后,形成了鲜明的"王言"对比。

后才能达到家齐而国治而平天下,于是他以"我注六经"的方式认为《尧典》的主旨是"纪尧之功德与其为治之次序也"。我们以此来反观《周襄王不许晋文公请隧》一文,真德秀认为该文中"班先王之大物以赏私德"一句乃全篇之要领,周襄王不愿"赏私德",最终以"大德""明德"使晋文公臣服,这不正是"明俊德"而"亲九族"即修身而家齐的最好注解吗? 真德秀在《〈文章正宗〉纲目》中说:"今所辑以'明义理、切世用'为主,其体本乎古,其指近乎经者,然后取焉。"他选取《周襄王不许晋文公请隧》一文恐怕便是因为此文之旨近乎《尧典》吧。

至于另外 5 篇"周天子谕告诸侯之辞",其内容与《周襄王不许晋文公请隧》一样,都是宣扬周天子德政的,其主旨也近乎《尧典》,而后附"列国往来应对之辞"37 篇,乃他国使臣对诸侯王言,其主旨皆是使臣论诸侯王要明德。如《楚屈完对齐侯》,乃《左传·僖公四年》中的文章,其内容是"齐侯以诸侯之师侵蔡,蔡溃,遂伐楚",楚王派使臣屈完与齐侯谈判,屈完以"君若以德绥诸侯,谁敢不服"之语最终使齐侯同意与楚国缔结盟约。所以真德秀编选《文章正宗》"辞命"一目的文章,一是要尊王,选取两汉诏册之文便是一个表现,因其为"王言",另外便是宣扬君王要明德修身,这样才能家齐、国治、平天下。

(二) 征圣宗经

刘勰在《文心雕龙·征圣》中说:"论文必征于圣,窥圣必宗于经。"真德秀编纂《大学衍义》便秉持了这种征圣宗经思想,他在《大学衍义札子》中便说:"每条之中,首之以圣贤之典训。"这所谓的"圣贤"便是指每条之首所列举的尧、舜、禹、汤、文、武三代之君,即真德秀以三代之君为圣贤标准来阐发义理。而真德秀探索圣贤的标准所依据的"典训"即经书主要是《尚书》,如《大学衍义》"帝王为治之序""帝王为学之本""诚意正心之要"三条所举之"典训"均以《尚书》为首,真德秀为了突出《尚书》的重要性,还在《大学衍义》卷三中列举了汉武帝为学不喜《尚书》一条:"倪宽见武帝,语经学,上曰:'吾始以《尚书》为朴学,弗好,及闻宽语可观,乃从宽问一篇。'"真德秀对此下按语说:

> 臣按典谟、训诰、誓命之文凡百篇,皆人主之轨范也。武帝初以为朴学,弗好,既失之矣,及闻宽说可观,又止从问一篇,则是其弗好如故也。然圣经之蕴无穷,随其所入皆必有获,百篇之书无所不备,使帝于其一篇果尝深玩而服膺焉,修己治人亦有余用,而帝之行事未见有一与《书》合者,是亦徒问而已,果何益哉。

真德秀对汉武帝"弗好"《尚书》及其"行事未见有一与《书》合者"颇为不满,他认为《尚书》中典谟、训诰、誓命三种文体,乃"人主之轨范",所蕴义理无穷,按真德秀的"体""用"观来说,《尚书》即为"体",而其中便有"修己治人"之"用",由此可知真德秀是很看重《尚书》的。

真德秀在《大学衍义》中所体现出的征三代之君、宗《尚书》的思想在《〈文章正宗〉纲目》中也有明显的表现。真德秀在《〈文章正宗〉纲目》中说:"学者欲知王言之体,当以《书》之诰、誓、命为祖。"("辞命"条)又说《尚书》"则正告君之体,学者所当取法"("议论"条),又说"叙事起于古史官,其体有二:有纪一代之始终者,《书》之《尧典》、《舜典》与《春秋》之经是也,后世本纪似之;有纪一事之始终者,《禹贡》《武成》《金縢》《顾命》是也,后世志记之属似之"
("叙事"条),可知真德秀将《尚书》作为辞命、议论、叙事各文体之
源,这与古人"文本于经"的传统思想有所不同。刘勰在《文心雕
龙·宗经》中说:"论、说、辞、序,则《易》统其首;诏、策、章、奏,则
《书》发其源;赋、颂、歌、赞,则《诗》立其本;铭、诔、箴、祝,则《礼》总
其端;纪、传、盟、檄,则《春秋》为根。"①颜之推说:"夫文章者,原出
五经。诏命策檄,生于《书》者也;序述论议,生于《易》者也;歌咏赋
颂,生于《诗》者也;祭祀哀诔,生于《礼》者也;书奏箴铭,生于《春
秋》者也。"②可见古人是把各种文体的起源分别追溯于五经的,而
真德秀却独尊《尚书》一经,并将《尚书》所能包含的文体范围扩大,
如刘勰和颜之推均将"序"的本源归于《易》,而真德秀将"序"归为
"叙事"类,视其本源为《尚书》。真德秀如此独尊《尚书》的原因很
明显是因其将《尚书》视为"王言之体""告王之体"和"纪王之体"的
本源,后世文辞需以三代之君、三代之体为准的,所以说《大学衍
义》与《文章正宗》在征圣宗经思想上是相同的。

　　那么,真德秀为何要征三代之君为师,又为何选择《尚书》为宗
法对象呢? 真德秀说:"孔子定《书》,纪文、武、成、康之政,为后世
法。"(《大学衍义》卷三)原来真德秀之所以征三代之君,是因其政可
"为后世法",而《尚书》是纪其政的唯一儒家经典,从中可看出真德秀
的征圣宗经思想与其尊王图治思想是紧密相连、互为表里的,真德秀
征圣宗经的最终目的亦是要图治,我们从《文章正宗》大量编选《春秋》

---

①　(梁)刘勰著,范文澜注《文心雕龙注》,北京:人民文学出版社,1958年,第
22—23页。
②　(北齐)颜之推撰,王利器集解《颜氏家训集解》,北京:中华书局,1993年,第
237页。

内外传这一点便可探究出真德秀征圣宗经与尊王图治之间的关系。

《文章正宗》大量编选《春秋》内外传是一个很突出的现象,四库馆臣说:"总集之选录《左传》、《国语》,自是编始,遂为后来坊刻古文之例。"①但笔者不禁想追问《文章正宗》选录《春秋》内外传的原因何在？笔者以为,原因之一是真德秀的宗经思想。《大学衍义》作为学术著作,可以选录《尚书》、《春秋》等儒家经典,但《文章正宗》作为文章选本却不能,因为选本的编纂素有不选录、剪截经书的传统,真德秀秉持了这一传统,他在《〈文章正宗〉纲目》中说:"《书》之诸篇,圣人笔之为经,不当与后世文辞同录。"既然后世文辞不配与儒家经典同录,那么只能选择"其指近乎经"的经传,因"传者,转也;转受经旨,以授于后,实圣文之羽翮,记籍之冠冕也"②,加之"其体本乎古"的选文标准,所以《春秋》内外传便很自然地成为最佳的选文对象。当然,这只是外在原因,内在原因是真德秀认为《春秋》与《尚书》有着更多的相似性,这是原因之二,也是根本原因。真德秀在《大学衍义》卷三中说:"孔子定《书》,纪文、武、成、康之政,为后世法,而《春秋》尊王道,黜霸术,是夫子之意正欲人君,纯用周政也。"真德秀认为《春秋》与《尚书》一样是纪周代政事,具有"正欲人君"的政治目的,其实此类思想从古至宋已有之,董仲舒在《春秋繁露·玉杯》中便说:"六学皆大,而各有所长……《书》著功,故长于事……《春秋》正是非,故长于治人。"③

---

① (清)永瑢等《四库全书总目》卷一百八十七,北京:中华书局,1965年,第1699页。

② (梁)刘勰著,范文澜注《文心雕龙注》,北京:人民文学出版社,1958年,第284页。

③ (清)苏舆撰,钟哲点校《春秋繁露义证》,北京:中华书局,1992年,第35—36页。

"宋初三先生"之一的石介在《泰山书院记》中记录了孙复评价《春秋》的一段话说："尽孔子之心者,大《易》;尽孔子之用者,《春秋》。是二大经,圣人之极笔也,治世之大法也。"①从汉代儒者开始便从政治的角度看待《春秋》了,故笔者以为真德秀选录《春秋》内外传看重的就是《春秋》具有的与《尚书》相似的"正欲人君"的政治色彩,而《春秋》的微言大义可通过内外传"转受经旨",所以在宗经和图治之间,真德秀最终找到了能连接二者的文本,即《春秋》内外传。

为了更进一步说明问题,笔者打算通过《大学衍义》与《文章正宗》所选《春秋》内外传的对比来阐明《文章正宗》选录《春秋》内外传深层的政治意图。具体而言,《大学衍义》与《文章正宗》所选《左传》有 4 篇相同,《国语》有 1 篇相同,现将卷数、条目名称、篇名及年代等相关信息列表如下:

	《大学衍义》	《文章正宗》
《左传》	卷九/格物致知之要一/明道术/天理人伦之正(夫妇之别)	卷四/议论二/《屠蒯谏晋侯》(昭公九年)
	卷十/格物致知之要一/明道术/天理人伦之正(臣事君之忠)	卷四/议论二/《晏子论梁丘据》(昭公二十年)
	卷十七/格物致知之要二/辨人材/奸雄窃国之术	卷四/议论二/《魏绛请和戎》(襄公四年)
	卷三十四/诚意正心之要二/戒逸欲/盘游之戒	卷四/议论二/《臧僖伯谏观鱼》(隐公五年)
《国语》	卷三十/诚意正心之要二/崇敬畏/规警箴诫之助	卷五/议论三/《左史倚相规申公》(《楚语》上)

---

① （北宋）石介《徂徕石先生文集》卷十九,北京:中华书局,1984 年,第 223 页。

从上表可看出,通过《大学衍义》来探究《文章正宗》选文的意图可起到事半功倍的效果。这五篇文章在真德秀看来具有正人伦、辨奸雄、戒盘游、警箴诫的作用,而这些作用很明显均是政治作用,其作用的对象除《左史倚相规申公》是针对楚国元老重臣外,其余均是针对君王。前 4 篇文章属《文章正宗》卷四"议论"部分,该部分"取《春秋》内外传所载谏争论说之辞"(《〈文章正宗〉纲目》),包括周诸臣论谏告王之辞 11 篇(《国语》10 篇,《左传》1 篇),春秋诸臣论谏告君之辞 34 篇(《左传》31 篇,《国语》3 篇)。这 45 篇"告王""告君"之文如按君王是否纳谏为标准又可划分为三部分,第一部分是君王"不听""弗听"诸臣论谏 18 篇,如《臧僖伯谏观鱼》;第二部分是君王采纳了建议 17 篇,如《屠蒯谏晋侯》、《魏绛请和戎》;最后一部分是论说之辞,未涉及君王是否纳谏 10 篇,如《晏子论梁丘据》。前两部分表现出了真德秀"正欲人君"的编纂意图,如《仲山父谏立少》(《国语·周语上》)说的是樊仲山父劝阻周宣王为鲁国立太子,不要废长立幼,而宣王不听,最终导致鲁国内乱的史实,同样的例子还有《穆叔论立子裯》(《左传·襄公三十一年》),穆叔以"太子死,有母弟则立之,无则立长。年钧择贤,义钧则卜"的古代常规反对立太子的表弟为国君,季武子不听,终于未能善终。联系史弥远废皇子竑为济王,立赵昀为宋理宗,真德秀与史弥远就济王之事党争不断,最终真德秀落职罢祠,闲居家中 7 年编纂《西山读书记》、《诸老先生集略》和《文章正宗》的史实,真德秀选择《春秋》内外传中关于立皇子的篇章,其政治目的自不待言了。最后一部分所选篇章内容讲的是为治的大道理,真德秀编选此类文章自然也是希望宋代的君王能听得进去。而且,《文章正宗》卷五"议论"部分选录的春秋诸臣论谏执政之辞 18 篇(《左传》9 篇,《国语》9

篇），虽是臣对执政的论谏，但联系宋代党争的事实，真德秀欲借文章选本而党同伐异的意图也可昭然若揭。

所以，笔者以为真德秀征三代之圣、宗法《尚书》的思想先是贯穿到了《大学衍义》这部理学著作之中，而当这种征圣宗经的学术思想指向文学时所带来的结果是《文章正宗》大量编选《春秋》内外传以传承《大学衍义》的思想内核，即尊王图治。

（三）戒溺词艺

《大学衍义》虽为理学著作，但文乃学之一事，其中亦记录了真德秀的文学观，如真德秀在《大学衍义序》中说："汉孝元以下数君之学，或以技艺，或以文辞，则甚谬乎此者也。"这是真德秀在该书中首次提出的文学观，此种文学观在《文章正宗》中也得到了反映，真德秀在《〈文章正宗〉纲目》中说："盖魏晋以降，文辞猥下，无复深纯温厚之指，至偶俪之作兴而去古益远矣。"有学者据此便认为真德秀具有摒弃辞藻技巧的选学观，这其实是一个似是而非的结论，真德秀只是反对技艺、文辞，但并未说要摒弃之，为了说明这个问题，笔者以为还是得先从《大学衍义》中去探源真德秀的文学思想。

真德秀在《大学衍义》卷四中评论陈后主、隋炀帝工于词艺之事时说：

> 陈、隋二君，号为工于词艺者，一则因是而君臣相狎，一则因是而君臣争胜，卒底乱亡。然则帝王之于词章，皆非所当作乎？曰虞帝敕天之歌、大禹朽索之训、成汤官刑之制，虽非有意于为文，而炳炳琅琅，垂耀千古，此人君所当法也。若《大风》之安不忘危，犹可见英主之远虑；《金镜》之任贤去不肖，亦

足以昭示子孙。揆之帝王,抑其次也。若夫雕镂组织,与文士
争一日之长,固可羞已,况于淫亵猥陋如陈隋之君乎。臣故著
此,以为人主溺心词艺者之戒。(文渊阁《四库全书》本)

面对帝王是否应该作词章的问题,真德秀发出了"皆非所当作乎"
的反问,他的结论是可作,为此他举出虞帝、大禹、成汤作文而垂耀
千古的事例作为佐证,认为帝王作文要达到"安不忘危""任贤去不
肖"的标准,同时他还指出帝王作文要"抑其次",这个"次"便是指
"雕镂组织""相狎争胜""溺心词艺"。由此可知,真德秀并不反对
作词章,他反对的是不顾词章内容而一味地溺心于词艺,这其实遵
循的还是孔子所提出的"文质彬彬"的传统儒家文道观,所以真德
秀并没有要摒弃辞藻技巧之意,他本人也是重视辞藻技巧的。真
德秀曾在宋宁宗庆元五年(1199)以新进士的身份拜谒傅伯寿请教
作文之法,他在《傅枢密文集序》中说:"窃念公守建安时,某以新进
士上谒,请问作文之法,公不鄙而教之甚至,其略曰:'长袖善舞,多
财善贾。子归取古人书,剧读而精甄之,则蔚乎其春荣,熏乎其兰
馥有日矣。'惜其时尚少,所问者,科目之文而已。"①想必真德秀编
《文章正宗》是受到了傅伯寿的影响,而这"长袖善舞,多财善贾"不
正是指辞藻技巧吗?叶绍翁在《四朝闻见录》丙集《高宗六飞航海》
条中云:"秀岩李公心传《朝野金载》以真公德秀尝以《书》义魁乡
举。真公业词赋,亦尝为魁。"②看来真德秀在宋代人眼里也是擅

————————

① (南宋)真德秀《西山先生真文忠公文集》卷二十七,《四部丛刊》景印正德刊
本,第17叶。
② (南宋)叶绍翁撰,沈锡麟、冯惠民点校《四朝闻见录》,北京:中华书局,1989
年,第122页。

长词赋的,如果说真德秀摒弃辞藻技巧,那他如何魁于词赋? 故真
德秀的文学思想仅仅是作词章时要"抑其次",不能溺心词艺,在此
前提下取法三代之文,正如《〈文章正宗〉纲目》中所说:"其体本乎
古,其指近乎经者,然后取焉。否则,辞虽工亦不录。"

《文章正宗》中许多文章后有真德秀的评语,我们从中可以看
出真德秀的文学思想是一以贯之的。真德秀在《文章正宗》卷三
(汉光武帝)《作寿陵诏》后的评语中说:"孝武以后诏令,浮文多而
实意少,至光武乃复还汉初简质之旧,其辞之尤约者,如……若是
者,皆不炫文采而意旨自足。盖自昔方隆之时,事从简实,故文不
胜质,及世之将敝,则文胜而质衰矣。此有国者当戒,亦秉笔代言者
所宜知也。"真德秀认为好的诏令应该是"不炫文采而意旨自足",他
用儒家的文质观进一步提出帝王作诏令当戒"文不胜质"或"文胜而
质衰"的毛病,这与真德秀在《大学衍义》中提出的帝王应戒溺心词
艺的观点是一样的,不能仅溺心于"文",而要"文质彬彬"。

诏令在《文章正宗》中属"辞命"类,乃"王言"之体,真德秀对诏
令的看法可以代表他对"王言"之体的看法,那真德秀对"告王"之体
的看法又是如何呢?"告王"之体即《文章正宗》"议论"类,真德秀在
《〈文章正宗〉纲目》中说:"学者之议论,一以圣贤为准的,则反正之
评,诡道之辩,不得而惑;其文辞之法度,又必本之此编,则华实相副,
彬彬乎可观矣。"可见真德秀对"议论"类文章的要求亦是要"文质彬
彬",而且只要不溺心词艺,文辞浮华的"告王"之文亦可选入《文章正
宗》之中,如《邹阳狱中上梁王书》一文,真德秀的评语是:"此篇用事
太多,而文亦寖趋于偶俪,盖其病也。然其论谗毁之祸至痛切,可以
为世戒,故取焉。"(《文章正宗》卷十一)真德秀并未因该文用事太多,
又趋于偶俪而摒弃之,而是看重了该文内容可为后世戒,故而取之,

所以真德秀并不是反对词艺,而是反对溺心词艺。

综合以上的分析,笔者得出的结论是真德秀作为一名理学家,他的学术思想是贯穿于他的文学著作之中的,所以《文章正宗》在编纂思想上与理学著作《大学衍义》有颇多的相似性,《文章正宗》之所以会被认为是反映理学思想的诗文选本,也实在是因其编纂者的学术思想所致。从本质上来说这也是无可厚非的,四库馆臣说《文章正宗》"持论甚严,大意主于论理而不论文"①,这只能说明四库馆臣的学术思想有别于真德秀,故其所评乃门户之见,非公允之评。反观当今《文章正宗》研究文章,均是就《文章正宗》谈《文章正宗》,故一些问题未能得到很好的解决,如学者在研究《文章正宗》时都会谈到该选本是"明义理、切世用",但这"义理"的内容究竟是什么,怎样才算"切世用"呢,通过《大学衍义》我们可以知道这"义理"在真德秀看来是"格物致知、诚意正心、修身、齐家",乃形而上之"体",这"切世用"是指"治国、平天下",此乃"用",而《文章正宗》中所选"王言""告王"之体的文章也确实符合《大学衍义》的"由体而用"观。故《大学衍义》乃《文章正宗》之阶梯,欲研究《文章正宗》须结合《大学衍义》一起研读,如此才能有所得。

第三节 南宋理学家所编诗文选本编纂思想的特点

为了更好地说明南宋理学家所编诗文选本编纂思想的特点,

---

① (清)永瑢等《四库全书总目》卷一百八十七,北京:中华书局,1965年,第1699页。

现将其与南宋非理学家所编选本的编纂思想进行比较,从中探求理学思想对选本编纂思想的影响。同时,不同南宋理学家的编纂思想也有不一样的地方,比较其异同,可探讨理学学派的不同对选本编纂思想的反馈作用,由此爬罗剔抉,彰显南宋理学家所编诗文选本编纂思想的特点。大致而言,南宋理学家所编的诗文选本较之非理学家编的选本更具教科书的色彩,其编纂初衷就是通过选本在学生中的传播而达到宣传符合理学思想的诗文作品的目的,以构建理学视域下的文学史,与此同时,南宋理学家之间也并不全然都以理学思想作为编纂选本的宗旨,理学学派的不同导致其对于选本文学性的追求也不同。

一、南宋理学家与非理学家所编选本编纂思想比较

大部分的南宋理学家有一特殊身份,即从事书院或私塾的教学,其本身是一名教书先生,这种身份决定了部分南宋理学家编选的诗文选本的性质为教学用的教材,而南宋非理学家的身份多为文人、书商,他们的选本编纂思想便缺失了一种教学的目的。同时,理学家自身的理学道统思想决定了南宋理学家在编纂选本时还遵循着自我学理上的约束,他们不可能完全如文人那般纯粹从文学批评的角度去遴选诗文作品,所以由理学思想构筑的文学史架构也是南宋理学家所编诗文选本区别于非理学家所编选本的一大特点。

(一) 教学教材

大部分南宋理学家编选选本的初衷是应教学所需,其数量占

了南宋理学家所编选本总数的大半,但是教学对象的不同却又决定了选本内容存在差异。一般而言,南宋理学家所编诗文选本因教学对象的不同而分为两类:

1. 举业选本

林之奇和吕祖谦二人在传授弟子举业习文上都有很大名气,林之奇就培养出吕祖谦这样考中博学宏词科的学生,吕祖谦本人教授的学生也都抱着科举的目的,且教授人数众多,吕祖谦就曾描述过自己教书的情况"近日士子相过聚,学者近三百人,时文十日一作,使之不废而已"①,所谓"士子"就是一些攻举业的读书人,其人数接近三百人,所授内容是时文写作,即科举应试文的写作,为这些士子编的教材自然就属于举业选本。

2. 童蒙选本

刘克庄在《〈唐五七言绝句〉序》中说:"余家童子初入塾,始选五七各百首口授之,切情诣理之作,匹士寒女不弃也。"(《后村先生大全集》卷九十四)他在《〈本朝五七言绝句〉序》中又说:"唐绝句诗选成,童子复以本朝诗为请……姑取所尝记诵南渡前五七言亦各百首,授童子。"(同上)从刘克庄的序言可看出,理学家也为童子编启蒙教材,所以诗歌体裁中只选绝句,这显然是出于童子易学的考虑。

相较而言,南宋非理学家编纂的选本基本上不具备教学教材的性质,这从非理学家所编选本的类别上就能看出来,以南宋非理学家所编诗歌选本为例,其中唱和、杂咏类选本数量最多,其他类型的选本如送别、应制、悼亡等也不具备教材的性质。尽管出现了专门为场屋而编的选本,如诗赋类选本《指南赋笺》、《指南赋经》,

---

① （南宋）吕祖谦《与刘衡州子澄》,《东莱集》别集卷九,文渊阁《四库全书》本。

《直斋书录解题》卷十五云：“皆书坊编集时文，止于绍熙以前。”显然这类场屋选本相当于今天的高考作文书，其编纂思想是为牟利，并不如南宋理学家为教学而编选本，这是南宋理学家编纂思想不同于非理学家的最大地方。正因编纂思想不同，选本编选的文体也不一样，书坊编的较多的是赋，如《大全赋会》，《四库全书总目·总集类存目一》：“《大全赋会》五十卷，永乐大典本。不著编辑者名氏，皆南宋程试之文。”南宋理学家编的较多的是古文，其所选的古文本身又符合儒家思想，即合于“吾道”，利于教学所需，体现出理学家编纂思想的特点。

（二）以理学思想构建文学史

林之奇在《观澜集后序》中说：

> 右《观澜集》所编百二十有九篇，皆澜之动也，余于是观焉，亦聊足以称是区区闻见之所及者，发吾管蠡之陋识，作吾金鼓之懦气也而已，非以古作者之文为止于是也。代有不录之人，人有不收之文，盖仅有存者，故不以世次列叙先后，且虚其左方，以待之继此。复有会于予心而可以广予传者，固将特书、大书、屡书、不一书而止也。夫《文选》不收《兰亭记》，《文粹》不收《长恨歌》，识者于今以为二书之遗恨，由其所取乎斯文者以为尽于其书，故其所遗者，人得而恨之，余方收《选》、《粹》之所遗。①

从此序文可看出林之奇编《观澜文集》还有一层思想是构筑宋前文

---

① （南宋）林之奇《拙斋文集》卷十六，文渊阁《四库全书》本。

学史,即汇编能代表宋前文学成就的作品,林之奇称之为"澜之动",并认为自己所编选本"非以古作者之文为止于是也",如有遗漏还要"虚其左方,以待之继此",为此还以《文选》、《唐文粹》两部选本为例,意在表明《观澜文集》是补《文选》、《唐文粹》之遗。这从选目中也能看出来,如《观澜文集》所选赋体之作,只有少数几篇与《文选》重复,大多数赋作则为首次选取,其中的唐宋辞赋选的最多,《观澜文集》共选 41 篇赋,唐代辞赋就有 16 篇,宋代辞赋有 9 篇,而唐宋辞赋历来是不被重视的,今人编的文学作品选教材也都不选唐宋辞赋,可见《观澜文集》构筑了一个自屈、宋辞赋至唐、北宋诗文的文学史。这是南宋理学家第一次在编选诗文选本时表露出补遗前人文学史的观点,随着理学在南宋后期逐渐被官方认可,南宋理学家们便开始热衷于文学史的理学构建,纷纷以选本形式提出各自的文学史观,最具代表性的便是真德秀的《文章正宗》,代表性言论是真德秀在《〈文章正宗〉纲目》中说的:"自昔集录文章者众矣,若杜预、挚虞诸家,往往埋没弗传,今行于世者,惟梁昭明《文选》、姚铉《文粹》而已,縠今视之二书,所录果皆得'源流之正'乎?夫士之于学,所以穷理而致用也,文虽学之一事,要亦不外乎此。故今所辑以'明义理、切世用'为主,其体本乎古,其指近乎经者,然后取焉。否则,辞虽工亦不录。"①真德秀也是不满《文选》、《唐文粹》所录文章,故而以"明义理、切世用"的理学思想重新编选历代作品,这其实就是在以理学标准构筑新的文学史。

　　另外的一个例子便是刘克庄编的几种唐宋绝句选本,他在《〈唐五七言绝句〉序》中说:"余家童子初入塾,始选五七各百首口

---

　　①　(南宋)真德秀《文章正宗》卷首,文渊阁《四库全书》本。

授之,切情诣理之作,匹士寒女不弃也,否则,巨人作家不录也。"
(《后村先生大全集》卷九十四)可见刘克庄的选诗标准是要"切情
诣理",这是一种带有理学色彩的选诗观,同时刘克庄连续编纂的
这六种绝句选本:《唐五七言绝句》、《唐绝句续选》、《本朝五七言
绝句》、《本朝绝句续选》、《中兴五七言绝句》、《中兴绝句续选》基本
是在概括唐宋绝句诗史,正如上文所言,《宋文鉴》后南宋出现了一
股编选一代文史文献的风气,其特点是所编作品有所去取,如此则
与文学史的书写有相似性了,所以刘克庄亦是在以理学思想建构
他个人的唐宋绝句诗史。

　　与之相对的却是南宋非理学家们编选的诗文选本,其中的编
纂思想明显缺乏对文学史的观照,从所编诗歌选本类别而言,唱
和、送别、家族诗集等均不具备建构一代文学史的标准,而这类选
本恰恰也不是南宋理学家热衷编纂的选本类别。至于如书商陈起
编的《江湖集》,该选本的编选初衷亦无建构南宋后期诗坛文学史
的宏愿,因为该选本所选诗歌无去取标准,陈振孙在《直斋书录解
题》卷十五中就评论该选本选诗"玉石兰艾,混淆杂遝",也就是说
构建不出南宋中兴以下江湖之士的诗歌创作史,所以《江湖集》系
列选本的编纂思想似乎受南宋后期形成的搜集一代文史文献之风
更多的影响,毕竟《江湖集》之后产生的《江湖前集》、《后集》、《续
集》等是随着史弥远倒台、由他兴起的文字狱解禁才产生的,因为
原先毁版的《江湖集》在政治环境改变后受到关注,作为书商的陈
起敏锐觉察出这种选本可以盈利,遂诱发了《江湖集》系列选本的
诞生,这与构建文学史思想没有多少关联,这就难怪《江湖集》在南
宋文人圈中不被认可,刘克庄就说:"至于江湖诸人,约而在下如姜
夔、刘翰、赵番师秀、徐照之流,自当别选。"(《中兴五七言绝句序》,

《后村集》卷二十四)只字未提《江湖集》,可知理学家与非理学家在编纂思想上的巨大不同。

　　总之,为教学而编选本和借选本建构理学思想观照下的文学史是南宋理学家所编选本区别于非理学家所编选本的两大特点。

二、理学家编纂思想之间文学色彩的差异性

　　南宋理学家之间的选本编纂思想并不是一致的,在对待选本文学性问题上就存在明显不同,一方面,同属紫微学派的林之奇、吕祖谦、楼昉在编纂选本时注意凸显选本的文学批评色彩;另一方面,以真德秀、刘克庄、汤汉为代表的朱子后学坚持着理学统宗,选文需符合理学规范,由此形成了两类不同风格的选本。

　　林之奇的《观澜文集》、吕祖谦的《古文关键》、楼昉的《崇古文诀》在树立唐宋八大家古文正统的过程中起到了重要的作用,这是被学界逐渐认可的事实①,就此三种选本的文章选目(不计诗赋篇数)而言,《观澜文集》选的最多的是韩愈(22 篇)、苏轼(16 篇)、柳宗元(11 篇),《古文关键》选的最多的是苏轼(16 篇)、韩愈(14

---

　　① 杜海军《吕祖谦与"唐宋八大家"》(《广西师范大学学报》哲社版 2006 年第 1 期)对《宋文鉴》、《古文关键》宣传唐宋八大家进行了研究,《林之奇〈观澜文集〉及其对唐宋派形成的影响》(《闽江学院学报》2010 年第 6 期)对《观澜文集》提倡唐宋文学及其对明代唐宋派形成的影响进行了论述。黄强、章晓历《南宋时期集唐宋八大家为古文流派的趋势》(《扬州大学学报》人社版 2001 年第 5 期)论述了《古文关键》理清"八大家"的师承关系。总体而言,对《古文关键》与唐宋八大家关系的研究文章较多,比如吴承学《现存评点第一书——论〈古文关键〉的编选、评点及其影响》(《文学遗产》2003 年第 4 期)等,这些文章足以证明当前学界对于南宋理学家编选的古文选本与唐宋八大家形成的紧密关系有了比较统一的看法。

篇)、欧阳修(11 篇)、柳宗元(8 篇),《崇古文诀》选的最多的是韩愈(25 篇)、欧阳修(18 篇)、苏轼(15 篇)、柳宗元(14 篇),不难看出此三选本的编纂者在看待古文正统代表的问题上,意见是一致的,这与此三人一脉相承的理学学统是有关联的。

林之奇师承吕本中,吕本中之学在《宋元学案》中被单独列为一学案,名曰"紫微学案",对于其学统渊源,全祖望说:

> 紫微之学,本之家庭,而遍叩游(酢)、杨(时)、尹(焞)诸老之门,亦尝及见元城(刘安世),多识前言往行以蓄德。成公(吕祖谦)之先河,实自此出。顾世以其喜言诗也,而遂欲以江西图派掩之,不知先生所造甚高。①

所谓"本之家庭"是指吕本中之学本之吕氏家学,吕氏家学在宋代就被誉为"中原文献之传",吕氏家族之人对此也欣然接受,吕祖俭为其兄吕祖谦写的《圹记》中就说:"公之问学术业本于天资,习于家庭,稽诸中原文献之所传"(《东莱集》附录卷一)。其家学特点全祖望概括为:"先生(吕本中)从杨、游、尹之门,而在尹氏为最久,故梨洲(黄宗羲)归之尹氏《学案》。愚以为先生之家学,在多识前言往行以蓄德。"②这从吕本中转益多师的求学经历中就能看出来。所以,正因吕本中继承了家学"多识前言往行"即以"以广大为心"(吕祖谦《祭林宗丞文》)的特点,对于理学比较排斥的文学也甚为用心,吕本中在南宋时就"以诗得名"(《苕溪渔隐丛话》前集卷四十

---

① (明)黄宗羲原著,(清)全祖望补修,陈金生、梁运华点校《宋元学案》,北京:中华书局,1986 年,第 2 册,第 1241 页。
② 同上,第 1234 页。

八),以至于他的学问名气被其文学成就所掩。

　　吕本中的这种学术特点直接影响到他的学生林之奇,吕本中喜韩愈、柳宗元、苏轼文,他曾说:"韩退之文浑大广远,难窥测;柳子厚文分明见规摹次第。初学者当先学柳文,后熟韩文,则工夫自易。"①又在《童蒙训》中说:"古来语文章之妙,广备众体,出奇无穷者,惟东坡一人。"林之奇编的《观澜文集》选韩、柳、苏文最多,正好反映了他的老师吕本中的观点。而林之奇的学生吕祖谦也秉持了这一传统,朱熹就说吕祖谦"一向不以苏学为非"(《与张敬夫书》),为此吕祖谦还编选了《东莱标注三苏文集》,编选的《古文关键》篇首《总论看文字法》还说:"学文须熟看韩、柳、欧、苏"。吕祖谦的学生楼昉不仅师承吕本中的学术思想(楼昉写有《童蒙训跋》,其云"书之所载,自立身行己、读书取友、抚世酬物、仕州县、立朝廷,纲条本末,皆有稽据",可见楼昉学术传承自吕本中),他编的《崇古文诀》也效仿其师吕祖谦的《古文关键》,选文也推崇韩、柳、欧、苏。可以说唐宋八大家这样的古文文统是由紫微学派所树立的,所以以吕本中为中心的紫微学派的文学性更突出一些,当前学界也不以这一学派为理学正宗,即使是有着"东南三贤"之一美誉的吕祖谦,也有相同的际遇,故此学派编选的选本文学色彩凸显也就容易让人感知并理解了。

　　与之相较,真德秀私淑朱熹,被公认为朱子后学集大成者,全祖望在《宋元学案》中就说:"乾淳诸老之后,百口交推,以为正学大宗者,莫如西山(真德秀)。"其理学思想较紫微学派而言甚为浓厚,所以真德秀推崇的文章与林之奇、吕祖谦推崇的唐宋古文截然不

①　(南宋)张镃《仕学规范》卷三十五,文渊阁《四库全书》本。

同，真德秀更看重先秦、汉代之文，《文章正宗》最重要的辞命部分
选的都是先秦文章，足见学术思想之别对文章取舍的重要影响。

真德秀的主要理学思想可概括为三纲五常是上天赐予人所具
有的先验之"理"，人们要持敬此理。真德秀说："仁义礼智之性，恻
隐、辞逊、羞恶、是非之情，耳目鼻口四支百骸之为用，君臣、父子、
兄弟、夫妇、朋友之为伦，何莫而非天也。"①所以遵守仁义礼智信
这五常是人的天职，而三纲五常本身就是所谓的"理"，其作用是扶
持宇宙的基石，真德秀对此有如下论述：

> 所谓五常者，亦岂出乎三纲之外哉。父子之恩，即所谓
> 仁；君臣之敬，即所谓义；夫妇之别，即所谓礼；智者，知此而
> 已；信者，守此而已。未有三纲正而五常或亏，亦未有三纲废
> 而五常独存者。呜呼！是理也，其扶持宇宙之栋干，奠安生民
> 之柱石欤。（《西山文集》卷四《召除礼侍上殿奏札一》）

所以真德秀编的《文章正宗》所选的辞命、议论文章大部分内容是
在谈君臣、父子之关系要守信，如《文章正宗》"辞命"中"取《春秋》
内外传所载周天子谕告诸侯之辞、列国往来应对之辞"，其中"周天
子谕告诸侯之辞"谈的就是君臣关系，即要讲"德"，所选《左传》之
文有多篇谈到了"德"，即真德秀所谓的"智者，知此而已；信者，守
此而已"，臣子要知君为臣纲，并要守此纲，所以《文章正宗》因为有
着明确的理学思想作为选文的指导思想，故该选本的文学性并不

---

① （南宋）真德秀《明道先生书堂记》，《西山文集》卷二十四，文渊阁《四库全
书》本。

突出,所选文章有的甚至是经书,如选《左传》文。

　　刘克庄作为南宋著名文人,因师从真德秀这样一位严格意义上的理学正宗,他在编选诗歌选本时也是遵从理学的审美标准,提出要选"切情诣理之作","切情"虽然表露了刘克庄作为一名文人的本色,但仍然不能摆脱"理"的影响,他还进一步说:"发乎情者,天理不容泯;止乎理义者,圣笔不能删。"(《后村先生大全集》卷九十四《唐五七言绝句序》)刘克庄的诗学观显然包含着情与理两个方面,他自身也是一个文人与理学家的矛盾综合体。汤汉也是真德秀的学生,他与刘克庄一样也是一位具有文人气质的理学家,《宋史》卷四百三十八有传,知其学、行、文皆有誉于时,时人赵汝谈称其为"第一流",然而他学自真德秀,乃朱子后学,他编选的文章选本《妙绝古今》也仿《文章正宗》,多选《左传》、《国语》、春秋诸子之文,故他编的选本的文学性也不突出,时人对此选本也未从文学的角度评论之,曾经荐汤汉于朝的赵汝腾就说此选本"皆诸老之绪言也"(《题妙绝古今》),完全把《妙绝古今》看成是理学选本,这就不得不叹服学术流派的不同对诗文选本的文学性差异产生的巨大影响。

　　总之,南宋理学家因学术流派的不同,在编选诗文选本时对选文的文学性要求也不一样,学术思想倾向于文学的理学流派,所编选本更具文学性,反之则更具理学色彩。

第四章　南宋理学家所编诗文选本的编纂体例、成书过程

　　选本的编纂体例是选本研究的重要组成部分,由此可窥探选本编纂者的编纂宗旨,正如吴承学先生所言:"文章总集的文学思想,不仅表现在它所选录作家与文章的名单之中,而且也反映在其编纂体例中,后者往往为人所忽略。文章总集编纂者面对众多的文章,首先必须选择某种方式把它们统贯起来,然后再加以排列组合。编纂者首先要选择一种要素作为贯串总集的纲,以之起纲举目张的作用。这种要素也就是编纂者首要的关注点和切入点,其深层正是编纂者的文学观念。"①此外,选本的成书过程或者说成书背景也是考察选本编纂者编纂思想的一个方面,故本章以南宋理学家所编诗文选本编纂体例、成书过程为研究对象,继续探究南宋理学家所编诗文选本编纂思想特点的其他方面。

---

　　① 吴承学《宋代文章总集的文体学意义》,《中国社会科学》2009 年第 2 期,第200 页。

第一节　编纂体例研究

就当前研究现状而言,选本编纂体例研究的范畴主要包括选
文标准研究和文体分类研究,现以这两个方面来研究南宋理学家
所编诗文选本编纂体例的特点及其影响。

一、明义理与情理兼顾的选文标准

无论是文学色彩明显的紫微学派还是有着文乃学之一事思想
的朱子后学学派理学家在编纂诗文选本时都会受到理学思想的影
响,其选文标准中也就或隐或显地都包含着符合理学思想要求的
条例。理学思想是儒学发展到宋代时的一种新思想,其本质就是
维护国家权威和思想秩序的普遍性真理,即"教人自致知至于知
止,诚意至于平天下,洒扫应对至于穷理尽性。"(《宋史》卷二百四
十七《程颢传》)这是一种超越一切自然和社会的原理,南宋理学家
们则试图通过对《大学》、《中庸》、《论语》、《孟子》以及《周易》的阐
释来揭示这种"理",具体而言就是包括道德要求与行为规范的伦
理。但这种纯粹的理想主义思潮的推动者往往将其与政统相结合
以达到道德本原治理国家的政治期望,因为在他们也就是宋代理
学家看来,道统与政统的分离是有害的,张载就曾说:"朝廷以道
学、政术为二事,此正自古之可忧者。"(《张子全书》卷十三《答范巽
之书第一》)其实也就是想以道德伦理来约束至高无上的皇权,因
为理学家都是远离政权中心的士大夫阶层,于是他们通过对科举士
子的教育来阐发理学思想,吕祖谦就以道德仁义教东南诸生,他曾

说:"为学者初不与科举相妨,所系殊不小也。"(《东莱集》别集卷十)
朱熹也说:"举业亦不害为学。"(《朱子语类》卷十三)但为学与科举无
妨其实也是无奈之说,因为当时士子关心更多的是科举而不是为
学,吕祖谦曾详细说明了当时的情况,他在《与朱侍讲元晦》中说:"科
举之习,于成己成物,诚无益,但往在金华,兀然独学,无与讲论切磋
者,闾巷士子舍举业,则望风自绝,彼此无缘相接,故开举业一路,以
致其来,却就其间择质美者告语之,近亦多向此者矣。"(《东莱集》别
集卷七)吕祖谦本知科举无益,但教育内容不涉举业,则无人来听
课,于是只好在教学中以举业传授为名,行阐发理学思想之实,那么
为教学或者更贴切地说为举业而编的一些诗文选本,其编纂思想
自然也就与理学思想的阐发有着不可割裂的关系。下面就几个南
宋理学家所编选本的选文标准阐述之,以总结其共同的特点。

(一)《观澜文集》的选文标准就包含着理学之思,该集后序中云:

　　昔孔子之始删《诗》也,得周之《国风》、《雅》、《颂》,于自卫
反鲁之初,既列而叙之矣,末乃得鲁、商二《颂》,又从而附益
之,不以世次之先后为嫌也。曾子从学最在二三子后,而犹及
乎《商颂》之传,是以其穷居于卫也,曳缍而歌之,声满天地,若
出金石,其乐之动于中而发于声音,形于抃蹈,有不期然而然
者。凡今《中庸》、《大学》之所载,子思、孟子之所传,揆厥端
倪,无非繇《商颂》而入者也。青蓝冰水之喻,于是乎信矣……
庶或有其人之曳缍浩歌,因《商颂》而有得以光大乎斯文者出
焉,是则《观澜》之本志也。①

---

① 　(南宋)林之奇《拙斋文集》卷十六,文渊阁《四库全书》本。

林之奇在《观澜集前序》中说人在有限的生命里无法读完万古浩博之书，为此要"取尔视其所视，而遗其所不视"，方为"得师"，但从这篇后序中可知，文章去取的标准又必须符合《商颂》的要求，因为在林之奇看来《商颂》是儒家经典及儒家学说的源头。这一观点显然得不到今人的认同，毕竟自从王国维《说商颂》发表后，今人多认为《商颂》是春秋时宋人所作，产生时代在《周颂》、《鲁颂》之后，但林之奇却以《商颂》来证明《尚书·盘庚》中的内容（见林之奇《尚书全解》卷十八），足见林之奇的观点是《商颂》为商代人之诗，则《商颂》为《诗经》中最早的作品，可追溯到周之前，故而才有以上言论。

　　林之奇对《商颂》的评价就是"不期然而然者"，即一种歌、乐、舞合一的纯朴自然状态，这从《商颂》的内容中也能看出来，《那》、《烈祖》、《玄鸟》是写歌舞娱神和对祖先的赞颂，应是诗歌最初的原始表现。正因《商颂》这种最初的原始状态，所以林之奇将其作为理学经典系统《大学》、《中庸》和理学传承谱系子思、孟子的源头，而林之奇之所以要这样穷究源头是因为理学探究的本来就是超越自然与社会之上的一种普遍真理，《商颂》作为保留早期生民思想的材料而具有了穷理尽性的品质，似乎从《商颂》中可探求到理、性的最初状态，所以林之奇表面上是要"广大斯文"，但他却将心目中的斯文标准追溯到非常早期的《商颂》，则这种选文标准的产生显然是一种理学之思的结果。

　　同时，《观澜文集》的选文标准也注意"情"与"理"的兼顾，具体到《观澜文集》的选目，有如《商颂》那样自然而然地表达内心真实情感的作品被大量选入选本之中，如赋体之作，《观澜文集》未如《文选》那样选取《京都赋》，而是选取抒情赋，这类赋作不仅包含了作家的真实情怀,同时也有社会现实之思,是一种"情"与"理"的融合,正符合《观澜文集》穷理尽性的选文标准。

我们从《观澜文集》的文体排列顺序上也能看出该集选文是注重符合《商颂》情理结合特点的文体的。《观澜文集》甲集的文体编排顺序是赋、诗、歌、行、引、颂、书、碑、铭、箴、赞、哀辞、表、论、序、记、疏、杂文,乙集为赋、诗、歌、辞、论、颂、书、表、制、启、序、状、碑铭、议、传、记、赞、杂文,丙集为赋、说、论、记、序、碑、箴、铭、赞、传、杂文,其中丙集最晚出,编排体例不如甲、乙二集规范,所列文体乃笔者根据丙集目录总结之,原选本并未列出文体名,而乙集在流传过程中多有遗失,宛委别藏本乙集就是一残本,如今虽成完帙,但肯定经过后人的拼凑,故而造成排列混乱,如乙集"序"体文,选本上作"叙",其中又插入"状"体,导致原先的排列顺序变为叙、状、叙,显然有误,造成这一错误的估计是古代书商,基于这种特殊情况,现只以《观澜文集》甲集为研究对象。

考察南宋理学家所编诗文选本文体编排顺序须有一参照物,《文选》的文体排列顺序无疑是最佳的、也是唯一的参照物,因为有的南宋理学家所编诗文选本是续编《文选》的,如《观澜文集》。《文选》一般分三十八门,分别是赋、诗、骚、七、诏、册、令、教、策文、表、上书、启、弹事、笺、奏记、书、檄、对问、设论、辞、序、颂、赞、符命、史论、史述赞、论、连珠、箴、铭、诔、哀、碑文、墓志、行状、吊文、祭文。

对比《文选》与《观澜文集》甲集的文体排列顺序,除了都将赋、诗排在首位外,《观澜文集》其余文体的排列大体上是将《文选》排在后面的文体提到前面,最明显的就是将"颂"体提到赋、诗之后散文文体的首位,这与林之奇重视《商颂》,认为《商颂》乃文章之源,

由此而入可谓得活水法的思想有关。古人有"文本于经"的思想，
傅玄就说："《诗》之《雅》、《颂》，《书》之《典》、《谟》，浩浩乎其文章之
渊府也。"（严可均《全上古三代秦汉三国六朝文·全晋文》卷七十
九）梁朝任昉说得更为明确："六经素有歌、诗、书、诔、箴、铭之类。"
（《文章缘起》卷首）所以，林之奇重《商颂》，又将"颂"体列为文章之
首，说明林之奇认为"颂"体源自《商颂》，也就是说出自《诗经》，这
一看法，唐代人早已有之。《唐钞〈文选集注〉汇存》中释《文选》
"颂"体时说：

> 《诗》云："美谓之颂。"又，《诗序》云："六曰颂。颂者，美盛
> 德之形容，以其成功告于神明者也。"马融为《广成颂》，今是赋
> 体，此颂体似赋歌也。①

在唐人看来，"颂"体最早源于《诗经》，特点是"美盛德之形容"，马
融的《广成颂》就是"颂"体，但《文选》中未选《广成颂》，原因是该颂
是用赋体的形式抒写，让人误以为是赋歌。这是唐人的一种辨体
言辞，意在说明"颂"体源自《诗经》，林之奇显然与之有相同的看
法。之后，陈仁子《文选补遗》卷三十七收录了马融的《广成颂》，并
将其归入"颂"体，可见唐人对"颂"体的辨体意识已被宋人所接受。
到了明代，"颂"体源自《诗经》的看法更是被写入了关于"文本于
经"的专著之中，这就是黄佐的《六艺流别》，其中论述《诗》艺时说：
"诗之杂于文者其别有五：骚、赋、词、颂、赞。"以上足以证明林之

---

① 佚名编选《唐钞〈文选集注〉汇存》影印本，上海：上海古籍出版社，2000 年，第
3 册，第 1 页。

奇将"颂"体排在《观澜文集》文章文体之首是出于尊经,具体而言是尊《商颂》的考虑,而《文选》文体的排列顺序是出于尊古诗源流,具体而言是尊文体演变顺序的考虑。

《文选序》的内容有一半是在谈文体,首先谈的是赋,萧统说:"昔古诗之体,今则全取赋名。"则在萧统的意识中,"赋"其实代表着中国古代最早的古诗,本之《诗经》"六艺"之一,后来"荀、宋表之于前,贾、马继之于末,自兹以降,源流实繁",遂产生了汉赋,又派生出骚体文,既而谈到诗中的颂体,认为"舒布为诗,既言如彼,总成为颂",最后道各体:"次则箴兴于补阙,戒出于弼匡,论则析理精微,铭则序事清润,美终则诔发,图像则赞兴。又,诏诰教令之流,表奏笺记之列……众制锋起,源流间出。"①这是一段溯源以明"本",沿流以表"末"的论述。所以为什么《文选》赋、诗、骚之后的文体是"七"体,原因就是"七"体是由"赋"源流间出而来,而紧随其后的诏、册、令等在萧统看来也是较早产生的文体。其实,唐人也是以文体演变来解释《文选》文体排列先后的原因,如谈到"颂"体为何在"序"体后,而"赞"体为何又在"颂"体后的原因时说:

> 前是序,序者,序述前人之美事也。颂者,亦叙前人之美,故以颂次之。②
>
> 《释名》云:"称人之美者曰赞。赞,纂集其('其'字据文渊

---

① （梁）萧统《文选序》,《四部丛刊》景明本《梁昭明太子文集》卷四,第38—40叶。

② 佚名编选《唐钞〈文选集注〉汇存》影印本,上海:上海古籍出版社,2000年,第3册,第2页。

阁《四库全书》本《释名》补）美而叙之也。"前既是颂，颂，美德之形容，今赞亦纂集其美而叙之，故以赞次于颂也。①

　　虽然这种文体排序原因的解释过于牵强，但因唐人是以文体流变的意识解释的，故而有一定的合理性。然而，《观澜文集》是出于对《商颂》的尊崇才将"颂"体提前，并以《商颂》"乐之动于中而发于声音，形于抃蹈，有不期然而然者"（《观澜集后序》），即以自然原始的曳緌而歌之的特点去评判后世文体，凡接近"颂"体这一特点的文体都被列之其后，所以我们看到书、碑、铭、箴、赞、哀辞、表等紧随"颂"体之后，因为写这些文体的文章需要有更多的情感孕育其中，而《文选》排在前面的诏、册、令、教、策文、表、上书、启、弹事、笺、奏记等公文文体有的就未被选入《观澜文集》中，因诏、册、令、教等这些公文文体不是因情动于中而自然而然产生的文体，也就是说不是从《商颂》演变而来，难有情理兼容的文体特点。所以，从《观澜文集》文体选择及排列顺序上看，该集的选文标准除了要含"理"之外，还有合"情"的要求。

　　（二）《宋文鉴》的选文标准，朱熹曾道出四条，《朱子语类》卷一百二十二云："伯恭《文鉴》，有正编其文理之佳者；有其文且如此，而众人以为佳者；有其文虽不甚佳，而其人贤名微，恐其泯没，亦编其一二篇者；有文虽不佳，而理可取者，凡五例。先生云，已亡一例。"这四条选文标准中有两条涉及"理"，一条是文理俱佳，一条是文虽不佳而理可取，足见在"文"与"理"这对判断文章佳否的标

―――――――

①　佚名编选《唐钞〈文选集注〉汇存》影印本，上海：上海古籍出版社，2000年，第3册，第195页。

准中,"理"更重要,那这"理"的内涵又是什么呢? 我们从吕祖谦的侄子吕乔年的话中去寻找答案。

吕乔年在《太史成公编〈皇朝文鉴〉始末》中谈到《宋文鉴》的选文标准,其中一条说:"或其尝仕于朝,不为清议所予,而其文自亦有可观,如吕惠卿之类,亦取其不悖于理者,而不以人废言。"①吕乔年在这里单独提到吕惠卿,除了此人之清议不好以外,也有家族的历史原因,吕惠卿曾经与吕祖谦的六世祖吕公著有过政治上的纷争,吕公著在《实录许令纪实以信后世奏》中记述了当时的情况,其中云:

> 是时,王安石方欲主行新法,怒论议不同,遂取舍人已撰词头,辄修改,添入数句,诬臣曾因对论及韩琦以言事不用,将有除君侧小人之谋。缘臣累次奏对,不曾语及韩琦一字,方欲因入辞自辨,时已过正衙,忽有旨放臣朝辞,令便赴任。至元丰中,臣再对朝廷,先帝待臣甚厚,未几,遂除柄任,及尝赐臣手诏,大略云:"顾在廷之臣,可以托中外心腹之寄,均皇家休戚之重,无逾卿者。"被诬遭逐,全不出于圣意,止是王安石怒臣异议,吕惠卿兴造事端。②

可见对于东莱吕氏家族而言吕惠卿是一个兴造事端的小人,曾经造成吕公著的被逐,但吕祖谦不以人废言,仍然选了吕惠卿的文章,只因他的文章有不悖于理者,那么吕惠卿文章中的"理"无疑是

---

① (南宋)吕祖谦《皇朝文鉴》附录,黄灵庚、吴战垒主编《吕祖谦全集》,杭州:浙江古籍出版社,2008年,第14册,第893页。
② 曾枣庄、刘琳主编《全宋文》,上海:上海辞书出版社,2006年,第50册,第317页。

吕祖谦非常看重的了,那《宋文鉴》所选吕惠卿文章中的"理"究竟是怎样的呢?

《宋文鉴》共选有吕惠卿 3 篇文章,分别是卷六十八的 2 篇表文《建宁军节度使谢表》和《贺元日大朝会表》,卷九十的序文《县法序》,其中《建宁军节度使谢表》是吕惠卿在新法失败、哲宗即位、自己被贬的情况下写的一篇悔过书,自责恳切,其云:

> 备严近之选,而抵非常之愆;当清明之朝,而罹甚重之谴。孽乃自作,咎将谁归?伏念臣起自诸生,暗于大道。持窾启之闻,而欲经于事变;信呻吟之得,而希挂于功名。分既过逾,理宜颠越。矧先帝有为之始,乃群材愿效之时,辄先要津,以阂贤路。虽预讨论者三四事,而参机务者一二年。凡是蠹国害民之由,实臣懵学误朝之致。岂亦下流之所处,更令众恶之所归?偶失当时士师之刑,难逃今日司直之论。尚蒙善贷,未真严诛,特从四裔之迁,以正三凶之比。衰疲远谪,人皆知其难堪;亲爱生离,闻者为之太息。伏惟皇帝陛下,天仁自得,圣孝光充。抚弓剑之遗藏,每加凄怆;顾庙堂之旧物,宁不尽伤?特罪悔之至深,犹典刑之为屈。龙鳞凤翼,已绝望于攀援;虫臂鼠肝,一冥心于造化。涕逐言出,莫知所从。①

初读此文,会以为吕祖谦编选该文是出于政治斗争及家族旧怨立场的考虑,但从该文内容上来看,其实也包含着理学之思。吕祖谦

---

① (南宋)吕祖谦《皇朝文鉴》卷六十八,《吕祖谦全集》,浙江:浙江古籍出版社,2008 年,第 13 册,第 286—287 页。

与朱熹共同编选的《近思录》是理学入门读物，该书所列章节除了首卷《道体》谈的是形而上的理论，其余诸章都是教人洒扫庭除，是理学的基本内容，其中第五卷是《改过迁善克己复礼》，首条辑录的是周敦颐的话："君子乾乾不息于诚，然必惩忿窒欲、迁善改过而后至。"谈的是理学之人"窒欲改过"的道理，而这正是吕惠卿此文的主要思想，他说"分既过逾，理宜颠越"，已认识到自己的行为逾越了理，所以最后说"龙鳞凤翼，已绝望于攀援；虫臂鼠肝，一冥心于造化"，这正是"窒欲"的表现。总的来说，吕惠卿此文不仅不悖于理，而且还契合理学之理。

　　同样的，《县法序》一文也是契合理学之理的。该文谈的是法令的重要性，其中云：

> 　　天下之民事皆领于县，则奉朝廷之法令，而使辞讼简，刑狱平，会计当，赋役均，给纳时，水旱有备，盗贼不作，衣食滋殖，风俗敦厚，必自县始。然古之宦学皆有师法，虽工官犹莫不然，况于为数万户之县，而当古一国之任，独可以无法乎？①

此重法的观点在《近思录》中有专章予以论述，即《近思录》卷九《制度》一节，该卷首条引周敦颐之语强调制法的重要性，其云："古者圣王制礼法，修教化。三纲正，九畴叙。百姓大和，万物咸若。乃作乐以宣八风之气，以平天下之情。故乐声淡而不伤，和而不淫。入其耳，感其心，莫不淡且和焉。淡则欲心平，和则躁心释。优柔

----

① （南宋）吕祖谦《皇朝文鉴》卷九十，《吕祖谦全集》，浙江：浙江古籍出版社，2008 年，第 13 册，第 625—626 页。

平中,德之盛也。天下化中,治之至也。是谓道配天地,古之极也。后世礼法不修,刑政苛紊。"这里虽然谈的是制礼法,与吕惠卿说的法令还是有区别,但制法的思想还是一致的,尤其是《近思录》卷九《制度》第 11 条还辑录了程颐的这句话:"管辖人亦须有法,徒严不济事。"这说明理学家是重视法的,这与吕惠卿的想法是一样的,所以说吕祖谦《宋文鉴》选吕惠卿此文也是符合理学思想内涵的,其选文标准之一是不悖于理学之理。

(三) 真德秀的《文章正宗》有着明确的关于选文标准的材料,《〈文章正宗〉纲目》中说:"今所辑以'明义理、切世用'为主,其体本乎古,其指近乎经者,然后取焉。否则,辞虽工亦不录。"所以"明义理、切世用"就是《文章正宗》选文标准的总原则。其中,真德秀对"明义理"又格外强调,《〈文章正宗〉纲目》就多次提到"义理",如"今独取《春秋》内外传所载谏争论说之辞,先汉以后诸臣所上书、疏、封事之属,以为议论之首。他所撰述,或发明义理、或敷析治道、或褒贬人物,以次而列焉","此编(指《文章正宗》)以'明义理'为主,后世之诗,其有之乎? 曰《三百五篇》之诗,其正言'义理'者盖无几,而讽咏之间,悠然得其性情之正,即所谓'义理'也","不必颛言'性命'而后为关于'义理'也",从这些表述能看出,《文章正宗》选文标准的特点就是要阐发理学之义理。

关于《文章正宗》选文标准中"义理"的具体内涵,总的来说就是尊王重德,所谓"汉世有制、有诏、有册、有玺书,其名虽殊,要皆王言也。文章之施于朝廷、布之天下者,莫此为重,故今以为编之首"(《〈文章正宗〉纲目》),故《文章正宗》首卷辞命类选的是周天子之言,这是尊王的表现;《文章正宗》选了很多《左传》文,而所选《左传》文多涉及论德,这是重德的表现。但是,需要注意的是《文章正宗》选文标准中"理"与"情"之间的关系，正如上文所引"讽咏之间，悠然得其性情之正，即所谓'义理'也"，这是真德秀选文观中对"义理"所包含内容的另一个界定，即"义理"除了包含理学内容之外，也包含着人的自然之性情，这与林之奇《观澜文集》和吕祖谦《宋文鉴》中选文标准关于"情"与"理"关系的看法是相近的。林之奇推崇的是出于原始性情，歌乐舞"不期然而然"地融合在一起的《商颂》，并认为由《商颂》而演绎出了理学统宗子思、孟子和理学经典《大学》、《中庸》，所以符合林之奇"光大斯文"标准的文章必是由情入理、情理结合的文章。至于吕祖谦《宋文鉴》选文标准的第一条就是"文理之佳者，有其文"，谈的也是"情"与"理"俱佳的关系。故《文章正宗》的选文标准除了明义理外，文章表达的性情是否得理也是选文的一个标准。

（四）刘克庄对唐宋五七言绝句选本的选诗标准说的也很明确："切情诣理之作，匹士寒女不弃也，否则巨人作家不录也。"（《唐五七言绝句序》)这也是一种不以人废言的选诗观，关键是看作品的内涵是否能兼顾情与理，但情的抒发须以理为标准，刘克庄为此说："《诗·大序》曰：'发乎情，止乎理义。'古今论诗至是而止。夫发乎情者，天理不容泯；止乎理义者，圣笔不能删也。"（同上）理不能泯情，但情以理止，理仍然是最重要的。所以刘克庄的选诗标准与以上所谈到的诸家选本的选文标准也是一样的，这或许就是理学家选文的共同特点，即以理为主，同时兼顾情。

以上所举四个选本因其选文标准有相关资料，所以能够探求到这四种选本选文标准的特点，但其余理学家编选的选本如吕祖谦的《东莱标注三苏文集》《古文关键》、楼昉的《崇古文诀》、汤汉的

《妙绝古今》、谢枋得的《文章轨范》等缺乏编纂者明确的选文标准表述，欲知其选文标准只能从选本的选目上加以推测，而推测的结果又往往朝着理学的方向阐释，最典型的例子就是汤汉的《妙绝古今》。该选本的选文标准最早受到元代人赵汸的关注，他最初拿到该选本时"虽反复细玩其篇目，而终莫知采择之由，因置不取"（文渊阁《四库全书》本《东山存稿》卷六《题〈妙绝古今〉篇目后》），后来根据宋季内修不立、外攘无策的现实环境推阐其旨，"以为南渡忍耻事仇，理宗容奸乱政，故取《左氏》、《国策》所载之事以昭讽劝，而并及于汉、唐二代兴亡之由，又取屈原、乐毅、韩愈《孟东野序》、欧阳修、苏子美诸篇，有感于士之不遇，而复进之于道，以庶几乎知所自反，其去取之间，篇篇具有深义，因作为题后以发明之"[①]，也就是说赵汸认为《妙绝古今》是有感而辑。但是到了明代，对于《妙绝古今》选目的解读都倾向于载道之说，明代人谈恺在《〈妙绝古今〉序》中开头就定了一个基调"文以载道"，意欲将《妙绝古今》选文标准说成是言道，为此还说该集"载道与否，当有具眼于骊黄牝牡之外者"（文渊阁《四库全书》本《妙绝古今》卷首），其实也就是将读者对该集的眼光往载道上引。谈恺之后，明人王廷干在《〈妙绝古今〉后序》中也从篇目言是集载道："观其所载多《左氏》、《国语》、《庄》、《列》、《荀》、扬、韩、柳之词，其体近乎古，而其义切于用者，然后取之，其与后之骈虚词而亡实用者异矣。"这种对该集"其体近乎古，而其义切于用者，然后取之"的选文标准的表述显然受到《文章正宗》的影响，明显是理学的选文标准。所以，对于南宋理学家所编诗文选本的解读，后人都不约而同地将其与道联系起来，尽管有些

---

① （清）永瑢等《四库全书总目》卷一百八十七，北京：中华书局，1965年，第1700页。

选本的选文标准需要靠选目去推测，但总的来说不外乎有以下两点共同特征：

首先，明义理、载道是南宋理学家编纂诗文选本选文标准的共同特点，而几乎所有的南宋理学家所编诗文选本的他人之序跋中多有如此看者，上文提到的《妙绝古今》就是一例，加之这些序跋连同选本一起刊行传播，则序跋中表述的选本明道的选文标准自然要先入为主地影响到读者对该选本的看法，最终形成一种普遍意识。

其次，南宋理学家编纂诗文选本的选文标准中多涉及"情（文）"与"理"之间的关系，虽然这些理学家编纂者在"情（文）"与"理"的权衡之中，更看重"理"，但最终仍然追求一种文质彬彬、情理兼顾的选文风格，这与一些文艺理论家论述宋代理学家重道轻文的结论不一致，我们可以看到，一些南宋理学家是文道并重的，且他们是通过选文这样一种途径来完成对传统以道为本、以文为末思潮的反拨的。

二、续编选本体例的沿袭与新编选本体例的创新

选本采用何种编排体例与该选本的编纂方法有很大的关系，选本的编纂方法大体上来讲有两大类，一类是续编，另一类是新编。续编选本会沿袭原先选本的编纂体例，而新编选本因为未受外在过多的影响，所以有时会有新的编排体例产生。

"续编"是选本编纂方法中最常用的一种方式，即在前人选本的基础上按照原有的编排体例继续编集相关文献以成书的方式，如宋人蒲积中在《岁时杂咏序》中说："《岁时杂咏》，宋宣献公所集

也,前世以诗雄者俱在选中,几为绝唱矣。然本朝如欧阳、苏、黄与
夫荆公、圣俞、文潜、无己之流,逢时感慨,发为词章,直追风雅藩
阃,端不在古人下。予因暇时,乃取其卷目而择今世之诗以附之。"
(文渊阁《四库全书》本《岁时杂咏》卷首)《岁时杂咏》是北宋真宗、
仁宗时期宋绶所编,内容是录宋前"诗雄者"逢时感慨之词章,而未
录宋朝文学家的作品,南宋高宗时期的蒲积中有鉴于此,于是按
《岁时杂咏》原有的卷目选取宋朝人的词章"以附之",遂成《古今岁
时杂咏》。

此方式产生的最早时间因文献不足,无法详考,现只能从《隋
志》中窥其一二。《隋书》卷三十五、志第三十"经籍四"著录了挚虞
的《文章流别集》四十一卷,其后紧接着就著录了谢混撰《文章流别
本》十二卷、孔宁撰《续文章流别》三卷①,可见谢、孔二人所编选本
在魏征等人看来是续编挚虞《文章流别集》的,至少孔宁的《续文章
流别》从其书名就能判断该集是续编。此外,《隋志》还著录了"后
魏秘书丞崔浩撰《赋集》八十六卷,《续赋集》十九卷",《续赋集》未
录何人所撰,还有梁代的《续诽谐文集》十卷,该集著录在袁淑撰
《诽谐文》十卷后的注释中,这些续集是目前所知较早的以"续编"
方式编纂的选本。

宋代续编选本受唐代选本的直接影响,唐代较为有名的"续
编"选本,如初唐释慧净编的《续古今诗苑英华》,该续集在宋代公
私书目中均有著录,如《旧唐书》卷四十七经籍志第二十七、《新唐
书》卷六十艺文志第五十、《通志》卷七十艺文略第八、《崇文总目》
卷十一总集类、《郡斋读书志》卷四下均著录是集,该集是续梁昭明

----

① 　(唐)魏征等《隋书》,北京:中华书局,1973 年,第 4 册,第 1081—1082 页。

太子萧统集《古今诗苑英华》二十卷,这从《旧唐书》、《新唐书》和《通志》对此二书的著录先后顺序可知;又如《玉台后集》,晁公武《郡斋读书志》卷二著录该集道:"唐李康成采梁萧子范迄唐张赴二百九人所著乐府歌诗六百七十首,以续陵编(指徐陵《玉台新咏》)。序谓:'名登前集者,今并不录,惟庾信、徐陵仕周、陈,既为异代,理不可遗'云。"①晁氏根据《玉台后集序》认为该集是续徐陵的《玉台新咏》,此看法应该无误,宋代的公私书目如《新唐书》卷六十艺文志第五十、《通志》卷七十艺文略第八、《崇文总目》卷十一总集类、《直斋书录解题》卷十五均著录了《玉台后集》,且南宋后期刘克庄《后村诗话》续集卷一亦提到是集②。据以上可知《续诗苑英华》、《玉台后集》在宋代无论就流传时间还是从流布地域上来说,都是既长且广的,其在宋代的影响自然是显著的,这种续编选本的编纂方式对宋代选本便产生了影响,借用宋人自己的话说就是:"岂能越唐人窠臼哉?"(宋吴泳《东皋唱和集序》,《鹤林集》卷三十六)

据本书附录《宋代诗文选本书目便检表》的统计,仅宋代诗歌选本中的续编就有18种之多,就连前代续编选本的名称,宋人也多有继承,如有的称为"续某某",这是最常见的续编选本的名称,宋前有《续文章流别》,宋代有理学家真德秀的《续文章正宗》,这是南宋理学家对前人所编选本方法的一种传承。

"新编"就是重新编集选本以体现编纂者个人批评观的编纂方法,当然,新编选本与续编选本一样也有一个参照的前集选本,但新编与续编的最大区别在于,续编只是在前集的基础上进行补遗,

---

①　(南宋)晁公武撰,孙猛校证《郡斋读书志校证》,上海:上海古籍出版社,1990年,第97页。

②　(南宋)刘克庄撰,王秀梅点校《后村诗话》,北京:中华书局,1983年,第84页。

如上引《玉台后集》，刘克庄《后村诗话》续集卷一中云："郑左司子
敬家有《玉台后集》，天宝间李康成所选，自陈后主、隋炀帝、江总、
庾信、沈、宋、王、杨、卢、骆而下二百九人，诗六百七十首，汇为十
卷，与前集（指《玉台新咏》）等，皆徐陵所遗落者。"①可见《玉台后
集》是补《玉台新咏》所遗漏的内容，所以补遗是续编的重要特点；
而新编则是参考前集选本的选文范围重新编选以成新著，其编纂
主旨不是补遗前集，而是另起炉灶，编纂出一部能反映选者批评思
想的选本。

　　以这两种选本编纂方法为依据，部分南宋理学家所编诗文选
本又可分为续编本和新编本，其中续编本包括林之奇的《观澜文
集》，吕祖谦的《宋文鉴》、《东莱标注三苏文集》，楼昉的《迂斋古文
标注》、《崇古文诀》，新编本则有吕祖谦的《古文关键》，真德秀的
《文章正宗》、《续文章正宗》，谢枋得的《文章轨范》，汤汉的《妙绝古
今》，前者的编纂体例是沿袭，后者出现了新的编纂体例，体现了南
宋后期理学家选本编纂的成熟与繁荣。

（一）续编选本编纂体例的沿袭

　　上文在谈到南宋理学家所编诗文选本的编纂思想特点时提到
以理学思想构筑文学史，其中已指出林之奇《观澜文集》是补《文
选》、《唐文粹》之遗，因林之奇在《观澜集后序》中明言"余方收
《选》、《粹》之所遗"，所以《观澜文集》也可算作一部续编选本，该集
的编纂体例就是依照《文选》的模式而编。《文选》以文体分类，其

---

　　①　（南宋）刘克庄撰，王秀梅点校《后村诗话》，北京：中华书局，1983 年，第
84 页。

中诗、赋二体从内容上又进行了二级分类，即所谓的"诗、赋体既不一，又以类分"(《文选序》)，赋体之下又分京都赋、郊祀赋、耕籍赋、田猎赋等，诗体之下又分献诗、公宴、祖饯、咏史等。《观澜文集》与之不同的是，没有进行两级分类模式，文体排列顺序不一样，同时删掉了《文选》之后已不存在的文体，如"七体"，增加了新出文体，如"记体"，但文体分类编纂体例还是一样的，属于《文选》类体例选本。

《宋文鉴》是因《宋文海》遗落名贤高文大册尚多而被宋孝宗钦定编的一部诗文选本，其编纂者吕祖谦上书宋孝宗时说《宋文海》去取未当，"欲乞一就增损"(《建炎杂技乙集》卷五)，则《宋文鉴》是补遗《宋文海》，四库馆臣也说："祖谦选北宋文，因江钿《文海》，稍稍以诸集附益之耳。"①故《宋文鉴》也可算作一部续编选本，其编排体例如《宋文海》一样是文体分类法，不过《宋文鉴》最终沿袭的还是《文选》的传统文体分类体例，吕祖谦在《进编次〈文海〉札子》中就说："其文可录者，用《文选·古诗十九首》例，并行编类。"②江钿编的《宋文海》今存卷四至卷九宋刻本残卷(收入《宋集珍本丛刊》第91册，线装书局2004年版)，其文体编排顺序依次为"古赋"(卷四)，"赋"(卷五、卷六)，"记"(卷七)，"铭"(卷八)，"诏"(卷九)，但据《郡斋读书志》卷二十著录："《宋文海》一百二十卷。右皇朝江钿编。辑本朝诸公所著赋、诗、表、启、书、论、说、述、议、记、序、传、文、赞、颂、铭、碑、制、诏、疏、词、志、挽、祭、祷文，凡三十八门。"③

---

① (清)永瑢等《四库全书总目》卷一百八十八，北京：中华书局，1965年，第1709页。
② (南宋)吕祖谦《东莱吕太史文集》卷三，黄灵庚、吴战垒主编《吕祖谦全集》，杭州：浙江古籍出版社，2008年，第1册，第60页。
③ (南宋)晁公武撰，孙猛校证《郡斋读书志校证》，上海：上海古籍出版社，1990年，第1071页。

则《宋文海》编纂文体中还有"诗"体,但从现存的卷四"古赋"开始至卷九"诏"均为辞章,所以"诗"这一文体很有可能是《宋文海》排在首位的文体,这种"先诗后赋"的编排体例,尤其是将"记""铭"两种文体放在"诏"体文前的做法,与《文选》显然不同。《文选》是"先赋后诗",然后是赋体的两种流别体"骚"和"七",最后排在文章首位的文体是"诏"。吕祖谦编的《宋文鉴》虽然是续编《宋文海》,但该集文体编排顺序却是赋、诗、骚、诏……与《文选》文体排列顺序正好基本相同,只是有一些旧文体的删除、新文体的增加,而且"诗"体也如《文选》一般进行了两级分类,所以《宋文鉴》的编纂体例还是受《文选》的影响更大。

　　吕祖谦的《东莱标注三苏文集》虽然没有相关文献证明续编于何种选本,但在此选本产生之前就已经有多部三苏文集的选本问世,如《重广分门三苏先生文粹》一百卷是目前现存较早的三苏文集选本,该集凡遇"敬""警""惩""殷""桓""弘""恒""匡"等皆阙笔,知该集避讳至宋钦宗,又从该集题名来看,"重广"则意味着此集为续编本,则在此本之前还有更早的三苏文集选本存世,所以有理由相信《东莱标注三苏文集》也是一续编本。《东莱标注三苏文集》的编纂体例仿照的是较早的三苏文集选本体例,以《重广分门三苏先生文粹》一百卷为例,所谓"分门"是指按文体纂辑三苏文,根据祝尚书先生《宋人总集叙录》卷二所引《天禄琳琅书目后编》卷六和严绍璗《日本藏宋人文集善本钩沉》所载内容,该集依次按论、策(几策、策略、策别、策断、进策、策问)、上书、奏议、表状、书、启、记、叙、引、字说、杂书、杂说、迩英进讲、评史、评《文选》、颂、赞、碑、铭、传、祭文、行状、神道碑、墓志铭等文体编排。不过之后产生的三苏文集选本出现了以所选作家分类即"文以人分"的编排体例,如宋绍兴三十年(1160)饶州德兴县银山庄谿董应梦集古堂刊本《重广眉山三苏先生文集》,此集不是"分门"编辑,而是以苏洵、苏轼、苏辙为分类标准,但每人之下还是以文体分类编排。吕祖谦编的《东莱标注三苏文集》就是如此,先以三苏分类,再在每人之下按文体编排,以《东莱标注三苏文集》中苏轼文的文体排列顺序为例,依次是论、策(进策、策略、策别、策断、策问)、上书、奏议、状、札子、书、记、序、迩英进读、评史、评《文选》、杂说、字说、杂书、赞、碑、铭,这种文体排列顺序如同《重广分门三苏先生文粹》,也就是说《东莱标注三苏文集》在编纂体例上沿袭前人编的三苏文集选本的文体分类体例。

　　楼昉的《迂斋古文标注》《崇古文诀》是续编吕祖谦的《古文关键》,陈振孙《直斋书录解题》卷十五就称"《迂斋古文标注》五卷,宗正寺簿四明楼昉旸叔撰,大略如吕氏《关键》,而所取自《史》、《汉》而下至于本朝,篇目增多,发明尤精当,学者便之"[1],南宋当时人已认为《迂斋古文标注》如《古文关键》,只不过是增多篇目,所以属于续编本。而《迂斋古文标注》又被认为是《崇古文诀》的初稿,四库馆臣也说《崇古文诀》的编者楼昉"受业于吕祖谦,故因其师说,推阐加密,正未可以文皆习见而忽之矣"[2],则《崇古文诀》是由《古文关键》"推阐加密"而成,自然也属于续编本,这从《崇古文诀》增广《古文关键》篇目上就能看出来,《古文关键》选唐宋文,而《崇古文诀》不仅上取先秦两汉,下至宋朝,选文范围扩大,就是唐宋古文

---

　　①　(南宋)陈振孙撰,徐小蛮、顾美华点校《直斋书录解题》,上海:上海古籍出版社,1987年,第452页。

　　②　(清)永瑢等《四库全书总目》卷一百八十七,北京:中华书局,1965年,第1699页。

作家的作品也是注重选取《古文关键》未选文章。以三苏为例,《古文关键》选苏洵文 6 篇、苏轼文 16 篇、苏辙文 2 篇,《崇古文诀》选苏洵文 11 篇、苏轼文 15 篇、苏辙文 4 篇,二者选三苏文在数量上差别不太大,但在所选篇目上除了苏洵的《审势》、《上富丞相书》和苏轼的《倡勇敢》二者所选相同外,其他的篇章所选均不同,看来后出的《崇古文诀》是有意不选《古文关键》已选文章,那么《崇古文诀》所选就是在补遗《古文关键》了。所以,《崇古文诀》在编纂体例上沿袭了《古文关键》"文以人分"的体例,以作家为分类标准,并按作家的时代先后排列顺序。尽管《崇古文诀》表面上分为先秦文、两汉文、唐文、宋文四大块,让人感觉是在以世次列叙先后,但如果将这四个标识去掉一点也不影响《崇古文诀》是按作家分类的事实。

(二) 新编选本中的"文以类分"与"不类分"体例

综观宋代诗文选本的编纂体例,出现了四类,一类是"文以体分",即将文章按文体进行分类;一类是"文以人分",即按作家的不同进行分类;一类是"文以类分",即按作品类别进行分类,而这类别又有不同种,有按作品功能分类的,有按作品难易程度分类的;最后一类是按作品的时代先后排列,不像前三种的体例是按文体、按作家、按作品类别进行的分类,按世次列叙先后的选本中不同作品之间没有明显的分类标准,加之按世次列叙编纂选本也是前三类编纂体例中通用的惯例,为了以示区别,我们将其称为"不类分"的体例。就"文以体分"而言,最早按此体例编纂的选本是《文章流别集》,而《文选》无疑是"文以体分"最具影响力的选本,宋代多数诗文选本的编纂体例便是此。"文以人分"而言,现存最早的按此体例编纂的选本是《河岳英灵集》，宋代产生的古文选本也多以作家为分类标准，较早的有《宋文选》。

"文以类分"和"不类分"两种体例是南宋理学家所编诗文选本编纂体例中的首创，这些新创的选本编纂体例产生于南宋后期。这一时期是南宋理学家编纂诗文选本发展史中的兴盛时期，出现兴盛的一个重要外部原因是理学在南宋后期逐渐成为官方意识形态，理学家们在选本编纂中有意识地凸显理学思想，而传统的重道轻文思想又使他们对《文选》这类文学选本产生排斥情绪，真德秀就直言《文选》未得源流之正，于是这一时期产生的南宋理学家所编诗文选本在编纂体例上都迥异于《文选》，已完全摆脱南宋理学家编纂诗文选本发端时期沿袭《文选》文体分类体例的传统，而形成了上述新创的两种编纂体例。

1. "文以类分"体例的产生及与理学之关系

真德秀的《文章正宗》是南宋理学家所编诗文选本中理学色彩最鲜明的一部选本，也是我国古代选本中别具一格的选本，四库馆臣更是将该集作为我国古代总集二分的一个标志性选本："至宋真德秀《文章正宗》，始别出谈理一派，而总集遂判两途。"（《四库全书总目》卷一百八十六）这不仅表现在其编纂目的是要"明义理"，别出谈理一派，还表现在编纂体例上一反《文选》类选本传统的文体分类方法，以"切世用"的实用思想归并愈加纷繁的文体，化繁为简，遂开后世选本分门归类文体的体例。

《文章正宗》之前的选本编纂体例包括《文选》的"文以体分"和《河岳英灵集》的"文以人分"，以"文以体分"而言，当时《文选》的文体分类已有 37 种，后来文体分类越来越细，宋代著名的选本《文苑英华》分文体 55 种，《宋文鉴》61 种，但到真德秀编《文章正宗》时就打破了这一编纂体例,将各种文体归为四类:辞命、议论、叙事、诗赋,每类之下又涵盖各种文体。以"辞命"类为例,该类"独取《春秋》内外传所载周天子谕告诸侯之辞、列国往来应对之辞,下至两汉诏册而止"(《〈文章正宗〉纲目》),这"周天子谕告诸侯之辞、列国往来应对之辞"对应的文体包括《文章正宗》卷一中的诰(《敬王告晋请城成周》)、辞令(《文章正宗》卷一所选的 37 篇本国臣子应对他国诸侯或是臣子之间的应对之辞);"两汉诏册"对应的文体依次则有《文章正宗》卷二中的谕(《高祖入关告谕》)、诰(《为义帝发丧告诸侯》)、赦令(《赦天下令》)、诏(《令诸吏善遇高爵诏》),卷三中的策(《武帝封齐王策》)、玺书(《昭帝赐燕王旦玺书》)、赐书(《武帝赐严助书》)、敕书(《敕责杨仆书》)、遗书(《遗匈奴书》)。但是,辞命类中的文章排列顺序不以文体叙次,而是以世次列叙先后,故而在《文章正宗》辞命类中会出现文体重复的现象,比如上面提到的诰体,卷一出现过,卷二又有此体,明代吴讷在《文章辨体·凡例》中就说:"《文章正宗》义例精密,其类目有四:曰辞命,曰议论,曰叙事,曰诗赋。古今文辞,固无出此四类之外者。然每类之中,众体并出,欲识体制,卒难寻考。"这种"众体并出"的特点表明了《文章正宗》的编纂体例不是以文体分类为宗。

　　《文章正宗》之后,真德秀编的《续文章正宗》采用的编排体例同样是文以类分,有论理、叙事、论事、诸老先生四类,每类之中以人叙次,即将每位作家的同类文章归在一起,但排列作家时又不以时代先后为序,故每类之中的作家根据文章类别不同相间而出,如卷三叙事类"元老大臣事迹"条首篇选的是欧阳修的《太尉文正王公神道碑铭》,随后卷七叙事类"名儒文人事迹、贤士大夫事迹"条首篇选的还是欧阳修的《尹师鲁墓志铭》,所选其他作家如苏轼、王安石等都有这种情况，可见真德秀编选本重点是对文章按内容进行分类，其余的文体也好，作家也好，均不是真德秀编纂时重点考虑的体例因素。

《文章正宗》、《续文章正宗》将文章四分是一种文体表达功能归类法，文体虽说众多，但其表达功能基本上只包括说明、议论、记叙、描写、抒情，显然"辞命"类中的文体诰、诏、谕等文体的表达功能是说明，"议论"类的是议论，"叙事"类的是记叙，"诗赋"类的是描写抒情，所以《文章正宗》的四类基本囊括了文体表达的所有功能，进而也就将世间常用的文辞尽收其中，"无出此四类之外者"，践行了让世人懂得源流之正的"切世用"的编纂思想。

《文章正宗》"文以类分"体例的产生，除了实用性的需要外，还缘于理学家对于儒家经书的尊崇，或者说是对传统的"文本于经"思想的认同，所以真德秀才会以经书为据归类文章。《〈文章正宗〉纲目》中说到"议论"类文章时就说：

> 议论之文，初无定体。"都、俞、吁、咈"，发于君臣会聚之间；"语、言、问、答"，见于师友切磋之际。与凡秉笔而书，缔思而作者，皆是也。大抵以六经、《语》、《孟》为祖，而《书》之大禹、皋陶、益、稷、仲虺之诰，《伊训》、《太甲》、《咸有一德》、《说命》、《高宗肜日》、《旅獒》、《召诰》、《无逸》、《立政》则正告君之体，学者所当取法。（文渊阁《四库全书》本《文章正宗》卷首）

"议论"类的文章范围广泛，本无定体，但还是"以六经、《语》、《孟》为祖"，其中真德秀专门提到《尚书》中的告君之体，其实就是议论之文，于是《尚书》就成为议论文之祖。真德秀在谈到"叙事"类文

章时,同样将其追溯至《尚书》,其云:

> 叙事起于古史官,其体有二：有纪一代之始终者,《书》之《尧典》《舜典》与《春秋》之经是也,后世"本纪"似之;有纪一事之始终者,《禹贡》《武成》《金縢》《顾命》是也,后世"志记"之属似之。又有纪一人之始终者,则先秦盖未之有,而昉于汉司马氏,后之碑志事状之属似之。

记一代、一事始终的"叙事"文章皆起于《尚书》,就连记载王言之体的"辞命"文章,真德秀也都是认为是本于《尚书》,他说："学者欲知王言之体,当以《书》之诰、誓、命为祖。"从《〈文章正宗〉纲目》中的这些言语可看出,真德秀最尊崇《尚书》,他认为《尚书》中包含王言之体、告君之体、叙事之体,乃后世辞命、议论、叙事之祖,故而将文章依据《尚书》之体划分。至于诗赋则是根据《诗经》《楚辞》划分的,真德秀说："古者有诗,自虞庼歌夏五子之歌始,而备于孔子所定《三百五篇》,若《楚辞》,则又诗之变,而赋之祖也。"(《〈文章正宗〉纲目》)所以,真德秀将《文章正宗》文章部分划定为辞命、议论、叙事,主要是依据《尚书》中含有的三种相应文体,或许正是因为真德秀只专崇一经才会产生文体归类的想法,因为如果是尊崇六经,就会走上文体分类的思路,因经各有体,《文心雕龙·宗经》就将各文体系于各经之下："论说辞序,则《易》统其首;诏策章奏,则《书》发其源;赋颂歌赞,则《诗》立其本;铭诔箴祝,则《礼》统其端;纪传盟檄,则《春秋》为根。"真德秀从一经之中求天下文章之流,而一经不可能涵盖众文体,故才会以归类的思想考量天下文章,从一经中求得世间常用文体。

　　总之,真德秀能首先创立"文以类分"的编纂体例与他"切世用"和尊崇《尚书》的理学思想分不开,我们通过与吕祖谦《古文关键》的对比可以进一步看出来。《古文关键》是我国现存的第一部评点选本,其编纂目的是教授初学(见陈振孙《直斋书录解题》卷十五该选本提要),所以《古文关键》与《文章正宗》一样,都是新编选本,也都是因实用而编纂的,但《古文关键》的体例为何不是"文以类分"? 这是因为《古文关键》只具备实用性一个特点。吕祖谦所承的家学中本身就包含"以践履为实"(吕祖谦《祭林宗丞文》)的内容,他自己也非常推崇践履,曾说:"百工治器,必贵于有用。器而不可用,工弗为也。学而无所用,学将何为也耶?"①"用"就是吕祖谦提到的"践履"。吕祖谦以这种致用的理学思想去编纂《古文关键》,自然会使该选本具有实用性的特点,这部选本因此也不同于吕祖谦编的其他选本如《宋文鉴》《东莱标注三苏文集》,不同点首先就表现在编纂体例不一样,《宋文鉴》《东莱标注三苏文集》是"文以体分"的编纂体例,而《古文关键》是以作家为分类标准,将每位作家的各种古文文体如论、书、序等归类在一起,再按作家时代先后排列顺序,也就是"文以人分"的编纂体例。

　　因为吕祖谦是以实用思想编纂《古文关键》的,这使得吕祖谦更关注所选文章的实用性,而不是文体的辨析,所以实用思想对于《古文关键》采用"文以人分"而不是"文以体分"的方式起到了重要影响。但是,《古文关键》最终没有采用"文以类分"的编纂体例,这是因为吕祖谦没有"文本于经"的思想,他没有像真德秀编《文章正

---

　　① 　(南宋)吕祖俭、吕乔年等辑《丽泽论说集录》卷十,黄灵庚、吴战垒主编《吕祖谦全集》,杭州:浙江古籍出版社,2008年,第2册,第263页。

宗》那样要探求文章源流之正,他的主要学术成就是史学,故而吕
祖谦编的所有选本中的作品都按时代先后排列,体现了吕祖谦作
为一名史学家的严谨性。真德秀虽然是以"切世用"的理学思想编
纂《文章正宗》,但因为是从《尚书》中探求文章的分类,故而在"用"
与"经"的双重作用下创造了"文以类分"的选本编纂新体例。

　　这种"文以类分"的新编纂体例影响到了南宋后期理学家选本
的编纂,其代表便是传为刘克庄编的《分门纂类唐宋时贤千家诗
选》和谢枋得的《文章轨范》。前者为诗选,与《文选》诗赋一样,采
取类分形式,不同的是以类书的形式分门编纂,共分十四门,每门
之中再以类分,没有像《宋文鉴》诗歌部分按四言、五言古诗、七言
古诗、五言律诗等诗歌形式划分。后者为古文选本,共选汉、晋、
唐、宋文章六十九篇,未按文体编排,主要是分为两大类,前一类是
"放胆文"(前二卷),后一类是"小心文"(后五卷),每一类以人叙
次,但又不以时代先后排列,其中以卷七的编目最有代表性,其目
录为韩愈《祭田横墓文》,苏轼《上梅直讲书》、《三槐堂记》、《表忠观
碑》,韩愈《送孟东野序》,苏轼《前赤壁赋》、《后赤壁赋》,杜牧《阿房
宫赋》,韩愈《送李愿归盘谷序》,从中可看出,一卷之中不仅所选文
体前后重复,就连作者也是相间而出,这种编排体例显然是对《文
章正宗》、《续文章正宗》编纂体例的一种直接继承。

　　而《文章轨范》之所以与《文章正宗》、《续文章正宗》一样采用
"文以类分"的方式编纂选本,也与《文章轨范》实用的编纂思想有
关。《文章轨范》是为学子举业而编,其卷三"小心文"后的题解曰:
"议论精明而断制,文势圆活而婉曲,有抑扬,有顿挫,有擒纵,场屋
程文论当用此样文法。"意谓"小心文"中所选文章是为科举程文而
选,是科举考试的范文。而《文章轨范》"放胆文"的编选目的是要

学子先学会作文流畅，卷一"放胆文"题解曰："凡学文初要胆大，终要心小，由粗入细，由俗入雅，由繁入简，由豪荡入纯粹。此集皆粗枝大叶之文，本于礼义，老于世事，合于人情，初学熟之，开广其胸襟，发舒其志气，但见文之易，不见文之难，必能放言高论，笔端不窘束矣。"则"放胆文"所选文章均是简单的文章，初学者易学，最终能达到"放言高论，笔端不窘束"的写作水平。所以"放胆文"与"小心文"两类的关系就是由简入难的关系，谢枋得在《文章轨范》卷三解说"小心文"时就说："先暗记侯、王两集（指'放胆文'包含的前二卷），下笔无滞碍，便当读此（指'小心文'）。"则《文章轨范》"文以类分"的分类标准是文章的难易程度，这样一种编排模式的产生完全是出于满足初学者的需要，故理学中的实用思想与选本编纂体例采用类分的方式有一定的关联。

2. 不类分的体例

汤汉的《妙绝古今》创立了"不类分"的编纂体例，特点就是将作品按时代先后排列，这其中没有明显的分类标准，既不是按文体分类，因所选唐宋文是按作家先后排列，所以文体有重复现象，文体并未归类，但也不完全就是按作家分类，因《妙绝古今》选择了《左传》《国语》《战国策》以及《孙子》《庄子》等先秦文，这些文章作者难考，显然不是"文以人分"的体例。

总的来说，《妙绝古今》的编纂体例是按照古人散著篇章不类分的特点创造出来的，章学诚在《文史通义·诗教下》中就说："范、陈、晋、宋诸史所载文人列传，总其撰著，必云诗、赋、碑、箴、颂、诔若干篇，而未尝云文集若干卷，则古人文字，散著篇籍，而不强以类分可知也。"史书列传中古人的"散著篇籍"都是不类分的，作为古文选本的《妙绝古今》，其所选文章也是遴选的"散篇"，汤汉自己都说："文章之精绝者,一代不数人,而一人不数篇。余自《春秋传》讫欧、苏氏,拔其尤,得七十有九首,盖千载之英华萃矣。"(《妙绝古今序》)所以《妙绝古今》中的这些"不数篇"也就没有必要强行类分了。

第二节　成书过程研究

古代的诗文选本成书过程有一次成书者,有递修成书者;有早年的游戏之作,也有晚年的严谨之作,成书过程不一样,选本最终呈现的面貌也就不同。一次成书的选本,其篇幅往往不大,递修而成的选本篇幅往往会比原本增加,选本质量也有保证。晚年一般是某人的思想成熟期,这一时期编纂的选本足以反映其思想的某些方面,成为该人思想研究的重要资料。就南宋理学家所编诗文选本而言,大多是递修成书者,同时也多是理学家思想成熟时期的产物,这告诉我们南宋理学家不是一时兴起而编纂选本的,这些理学家选本其实饱含了理学家深思熟虑的思考,是研究南宋理学与文学的重要材料。

一、递修成书

在我国古代诗文选本中递修选本是比较常见的一类选本,一般是后人递修前人选本,南宋理学家们则更多的是自己不断地完善自己编纂的选本,当然也递修前人的选本,这些使得南宋理学家所编诗文选本成书过程中呈现出递修成书的普遍现象。

南宋理学家编的第一部诗文选本《观澜文集》就是林之奇递修完成的,这部选本本身按林之奇的意思也不是最后的定本,因为林之奇说要"虚其左方,以待之继此"(《观澜集后序》),则《观澜文集》

还有需要不断完善的地方,所以《观澜文集》才会出现甲、乙、丙三集,每集都有完整的卷数,有"文以体分"的规范体例,每集之间也没有什么关联,以至于每集都似一部独立的选本,这一点说明《观澜文集》甲集编好后,又进行了两次递修,遂形成了乙、丙两集。我们从甲集卷十二和乙集卷十三重复选有柳宗元的《与崔连州论石钟乳事书》可看出,林之奇递修乙集时没有严格参照甲集内容,所以才会出现选文重复的现象,由此说明林之奇对《观澜文集》是在不断地增广篇目。除了林之奇自己递修《观澜文集》外,传吕祖谦还集注该选本,我们今天能看到的《观澜文集》不是林之奇递修的原本,而是吕祖谦集注的本子,这个本子也就成为《观澜文集》递修过程中的最后定本。

吕祖谦的《宋文鉴》其实也是一部递修本,与上文提到《宋文鉴》为续编本是同一个意思。据吕祖谦的侄子吕乔年《太史成公编〈皇朝文鉴〉始末》记载:

> 淳熙丁酉,孝宗因观《文海》,下临安府,令委教官校正是刊行。其年冬十一月,翰林学士周公必大直奏事,语次及云云。上大以为然。一日,参知政事王公淮、李公彦颖奏事上,顾两参道周公前语,俾举其人。李公首以著作佐郎郑鉴为对。上默然,顾王公曰:"如何?"淮对:"以臣愚见,非秘书郎吕祖谦不可。"上以首肯之,曰:"卿可即宣谕朕意,且令专取有益治道者。"王公退,如上旨召太史宣谕。①

---

① (南宋)吕祖谦《皇朝文鉴》附录,黄灵庚、吴战垒主编《吕祖谦全集》,杭州:浙江古籍出版社,2008年,第14册,第892页。

知《宋文鉴》编纂的起因是宋孝宗要求对江钿的《宋文海》校雠差
误,吕祖谦在《进编次〈文海〉札子》中也说:"右某先于淳熙四年十
一月内承尚书省札子,勘会已降指挥,令临安府校正开雕《圣宋文
海》。十一月九日,三省同奉圣旨,委吕某专一精加校正。"不过吕
祖谦认为只是精加校证的诠次不足以行远,于是要求顺便增损江
钿的《宋文海》,他在《进编次〈文海〉札子》中接着说:"某窃见《文
海》元系书坊一时刊行,名贤高文大册尚多遗落,遂具札子,乞一就
增损,仍断自中兴以前铨次,庶几可以行远。"①但不管是"精加校
正"也好,还是"一就增损"也罢,其实这都是一次递修的过程。其
递修的时间也比较长,从宋孝宗淳熙四年(丁酉,1177)开始,"至次
年十月,书乃克成"(《太史成公编〈皇朝文鉴〉始末》),总共花费了
近一年的时间,最后将原先《宋文海》一百二十卷扩充为一百五十
卷,文体门类也由原先《郡斋读书志》记载的三十八门变为六十一
门,选本题名也被宋孝宗赐名为《皇朝文鉴》(见周必大《〈皇朝文
鉴〉序》),至此吕祖谦对江钿《宋文海》的递修也告一段落。

　　楼昉的《崇古文诀》也是在《迂斋古文标注》的基础上递修而成
的。《迂斋古文标注》五卷,陈振孙《直斋书录解题》卷十五有著录,
但四库馆臣却将陈氏著录的《迂斋古文标注》五卷误认为就是《崇
古文诀》三十五卷,说《直斋书录解题》中著录的"五卷"误脱"三十"
两字(《四库全书总目》卷一百八十七),其实二者不是同一种选本。
当今学者一般认为《迂斋古文标注》是《崇古文诀》的初稿,余嘉锡
《四库提要辨证》卷二十四曰:"《皕宋楼藏书志》卷一百一十四载宋

　　①　(南宋)吕祖谦《东莱吕太史文集》卷三,黄灵庚、吴战垒主编《吕祖谦全集》,杭
州:浙江古籍出版社,2008 年,第 1 册,第 60 页。

刊本《迂斋先生标注崇古文诀》二十卷,有宝庆丙戌永嘉陈振孙序,曰:‘……’云云。此序与《书录解题》同出陈振孙之手,而楼选之卷数,乃多寡迥异,岂其书固非一本,五卷者其初稿,二十卷者其后定之本欤?"①这一推测是成立的。

陈氏著录的《迂斋古文标注》,今有学人认为该集就是现藏于国家图书馆的《迂斋标注诸家文集》残本,张元济、潘宗周《宝礼堂宋本书录》云:"(《迂斋标注诸家文集》)与陈振孙所言相合,是必同为一书……季沧苇《延令书目》有宋版宋人楼昉《标注诸家文集选》十本,是本卷首有季氏藏印四方,以册数计之,见存六册,所缺宋文约当四册之数,是必即季氏旧藏,且即为振孙所称五卷本也。"②傅增湘《藏园群书经眼录》卷十七著录了《迂斋标注诸家文集》残本的结构内容:

> 行间有圈有点有撇,批评语小字在行之右,每篇题下有总评数行……卷首次行低六格题"鄞人楼昉旸叔",三行顶格标"先秦文",四行顶格标"乐毅",五行低二格标"答燕惠王书"。先秦文四首,两汉文十七首,昌黎文二十二首,河东文十四首(《崇古文诀》视此增多昌黎文三首,河东后加李习之一家),宋文二十首。③

此结构内容与后来刊刻的《崇古文诀》是一样的,即均按先秦文、两

①　余嘉锡《四库提要辨证》,北京:中华书局,1980年,第4册,第1573页。

②　张元济、潘宗周《宝礼堂宋本书录》,扬州:江苏广陵古籍刻印社,1984年,第4册,第62页。

③　傅增湘《藏园群书经眼录》,北京:中华书局,1983年,第5册,第1493页。

汉文、唐文、宋文的顺序编排,首篇均是乐毅的《答燕惠王书》,只是卷数上明显增益了,现存日本静嘉堂文库《迂斋先生标注崇古文诀》有二十卷,所以《崇古文诀》应是在《迂斋古文标注》五卷的基础上递修而成,《崇古文诀》不是一次成书的。

真德秀的《文章正宗》也是不断自我递修完成的,真德秀在编完《文章正宗》辞命、议论、叙事三门后,命自己的学生刘克庄编纂诗赋门,刘克庄编好后,真德秀又对刘克庄所编诗赋门进行了增删,这一递修过程,在《后村诗话》前集卷一中有详细记载,其云:

> 《文章正宗》初萌芽,西山先生以诗歌一门属余编类,且约以世教民彝为主,如仙释、闺情、宫怨之类,皆勿取。余取汉武帝《秋风词》,西山曰:"文中子亦以此词为悔心之萌,岂其然乎!"意不欲收,其严如此。然所谓"携佳人兮不能忘"之语,盖指公卿群臣之扈从者,似非为后宫设。凡余所取而西山去之者太半,又增入陶诗甚多,如三谢之类,多不入。[1]

从刘克庄的讲述中可知,《文章正宗》初萌芽时也就是初稿完成时,该选本内是没有诗赋一门的,后来真德秀让刘克庄编诗赋门,其实也就是让刘克庄递修《文章正宗》初稿。不过,这次递修后还不算完,真德秀在晚年又续编了《文章正宗》,其实也就是在进行第二次

---

　　① （南宋）刘克庄撰,王秀梅点校《后村诗话》,北京:中华书局,1983 年,第 4—5 页。

递修，其内容是将《文章正宗》正集中选文范围从先秦至唐代，扩大到宋代。

刘克庄编的几部唐宋五七言绝句选本也是不断递修完成的，刘克庄往往是先编有《唐五七言绝句》、《中兴五七言绝句》、《本朝五七言绝句》前集后，又续编了这些绝句选本，其递修的思想是很明确的。刘克庄《〈唐五七言绝句〉序》开篇就说："野处洪公（迈）编唐人绝句，仅万首，有一家数百首并取而不遗者，亦有复出者，疑其但取唐人文集杂说，令人抄类而成书，非必有所去取也。"（《后村先生大全集》卷九十四）此言已表露出刘克庄对洪迈《万首唐人绝句》的不满，于是他自己重新编纂唐人绝句选本，这其实就是对洪迈编的选本进行递修，当刘克庄编好唐人绝句选本后，又对其进行了续编，《唐绝句续选》云："余尝选唐绝句诗（指《唐五七言绝句》），既板行于莆、于建、于杭。后十余年，觉前选太严而名作多所遗落，或儆余曰：'子徒知病野处（洪迈）之详，而不知议者病后村之略也。'余曰：'谨受教。'乃汇诸家五七六言，各再取百首，名《续选》。"（《后村先生大全集》卷九十七）刘克庄续编《唐五七言绝句》是觉得该选本遗落尚多，还有需要进一步完善的地方，故而编纂了《唐绝句续选》，也就是说后集是在前集的基础上进行了递修。刘克庄续编的宋朝绝句选本也如《唐绝句续选》一样，是出于递修补遗前集而编，刘克庄为《本朝绝句续选》写的序言就说："本朝诗尤于唐，使野处公（洪迈）编本朝绝句，殆不止万首。诗愈盛，选愈严，遗落愈多，后世愈有遗恨矣，此本朝续选之所为作也。"（《后村先生大全集》卷九十七）所以递修是刘克庄所编诗歌选本的一个特点。

综上所言，南宋理学家所编诗文选本有很多都是递修成书的，而这些递修成书的选本往往都是很有名的选本,如《宋文鉴》《文章正宗》《崇古文诀》,这表明南宋理学家们是在很认真地从事选本的编纂工作,他们并没有将编纂选本视为"敝精神于闲文字中,徒自损""徒使精力困于翻阅"(张栻《答朱元晦书》),不然他们也不会花费一年的时间去编纂,甚至在十余年后还重新递修,尤其是在吕祖谦编完《宋文鉴》后,南宋后期的理学家们开始大量编纂诗文选本,这说明选本对于理学思想传播的作用开始受到理学家们的注意,选本与理学的关系也由此变得更为紧密。

二、后期成书

南宋理学家所编诗文选本的成书时间往往处于编纂者个人发展的后期阶段,这成为南宋理学诗文选本又一值得关注的现象,毕竟编纂者在后期编纂选本的现象在唱和诗选本偏多的唐宋时期是不多见的,加上人生的后期往往也是一个人思想最为成熟的时期,那么在南宋理学家思想最为成熟的时期编纂出来的诗文选本就更值得研究理学的学者所关注。

林之奇(1112—1176)的《观澜文集》编纂时间大约在宋高宗绍兴二十一年(1151)至二十六年之间,不过《观澜文集》是一个不断递修的选本,所以也不排除《观澜文集》在林之奇晚年时还在递修的可能。但不管怎么说,林之奇在晚年时对《观澜文集》是非常满意的,南宋人姚同为乡贤林之奇写的《行实》中说:"先生家居,弟之邵之子子冲能嗣先生之学。士子会者坌集,先生时乘竹舆至群居之所,诸生列左右致敬,先生有喜色,或命诸生讲《论》《孟》,是则首肯而笑,否即令再讲;或令诵先生所编《观澜集》而听之,倦则啜茗归卧,率以为常。未几,先生病革,不浃日而逝。"①林之奇晚年教学以《观澜文集》为教材,且对学生诵读该选本有一种欣然享受之情,所以可以这么说《观澜文集》代表了晚年林之奇的思想。

吕祖谦(1137—1181)天不假年,活在世上的时间不长,他一生中编纂的最重要选本《宋文鉴》是在他生命里的最后几年编成的。《宋文鉴》编成于孝宗淳熙五年(1178)十月,只因吕祖谦手不停披地编此选本而属疾,至淳熙六年正月才将《宋文鉴》进呈孝宗,但吕祖谦过了两年便病逝了。吕祖谦编的另外一部重要选本《古文关键》应该也是成书于吕祖谦最后十年内,因《古文关键》的编纂目的是"以教初学"(《直斋书录解题》),而吕祖谦在孝宗乾道八年(1172)丁父忧,至淳熙元年遣散诸生,始编《吕氏家塾读诗记》止,一直在家乡的明招山授徒,又淳熙元年吕祖谦曾与朱熹就为举子选古文在建宁刊行一事互通书信②,所以《古文关键》很有可能就是编于此时期。同时,我们也可以看到,吕祖谦编《古文关键》、《宋文鉴》时的淳熙年间,也正是吕祖谦几部重要学术著作的编纂时期,如上面提到的《吕氏家塾读诗记》便是吕祖谦的重要学术成果,朱熹就称赞该书:"今观吕氏家塾之书,兼总众说,巨细不遗,挈领提纲,首尾该贯,既足以息夫同异之争,而其述作之体,则虽融会通彻,浑然若出于一家之言。"③该书初稿成于淳熙六年十月,吕祖谦随后又花了两年时间修《读诗记》,所以《读诗记》是吕祖谦生命中

---

① (南宋)姚同《行实》,《拙斋文集·附录》,文渊阁《四库全书》本。
② 杜海军《吕祖谦年谱》,北京:中华书局,2007年,第132页。
③ (南宋)朱熹《〈吕氏家塾读诗记〉后序》,《晦庵先生朱文公文集》卷七十六,《四部丛刊》本。

的最后几年着力编纂的一部学术著作。除此书外,《近思录》也是吕祖谦与朱熹在淳熙年间编纂的一部非常重要的学术著作,此书一般被认为是理学的入门读物,编纂起始时间是在淳熙二年四月,年底便刻板出书了。可知,吕祖谦的学术思想在淳熙年间已经成熟定型,在此时期编纂成书的选本与学术著作之间必然也会有某种编纂思想方面的联系。

真德秀(1178—1235)编《文章正宗》、《续文章正宗》时也与吕祖谦编《宋文鉴》一样,同时在编撰学术著作。真德秀就是在编纂学术著作《西山读书记》、《诸老先生集略》的背景下编纂诗文选本《文章正宗》的,编纂时间是在真德秀人生的后期,其中《文章正宗》最早成书,时间是在宋理宗绍定五年(1232),当时另外两部学术著作还未完稿,但过了两年,真德秀便也病逝了,留下了未完稿的《续文章正宗》。

刘克庄(1187—1269)编的三部唐宋绝句续编本《唐绝句续选》、《本朝绝句续选》、《中兴绝句续选》也是在其晚年时所编成,因刘克庄为这三部续编本写的序言(见《四部丛刊》本《后村先生大全集》卷九十七),其落款时间均是宋理宗宝祐四年(1256),而此时刘克庄已是 69 岁了,他的思想早已成型,此时续编的诗歌选本应是最能代表刘克庄晚年的诗学思想及学术思想的。

以上所举的南宋理学家所编诗文选本多成于编者晚年,且有的编纂者在编学术著作的同时,也在认真地编选本,笔者认为这绝非是偶然现象,应该算作是南宋理学家编纂诗文选本的特点,这说明南宋理学家所编诗文选本派别的存在是有着独特的学理基础的,这也是区分南宋后期非理学家所编选本的标准所在。尽管有些非理学家选本有的专门收录理学家论道之文,如《诸儒鸣道集》、

《十先生奥论》等,但本质上却不具备理学家选本的特点,即其编纂思想上并没有学术思想的影响因素,而我们在研究南宋理学家所编诗文选本时就不得不与理学家后期成熟阶段的思想,尤其是与选本同时期编纂的学术专著结合起来一起研究。

第五章　南宋理学家所编诗文选本的传播内容

南宋理学家所编诗文选本的重要性除了上文所论述的,对当时书坊间诗文选本的编纂产生影响外,更重要的就在于对文学作品传播推广的影响,这也是选本传播功能的必然结果。可以说,有些现在看来是文学经典的著作,如唐宋八大家之文,最早是由南宋理学家通过编选古文选本而使其文风得以彰显的,最终也使世人普遍接受了其文学经典的意义。而即使是杜诗这样早已被公认为文学经典的作品,南宋理学家编的诗文选本在传播杜诗尤其是杜诗中"诗史"之作也起到了非常重要的作用,只是不大为世人所发现,所以这些也正是南宋理学家所编诗文选本的研究意义及价值所在。

第一节　《左传》的编选

《左传》在唐代时被升格为儒家重要的经典著作,古人对该书的研究也主要是围绕"春秋大义"而论,并未将其看成是古文的重要典范,不过,到了南宋却出现理学家编选《左传》的风尚,理学家们开始将《左传》文看成是古文的典范,例如真德秀在《文章正宗》辞命类选文后,引用了吕本中的一段话:"文章不分明指切而从容委曲,辞不迫切而意亦独至,惟《左传》为然,如当时诸国往来之辞与君臣相告相让之语,盖可见矣,亦是当时圣人余泽未远,涵养自别,故辞气不迫切如此,非后世人专学言语者比也。"吕本中、真德秀均为理学家,他们对《左传》的看法不是从理学而是从文章学的角度进行评论的,而这一转变却影响了明代古文选本的编纂,从此《左传》之文作为文学经典而被广泛传播。

一、南宋理学家编选《左传》风尚的形成

中国儒家典籍的称谓自孔子称其为"六经"始①,其内容便不断被神圣化,这带来的直接结果便如《文心雕龙·宗经》所云:"三极彝训,其书曰经。经也者,恒久之至道,不刊之鸿教也。"②儒家典籍已成为"不刊"之经典了,故现存最早的诗文选本《文选》便不录儒家经典,萧统在《文选序》中还特别作了解释:"若夫姬公之集,孔父之书,与日月俱悬,鬼神争奥,孝敬之准式,人伦之师友,岂可重以芟夷,加之剪截!"③这"姬公之集,孔父之书"便是泛指儒家所尊奉的经典,萧统亦认为经典不可芟夷剪截,自此选本的编纂不录经部之文便成了惯例。然而,事情发展到南宋却发生了变化,原先

---

① 《庄子·天运》:"孔子谓老聃曰:'丘治《诗》、《书》、《礼》、《乐》、《易》、《春秋》六经。'"

② (梁)刘勰著,范文澜注《文心雕龙注》,北京:人民文学出版社,1958年,第21页。

③ (梁)萧统《文选序》,《四部丛刊》景明本《梁昭明太子文集》卷四,第40叶。

为经传的《左传》在唐代被列为《五经正义》之一,北宋时为"十三经"之一,其学术地位不断提升,由"传"成为"经",按选本不录经部之文的惯例来说《左传》也不应入选,南宋之前的选本也确实未见录有《左传》之文的,但到了南宋后期,《左传》却突然成了南宋理学家选文的对象,如此一直影响到了明清,使得编选《左传》之文蔚然成风,这种既关联文学史又关联思想史的独特现象是如何产生的呢? 这是一个值得深入研究的预设问题。

最早编选《左传》的南宋理学家及选本一般都认为是真德秀及其《文章正宗》,此观点最早是由四库馆臣在《四库全书总目》中提出的:"总集之选录《左传》、《国语》,自是编(《文章正宗》)始,遂为后来坊刻古文之例。"①然而,据笔者发现,最早编选《左传》的选本,就现存文献来看应是林之奇的《观澜文集》。该书未收入《四库全书》,在很长一段时间里,该书的通行本是清人阮元影宋本《东莱集注类编观澜文集》三十二卷,后收入《宛委别藏》,江苏古籍出版社 1988 年影印出版。不过《宛委别藏》本乃残本,仅甲集二十五卷全,乙集存七卷(卷一至卷七),丙集缺,此本未见录入《左传》文。清代光绪十年(1884)巴陵方功惠碧琳琅馆影宋翻刻本《东莱集注观澜文集》为稀有足本,甲、乙二集各二十五卷,丙集二十卷,三集凡七十卷完整,现藏于浙江省义乌市图书馆和复旦大学、武汉大学等高校图书馆,今有黄灵庚、吴战垒主编的《吕祖谦全集》第十册《东莱集注观澜文集》,即据碧琳琅馆本整理,由浙江古籍出版社2008 年出版。笔者翻检该本乙集卷十一,发现一篇题为《吕相绝

---

① (清)永瑢等《四库全书总目》卷一百八十七,北京:中华书局,1965 年,第1699 页。

秦书》,乃《左传·成公十三年》中的文章,所以就现存文献而论,最早编选《左传》的选本应是林之奇的《观澜文集》。

　　林之奇(1112—1176),字少颖,号拙斋,侯官(今福建闽侯)人,学者称其为三山先生,谥号文昭,《宋史》卷四百三十三《儒林三》有传。林之奇是吕本中的学生,《宋元学案》将其归为《紫微学案》,清代李清馥《闽中理学渊源考》卷七《文昭林拙斋先生之奇学派》亦云:"先生(林之奇)学于紫薇吕公本中,本中学于尹公和靖。"①知明清之人已普遍将林之奇看成是理学家,其学渊源有自,可追溯至北宋理学家尹焞。关于林之奇为何要编纂《观澜文集》,诚如业师杜海军先生所言"《观澜文集》是林之奇为自己教学需要而编的文学选本"②,林之奇在《观澜集前序》中说:"言,可闻而不可殚;书,可观而不可尽。人之以其蕞尔之闻见而对万古浩博之书言,将以穷其无穷,极其无极,虽末世穷年,曾不足以究马体之毫末,而耄及之矣,此《观澜》之编所由作也。'观水有术,必观其澜',澜,活水也,水惟其活,是以智者得师焉。"③可知林之奇编《观澜文集》是想示人读书之门径,他认为自己所选之文乃"活水",可当作范文以为师,故而《观澜文集》乙集卷十一选录《左传·成公十三年》中的文章,并将该文作为乙集之中"书"体的首篇,其目的显然是想借《左传》之文起示范作用。

　　《观澜文集》编纂于宋高宗绍兴六年(1136)至二十六年之间,故现存选本最早编选《左传》的时间就是这一时期。而此后

　　①　(清)李清馥《闽中理学渊源考》,文渊阁《四库全书》本。
　　②　杜海军《林之奇〈观澜文集〉及其对唐宋派形成的影响》,《闽江学院学报》2010年第6期,第2页。
　　③　(南宋)林之奇《拙斋文集》卷十六,文渊阁《四库全书》本。

不久,也就是公元 12 世纪中期至 13 世纪中期,即南宋后期,在
南宋理学家群体之中形成了一股编选《左传》的风尚,这首先表
现为林之奇的学生吕祖谦(1137—1181)编纂的《左氏博议》二十
五卷。该书成书于宋孝宗乾道四年(1168),虽然目录学家往往
将该书归为经部《春秋》类,但该书的性质其实是带有注释的选
文,共选《左传》之文一百六十八篇,其内容是"每题之下附载《左
氏传》文,中间征引典故,亦略注释"(《四库全书总目》卷二十
六),这与吕祖谦另外一部经部《春秋》类著作《左氏传说》阐释经
旨是大不一样的。

　　南宋编选《左传》之文影响最大的选本是真德秀(1178—
1235)的《文章正宗》二十四卷,该书是我国古代首部大量编选
《左传》的文学选本,共选《左传》之文 133 篇(辞命部分:卷一 39
篇;议论部分:卷四 32 篇、卷五 33 篇、卷六 1 篇、卷十三 7 篇;叙
事部分:卷十六 21 篇),每篇自拟篇名。该书编成于宋理宗绍定
五年(1232),其编纂体例影响深远。之后,真德秀的门人汤汉
(约 1198—1275 年在世)编有文章选本《妙绝古今》四卷,也选录
了《左传》之文,未自拟篇名。该书编成于宋理宗淳祐二年
(1242),其影响不大,至明代时已不知该书编纂者及始末,后四
库馆臣据元代赵汸《东山存稿》方才考证出《妙绝古今》的作者乃
汤汉。尽管如此,南宋理学家编选《左传》之文的风尚还是为宋
人所接受了,其证据便是南宋人王霆震编的《古文集成》七十八
卷,四库馆臣认为该书是"南宋书肆本"①,即民间坊刻本,该书大

---

　　①　(清)永瑢等《四库全书总目》卷一百八十七,北京:中华书局,1965 年,第
1702 页。

量引用吕祖谦《古文关键》、楼昉《崇古文诀》、真德秀《文章正宗》中的评点语，说明南宋民间书坊对南宋理学家文学思想的接受，该书虽只选录了《左传》之文 1 篇，但该篇正是林之奇《观澜文集》中所编选的《吕相绝秦书》，此亦能说明南宋理学家编选《左传》之文对南宋民间坊本产生了影响。

凡此种种，均表明在南宋后期理学家编选《左传》之文已形成风尚，该风尚对明清两代选本编选《左传》之文形成了直接影响，透过此种现象探讨背后的过程及原因，可发现一段尘封已久的文化事实。

二、南宋理学家编选《左传》风尚缘起发覆

南宋理学家编选《左传》原因的探讨主要是围绕有宋一代的经学特点、文化背景、理学的内在理路等方面进行论述，目的是要客观地展示南宋理学家编选《左传》这一看似偶然的文学现象背后的本质原因。

(一) 北宋"疑经弃传"思潮：《左传》编选的学理基础

梁启超《清代学术概论》中说："凡文化发展之国，其国民于一时期中，因环境之变迁，与夫心理之感召，不期而思想之进路，同趋于一方向，于是相与呼应汹涌，如潮然……能成'潮'者，则其'思'必有相当之价值，而又适合于其时代之要求者也。"[①]在宋代经学

————————
① 梁启超撰，朱维铮导读《清代学术概论》，上海：上海古籍出版社，1998 年，第 1 页。

史上便有这样一种有相当价值的"思",即"疑经",其在中唐之前已有发展,至中唐啖助、赵匡、陆质《春秋》学的产生,"疑经"终于由"思"成"潮",成为中唐以后及宋人治经的一大特色。南宋王应麟《困学纪闻》卷八《经说》引陆游的话说:"唐及国初,学者不敢议孔安国、郑康成,况圣人乎? 自庆历后,诸儒发明经旨,非前人所及,然排《系辞》,毁《周礼》,疑《孟子》,讥《书》之《胤征》、《顾命》,黜《诗》之《序》。不难于议经,况传注乎?"①这是经常被学者引用的一段材料,其内容反映了北宋整个经学界对经典和传注的非议。按照当今的观念,"疑经"是一种创新意识,创新意味着对传统的反拨与超越,也正因为此,编选儒家经典之文才有了学理方面的支撑,这反映在经学上便如南宋理学家朱熹编选《四书集注》,将《大学》、《中庸》从《礼记》中选出,因其本人对《礼记》的内容有所怀疑,他说:"今只有《周礼》、《仪礼》可全信。《礼记》有信不得处。"②显然《大学》、《中庸》在朱熹看来是信得过的,但也不是全信,因为朱熹还对《大学》、《中庸》的内容进行了改定,如此大胆的疑经思想反映在文学上便是南宋理学家编选《左传》之文。

　　《左传》虽然在唐初被编入《五经正义》,"经"的地位得到官方的确立,但从中唐啖助、赵匡、陆质反驳《春秋》三传开始③,《左传》在民间知识阶层中的地位却不断受到挑战。四库馆臣在经部《春秋》类序中说:"说经家之有门户,自《春秋》三传始,然迄能并立于

---

　　① （南宋）王应麟著,（清）翁元圻等注,栾保群、田松青、吕宗力校点《困学纪闻》卷八,上海:上海古籍出版社,2008 年,中册,第 1095 页。

　　② （南宋）黎靖德编,王星贤点校《朱子语类》卷八十六,北京:中华书局,1986年,第 6 册,第 2203 页。

　　③ 杨新勋《唐代啖赵陆的〈春秋〉学》,《殷都学刊》,2002 年第 3 期,第 68—74 页。

世。其间诸儒之论，中唐以前，则《左氏》胜；啖助、赵匡以逮北宋，则《公羊》、《谷梁》胜；孙复、刘敞之流，名为弃传从经，所弃者特《左氏》事迹、《公羊》《谷梁》月日例耳。"①可知舍弃《左传》而直寻经义是从中唐啖、赵二人开始的，而整个北宋也承袭了这个传统，"弃传"已成为当时普遍的风气，宋神宗熙宁二年（1069）六月，司马光在所上《论风俗札子》中便说："新进后生，未知臧否，口传耳剽，翕然成风……读《春秋》未知十二公，已谓三传可束之高阁。"②可见《左传》的儒家经典地位在北宋民间早就变得不难么神圣了，尽管北宋官方将《左传》列入了十三经。

　　或许正因《左传》在北宋民间文化圈中的地位受"疑经弃传"思潮的影响而有所下降，而且北宋人似乎也未将《左传》当成儒家经典看待，只是看为传，这种环境在南宋又得以延续，故南宋时的文学选本选录《左传》之文也就顺理成章了，因其未违反选本不剪截"经书"的传统。

（二）南宋理学家对《左传》的推崇：《左传》编选的文化背景

　　北宋"疑经弃传"思潮不仅贬低了《左传》的经学地位，使得编选《左传》成为可能，同时对《春秋》三传的另外二传《公羊传》、《穀梁传》的编选也产生了影响，《文章正宗》卷十三便录入《公羊传》之文 11 篇，《穀梁传》之文 10 篇，但为何《公羊传》、《穀梁传》的编选没有形成风尚，而《左传》却成了南宋理学家编选的主要对象呢？ 这得从南宋理学家推崇《左传》的文化背景入手加以

---

① （清）永瑢等《四库全书总目》卷二十六，北京：中华书局，1965 年，第 210 页。
② （北宋）司马光《传家集》卷四十二，文渊阁《四库全书》本。

解释。

北宋学者普遍怀疑《左传》是不争的事实,上引四库馆臣之语"啖助、赵匡以逮北宋,则《公羊》、《谷梁》胜"便说明《左传》在北宋的地位甚至不及《公羊传》、《穀梁传》,要知道唐初编《五经正义》,可是于《春秋》三传独取《左传》。刘敞是北宋怀疑《左传》的第一人,他认为"《左氏》不传《春秋》",同时,刘敞还反驳《左传》的作者左丘明与孔子的师生关系,他说:"仲尼之时,鲁国贤者无不从之游,独丘明不在弟子之籍,若丘明真受经作传者,岂得不在弟子之籍哉? 岂有受经传道而非弟子者哉? 以是观之,仲尼未尝授经于丘明,丘明未尝受经于仲尼也。然丘明所以作传者,乃若自用其意说经……"①也就是说《左传》的经学地位并不如前人所认可的那么高,其内容不是传《春秋》,而是左丘明"自用其意说经",如此一来,便要"弃传从经"了。宋代理学奠基者之一的程颐也怀疑《左传》,有人问程颐:"《左传》可信否?"(程颐)曰:"不可全信,信其可信者耳。"②故有人问程颐:"宋穆公立与夷,是否?"(程颐)曰:"大不是。《左氏》之言甚非。"③可知程颐对《左传》内容是不全信的,同时程颐对《左传》的作者为左丘明也表示怀疑,有人问:"左氏即是丘明否?"(程颐)曰:"《传》中无丘明字,不可考。"④虽然程颐没有给出肯定的答复,但怀疑之思毕现。由此可见,程颐对《左传》的

———————

①　(北宋)刘敞《春秋权衡》卷一,文渊阁《四库全书》本。

②　(北宋)程颢、程颐著,王孝鱼点校《二程集·河南程氏遗书》卷二十,北京:中华书局,1981年,第1册,第266页。

③　(北宋)程颢、程颐著,王孝鱼点校《二程集·河南程氏遗书》卷二十二上,北京:中华书局,1981年,第1册,第285页。

④　(北宋)程颢、程颐著,王孝鱼点校《二程集·河南程氏遗书》卷二十,北京:中华书局,1981年,第1册,第266页。

怀疑程度甚于刘敞，刘敞只是贬低《左传》的经学地位，而程颐直接就否定了《左传》的部分内容，而且对《左传》的作者为左丘明也表示了怀疑。从程颐对《左传》的态度可看出，北宋理学家是不推崇《左传》的，然而到了南宋，这种情况却发生了逆转，南宋理学家明显表现出对《左传》的普遍推崇。

南宋理学家吕本中（1084—1145）首先从文学创作上对《左传》予以了肯定，他说："《左氏》之文，语有尽而意无穷，如'献子辞梗阳人'一段，所谓一唱三叹，有遗音者也。如此等处，皆是学文养气之本，不可不深思也。"又说："文章不分明指切而从容委曲，辞不迫切而意以独至，惟《左传》为然。"①《左传》文的优长被吕本中拈出而大加推扬，标志着南宋对《左传》态度差异的开始。

林之奇将《左传》之文首次编入选本应该是受到了他的老师吕本中推崇《左传》思想的影响。其后，吕祖谦选《左传》之文说明他对老师林之奇选《左传》之文的认可和继承，也表明吕祖谦对《左传》的推崇。

与吕祖谦关系甚密的朱熹（1130—1200）对《左传》的态度要分两方面来谈，一方面朱熹认为《左传》的作者是左氏，而不是左丘明，上文引程颐的话表明程颐对左氏是否就是左丘明这一问题还不能做出肯定回答，到了朱熹则已然将左氏与左丘明分别看待了。朱熹说"左氏必不解是丘明"（2147 页）、"左氏叙至韩魏赵杀智伯事，去孔子六七十年，决非丘明"（2161 页）。因为证实了左氏非左丘明，所以左氏是孔子弟子的光环便被抹掉了，朱熹对左氏的为人

---

① 　（南宋）张镃《仕学规范》，王水照编《历代文话》，上海：复旦大学出版社，2007年，第 1 册，第 323 页。

便大加贬斥起来,他说:"左氏之病是以成败论是非,而不本于义理
之正,尝谓左氏是个猾头熟事、趋炎附势之人。"(2149 页)正因为
朱熹对左氏为人的贬低,故凡《左传》中为左氏议论的部分,朱熹便
对其加以摈弃,朱熹说"《左传》'君子曰',最无意思"(2150 页)、
"如《左氏》尤有浅陋处,如'君子曰'之类,病处甚多"(2155 页)、
"左氏见识甚卑,如言赵盾弑君之事,却云:'孔子闻之,曰:"惜哉!
越境乃免。"'如此,则专是回避占便宜者得计,圣人岂有是意! 圣
人'作《春秋》而乱臣贼子惧',岂反为之解免耶!"①这是由疑《左
传》作者而怀疑《左传》中"君子曰"的内容。但另一方面,朱熹对
《左传》的纪事部分还是比较相信的,这尤其表现在《春秋》三传
中,朱熹独信《左传》,他说"《春秋》制度大纲,《左传》较可据,
《公》、《谷》较难凭"(2151 页)、"《春秋》之书,且据《左氏》"(2149
页)。又说:"《左氏》所传《春秋》事,恐八九分是。《公》、《谷》专
解经,事则多出揣度。"②所谓的"八九分是"指的便是《左传》中除
"君子曰"以外的内容了,所以,朱熹对《左传》的纪事部分还是比
较推崇的。

同时期的陈骙(1128—1203)则是在古文创作上极力推崇《左
传》,他在《文则》中大量列举《左传》之文作为古文准则,如《文则》
戊条七云:"若《论语》虽亦出于群弟子所记,疑若已经圣人之手。
今略考焉。子曰:'为命,裨谌草创之,世叔讨论之,行人子羽修饰
之,东里子产润色之。'质之《左传》,则此文简而整……子曰:'孟之
反不伐,奔而殿,将入门,策其马,曰:非敢后也,马不进也。'质之

---

① (南宋)黎靖德编,王星贤点校《朱子语类》卷八十三,北京:中华书局,1986
年,第 6 册,第 2150—2151 页。
② 同上,第 2151 页。

《左传》,则此文缓而周。"①陈骙以《左传》为标准,将《论语》与之比较以定《论语》行文特点,其推崇《左传》之意甚明。

总之,南宋时无论是在古文创作领域,还是在经学领域都形成了推崇《左传》的文化氛围,在这种文化氛围中南宋理学家编选《左传》便是理所当然了。

(三) 南宋理学家的古文观与《左传》文体风格的符契:《左传》编选的内在理路

南宋理学家中形成的推崇《左传》的文化氛围,其形成是有一定的内在理路的,那就是《左传》的文体风格符合理学家的文学鉴赏观。理学是一种讲究道德心性修养的学问,其修养法门之一是观物以体贴"天理",《二程集·遗书》卷三中记载:"周茂叔窗前草不除去,问之,云:'与自家意思一般。'"②这里周敦颐是将窗前之草当成自己以体悟天道,其后学程颢也有相同的做法,张九成《横浦心传录》记载:"程明道书窗前有茂草覆物,或劝之芟,曰:'不可,欲常见造物之生意。'"可见观物体物是理学家必修的功课,而一旦理学家将目光由外物转移到文学,则这种理学修养方法很自然地便找到了与中国古代文学理论中追求韵外之味的体味观的默契,所以当有人问程门弟子杨时"诗如何看",杨时便回答说:"诗极难卒说。大抵须要人体会,不在推寻文义""惟体会得,故看诗有味,至于有味,则诗之用在我矣。"(《龟山先生语录》卷三)那怎样的文

---

① (南宋)陈骙《文则》,王水照编《历代文话》,上海:复旦大学出版社,2007年,第1册,第161页。

② (北宋)程颢、程颐著,王孝鱼点校《二程集·河南程氏遗书》卷三,北京:中华书局,1981年,第1册,第60页。

学作品在宋代理学家看来是可以体会出有味的呢？大凡物以类
聚，理学家追求一种洒落、纯净的道德修养，则其崇尚的就是与之
相近的自然、平淡一类的文风，这类文风在理学家看来是有味的，
如黄庭坚《濂溪诗序》评价周敦颐："人品甚高，胸中洒落，如光风霁
月。好读书，雅意林壑，初不为人窘束世故。"[①]而周敦颐的代表作
《爱莲说》其内容追求道德纯净，其文风自然清新。可以说，自然、
平淡并带有余味的文风是南宋理学家普遍的追求。

　　吕祖谦编的《古文关键》是南宋很有名的一部理学家编选的古
文选本，该书卷首为"看古文要法"，其中说："看韩文法'简古'"，
"看柳文法'关键'"，"看欧文法'平淡'"，"看苏文法'波澜'"，这"简
古""关键""平淡""波澜"便是吕祖谦在"要法"中提到的"文字体
式"，显然"简古""平淡"与"关键""波澜"相对，前者是自然，后者是
余味，均是被吕祖谦所看重的古文"体式"。与吕祖谦交游甚深的
朱熹也有同样的古文观，他说：

　　　　今人作文，皆不足为文。大抵专务节字，更易新好生面辞
　　语。至说义理处，又不肯分晓。观前辈欧、苏诸公作文，何尝
　　如此？圣人之言坦易明白，因言以明道，正欲使天下后世由此
　　求之。使圣人立言要教人难晓，圣人之经定不作矣。[②]

显然，朱熹也是推崇"坦易明白"亦即简古、平淡的文风，并举欧

----

① 郑永晓《黄庭坚全集辑校编年》，南昌：江西人民出版社，2011 年，上册，第
255 页。
② （南宋）黎靖德编，王星贤点校《朱子语类》卷一百三十九，北京：中华书局，
1986 年，第 8 册，第 3318 页。

阳修、苏轼与圣人之文为例。朱熹又说："前辈文字有气骨,故其文壮浪。欧公、东坡亦皆于经术本领上用功。"也就是说朱熹还推崇欧、苏二人文字的气骨,这种文字风格即吕祖谦提到的"关键""波澜",所以朱熹与吕祖谦在推崇古文文风的观点上是相同的。同时期的陈骙在现存我国第一部文话著作《文则》中也提出了相近的古文观,他说:"文作而不协,文不可诵。文协尚矣,是以古人之文,发于自然,其协也亦自然。"又说:"且事以'简'为上,言以'简'为当。言以载事,文以著言,则文贵其'简'也。文'简'而'理'周,斯得其'简'也。"①这里的文协、自然与吕祖谦提倡的平淡相近,文简又与简古相同。故南宋的理学家对于古文文风中自然、平淡又饶有余味的喜好是相近的,而《左传》文体风格恰好又符合南宋理学家的古文鉴赏观,很多理学家便对《左传》之文的风格提出了赞赏。

吕本中是南宋理学家中较早对《左传》文体风格予以肯定之人,上文第三部分已引述吕本中的话,"所谓一唱三叹,有遗音者也",这是对《左传》之文有"波澜"、有余味特点的一个概述。陈骙对《左传》文体风格也有相同观点,他说:"文之作也,以载事为难;事之载也,以蓄意为工。观《左氏传》载晋败于邲之事,但云:'中军下军争舟,舟中之指可掬。'则攀舟乱刀断指之意自蓄其中。"陈骙也发现《左传》之文有含蓄的特点,读之须慢慢体会。二人对《左传》之文特点的概括并不是理学家的独到见解,以文学著称的苏轼早有如此看法,苏轼说:"意尽而言止者,天下之至

① (南宋)陈骙《文则》,王水照编《历代文话》,上海:复旦大学出版社,2007年,第1册,第137—138页。

言也。然而言止而意不尽,尤为极至,如《礼记》、《左传》可见。"
(《策略第一》)则《左传》之文含蓄有味的特点应是宋代理学之士
与文学之士的共同认识,而这种认识又恰与理学家对于古文之
简古有味、平淡波澜的要求相一致,所以南宋理学家编选《左传》
便有了内在的文学理路。

(四)南宋进士科的介入:《左传》编选的现实需要

科举考试一向都是古代文士读书的风向标,正如当今高考与
考生的关系一样,所以古代科举考试制度的转变必然影响士人读
书的内容。

宋代科举中除制科、博学宏词科和常科中的明法科外,常科中
的进士科、诸科和明经科的考试内容大都涉及《左传》,只因宋代科
举考试经常改革而情况会有所变化。《宋史·选举志一》中说:
"初,礼部贡举,设进士、《九经》、《五经》、《开元礼》、《三史》、《三
礼》、《三传》、学究、明经、明法等科。"①《九经》至"学究"7科总称为
"诸科",其考试内容很明显包括《左传》。而明经科的考试内容是
"并试三经,谓大经、中经、小经,各一也。以《礼记》、《春秋左氏传》
为大经;《毛诗》、《周礼》、《仪礼》为中经;《周易》、《尚书》、《榖梁
传》、《公羊传》为小经"(《宋会要辑稿·选举》三之三三),《左传》作
为"大经"被设于明经科考试中,可见《左传》在北宋官方意识形态
中的重要地位,但这两科在宋神宗时被废罢,"神宗熙宁四年
(1071)二月,罢明经、诸科"(《宋会要辑稿·选举》一四之一)。也

---

①　(元)脱脱等《宋史》卷一百五十五,二十四史简体字本,北京:中华书局,2000
年,第43册,第2410页。

就是说,与《左传》联系最大的考试科目就是宋代最被看重的进士科了。

　　北宋的进士科向来存在诗赋取士与经义取士之争,南宋人李心传在《建炎以来朝野杂记》甲集卷十三《四科》中对这一史实进行了概括,祝尚书先生据此总结说:"要之,宋初沿唐、五代之旧,试之以诗赋。熙宁时改为经义而罢诗赋。历元祐诗赋、经义兼收之制,再到绍圣罢诗赋而用经义的反复,于南宋初才敲定为诗赋、经义两科分立,得到近乎'双赢'的结果。"①宋初进士科以诗赋取士,"凡进士试诗、赋、论各一首,策五道,帖《论语》十帖,对《春秋》或《礼记》墨义十条"②,可见宋初至熙宁时王安石变法之前,诗赋取士不涉及《左传》。等到王安石变法,改诗赋为经义取士,并以《三经新义》作为考试用书,与《左传》更无关联,加之又罢明经、诸科,则《左传》在宋神宗时便被彻底排挤出北宋科举考场之外了。至宋哲宗元祐"四年(1089),乃立经义、诗赋两科,罢试律义。凡诗赋进士,于《易》、《诗》、《书》、《周礼》、《礼记》、《春秋左传》内听习一经……凡专经进士,须习两经,以《诗》、《礼记》、《周礼》、《左氏春秋》为大经,《书》、《易》、《公羊》、《谷梁》、《仪礼》为中经"③,则《左传》在元祐时诗赋和经义取士考试中均占有一席之地。至宋哲宗绍圣初年虽改用经义取士,考试内容却仍如元祐时期,《宋会要辑稿·选举》三之五五载:"绍圣元年(1094)五月四日诏:进士罢试诗赋,专治经术,各专大经一,中

---

　　① 　祝尚书《宋代科举与文学》,北京:中华书局,2008年,第44页。
　　② 　(元)脱脱等《宋史》卷一百五十五,二十四史简体字本,北京:中华书局,2000年,第43册,第2410页。
　　③ 　同上,第2420—2421页。

经一。"但宋徽宗时因党争而禁"元祐学术",经义取士重新以《三经新义》和《字说》为考试用书,故《左传》在北宋末科举考试中又一次被废止了。综观北宋整个进士科考试,《左传》在其中的地位一直不显,仅哲宗朝被列为考试用书,但到南宋时,《左传》与进士科的关系却紧密起来。

宋高宗即位后不久就开科取士,因将"靖康之难"归因于新法,故考试内容尽废王安石《三经新义》、《字说》,而改用宋哲宗元祐之法,《宋会要辑稿·选举》四之二一记载建炎二年(1128)五月三日,中书省言:"已诏后举科场讲元祐诗赋、经义兼收之制。今参酌拟定……《元祐法》:'不习诗赋人令治两经。'今欲习经义人依见行,止治一经。"(《宋会要辑稿·选举》四之二一)《元祐法》中所谓的"两经"即"大经"和"中经",《左传》属"大经",故宋高宗建炎年间的进士考试涉及《左传》,而这一进士考试制度又被确定下来沿用至南宋末,所以整个南宋时期的进士科考试都与《左传》相关联。既然如此,那么作为绍兴年间因教学需要编的《观澜文集》,其收录《左传》的动因便容易解释了,这显然是受到了南宋初期进士科考试涉及《左传》的影响,至于后来吕祖谦编《左氏博议》,也是出于科举考试的原因,吕祖谦在《左氏博议序》中说:"《左氏博议》者,为诸生课试之作也。始予屏处东阳之武川……居半岁,里中稍稍披蓬蒿从予游,谈余语隙,波及课试之文,予思有以佐其笔端,乃取《左氏》书理乱得失之迹,疏其说于下。"①可知吕祖谦编选《左传》之文亦如其师林之奇一般是因教学或者说是因科举考试所需。总之,因为整个南宋时期进士科考试内容都涉及《左传》,故南宋时《左

---

① （南宋）吕祖谦《左氏博议》,文渊阁《四库全书》本。

传》的编选便有了现实的需要，这也促进了南宋时期《左传》编选风
尚的形成。

（五）宋代"《文选》学"的衰落：《左传》编选的历史契机

唐代至北宋中期进士科以诗赋取士，这推动了《文选》的传播，
故这一时期也形成了钻研《文选》注释的"《文选》学"，但宋神宗时
罢诗赋以经义取士，《文选》学也由此衰落，南宋王应麟在《困学纪
闻》卷十七中对此作了概括："李善精于《文选》，为注解，因以讲授，
谓之'《文选》学'……（宋初）江南进士试《天鸡弄和风》诗，以《尔
雅》天鸡有二，问之主司，其精如此，故曰：'《文选》烂，秀才半。'熙
丰之后，士以穿凿谈经，而'《选》学'废矣。"这是历代学者论述宋代
"《选》学"衰落时必引的一段材料，笔者据此材料认为王应麟是借
"《选》学"衰落而贬斥北宋中后期以经义取士的科举制度，但经义
取士毕竟只是《文选》学衰落的原因之一，宋代学者对《文选》"去取
失当"（苏轼《题〈文选〉》）、"陋于识者"（苏轼《答刘沔都曹书》）的批
评也应是《文选》学衰落的重要原因，两宋之际的张戒在《岁寒堂诗
话》中便说："近时士大夫以苏子瞻讥《文选》去取之谬，遂不复留
意。"①《文选》因苏轼的讥讽而受到世人的冷落，这显然是当时《文
选》学衰落的一个缩影，同时也意味着《文选》经典地位的衰落，南
宋理学家编纂诗文选本时便以《文选》为矢的而反拨之，这或许就
是编选《左传》的一个契机。

如果说宋代学者批评《文选》只是停留在口头上的话，那么南

---

① （北宋）张戒撰，陈应鸾笺注《岁寒堂诗话笺注》卷上，成都：四川大学出版社，
1990 年，第 60 页。

宋理学家编纂诗文选本就将这种批评付诸实践了。两宋之际的马永卿在《嬾真子》卷三中对《文选》不录《兰亭集序》的批评是南宋之前最为严厉的,他说:

> 《兰亭序》,在南朝文章中少其伦比。或云:"丝即是弦,竹即是管。今叠四字,故遗之。"然此四字,乃出《张禹传》,云:"身居大第,后堂理丝竹管弦。"始知右军之言有所本也,且《文选》中在《兰亭》下者多矣,此盖昭明之误耳。①

文中"或云"是指北宋学者对《文选》不录《兰亭集序》的解释②,马永卿对这种回护《文选》的解释予以了反驳,认为《兰亭集序》本身并没有问题,问题在于昭明太子萧统之误,录入了很多文学水平不如《兰亭集序》的文章,按照苏轼的话说就是"去取失当"。之后不久,宋高宗绍兴年间林之奇在《观澜集后序》中说:

> 夫《文选》不收《兰亭记》,《文粹》不收《长恨歌》,识者于今以为二书之遗恨。由其所取乎斯文者,以为尽于其书,故其所遗者,人得而恨之。余方收《选》、《粹》之所遗,其敢自谓无所阙轶乎。③

---

① (北宋)马永卿《嬾真子》,朱易安、傅璇琮等主编《全宋笔记》第三编六,郑州:大象出版社,2008年,第185页。

② (北宋)王得臣《麈史》卷中"论文"篇记载:"王羲之《兰亭三日序》,世言昭明不以入《选》者,以其'天朗气清',或曰'楚辞''秋之为气也','天高而气清',似非清明之时。然'管弦丝竹'之病,语衍而复,为逸少之累矣。"朱易安、傅璇琮等主编《全宋笔记》第一编十,郑州:大象出版社,2008年,第51页。

③ (南宋)林之奇《拙斋文集》卷十六,文渊阁《四库全书》本。

林之奇也认为《文选》不收《兰亭集序》乃该书之"遗恨",遂收其所遗,将《兰亭集序》编入《观澜文集》乙集卷二十二,并将《兰亭集序》作为"记"体文的首篇,这是对北宋学者批评《文选》不收《兰亭集序》的积极响应,将批评付诸了行动。

苏轼对《文选》的批评是宋代最有名的,他在《题〈文选〉》中说:"观《渊明集》,可喜者甚多,而独取数首。以知其余人忽遗者甚多矣。渊明《闲情赋》,正所谓'《国风》好色而不淫',正使不及《周南》,与屈、宋所陈何异,而统乃讥之,此乃小儿强作解事者!"①苏轼认为《陶渊明集》中有很多"可喜"之作,然《文选》只选取了其中几篇而已,"遗者甚多",尤其是遗漏了《闲情赋》,而萧统在《陶渊明集序》中说:"白璧微瑕者,唯在《闲情》一赋。"②苏轼认为此乃萧统对《闲情赋》之讥,是"小儿强作解事者",按照苏轼自己的话说就是"陋于识者"。或许是林之奇认同了苏轼的观点,遂将《闲情赋》这一《文选》所遗之文收录在了《观澜文集》丙集卷四中,而《观澜文集》也成为现存选本中最早收录《闲情赋》的选本。

由此可知收《文选》所遗之文是林之奇编纂《观澜文集》的思想之一,《文选》未录《左传》文,则《左传》也就有了编选的可能,这是宋代《文选》学衰落的结果之一。

除了《观澜文集》,南宋理学家真德秀编的《文章正宗》也是以《文选》为反拨的对象,真德秀在《〈文章正宗〉纲目》中说:

"正宗"云者,以后世文辞之多变,欲学者识其源流之正

① (北宋)苏轼著,孔凡礼点校《苏轼文集》,北京:中华书局,1986年,第5册,第2093页。

② 袁行霈《陶渊明集笺注》,北京:中华书局,2003年,第614页。

也。自昔集录文章者众矣,若杜预、挚虞诸家,往往堙没弗传,
今行于世者,惟梁昭明《文选》、姚铉《文粹》而已,繇今视之,二
书所录果皆得源流之正乎?

此番言论明显表明真德秀不满《文选》,认为其未得"源流之正",这
一观念与当时南宋后期《文选》学衰落背景下反拨《文选》的社会思
潮是颇为一致的。与真德秀同时期的林駉在《古今源流至论》前集
卷二"《文选》、《文粹》、《文鉴》"条中说:"虽然文章美恶自有定论,
去取当否,要终自见,吾平心论之,则曰《选》、曰《粹》、曰《鉴》之所
集,有不难辨者……董子之策《贤良》,得伊周格心之学,而例黜之,
可乎?"①林駉此言是针对《文选》不收董仲舒《对贤良策》而提出的
批评,他认为董仲舒之文"得伊周格心之学",不应被《文选》黜之,
这显然是南宋后期理学成为官方意识形态下的一种反拨《文选》的
观念,与真德秀认为《文选》未得"源流之正"的观点接近,而真德秀
《文章正宗》卷七录有董仲舒的《对贤良策》三篇,可见南宋后期在
理学思想的影响下对《文选》去取失当的批评与《文选》学衰落的背
景下反拨《文选》的选文实践几乎形成了统一的步调,加之上文提
到的南宋理学家对《左传》的普遍推崇,则《左传》的编选在南宋后
期的兴盛也就成了必然的结果。

　　结言之,南宋理学家编选《左传》风尚的形成有着多重内外
机制的影响,就内部因素而言,南宋理学家对《左传》的推崇是
《左传》编选的内在驱动力,《文选》学的衰落正好为《左传》的编
选提供了可资借鉴的经验,就外部因素而言,"疑经弃传"思潮下

---

① 　(南宋)林駉《古今源流至论》,文渊阁《四库全书》本。

《左传》经学地位的下降则为《左传》的编选提供了学理上的支持，而南宋进士科的考试内容包括对《左传》的考查则加速了编选《左传》的形成。

三、南宋理学家编选《左传》的特点及文学史意义

林之奇的《观澜文集》、真德秀的《文章正宗》和汤汉的《妙绝古今》均选录了《左传》之文，这三部南宋有代表性的文章选本在选录《左传》之文时有什么共同特点呢？这种理学家编选《左传》的趋势对当时及后代有什么影响呢？

（一）南宋理学家编选《左传》有以下四个方面的特点

1. 剪截公文

这是最容易看出的一个共同特点，也就是说南宋选本中没有全文选录《左传》的情况，这似乎与《左传》本身的特点有关系。宋代学者对《左传》的普遍看法正如叶梦得所言该书是"传事不传义"（《春秋传序》），即在阐释《春秋》义理方面存在不足，如北宋学者刘敞在《春秋权衡》卷一中就说："前汉诸儒不肯为左氏学者，为其是非谬于圣人也，故曰左氏不传《春秋》，此无疑矣。然丘明所以作传者，乃若自用其意说经，泛以旧章常例，通之于史策，可以见成败耳。"①不过就《左传》所载的史事，北宋学者还是很看重的，孙复解释"郑伯克段于鄢"便是依据《左传》之史实（《春秋尊王发微》卷一），即使是刘敞本人也并未完全抛弃《左传》，如他在解释隐公元

---

① （北宋）刘敞《春秋权衡》，文渊阁《四库全书》本。

年"春王正月"时就采用了《左传》所载"摄也"的史实,连四库馆臣
也说《春秋权衡》"皆节录三传"。在宋人重视《左传》史实这方面,
苏辙的观点最具有代表性,他说:"予以为左丘明,鲁史也,孔子本
所据依以作《春秋》,故事必以丘明为本。"①正因宋代学者普遍看
重《左传》的史实性,故选录《左传》时只是编选当时之人的辞令、
诏、谏等文,而《左传》中的"君子曰"之类的涉及《春秋》大义的论点
均未见选录,可见宋人对《左传》的取舍还是有一致性的,即只取带
有史实性的公文,所以吕本中才会说:"文章不分明指切而从容委
曲,辞不迫切而意亦独至,惟《左传》为然,如当时诸国往来之辞与
君臣相告相让之语,盖可见矣。"吕本中还是看重《左传》所载的"诸
国往来之辞"与"君臣相告之语",亦即公文,他认为这些内容与"当
时圣人未远",故可信。

吕本中的学生林之奇在编《观澜文集》时只选录了《左传·成
公十三年》中"吕相绝秦书"一段,这即是"诸国往来之辞",而这一
段之前的鲁成公十三年春"晋侯使郤锜来乞师"及"(成)公如京师"
二事,和这一段之后的"秦桓公既与晋厉公为令狐之盟,而又召狄
与楚,欲道以伐晋,诸侯是以睦于晋"及"晋师以诸侯之师及秦师战
于麻隧"诸事均被裁剪,细究其因,不难看出,《左传·成公十三年》
中被裁剪掉的内容均只涉及史实,而不涉及"往来之辞""相告之
语"。从真德秀《文章正宗》所选《左传》之文的内容来看,更可以清
楚地发现南宋理学家选《左传》文其实是编选《左传》之中的公文。
《文章正宗》所选《左传》133篇文章都是剪截的诏书、辞令、谏书一
类的文体,如《文章正宗》所选"吕相绝秦书"便被编入卷一"辞命"

① （北宋）苏辙《苏氏春秋集解·序》,文渊阁《四库全书》本。

一体之中,《〈文章正宗〉纲目》中就说:"汉世有制、有诏、有册、有玺书,其名虽殊,要皆王言也。文章之施于朝廷、布之天下者,莫此为重,故今以为编之首。"此话虽可看出真德秀的尊王思想,但也可看出真德秀所选的辞命类其实就是一类公文,所以真德秀也说:"独取《春秋》内外传所载周天子谕告诸侯之辞、列国往来应对之辞。"(《〈文章正宗〉纲目》)这与吕本中对《左传》的看法"诸国往来之辞"与"君臣相告之语"竟是惊人的相似。

我们从《文选》剪截史书的特点中也能看出南宋理学家在编选《左传》时只是剪截史书中的公文这一特点。《文选序》中云:"若夫姬公之集,孔父之书,与日月俱悬,鬼神争奥,孝敬之准式,人伦之师友,岂可重以芟夷,加之剪截。"①胡大雷先生说:"所谓'姬公之籍,孔父之书'是不可'剪截'的;倒过来讲,假如要录入经部文字,那录入的方式就是'剪截'。"②换句话说,《文选》录入史部之文的方式同样也是"剪截"。那《文选》"剪截"史书中的哪一部分呢?《文选序》中云:

> 至于纪事之史,系年之书,所以褒贬是非,纪别异同;方之篇翰,亦已不同。若其赞论之综辑词采,序述之错比文华,事出于沉思,义归乎翰藻,故与夫篇什,杂而集之。③

可见,《文选》是剪截史书中的"赞论"和"序述"两部分,即"史论"和"史述赞"几类作品,其中的"史论""史赞"就如《史记》中的"太史公

①　(梁)萧统《文选序》,《四部丛刊》景明本《梁昭明太子文集》卷四,第40叶。
②　胡大雷《〈文选〉编纂研究》,桂林:广西师范大学出版社,2009年,第86页。
③　(梁)萧统《文选序》,《四部丛刊》景明本《梁昭明太子文集》卷四,第41叶。

曰",即作者对史实的评论,这从《文选》卷四十九"史论上"、卷五十
"史论下"所录的文章体式上就能看出来,如《文选》卷四十九中《公
孙弘传赞》的开头部分为"赞曰",《晋武帝革命论》、《晋纪总论》的
开头部分为"史臣曰",《二十八将论》开头部分为"论曰"等,正如胡
大雷先生所言:

> 　　《文选》录载的史论,其居于原书诸卷的篇首,当是以论
> 开启全卷的叙写。其居于原书诸卷的篇末者,皆有原书的
> 起首文字"赞曰""论曰""史臣曰",当为作者对篇内人物的
> 看法与有关之事。《文选》的作者未把"赞曰""论曰""史臣
> 曰"统一起来,未把有"赞曰"之类文字与没有"赞曰"之类文
> 字统一起来,显然,《文选》的作者是直接剪截史书入《文
> 选》的。①

《文选》的这种情况与南宋理学家剪截史书的情况显然是截然相反
的,上文已论述了宋代学者普遍反对《左传》"君子曰"之类的评语,
认为"是非谬于圣人"(刘敞《春秋权衡》),故而南宋理学家所编的
文章选本均未见剪截史书中的史论作品,而是直取史书中古人之
言辞,以得文辞源流之正,故真德秀在《〈文章正宗〉纲目》中说:
"'正宗'云者,以后世文辞之多变,欲学者识其源流之正也。自昔
集录文章者众矣,若杜预、挚虞诸家,往往埋没弗传,今行于世者,
惟梁昭明《文选》、姚铉《文粹》而已,繇今视之,二书所录果皆得源
流之正乎?"看来宋人对《文选》的轻视,一部分原因就在于《文选》

---

　　①　胡大雷《〈文选〉编纂研究》,桂林:广西师范大学出版社,2009 年,第 88 页。

剪截史书是剪截作者的评论、叙述,而宋人更看重史书中古人的文辞,剪截的视角不同,其剪截的特点自然也是不一样的。

2. 按文体取篇名

众所周知,《左传》内容篇章是没有篇名的,不过,我们看南宋理学家所编的《左传》选本大都却是有篇名的,这新取的篇名显然是理学家自编的(南宋理学家最先编选《左传》之文),就拿《左传·成公十三》中"吕相绝秦书"一段而言,林之奇《观澜文集》中选录的该文篇名是《吕相绝秦书》,而《文章正宗》中的篇名却是《晋侯使吕相绝秦》,这看似简单的取名,反映的实质却是南宋理学家文体观的明确,因为南宋理学家所取篇名均是按照所剪截的公文文体来命名的。

林之奇《观澜文集》中的《吕相绝秦书》归入甲集卷十一的"书"体之中,且是作为《观澜文集》"书"体文的首篇,"书"体文共有三篇文章,篇名分别为《吕相绝秦书》、《报任少卿书》、《上枢密韩太尉书》,其他卷的"书"体篇名均如此,可知林之奇所取的篇名是根据文体的不同来命名的。真德秀《文章正宗》中的这篇文章的篇名是《晋侯使吕相绝秦》,可知真德秀没有将该文视为"书"体文,因为《文章正宗》分为"辞命、议论、叙事、诗赋"四类,真德秀虽然没有将"书"体单独编排,但仍将"书"体文并入到了"议论"之中,例如《文章正宗》卷六"议论五"中的《鲁仲连遗燕将书》、《乐毅报燕王书》、《陈余遗章邯书》等,所以对文章文体的不同看法使得林之奇和真德秀在面对同一篇文章时产生了不同的文体归类法,其直接的结果就是在给该文篇名命名上产生了不同。

又如,林之奇在《观澜文集》中将《报任少卿书》归入"书"体,其篇名和归类均沿袭了《文选》的传统,而真德秀在《文章正宗》却将该文归入"议论"一类,篇名也有所不同,为《司马迁答任安书》,这一区别也表现了二人的文体观,尤其是文体分类观的不同。郭英德在《中国古代文体学论稿》中将中国古代文体分类的生成方式分为三途:"一是作为行为方式的文体分类,二是作为文本方式的文体分类,三是文章体系内的文体分类。"①以此为参照,郭英德又将中国古代文体的命名方式分为三种:"一是功能命名法,二是篇章命名法,三是类同命名法。"②其中关于行为方式的文体分类和功能命名法的主要观点是:为达到某种社会功能而采用的特定的言说方式派生出相对应的言说形式,最终形成约定俗成的文体,并且将社会上为适应特定的言说方式而采用的相同社会功能的文本,命名为同样的名称。这种文体生成、命名的观点,笔者是赞成的,以这种理论可以更加明了地解释上述现象。

　　林之奇与真德秀对司马迁写给任安书信的归类,显然都属于"行为方式的文体分类",但二人对书信这种行为方式的功能认知是不一样的。刘勰《文心雕龙》对"书"这种行为方式的功能有过解释:"书者,舒也。舒布其言,陈之简牍。"③林之奇对"书"这种行为方式的功能的理解显然与刘勰的观念相近,而真德秀则不然,虽然真德秀对该文取名为《司马迁答任安书》,从篇名中也可看出该文是"书"体文,但真德秀却将"书"体文全部归入到《文章正宗》"议论"类,这说明真德秀更看重"书"体文的议论功能,刘勰《文心雕龙》对"论"这种行为方式的功能也作了解释:"论者,伦也。伦理无

---

①　郭英德《中国古代文体学论稿》,北京:北京大学出版社,2005年,第29页。
②　同上,第140页。
③　(梁)刘勰著,范文澜注《文心雕龙注》,北京:人民文学出版社,1958年,第455页。

爽，则圣言不坠。"①"论"即讲道理，司马迁写给任安的书信，其内容正是讲道理，即司马迁说其本人是戴罪之身，自己尚不能保，无法解救任安，这是"论"，同时司马迁还说自己苟活于世的目的是完成《史记》的撰写，并以周文王、孔子等先贤的遭遇为自己寻找立命的动力，这也是"论"，且说的有情有理，真可谓"伦理无爽"了，那么真德秀将这篇著名的书信归入"议论"一类，应该说是很有见地的。

我们从篇名的比较上来看，也能看出真德秀更看重这篇书信的议论功能。《报任少卿书》与《司马迁答任安书》，篇名中一个"报"，一个"答"，其内涵是不一样的："报"在古汉语中有"复信"的意思，这是一个简单的行为方式的标志，而"答"的含义则比"报"字要丰富得多，"答"除了回话的意思之外，还有回答、对问题的解答之意，显然，篇名中用"答"字更能反映司马迁的这篇书信的议论色彩，故真德秀与林之奇的不同只是对"书"体的功能认识不一样罢了。

总而言之，南宋理学家在给《左传》文章篇名取名时是按照文章的文体及功能进行命名的。

3. 与《国语》合选

真德秀《〈文章正宗〉纲目》中说："《书》之诸篇，圣人笔之为经，不当与后世文辞同录，独取《春秋》内外传所载周天子谕告诸侯之辞、列国往来应对之辞，下至两汉诏册而止。"《春秋》内外传自然是指《左传》和《国语》，从真德秀开始，理学家中凡编选《左传》者，亦

---

① （梁）刘勰著，范文澜注《文心雕龙注》，北京：人民文学出版社，1958 年，第 326 页。

将《国语》共同编选,这似乎成为一个惯例,四库馆臣就说:"总集之
选录《左传》、《国语》,自是编(指《文章正宗》)始,遂为后来坊刻古
文之例。"①如果从同时选录《左传》与《国语》的角度来看,四库馆
臣的观点是正确的。

真德秀编选《春秋》内外传,似乎并没有厚此薄彼,《文章正宗》
首篇选的便是《国语》卷二"周语中"的文章,题名为《周襄王不许晋
文公请隧》。从《文章正宗》全书来看,卷一、四、五、六中都同时选
录了《左传》与《国语》,其中卷一共选文 43 篇,《国语》文 4 篇,《左
传》文 39 篇;卷四共选文 42 篇,《国语》文 10 篇,《左传》文 32 篇;
卷五共选文 45 篇,《国语》文 12 篇,《左传》文 33 篇;卷六共选文 29
篇,《国语》文 9 篇,《左传》文 1 篇。

真德秀的学生汤汉所编的古文选本《妙绝古今》中同样也是同
时收录《左传》与《国语》,该选本首篇选的是《左传》文,共选《左传》
文 8 篇,《国语》文 6 篇。

对比同时期产生的民间书肆本——王霆震的《古文集成》,我
们可以发现同时编选《左传》与《国语》似乎是南宋后期理学家的一
种偏好,因为《古文集成》卷十五只收录了《左传·成公十三年》中
的那篇《吕相绝秦书》,没有同时收录《国语》。而南宋理学家的这
种偏好直接影响到明代古文选本对《左传》与《国语》的编纂,明代
梅鼎祚编的《皇霸文纪》就同时编选了《左传》与《国语》,其中《皇霸
文纪》卷二、三、五分别收录了《左传》文 2 篇、3 篇、9 篇,这三卷共
收录《国语》文 3 篇。又如,明代理学家唐顺之编的《文编》也是同
时收录《左传》与《国语》,其中《文编》卷二收录《左传》文 1 篇,卷三

① (清)永瑢等《四库全书总目》卷一百八十七,北京:中华书局,1965 年,第 1699 页。

收录《左传》文9篇,收录《国语》文10篇,卷四收录《左传》文9篇,收录《国语》文1篇,卷六收录《左传》文2篇,卷二十一收录《左传》文8篇,收录《国语》文9篇,卷三十五收录《左传》文2篇,卷四十五收录《左传》文28篇,收录《国语》文8篇。

由上可见,南宋理学家同时编选《春秋》内外传不仅在当时是一个独特的现象,对于明代古文选本内容的编纂也产生了一定影响,形成了一种范例,《四库全书总目》就曾引述"陈元素《序》称以真德秀《文章正宗》为稿本"①,可见古人对《文编》受《文章正宗》的影响早已察知。那么真德秀和他的学生汤汉为何会同时选录《春秋》内外传呢? 一个理由就是想借《春秋》内外传而映射现实。

4. 映射现实

真德秀选《春秋》内外传有"正欲人君"的编纂意图,因为真德秀选录了很多与当时南宋历史、政治相符契的文章,如真德秀与史弥远就济王之事的争论,宋宁宗嘉定十七年(1224),闰八月初三日,宋宁宗崩,史弥远传遗诏,立贵诚为皇太子,更名为昀,登皇帝位,即为宋理宗,而原先的太子竑则封为济阳郡王,出居湖州。宋理宗宝庆元年(1225),湖州盗潘壬等谋立济王,史弥远矫诏杀了济王,由此引发了"济王之事"的论争。真德秀《召除礼侍上殿奏札一》中就从人伦纲常的角度进行了申论,他说:"臣闻国于天地,必有与立焉,三纲五常是也……天下君臣之纲正于上,而天下皆知有敬;父子之纲正于上,而天下皆知有亲;夫妇之纲正于上,而天下皆

---

① (清)永瑢等《四库全书总目》卷一百八十九,北京:中华书局,1965年,第1716页。

知有别,三者正而昆弟朋友之伦,亦莫不正。"(《四部丛刊》景明正德本《西山先生真文忠公文集》卷四)此奏札遭到史弥远党的攻击,《宋史》卷四十一《理宗本纪一》中载:"莫泽言真德秀舛论纲常,简节上语,曲为济王地。诏德秀焕章阁待制,提举玉隆万寿宫。"真德秀因此而遭贬官。

《文章正宗》编成于宋理宗绍定五年(1232),这距真德秀因济王之争而遭贬官相去七年,但从《文章正宗》所选作品的内容来看,真德秀还是非常在意纲常,如上文引用过的例子《文章正宗》卷四"议论一"中的《仲山父谏立少》(《国语·周语上》),以及同卷"议论二"中的《穆叔论立子裯》(《左传·襄公三十一年》),二文内容说的都是涉及废立太子之事,文中的周宣王和季武子都因不循纲常而导致国家动乱,真德秀选此类文章显然还是意在劝导宋理宗,更重要的是希望后人能多读这些"或发明义理、或敷析治道、或褒贬人物"(《〈文章正宗〉纲目》)的篇章,为后世谋太平。

无独有偶的是,真德秀的学生汤汉编的《妙绝古今》亦是希望有补于世,所选《春秋》内外传也是映射现实,这一点古人早就体会到了。元人赵汸在《题〈妙绝古今〉篇目后》中说:

> 当宋之季世,内修不立,外攘无策,生民重困,疆场日蹙,大奸擅国,贪权黩货。万乘之主,而纳私贡,丰内帑,近习女谒,浊乱朝政。观范匄重币,韩起求玉,郤至以富,魏舒以贿,囊瓦以货,见讥于识者。而《左氏》亦以惩肆去贪为《春秋》之法,岂非迷途之疾呼也邪?[1]

---

[1] (元)赵汸《东山存稿》卷五,文渊阁《四库全书》本。

赵汸在该文中说的"范匄重币，韩起求玉，郤至以富"等就是《妙绝古今》卷一中所选的《左传》之文，汤汉选取这些文章就是要"讥于识者"，即借古讽今。我们去细读《妙绝古今》所选《春秋》内外传中的文章，就能体会出这一点。

如果我们将眼光放宽，看看其他理学家的文章，我们也能够发现理学家喜欢引用《春秋》、《左传》故事来论当时之政事，如南北宋之际的胡寅，他写的《论遣使札子》中云：

> 昔孔子作《春秋》以示万世，人君南面之术无不备载，而其大要则在父子君臣之义而已。鲁桓公为齐所杀，鲁之臣子于齐有不共戴天之仇。而庄公者乃桓公之子也，非特不能为父雪耻，反与齐通好。元年，为齐主王姬；四年，及齐狩于禚；五年，会齐同伐卫；八年，及齐同围郕；九年，及齐盟于蔇，是年为齐纳子纠。仲尼恶之，备书于策，以著其释怨通和之罪。鲁庄惟忘父子君臣之义也，鲁之臣子则而象之，故公子牙弑械成于前，庆父无君动于后，卜齮围人荤之刃，交发于党氏武闱之间，鲁之宗祀不绝如线。此释怨通和之效也，岂非为后世之永鉴乎？
>
> 女真者，惊动陵寝，戕毁宗庙，劫质二帝，涂炭祖宗之民，乃陛下之仇也。顷者，误国之臣自知其才术不足以戡定祸乱，而又贪慕富贵，是故诪张为幻，遣使求和，以苟岁月，九年于此，其效如何？彼之一身，叨窃爵位而去，曾何足道，而于陛下圣德、国家大计，则亏丧多矣。（文渊阁《四库全书》本《斐然集》卷十一）

胡寅在文章中就首先借《春秋》之故事来鉴今，以君臣父子之义论高宗不可遣使与金人求和,这种借古讽今在史学发达的宋代应是很常见的创作思维,所以由南宋理学家编选的《左传》之文同样也具有借古讽今、映射现实的意味与目的。

(二) 文学史意义

以上是对南宋理学家编选《左传》特点的总结,因为编选《左传》是南宋理学家的首创,同时又对明代古文选本编选《春秋》内外传产生影响,故有必要对这一现象产生的文学史意义进行一番研究。综观南宋后期理学家所编的古文选本,一方面选录了《左传》一类的先秦文章,另一方面又大量选录了汉代的文章,先秦至汉代的文章总数占到了选本内容很大一部分,联系我国古代文学史上的复古运动,笔者以为在以林之奇、吕祖谦为首的推崇唐宋文章选文流派背景之下,南宋后期理学家中产生了以真德秀为首的推崇秦汉文章的复古思潮,即从儒家道统思想上确立秦汉古文的典范性,但是这一做法却遭到明代中期前七子的反对,这也促成了明代中期复古运动的产生。

南宋前期,散文文坛上主要以林之奇、吕祖谦为首,其推崇唐宋文章,吕祖谦的《古文关键》是这一时期重要的唐宋文章选本,意在宣传古文创作技法,该选本不仅标志着选本评点形式的形成,而且也标志着南宋文章学的兴盛。当然,南宋散文流派因理学学派的不同而形成相互对峙的局面,与吕祖谦散文观最为不同的就是朱熹的文道一体观,朱熹说:"道者,文之根本。文者,道之枝叶。惟其根本乎道,所以发之于文,皆道也。三代圣贤文章,皆从此心写出,文便是道。"(《朱子语类》卷一百三十九)所以朱熹反对"文以贯道"的说法,他说:"这文皆是从道中流出,岂有文反能贯道之理?

文是文，道是道，文只如吃饭时下饭耳。若以文贯道，却是把本为末，以末为本，可乎？"（同上）这种散文观产生的结果就是将散文置于理学的儒家道统观念之下，文成了道的附属物，这一观点被朱熹的再传弟子真德秀所接受，并且将其推到极端。真德秀编《文章正宗》的指导思想就是这种文道一体观，他在《〈文章正宗〉纲目》中就说到自己的选文标准："故今所辑以'明义理、切世用'为主。其体本乎古，其旨近乎经者，然后取焉。否则，辞虽工亦不录。"由此可知，真德秀所选之文不仅要满足"明义理、切世用"这种"道"的标准，还要满足"体本乎古，其旨近乎经"这样"文"的标准，即朱熹所说的"道者，文之根本。文者，道之枝叶"，文章的"体""旨"要"本乎古""近乎经"，即文的根本在道之中，那么真德秀以这种选文观选取了哪些符合这种文道一体观的文章呢？从《文章正宗》所选内容来看，重点选的是先秦至汉代的文章。

　　据统计，《文章正宗》共选文章 685 篇，其中卷一至卷三"辞命"类共选文 186 篇；卷四至卷十五"议论"类共选文 376 篇；卷十六至卷二十一下"叙事"类共选文 123 篇。"辞命"类所选文章范围包括《左传》、《国语》、《汉书》；"议论"类所选文章范围包括《左传》、《公羊传》、《穀梁传》、《国语》、《战国策》、《史记》、《汉书》、《后汉书》，班彪文，徐干文，诸葛亮文，韩愈文，柳宗元文，李翱文；"叙事"类所选文章范围包括《左传》、《史记》、《汉书》、《后汉书》，韩愈文，柳宗元文。由其内容足见真德秀重秦汉文，如果站在宏观的角度审视《文章正宗》编纂的大背景，当时的选本大多是选唐宋文，尤其是选被明人所肯定的唐宋八大家之文，了解了这些后再反观《文章正宗》的选文，可以感觉到真德秀是在进行一场复古的尝试，且是从思想上复古，复秦汉时期古代的儒道，他在《〈文章正宗〉纲目》中所提到的文辞的"源流之正",亦即"正宗"者就是这种文道一体观,只不过是借秦汉的古文加以表现。

真德秀的学生汤汉所编的《妙绝古今》所选文章范围也是限于秦汉与唐代文章,虽然所选比重各为两卷,但就所选篇数上来说,还是以秦汉文的数量较多,共选 45 篇,而唐代文章选了 31 篇。就该选本所选文章的内容而言,其主旨与《文章正宗》近似,如《妙绝古今》所选的 8 篇《左传》文均与《文章正宗》所选《左传》文相同:

		《妙绝古今》	《文章正宗》
《左传》		卷一/襄公二十四年/范宣子为政诸侯之币	卷一/辞命二/《子产与范宣子论重币》
		卷一/襄公三十一年/襄公薨之月,子产相郑伯以如晋	卷一/辞命二/《子产对晋让坏垣》
		卷一/襄公三十一年/子皮欲使尹何为邑	卷五/议论三/《子产论尹何为邑》
		卷一/昭公三年/齐侯使晏婴请继室于晋	卷五/议论四/《晏婴叔向论齐晋》
		卷一/昭公十二年/楚子狩于州	卷十六/叙事/《叙楚灵王之败》
		卷一/昭公十六年/晋韩起聘于郑	卷一/辞命二/《子产答韩宣子买环》
		卷一/昭公二十八年/梗阳人有狱	卷十六/叙事/《叙魏献子辞梗阳人》
		卷一/昭公三十一年/邾黑肱以滥来奔	卷十三/议论九/《邾黑肱来奔》

由此可见《妙绝古今》所选《左传》文没有超出《文章正宗》的范围，这也就是说汤汉对其所选的 8 篇《左传》文的看法应该是与其老师真德秀的观点相同的。

　　很显然，真德秀、汤汉不像吕祖谦是从文章技法上去选文，尤其是真德秀是从文道观，即文章思想是否符合儒家道统观这点上去选文的，所选的部分文章虽然自身确有很多文学色彩，值得称道，然因为被选入一本理学色彩甚浓的选本之中反而失掉了自身文学的本色，文学痕迹被理学思想完全遮蔽了。不过，真德秀的极端做法并没有被当时其他学派的理学家所接受，如谢枋得，他是汤巾的再传弟子，汤巾主陆学，也就是说谢枋得既不同于真德秀、汤汉一派的朱子之学，也不同于吕祖谦一派的婺学，但谢枋得编的《文章轨范》却与吕祖谦为首的唐宋文章选文流派一样，都重视文章的写法及文学性，足见真德秀从思想上重视秦汉文在当时确实具有一定的复古意味，但正如四库馆臣所言："德秀虽号名儒，其说亦卓然成理，而四五百年以来，自讲学家以外，未有尊而用之者，岂非不近人情之事，终不能强行于天下欤？"①正因为真德秀一派的复古思想不近人情，所以才招致明代中期前七子对宋儒的全盘否定，虽然前七子也重视秦汉文章，但二者对秦汉文章看法的出发点是截然不同的。

　　总的来说，明代中期的复古一部分原因是针对宋儒对文学的理气化伤害而提出的，如李梦阳就提出"宋儒兴而古之文废矣"（《论学上篇》），又说"宋人主理，作理语，于是薄风云月露，一切铲去不为，又作诗话教人，人不复知诗矣"（《〈缶音〉序》），当然

_____

　　①　（清）永瑢等《四库全书总目》卷一百八十七，北京：中华书局，1965 年，第 1699 页。

造成这种现象的根本原因不在宋儒,而是明初官方对程朱理学的过分推崇,使得明代中期以前的文学领域之中也到处充斥着理气,遂产生"尚理不尚辞,入宋人窠臼"(徐燉《黄斗塘先生诗集序》)的批评。但不管怎样,前后七子还是将矛头指向了宋儒,故对于宋儒,严格来讲,其实应是程朱学派的宋儒如真德秀所推崇的先秦、汉代文章加以另外一番阐释,将"真情"引入到秦汉文章的理解之中,以超越宋儒对秦汉文"理"的理解。而且,即使是同时期的明代理学家、唐宋派代表人物唐顺之,他对秦汉文的理解也不同于真德秀。唐顺之较有特色的文学主张是"本色"论,他说:"近来觉得诗文一事,只是直写胸臆,如谚语所谓开口见喉咙者;使后人读之如真见其面目,瑜瑕俱不容掩,所谓本色。此为上乘文字。"(《与洪芳洲书》)唐顺之编有《文编》,该选本亦选有《春秋》内外传之文,对《左传》文的选录也是遵循了《文章正宗》的选文范围,如《文编》卷三选的《左传》文《宫之奇谏假道》,《文章正宗》卷四"议论二"中亦选有此篇,而且《文编》中连给《左传》文取的篇名也与《文章正宗》相同,可见《文编》受到了《文章正宗》的影响,但如果唐顺之是以"本色"论来选取《左传》文的话,那就与真德秀的选文观完全不同了。

我们可以看到,不管是前七子中的李梦阳,还是唐宋派中的唐顺之,他们对于秦汉文的看法都不是从"理"的角度来看的,尤其是唐顺之,他作为明代的一位理学家,却提出文学作品的"本色"论,又在能反映他文学思想的选本中选录了《左传》这样的经书,足见《左传》到明代时已成为一定意义上的文学经典,这一现象的产生可看成是南宋后期朱子后学的一种影响,尽管他们是从理学的文道观来理解《左传》文的。

第二节　南宋理学家选杜诗与杜诗
"诗史"名作的推广

　　杜甫在诗歌方面的"诗圣""诗史"地位的确立是一个较漫长的过程,杜诗在唐代并不为人所知,所谓"百年歌自苦,未见有知音"(杜甫《南征》),现存的十种唐人选唐诗选本中,只有韦庄的《又玄集》选录了杜诗,到了晚唐、宋代,杜诗才真正得到异代知音的推崇,在这一过程中,南宋理学家对杜诗的编选起到了非常重要的作用。虽然这些编选杜诗的理学家在文论观上的言论不多,甚至没有,但正如鲁迅先生所言:"凡是对于文术,自有主张的作家,他所赖以发表和流布自己的主张的手段,倒并不在作文心,文则,诗品,诗话,而在出选本。"①所以从南宋理学家所选的杜诗来看,也可看出理学家对杜诗的理解与接受。而且,由于理学家编选了杜诗而使杜诗传播更广,对杜诗"诗史"作品的推广更是起到了积极影响,方孝岳先生在《中国文学批评》中就说:"从势力影响上来讲,总集的势力,又远在诗文评专书之上。"②所以对于杜诗接受史的研究,南宋理学家所编选本是不容忽视的重要部分。

一、宋代理学家对杜诗的接受

　　宋代理学家对杜诗并不是全盘接受的,胡仔《苕溪渔隐丛话》

---

　　①　鲁迅《鲁迅全集》卷七,《集外集·选本》,北京:人民文学出版社,1981年,第136页。
　　②　方孝岳《中国文学批评》,北京:三联书店,1986年,第5页。

前集卷二十二引《蔡宽夫诗话》云：

　　景祐、庆历后，天下知尚古文，于是李太白、韦苏州诸人，始杂见于世。杜子美最为晚出，三十年来学诗者，非子美不道，虽武夫、女子皆知尊异之。李太白而下，殆莫与抗。①

《蔡宽夫诗话》"宋初诗风"条又云："老杜诗既为世所重，宿学旧儒，犹不肯深与之。"(《苕溪渔隐丛话》前集卷二十二引)可见在宋初杜诗盛行的背景下，包括宋初理学家在内的"宿学旧儒"并不是很肯定杜诗，究其原因，笔者以为，穆修的话可以解释其中的原因，他说："唐之文章，初未去周、隋、五代之气。中间称得李杜，其才始用为胜，而号雄歌诗，道未极浑备。至韩柳氏起，然后能大吐古人之文，其言与仁义相华宴而不杂。"(《唐柳先生集后序》)杜诗虽号雄歌诗，但内容之"道"却"未极浑备"，即杜诗内容(仁义)与诗歌形式(言)未"相华宴而不杂"，这就造成了宋代理学家对杜诗一分为二的看法。

　　有的宋代理学家对杜诗的忠君精神是推崇的，但对于杜诗描写的"雪月风花"的诗句则又是批驳的，最能体现这一点的就是程颐，他对杜诗的批评几乎成了人们反对理学的一条有力的证据，程颐说："某素不作诗，亦非是禁止不作，但不欲为此闲言语。且如今言能诗无如杜甫，如云'穿花蛱蝶深深见，点水蜻蜓款款飞'，如此闲言语，道出做甚！"②程颐一方面说"如今言能诗无如杜甫"，这等

————————————

① 郭绍虞辑《宋诗话辑佚》，北京：中华书局，1980 年，第 398—399 页。
② (北宋)程颐《二程集·河南程氏遗书》卷十八，北京：中华书局，1981 年，第239 页。

于是说程颐肯定了杜诗的成就，但另一方面他又对杜诗中的"闲言语"甚为不满，这反映的问题其实就是对杜诗到底是从道德的方面来评判，还是从审美的角度来评判，而北宋的理学家无疑是较注重杜诗的儒道精神的，即使是北宋五子中作诗最多的邵雍，他对杜诗的看法也如程颐一般。

邵雍作了很多诗，程颢《邵康节先生雍墓志铭》称其有"古律诗二千篇，题曰《击壤集》"（《明道文集》卷四）。邵雍作诗重在说理，他在《首尾吟》第一首中就说："尧夫非是爱吟诗，为见圣贤兴有时。日月星辰尧则了，江河淮济禹平之。皇王帝伯经褒贬，雪月风花未品题。岂谓古人无阙典，尧夫非是爱吟诗。"（《击壤集》卷二十）"为见圣贤"而有时作诗（兴有时），也就是以诗说理，达到"齐贤"的目的，其中"皇王帝伯经褒贬，雪月风花未品题"，足见邵雍对这些"雪月风花"类的"闲言语"也是不屑的。所以，表面上来看，邵雍的诗"篇篇只管说乐"（朱熹评语），邵雍在《击壤集》自序中也说："《击壤集》，伊川翁自乐之诗也。"但其实，邵雍仅仅是借诗歌的形式——"言"来说"仁义"，来说儒家的道理。他创作的许多闲适之诗就并非随意，如他曾写道："百谷仰膏雨，极枯变极荣。安得此甘泽，聊且振群生？"（《击壤集》卷十六《观物吟》二首之二）这首诗乃是邵雍日常生活中观物的一点体会，写得很清新，我们也能明显感觉到该诗蕴含了一定的道理，而对于蕴含了怎样的道理的问题，笔者以为南宋理学家魏了翁对《击壤集》的看法可以加以解释，魏了翁在《邵氏〈击壤集〉序》中说："邵子平生之书，其心术之精微在《皇极经世》，其宣寄情意在《击壤集》。凡立乎吾皇王帝霸之兴替，春秋冬夏之代谢，阴阳五行之运化，风云月露之霁曀，山川草木之荣悴，惟意所驱，周流贯彻，融液摆落。盖左右逢原，略无毫发凝滞倚著之意。"所谓的"左右逢原"自然是指"心术"与"情意"的融合,而"心术"又是指"皇王帝霸之兴替",指《皇极经世》中的儒道,故所宣寄的"情意"又须与儒道相融合,难怪邢恕在《康节先生〈伊川击壤集〉后序》中会说:"先生(邵雍)之学以先天地为宗,以《皇极经世》为业,揭而为图,萃而成书。其论世尚友,乃直以尧舜之事而为之师;其发为文章者,盖特先生之遗余。至于形于咏歌,声而成诗者,又其文章之余。"这表达的其实就是程颐"所谓有德者必有言"的观点,故邵雍更看重杜诗的合乎儒道的精神,他说"既贪李杜精神好,又爱欧王格韵奇"(《首尾吟》)。"精神"与"格韵"显然是诗歌内容与形式两个方面,邵雍看重杜诗的是内容,所谓"文章高摘汉唐艳,骚雅浓熏李杜香"(邵雍《依韵和王安之少卿六老诗仍见率成七》其四),"骚雅"指的就是内容,从邵雍这句对杜诗的评价来看,邵雍也看重杜诗符合儒道的内容这一点应是无疑的。

　　南宋理学家陆九渊就认为杜诗是与理学之道相通的,他曾说杜甫"有志于吾道"(《象山语录》卷一),或许正是在这样的前提下,杜诗才能在南宋得到理学家的广泛认同,朱熹就曾说:"作诗先用看李杜,如士人治本经。本既立,次第方可看苏黄以下诸诗。"(《朱子语类》卷一百四十)朱熹将杜诗比喻成"本经",足见朱熹认同杜诗中与"吾道"相侔的关系。朱熹又说:"却是古乐府及杜子美诗,意思好,可取者多,令其喜讽咏,易入心,最为有益也。"(《答刘子澄书》)正因杜诗"喜讽咏,易入心,最为有益",所以连朱熹这样认同"作文害道"的理学家也认为杜诗"可取者多",难怪明人陆时雍在《诗镜总论》中会说:"宋人抑太白而尊少陵,谓是道学作用。"①所

---

　　① 丁福保《历代诗话续编》,北京:中华书局,1983年,第1416页。

以宋代其他学派的理学家编选杜诗也就是情理之中的事了。

　　不过,具体而言,宋代理学家看重杜诗符合儒道的一面,是通过对杜诗"诗史"的肯定而表现出来的。邵雍就在《诗史吟》中就表达了自己对"诗史"的看法,他说:"可以辨庶政,可以齐黎民。可以述祖考,可以训子孙。可以尊万乘,可以严三军。可以进讽谏,可以扬功勋。可以移风俗,可以厚人伦。可以美教化,可以和疏亲。可以正夫妇,可以明君臣。可以赞天地,可以感鬼神。"或许在宋代理学家眼中,"诗史"能起到齐家治国平天下的儒家终极目标,故杜诗中能反映"诗史"的诗就格外受宋代理学家喜爱。

　　杜诗被称为"诗史"的说法,最迟出现在晚唐时期,晚唐孟棨《本事诗·高逸第三》云:"杜逢禄山之难,流寓陇蜀,毕陈于诗,推见至隐,殆无遗事,故当时号为'诗史'。"不过,晚唐人主要是视杜甫在安史之乱后所写之诗为"诗史",这从孟棨的记载中可以清楚地看出来。宋代理学家似乎也有同样的看法,王安石曾辑佚杜诗二百余首,均是杜甫于安史之乱后所写的《洗兵马》一类诗,他于皇祐五年(1053)编成《杜工部后集》,并自序云:"予考古之诗,尤爱杜甫氏作者。"从《后集》所编诗歌创作时间上来看,王安石尤爱古诗中的杜诗,主要的还是杜诗的"诗史"部分。关于王安石对杜诗"诗史"内容的理解,我们可以看王安石写的《杜甫画像》,其中云:

　　　　吾观少陵诗,为与元气侔。力能排天斡九地,壮颜毅色不可求。浩荡八极中,生物岂不稠?丑妍巨细千万殊,竟莫见以何雕锼。惜哉命之穷,颠倒不见收。青衫老更斥,饿走半九州。瘦妻僵前子仆后,攘攘盗贼森戈矛。吟哦当此时,不废朝廷忧。常愿天子圣,大臣各伊周。宁令吾庐独破受

冻死，不忍四海赤子寒飓飓。伤屯悼屈止一身，嗟时之人我
所羞。所以见公画，再拜涕泗流。惟公之心古亦少，愿起公
死从之游。①

王安石将杜诗中的诗句、诗意融合在像赞中，如"宁令吾庐独破受
冻死"一句取自杜甫《茅屋为秋风所破歌》中的"安得广厦千万间，
大庇天下寒士俱欢颜，风雨不动安如山。呜呼！何时眼前突兀见
此屋，吾庐独破受冻死亦足"。看像赞中所言，均是描述杜甫"安史
之乱"后颠沛流离的生活，可见王安石对杜诗中"诗史"的看法就是
"为与元气侔"，与理气同。

南宋理学家刘克庄也是认同杜诗"诗史"特点的，刘克庄在《后
村诗话》后集卷二中就说：

子美与房琯善，其去谏省也，坐救琯。后为哀挽，方之谢
安。投赠哥舒翰诗，盛有称许。然《陈涛斜》、《潼关》二诗，直
笔不少恕，或疑与素论相反。余谓翰未败，非子美所能逆知，
琯虽败，犹为名相。至于陈涛斜、潼关之败，直笔不恕，所以为
"诗史"也。何相反之有！②

杜甫曾写有《投赠哥舒开府翰二十韵》，热情歌颂了哥舒翰（"盛有
称许"），其中云："开府当朝杰，论兵迈古风。先锋百胜在，略地两
隅空。"然哥舒翰败于潼关之后，杜甫写有《潼关吏》，其中又云："请

　　①　（北宋）王安石撰，聂安福等整理《临川先生文集》卷九，王水照主编《王安石全
集》，上海：复旦大学出版社，2016年，第5册，第261页。
　　②　（南宋）刘克庄撰，王秀梅点校《后村诗话》，北京：中华书局，1983年，第59页。

嘱防关将，慎勿学哥舒。"杜甫对哥舒翰的评价，前面是赞，后面是贬，故有人说杜甫的《潼关吏》与《投赠哥舒开府翰二十韵》"素论相反"，但刘克庄却从杜诗"所以为'诗史'"的角度对杜甫予以了回护，刘克庄认为《潼关吏》是"直笔不恕"，也就是说刘克庄也是认同杜诗中这类诗歌的。

通过以上论述，可以看出宋代理学家对杜诗的接受是限于杜诗中合于儒道的"诗史"之作，南宋理学家编选杜诗也主要是限于此类诗篇的编选。可以说，杜诗"诗史"的性质多半是由宋代理学家的阐释与南宋理学家对杜诗此类"诗史"作品的编选而得以确立的。

二、南宋理学家编选杜诗的特点

如果说上文就宋代理学家对杜诗"诗史"接受的观点，只是从理学家们的只言片语中得出的，论据还不够完备，那么对南宋理学家所编杜诗特点的揭示就可以更加完善笔者的上述观点。笔者以为，南宋理学家主要编选的是杜诗中的"诗史"之作，以下述论之。

现存最早编选杜诗的选本是晚唐韦庄编的《又玄集》三卷，共选录唐代诗人 145 家，诗 297 首，其中所选杜诗数量最多，共选 7 首，而其他人的诗作平均是每人选两首，从数量上来看，韦庄是相当重视杜诗的，而且还将杜诗置于选本全书之首，这与当时选本普遍不选杜诗形成鲜明对比。宋代计有功《唐诗纪事》卷六十八记载："（韦庄）诵子美诗'白沙翠竹江村暮，相送柴门月色新'，吟讽不辍，且以'杜陵归客'自称。是岁卒于花林坊，葬于白沙。"可见，韦庄编选杜诗实在是出于他个人对杜诗的一种喜好,那韦庄是如何看待杜诗的呢? 我们从韦庄的选诗标准和所选杜诗的内容这两点上可以看出来。

韦庄在《又玄集·序》中说:

> 自国朝大手名人,以至今之作者,或百篇之内,时记一章;或全集之中,唯征数首。但掇其清词丽句,录在西斋……然则律者既采,繁者是除……昔姚合撰《极玄集》一卷,传于当代,已尽精微。今更采其玄者,勒成《又玄集》三卷。记方流而目眩,阅丽水而神疲。鱼兔虽存,筌蹄是弃。所以金盘饮露,惟采沆瀣之精;花界食珍,但飨醍醐之味。非独资于短见,亦可贻于后昆。采实去华,俟诸来者。[①]

《又玄集》是继姚合《极选集》而编,“极玄”乃最精妙之意,故“玄”者谓精妙也。在韦庄看来,精妙之诗是那些“清词丽句”,这不禁让人想到杜甫《戏为六绝句》之五中说的:“不薄今人爱古人,清词丽句必为邻。”可见,韦庄是看重杜诗中的“清词丽句”的,这些“清词丽句”的具体表现就是“沆瀣之精”“醍醐之味”,是一种诗味,而非“筌蹄”这样的诗歌外在的东西。那么哪些杜诗在韦庄看来是符合“清词丽句”标准的呢?《又玄集》共选杜诗 7 首,分别是《西郊》《春望》《禹庙》《山寺》《遣兴》《送韩十四东归觐省》和《南邻》,这 7 首诗均为律诗,符合“律者既采,繁者是除”的标准,且这 7 首诗都是在“遣兴”,是在借景抒情,如《西郊》云:

---

① (唐) 元结等编《唐人选唐诗(十种)》,上海:上海古籍出版社,1958 年,第 348 页。

　　时出碧鸡坊，西郊向草堂。市桥官柳细，江路野梅香。傍
　　架弃书帙，看题检药囊。无人觉来往，疏懒意何长。

此诗创作时间普遍认为是唐肃宗上元元年（760）冬，此时已是安史
之乱的第五年，但从此诗中却看不出战争的硝烟，读者感觉到的只
是杜甫闲适的生活。此诗如果让宋代理学家来评论，恐怕又会得
出"闲言语"之类的结论。总之，韦庄对杜诗的理解与宋代理学家
对杜诗的接受观截然不同，所以，我们将《又玄集》与宋代理学家选
有杜诗的选本进行比较，就能清楚地发现宋代理学家编选杜诗的
特点。

　　上文已谈到，宋代理学家对杜诗的接受是限于杜诗中反映"诗
史"性质的诗篇，所以南宋理学家主要编选杜诗的此类作品，而韦
庄的《又玄集》恰恰没有选这类作品。南宋理学家中最早选录杜诗
的无疑是林之奇的《观澜文集》，现对该选本诗歌部分中的唐诗进
行一个统计：

　　　　杜甫 10 首（《古柏行》、《兵车行》、《丹青引赠曹将军霸》、
　　《桃竹杖引》、《夔府书怀四十韵》、《咏怀古迹二首》、《诸葛庙》、
　　《和贾至舍人早朝大明宫》、《越王楼歌》、《魏将军歌》）。
　　　　白居易 4 首（《江南遇天宝乐叟歌》、《无可奈何歌》、《长恨
　　歌》、《太行路》）。
　　　　陆龟蒙首 2 首（《别离》、《江湖散人歌并传》）。
　　　　释贯休 1 首（《古意》）；杜牧 1 首（《杜秋娘诗并序》）；姚合
　　1 首（《过张邯郸庄》）；聂夷中 1 首（《伤田家》）；宋之问 1 首
　　（《明河篇》）；卢仝 1 首（《月蚀诗》）；曹邺 1 首（《读李斯传》）；

杨贲 1 首(《时兴》);李贺 1 首(《高轩过》);皮日休 1 首(《七爱诗并序》);郑愚 1 首(《津阳门诗并序》);刘禹锡 1 首(《武昌老人说笛歌》);韩愈 1 首(《石鼓歌》);李峤 1 首(《汾阴行》);李白 1 首(《蜀道难》)。

由此统计可知,《观澜文集》选唐代诗人 18 人,共 31 首诗歌,其中以杜诗所选数量最多,共 10 首,这充分表明林之奇对杜诗是非常看重的。同时,我们可以看到,与《又玄集》选杜诗均为律诗不同,林之奇所选的这十首杜诗以歌行体和杂言体为主,这两种诗歌体式包含的内容较律诗要多,适合"诗史"之意的抒发。从内容上来看,《兵车行》是有名的"诗史"之作,《咏怀古迹二首》、《诸葛庙》反映的也是儒家之道,其他 6 首诗的内容也不像《又玄集》所选的 7 首那样是反映杜甫"遣兴"的诗歌。

林之奇的学生吕祖谦编有《丽泽集诗》,该诗集亦选有杜诗。方回《跋刘光诗》中阐述了该集的编者及结构,其中云:

> (方)回最爱《丽泽诗选》,或云东莱吕成公所选也。《三百五篇》,经圣人选矣。成公所选:第一卷,郭茂倩《古乐府》,选焉;第二卷,昭明太子《文选》诗,再选焉;第三卷,陶渊明诗,专选焉,徐、庾诸人诗不选;第四卷至第十四卷,唐人王无功至许用晦四十二家,选焉,杜子美甫诗最多,李太白、元次山、韦应物亚之,韩、柳、元、白又亚之……回谓后人学为诗者,读此足矣。(《桐江集》卷四)

该选本收入今人黄灵庚、吴战垒主编的《吕祖谦全集》之中,不过,

有学者对该选本是否是吕祖谦所选还存异议,祝尚书先生就说:
"是书编者,宋末元初人已不能言定,方回仅谓'或云'为吕祖谦所
选,虽当有所据,但南宋书坊及丽泽书院托名吕氏之书甚夥,似又
不可深信。"①然而,与吕祖谦同时期的朱熹就提到过吕祖谦编有
《丽泽集诗》,《朱子语类》卷八十一中云:"向见伯恭(指吕祖谦)《丽
泽诗》,有唐人女言兄嫂不以嫁之诗,亦自鄙俚可恶。后来思之,亦
自是见得人之情处。为父母者能于是而察之,则必使之及时矣,此
所谓'诗可以观'。"由此可见,方回说《丽泽集诗》"或云东莱吕成公
所选"非虚语,《丽泽集诗》为吕祖谦所应是可信的,而且从今留
存的《丽泽集诗》内容上来看,与方回所说的内容也无异,方回说:
"第四卷至第十四卷,唐人王无功至许用晦四十二家,选焉,杜子美
甫诗最多,李太白、元次山、韦应物亚之,韩、柳、元、白又亚之。"今
存《丽泽集诗》的内容就是如此,即王无功、沈佺期、陈子昂、孟浩
然、王维、张说之、高适、储光羲一卷,杜甫四卷,李白、元好问、韦应
物一卷,钱起、李嘉祐、刘长卿、武元衡、韩愈一卷,柳宗元、刘梦得、
吕化光、李益一卷,元稹、白居易一卷,其中杜甫的诗歌就是最多
的,一人独占四卷。

　　南宋还有一部重要的理学家真德秀编的选本《文章正宗》也选
录了杜诗,不过这其中又牵扯到两个人,一个人是《文章正宗》的作
者真德秀,另一个是帮真德秀编《文章正宗》诗赋部分的刘克庄。
刘克庄曾说:

　　　《文章正宗》初萌芽,西山先生以诗歌一门属余编类,

---

① 祝尚书《宋人总集叙录》,北京:中华书局,2004 年,第 143 页。

　　且约以世教民彝为主,如仙释、闺情、宫怨之类,皆勿取。
余取汉武帝《秋风词》,西山曰:"文中子亦以此词为悔心之
萌,岂其然乎!"意不欲收,其严如此。然所谓"携佳人兮不
能忘"之语,盖指公卿群臣之扈从者,似非为后宫设。凡余
所取而西山去之者大半,又增入陶诗甚多,如三谢之类,多
不入。①

　　从刘克庄的记述中可知,对于《文章正宗》中刘克庄所选的诗歌,真
德秀只是做了两件事:一件是删,另一件就是增。那么我们今天
看到的《文章正宗》中的诗赋部分,除了陶诗是真德秀增入的外,大
部分还是刘克庄选的。另外《文章正宗》卷二十四最后还有一部分
是"补遗杜诗"28首,这部分应该也是真德秀补的,所以我们研究
《文章正宗》选杜诗,应该将真德秀与刘克庄二人的选诗观都考虑
在内。

　　《文章正宗》诗赋部分共选诗323首,其中选杜诗64首(以《遣
兴》为题有3首组诗,共选14首诗,今只计作3首),如果将"补遗
杜诗"中的28首也一并计入,则《文章正宗》共选杜诗92首,是选
诗数量最多的。第二多的是韦应物的诗歌,共选82首,其他所选
的唐代诗人中陈子昂2首,李白16首(其中《古诗》为组诗,有29
首,今计为1首),柳宗元20首,韩愈12首,由此可知,无论是刘克
庄选的64首杜诗,还是真德秀补选的28首杜诗,在《文章正宗》唐
诗部分中都是比较多的,即使是真德秀比较看重而补入的陶诗,其

----

　　① (南宋)刘克庄撰,王秀梅点校《后村诗话》,北京:中华书局,1983年,第
4—5页。

选录的数量也不过是 22 首,这反映出的一个事实就是杜诗与陶诗相比,真德秀更看重杜诗,而刘克庄较真德秀更甚。

上文已谈到刘克庄对杜诗"诗史"特点是比较认同的,或许正因为如此,其所选的杜诗大部分都是"诗史"之作,如著名的"三吏""三别"。刘克庄在《后村诗话》新集卷一中就道出了他对《三吏》、《三别》的看法,其中云:

> 《新安吏》、《潼关吏》、《石壕吏》、《新婚别》、《垂老别》、《无家别》诸篇,其述男女怨旷、室家离别、父子夫妇不相保之意,与《东山》、《采薇》、《出车》、《杕杜》数诗相为表里。唐自中叶,以徭役调发为常,至于亡国。肃、代而后,非复贞观、开元之唐矣。新旧唐史不载者,略见杜诗。①

刘克庄认为杜诗中的《三吏》、《三别》与《诗经》中的作品互为表里,这一看法正好符合真德秀在《〈文章正宗〉纲目》中提出的选诗标准:"故今所辑以'明义理、切世用'为主,其体本乎古,其指近乎经者,然后取焉。"《三吏》、《三别》为古体诗,其主旨在刘克庄看来又与《诗经》当中的作品相近,更重要的是"新旧唐史不载者,略见杜诗",刘克庄此句已明确提出了杜诗的"诗史"功能。

而且据笔者所知,《文章正宗》(卷二十二下诗)似乎是宋代第一部选录《三吏》、《三别》的选本。相比之下,《又玄集》没有选最能反映杜诗"诗史"性质的《三吏》、《三别》等诗篇,足见南宋理

---

① （南宋）刘克庄撰,王秀梅点校《后村诗话》,北京:中华书局,1983 年,第 154 页。

学家选有杜诗的选本的一大特点就是注重选录杜诗中的"诗史"之作。

　　真德秀补选的 28 首杜诗就诗歌形式而言与林之奇的《观澜文集》所选杜诗一样,大都是歌行体、杂言体诗歌,这与真德秀的诗学观有一定关联,真德秀在《〈文章正宗〉纲目》中说:

　　　　朱文公(熹)尝言古今之诗凡有三变:"盖自书传所记虞夏以来,下及汉魏自为一等;自晋宋间颜、谢以后,下及唐初自为一等;自沈、宋以后定著律诗,下及今日又为一等。然自唐初以前其为诗者,固有高下而法犹未变,至律诗出而后诗之古法始皆大变矣。故尝欲抄取经史诸书所载韵语,下及《文选》古诗以尽乎,郭景纯、陶渊明之作自为一编而附于《三百篇》、《楚辞》之后,以为诗之根本准则。又于其下二等之中择其近于古者各为一编,以为之羽翼舆卫,其不合者,则悉去之,不使其接于胸次。要使方寸之中,无一字世俗语言意思,则其为诗,不期于高远而自高远矣。"今惟虞夏二歌与《三百五篇》不录外,自余皆以文公(朱熹)之言为准,而拔其尤者列之。(文渊阁《四库全书》本《文章正宗》卷首)

　　真德秀引述了朱熹一大段原话,该原话出自朱熹《答巩仲至》(《朱文公大全集》卷六十四),朱熹认为律诗出而诗之古法大变,遂提倡诗歌古风,朱熹选诗则取沈、宋定律诗后至宋代这一时期的诗歌"择其近于古者"。真德秀以朱熹之言为准,他补选的杜诗也主要是歌行、杂言这类古体诗。不过,我们也应该看到像杜诗中"诗史"一类的诗作大都也是以歌行体、杂言体创作的,一方面真德秀主要选录诗歌中的古风,另一方面杜诗中的"诗史"之作就是以这种古风形式创作的,这就使二者很自然地找到了契合点,真德秀补遗杜诗"诗史"之作也就顺理成章了。

　　刘克庄也编选杜诗,即《唐绝句续选》。虽然此选本早已失传,但刘克庄为该选本写的序言中透露出该选本亦选有杜诗,其序言云:"前选未收李、杜,今并屈二公印证。"(《后村先生大全集》卷九十七)其中所谓"前选"是指刘克庄编的《唐五七言绝句》,该选本未收杜诗。不过,刘克庄在续编本《唐绝句续选》中收录的杜诗均为绝句,选杜诗的目的也是为了要"印证"六言绝句亦需要后世崇尚(详见该选本序言),加之绝句的容量太小,无法满足"诗史"写作的需要,所以刘克庄编选《文章正宗》和《唐绝句续选》杜诗部分时的编纂意图是不一样的,他为真德秀编选《文章正宗》中的杜诗是为了符合真德秀的选诗观,编选了杜诗中"其体本乎古,其指近乎经"的"诗史"之作。

　　另一部书是旧题刘克庄编纂的《分门纂类唐宋时贤千家诗选》,该选本亦选有杜诗,不过今人李更、陈新已考证该选本编者乃伪托刘克庄之名,其论证甚详,见李更、陈新《〈分门纂类唐宋时贤千家诗选〉考述》①,并且笔者也认为此选本非刘克庄所编。刘克庄在《〈唐五七言绝句〉序》中除了说要选"切情诣理之作"外,还说:"夫发乎情者,天理不容泯;止乎理义者,圣笔不能删也。"(《后村先生大全集》卷九十四)则刘克庄的诗学观还是承继程朱理学一派,那么已经被程颐斥为"闲言语"的"穿花蛱蝶深深

---

　　①　李更、陈新《分门纂类唐宋时贤千家诗选校证》,北京:人民文学出版社,2002年,第874—916页。

见,点水蜻蜓款款飞"一类杜诗似乎不应该被刘克庄所看重,然而《分门纂类唐宋时贤千家诗选》第一部分卷一"时令门·春"中却选有这首《曲江二首》之二的杜诗,这不能不让人怀疑该选本是否真的为刘克庄所编,因为我们见到的南宋理学家编选的杜诗都没有选这首已被理学家定性为"闲言语"的诗,刘克庄作为真德秀的学生,且又遵循真德秀"明义理"的文学观(刘克庄说"止乎理义者,圣笔不能删也",显然是从真德秀的观点脱胎而来),应该是不可能选此诗的。

　　因该选本存在托名理学家的现象,故无法进行深入研究,但将此选本对比前面提到的几个理学家编有杜诗的选本,又分明可看出《观澜文集》和《文章正宗》编选杜诗的特点是选录杜诗歌行、杂言体中的"诗史"之作,而《分门纂类唐宋时贤千家诗选》所选杜诗共 31 首,多为律诗和绝句,且选的都是些时令门(春夏秋冬)、节候门(端午、立秋、七夕等)、气候门(寒、暑、暖、凉等)、百花门这样的写景抒情之作,格调显然低了一等。

三、南宋理学家编选杜诗对杜诗"诗史"名作推广的影响——基于宋代选有杜诗选本的观照

　　将《观澜文集》、《文章正宗》与《又玄集》所选杜诗进行对比,是从纵向上探寻南宋理学家编选杜诗的特点,如果我们采取横向的比较,将眼光放之于有宋一代选有杜诗的选本,我们会发现南宋理学家对杜诗"诗史"名作的推广起到了举足轻重的作用,笔者以为杜诗"诗史"的美名,其实是由南宋理学家编选杜诗而得以推广的。

为了解有宋一代编选杜诗的整体情况，现将本书附录部分《宋代诗文选本书目便检表》中编选杜诗的选本整理如下：

书名	卷数	编者	最早著录书目、卷数	存佚	备　注
文苑英华	一千卷	宋白等	赵希弁《读书附志》卷下	存	收入《中华再造善本》，题为"《文苑英华》七百卷，宋李昉等辑"，据宋宁宗嘉泰元年（1201）至四年周必大刻本影印。
四家诗选	十卷	王安石	陈振孙《直斋书录解题》卷十五	佚	陈振孙《直斋书录解题》："王安石所选杜、韩、欧、李诗。"
诗八珍	阙录	周紫芝	周紫芝《太仓稊米集》卷五十一	佚	周紫芝《〈诗八珍〉序》："携古今诸人诗，唯柳子厚（宗元）、刘梦得（禹锡）、杜牧之（牧）、黄鲁直（庭坚）、杜子美（甫）、张文潜（耒）、陈无已（师道）、陈去非（与义）皆适有之，非择而取也。"是集编于绍兴元年（1131）。
古今绝句	三卷	吴说	陈振孙《直斋书录解题》卷十五	存	陈振孙《直斋书录解题》："书杜子美、王介甫诗。"是集吴说跋作于绍兴二十三年（1153）。收入《中华再造善本》。

书名	卷数	编者	最早著录书目、卷数	存佚	备　注
李杜韩柳押韵	二十四卷	李滨老	孙觌《鸿庆居士集》卷三十一	佚	孙觌《押韵序》:"李师武得官建康,家居待还,次悉取杜工部、李翰林、韩吏部、柳仪曹四家诗,以礼部四声之次,集而录之,以类相从,号《李杜韩柳押韵》,凡二十四卷。"李滨老,字师武。孙氏序作于高宗绍兴三十年(1160),是集盖编于此时期。
万首唐人绝句	一百卷	洪迈	陈振孙《直斋书录解题》卷十五	存	《文献通考·经籍考》卷七十六:"后村刘氏曰:野处洪公,编唐人绝句仅万首……疑其但取唐人文集杂说,令人抄类而成书,非必有所去取也。"是集编成于光宗绍熙元年(1190)。有文渊阁《四库全书》本。
唐宋诗翼	四卷	倪希程等	叶盛《菉竹堂书目》	残存	《叙录》谓是集盖倪希程编。(433页)是集有四卷,上起杜甫,下迄陆游,今国家图书馆藏有卷一至卷二。

书名	卷数	编者	最早著录书目、卷数	存佚	备　注
唐绝句选	五卷	柯梦得	陈振孙《直斋书录解题》卷十五	佚	赵希弁《读书附志》："《唐贤绝句》一卷，右莆田柯梦得所选李白、杜甫、元结……五十四人之作。白止四首、甫六首、愈八首、宗元四首，惟牧二十五首云。"

由此表我们可以发现，宋代编选杜诗主要还是集中在南宋，北宋编选杜诗的选本较少，且在推崇杜诗这方面影响也不是很好。如《文苑英华》选白居易诗歌数量最多，共选其诗 254 首，其次是李白的 228 首，最后才是杜甫的 194 首，杜诗的选诗数量在《文苑英华》中排名第三，而我们上面提到的几种南宋选本，不论是《观澜文集》、《丽泽集诗》，还是《文章正宗》，都是选"杜子美甫诗最多"（方回《跋刘光诗》)，所以仅从选诗数量这一点来看，《文苑英华》就不如南宋理学家选本那样看重杜诗。而且《文苑英华》从宋太宗太平兴国七年（982）开始编纂，历经四年多也就是宋太宗雍熙四年（987）编成，而据上文所引《蔡宽夫诗话》知杜诗是在宋仁宗景祐元年（1034）以后的三十年间才逐渐被宋人看重，而景祐元年距雍熙四年已过了 47 年，这 47 年间就《文苑英华》推广杜诗来说可谓没有起到多少作用，因为当时没有几个人能看到这部皇皇巨著（《文苑英华》编成后，宋真宗于景德四年[1007]又派人对该总集做了"芟繁补阙"的工作，大中祥符二年[1009]又覆校了两次，但不知最

终是否刊刻,故当时能看到这部总集的人肯定很少),而选本未经传播,其选家通过选本建立的与读者之间的文学批评纽带也就会发生断裂,选本的文学批评效应也就会消失。还有一点需要引起注意,《文苑英华》未选杜诗"诗史"中的名作,比如未收《三吏》、《三别》,所以笔者有理由相信杜诗的"诗史"名作是通过南宋理学家的选本得以普及推广的,此观点通过研究南宋文士选有杜诗的选本也可以得到印证。

上表所列举的选有杜诗的选本均为南宋文士所编,他们编选杜诗的一个特点就是喜欢选录杜诗绝句,这似乎是南宋文士对杜诗的一种青睐,但上文已说过,杜诗中的"诗史"之作主要是歌行、杂言体,而杜诗绝句基本都是"遣兴"之作,绝句又基本承载不了"诗史"的内容,所以说杜诗"诗史"之作不是靠南宋文士编有杜诗的选本流传的。不仅如此,我们还可以看到南宋理学家编有杜诗的选本对南宋文士编有杜诗的选本的影响,这主要表现在《唐宋诗翼》这部选本上。

《唐宋诗翼》简称《诗翼》,与另外一部选本《诗准》被宋人王柏合二为一,王柏为此还写有一篇序言,颇能揭示二选本的编纂思想,其《〈诗准·诗翼〉序》中云:

> 昔紫阳夫子(朱熹)考诗之原委,尝欲分作三等,别为二端,自《书》传所记虞夏以来及经史所载韵语,下及《文选》汉魏古辞,以尽乎郭景纯、陶渊明之所作,自为一编,而附于《三百篇》、《楚辞》之后,以为诗之根本准则;又于其下二等,择其近于古者各为一编,以为之羽翼舆卫。紫阳之功,又有大于此者,未及为也,每抚卷为之太息。友人何无适、倪希程前后相

与编类,取之广,择之精,而又放黜唐律,法度益严。予因合之,前曰《诗准》,后曰《诗翼》,使观者知诗之根原,知紫阳之所以教。盖其言曰:"不合于此者悉去之,不使接于吾之耳目而入于吾之胸次,要使方寸之中,无一字世俗言语意思。则其为诗,不期于高远而自高远矣。"呜呼,至哉言乎!(明嘉靖郝梁刻本《诗准·诗翼》卷首)

看来何无适编《诗准》、倪希程编《诗翼》均受朱熹"诗分三等"诗学观的影响,其中倪希程编《诗翼》,是从"自晋宋间颜、谢以后,下及唐初自为一等;自沈、宋以后定著律诗,下及今日又为一等"(朱熹《答巩仲至》)中"择其近于古者各为一编,以为之羽翼",这显然是南宋文士编纂诗歌选本受理学家思想影响的一个很好的例子,清代四库馆臣就已经指出了这一点,《四库全书总目·总集类存目一》中云:

> 旧本题宋何无适、倪希程同撰……杂撮唐杜甫、李白、陈子昂、韦应物、韩愈、柳宗元、权德舆、刘禹锡、孟郊;宋苏轼、黄庭坚、欧阳修、王安石、陈师道、陈与义、秦观、张耒、郭祥正、张孝祥诗为四卷,而以陆游一首终焉,命曰《诗翼》,盖影附朱子古诗分为三等,别为一编之说,而剿窃真德秀《文章正宗·绪论》以为之。[1]

所谓"影附朱子古诗分为三等,别为一编之说",即上文《〈文章正

---

① (清)永瑢等《四库全书总目》卷一百九十一,北京:中华书局,1965年,第1736页。

宗〉纲目》中引述朱熹《答巩仲至》中的内容,即"盖自书传所记虞夏
以来,下及汉魏自为一等;自晋宋间颜、谢以后,下及唐初自为一
等;自沈、宋以后定著律诗,下及今日又为一等""又于其下二等之
中择其近于古者各为一编",可见《文章正宗》与《诗翼》都受朱熹思
想的影响,而《诗翼》所受的影响显然又直接来源于《文章正宗》。
《诗翼》所选杜诗与当时南宋文士所选杜诗的最大不同是,《诗翼》
不选杜诗中的绝句、律诗,所谓"放黜唐律"是也,这一点与《文章正
宗》是相似的。

　　总之,一方面,南宋理学家编选的杜诗确实有许多杜诗中的
"诗史"名作,如《文章正宗》中选录的《北征》、《三吏》、《三别》、《忆
昔》等等,像《古柏行》、《兵车行》这样的诗史之作,《观澜文集》与
《文章正宗》也均选录,而这样的诗史之作在宋代文士编有杜诗的
选本中又确实没有被收录,而且一些宋人选唐诗选本还不收杜诗,
如传为王安石编的《唐百家诗选》,以及周弼的《三体唐诗》均未选
杜诗;另一方面,南宋文士编选杜诗有受理学家编选杜诗影响的例
子,综合这两点可以得出杜诗中的"诗史"名作在选本方面是通过
南宋理学家的编选而得以推广的,这一点不能不引起大家的注意。

第三节　南宋理学家所编诗文选本
对唐宋八大家文的传播

　　关于唐宋八大家的缘起,原先的提法都是元末明初的朱右,如
四库馆臣说:"(朱)右为文不矫语秦汉,惟以唐宋为宗,尝选韩、柳、
欧阳、曾、王、三苏为《八先生文集》。八家之目,实权舆于此。"(《四
库全书总目》卷一百六十九《白云稿》五卷提要)但是,推崇唐宋八

大家文的风气肯定在此之前就已产生,否则不会在元末明初突兀出现一部唐宋八大家文选本,所以有学者就往前代探寻,周振甫先生就认为元代的吴澄早已具有了唐宋八大家的概念,他说:"其实唐宋八大家之称虽始于明代,但这个意思,在吴融(澄)的文章里已经有了。他说:'东汉至于中唐,六百余年,日以衰敝,韩柳二氏者出,而文始华。季唐至于中宋二百余年,又日以衰敝,欧阳、王、曾三氏者出,而文始复。噫,何其难也! 同时眉山乃有三苏氏者,萃于一家,噫,何其盛也!'(《吴文正集》卷十五《送虞叔常北上序》)这里提出三苏氏,就成为唐宋八大家了。"①

　　现在学术界则普遍追溯到南宋古文选本,诚如先生所言:"唐宋八大家作为名词的成立,其内涵为人接受、深入人心是首要前提,也就是说,八大家的成立与八家文章的普及是分不开的。要探求唐宋八大家名词的来历,则必从八家文章的普及说起。"②而南宋普及唐宋八大家古文的选本并不多,四库馆臣就说:"宋人多讲古文,而当时选本存于今者不过三四家。真德秀《文章正宗》以理为主……世所传诵,惟吕祖谦《古文关键》、谢枋得《文章轨范》及(楼)昉此书(《崇古文诀》)而已。"③这些存世选本尤其是《古文关键》、《崇古文诀》和《文章轨范》三种选本也就成为研究唐宋八大家缘起的重要选本,对这三种选本研究的单篇论文很多,研究内容主要包括选本的选目以及成因,结论基本上都得出这三种选本在编

　　① 周振甫《中国文章学史》,北京:中国文联出版公司,1994年,第273页。
　　② 杜海军《吕祖谦与"唐宋八大家"》,《广西师范大学学报》(哲社版)2006年第1期,第144页。
　　③ (清)永瑢等《四库全书总目》卷一百八十七,北京:中华书局,1965年,第1699页。

选作家篇目上确有编纂唐宋八大家文的倾向，尤其是《古文关键》
已基本建立了唐宋八大家框架，至于为何要选唐宋八大家文，则都
推因于当时的科举考试"以唐宋古文为时文"，如黄强、章晓历《推
举"唐宋八大家"的重要动力》(《扬州大学学报》人文社科版 2004
年第 1 期)、吴承学《宋代文章总集的文体学意义》(《中国社会科
学》2009 年第 2 期)，都如是说。

　　不过，南宋古文选本对唐宋八大家文传播的研究还有继续深
挖的余地，比如除了上面提到的三种选本外，还有《观澜文集》、《宋
文鉴》、《妙绝古今》等南宋选本对唐宋八大家文的传播也起到了重
要作用，而对传播唐宋八大家文最有力的南宋选本其实都是南宋
理学家编纂的，这一结论是与当时其他非理学家所编选本进行比
较才得出的。而南宋理学家所编诗文选本推崇的唐宋八大家文与
明代的唐宋八大家选本又不太一样，这些都是本节要关注研究的
几个问题。

一、南宋理学家所编诗文选本对唐宋八大家文传播的贡献

　　现存南宋选有唐宋古文的选本(包括残本)主要有以下几种：
《宋文选》(残本)、《观澜文集》、《宋文海》(残本)、《古文关键》、《宋
文鉴》、《崇古文诀》、《文章正宗》、《续文章正宗》、《妙绝古今》、《文
章轨范》、《古文集成》、《十先生奥论》等。按道理来讲，如果将唐宋
八大家的缘起追溯到南宋选本，那么需要对这些选本从整体上进
行一番研究才能得出结论，但目前学界的研究基本上都是从这些
选本中挑选了几部作为研究对象，比如较早研究南宋选本与唐宋
八大家形成关系的日本学者高津孝在《论唐宋八大家的成立》一文

中就挑选了《宋文鉴》、《古文关键》、《崇古文诀》、《文章正宗》、《文章轨范》5部选本，通过对这5部选本的选文进行统计，以考察唐宋八大家在南宋初步形成的过程（《科举与诗艺——宋代文学与士人社会》，上海古籍出版社2005年版），因为缺乏整体的关照，所以我们很容易就忽略掉在南宋大力普及唐宋八大家文的选本为理学家所编的事实。故在此将南宋理学家与非理学家所编选本从选文上进行比较，以证明南宋理学家所编诗文选本对唐宋八大家文传播的重要作用。

（一）南宋理学家所编诗文选本选目统计分析

1. 林之奇《观澜文集》收录先秦至宋代诗文，现依据《吕祖谦全集》第十册《东莱集注观澜文集》统计所选作家文章篇数（不计赋、诗、歌、行、引篇数），按时代及篇数多寡排列：

汉代：班固（4篇）、司马迁（2篇）

唐代：韩愈（22篇）、柳宗元（10篇）、杜牧（8篇）、白居易（5篇）、李华（4篇）、元结（4篇）、孙樵（3篇）、舒元舆（2篇）、李德裕（2篇）、李翱（2篇）、房千里（2篇）、司空图（2篇）、陆贽（2篇）、梁肃（2篇）、程晏（2篇）、贾至（2篇）

宋代：苏轼（16篇）、曾巩（10篇）、苏辙（8篇）、司马光（8篇）、石介（6篇）、马存（6篇）、王安石（5篇）、黄庭坚（4篇）、欧阳修（2篇）、张载（2篇）、张耒（2篇）、王禹偁（2篇）、苏洵（2篇）、程颐（2篇）

此统计所选文章篇数相同者，排列顺序按《观澜文集》所列作家先后顺序叙次,其余只选录1篇文章者不作统计。从中可看出,《观澜文集》选文章篇数在2篇及以上者共32人,主要选录的是唐宋文章,唐宋两代所选作家人数相当(唐代16人,宋代14人),只是从《观澜文集》所选古文的选目来看,唐宋古文八大家的选文数量不突出,因王安石、欧阳修、苏洵三人的古文数量选录的不多,但唐宋古文选文最多还是唐宋八大家中的韩愈、苏轼,并且唐宋八大家在《观澜文集》中都有选录,所以《观澜文集》是唐宋八大家古文普及的初期选本。

2. 吕祖谦受业于林之奇,或许是吕祖谦受林之奇《观澜文集》影响而对唐宋文格外喜爱,其编纂的《古文关键》选的都是唐宋文,而正是《古文关键》成了唐宋八大家成立的契机,元末明初的朱右编《唐宋六先生文集》(此书名是朱右自己取的,但后人却改为《唐宋六家文衡》、《八先生文集》)就直接从《古文关键》中损益而来,明人贝琼写的《〈唐宋六家文衡〉序》就说:"其(朱右)定《六家文衡》,因损益东莱吕氏之选,将刻之梓使子弟读之。"(文渊阁《四库全书》本《清江文集》卷二十八)

虽然从《古文关键》的选目来看,韩愈(14篇)、柳宗元(8篇)、欧阳修(11篇)、苏洵(6篇)、苏轼(16篇)、苏辙(2篇)、曾巩(4篇)、张耒(2篇),八大家中多了一位张耒,少了一位王安石,但今人多从《古文关键·总论看文字法》中去回护《古文关键》对确立"唐宋八大家"的创始之功,认为《总论》中已经论及王安石之文:"王文纯洁,学王不成,遂无气焰。"并且有学者认为:

　　《总论》关于诸家的排序尤其可见一斑。先论列"看韩文法""看柳文法""看欧文法""看苏文法"(含苏洵、苏轼),然后是"看诸家文法"。"看诸家文法"首列曾巩、苏辙、王安石,后虽续列李廌、秦观、张耒、晁补之四人,但对四人之文均颇有微词,而且注明"自秦(观)而下,皆学苏者"。因此,就《总论》排序而言,吕祖谦已明确列出韩愈、柳宗元、欧阳修、苏洵、苏轼、曾巩、苏辙、王安石为唐宋散文有代表性的八家。[①]

考虑到《古文关键》是一部评点选本,该选本的《总论》也是传播广泛,明人归有光撰《归震川先生论文章体则》一卷几乎是全盘抄录《古文关键·总论》(见《历代文话》第二册),所以《古文关键》的选文及其评论部分确实对于唐宋八大家的确立起到了关键性作用。

3. 吕祖谦的《宋文鉴》编纂时间晚于《古文关键》,加上是一部钦定的编选北宋诗文的总集,所以在选目上比《古文关键》所选北宋作家数量要多很多,据邓建对《宋文鉴》除赋、诗、骚外其他所有散文文体篇数的统计,入选散文作品 20 篇及以上者有苏轼 163 篇、欧阳修 133 篇、王安石 110 篇、刘敞 66 篇、王珪 59 篇、宋祁 46 篇、曾巩 41 篇、苏辙 40 篇、司马光 35 篇、曾肇 35 篇、元绛 28 篇、程颐 20 篇[②],其中已包含了宋六家中的五家。

虽然《宋文鉴》所选散文数量超过 100 篇的三位作家均属宋六家,但这种散文数量的统计还不能完全看出《宋文鉴》对于宋六家的推崇,如果我们将《宋文鉴》所有文体进行统计,则会发现"此文集收录 313 人的诗文共计 2 401 篇。其中王安石 337 篇、苏轼 289

---

① 黄强、章晓历《南宋时期集唐宋八大家为古文流派的趋势》,《扬州大学学报》(人社版)2001 年第 5 期,第 37 页。

② 邓建《宋代文学选本研究——基于"选学"立场的返观与重构》,武汉大学 2009 届博士毕业论文,第 183—184 页。

篇、欧阳修 170 篇、苏辙 47 篇、曾巩 44 篇、苏辙 19 篇、苏洵 14 篇。六家共 901 篇,几乎占全书的一半。可以看出,这虽然不是六家的专集,但六家的文章却在其中得到了比较集中的反映"①,所以《宋文鉴》继续了《古文关键》的选文倾向,推广了唐宋八大家中的宋六家。

4. 楼昉《崇古文诀》从选目上来看,受《观澜文集》影响更大一些,因为《崇古文诀》所选作品年代与《观澜文集》一样是从先秦到北宋,现以文渊阁《四库全书》本《崇古文诀》三十五卷为例统计所选作家文章篇数,选文篇数相同者按《崇古文诀》原排列顺序叙次如下:

先秦文:乐毅 1 篇、李斯 1 篇、屈原 2 篇(另选有《九歌》组诗,不作统计)

两汉文:文帝 1 篇、贾谊 5 篇、杨雄 1 篇、司马相如 2 篇、司马迁 2 篇、班固 1 篇(另外还选有《西都赋》《东都赋》,但不算散文,故不统计)、刘向 1 篇、杨恽 1 篇、王嘉 1 篇、刘歆 1 篇

三国文:诸葛亮 2 篇

六朝文:江淹 1 篇、孔稚圭 1 篇

唐文:韩愈 25 篇、柳宗元 14 篇、李汉 1 篇、李翱 1 篇

宋文:欧阳修 17 篇(《秋声赋》不算)、苏轼 15 篇、苏洵 11 篇、张耒 11 篇、王安石 9 篇、陈师道 7 篇、曾巩 6 篇、司马光 5 篇、李清臣 5 篇、唐庚 5 篇、苏辙 4 篇、胡寅 4 篇、范仲淹 3 篇、

---

① 杜海军《吕祖谦与"唐宋八大家"》,《广西师范大学学报》(哲社版)2006 年第 1 期,第 145 页。

程颐 3 篇、王禹偁 2 篇、邓润甫 2 篇、宋祁 1 篇、黄庭坚 1 篇
(《苦笋赋》不算)、秦观 1 篇、李觏 1 篇、钱公辅 1 篇、王震 1
篇、刘敞 1 篇、李格非 1 篇、何去非 1 篇、胡铨 1 篇、胡宏 1 篇、
赵霈 1 篇

之所以说《崇古文诀》受《观澜文集》影响更大，就是因为在选
目上二者是相同的，即都偏向于选唐宋文，《崇古文诀》选的先唐散
文数量总共是 24 篇，而所选韩愈一人的文章就有 25 篇。另外，两
部选本中唐代选文数量最多的都是韩愈、柳宗元，宋代选文数量排
在前三位的都是宋六家中的作家，只是所选作家不同，《观澜文集》
选宋文最多的前三位是苏轼、曾巩、苏辙，《崇古文诀》是欧阳修、苏
轼、苏洵，但不可否认的是这些选本对于普及唐宋八大家文都起到
了作用。

5. 真德秀的《文章正宗》《续文章正宗》编纂时间晚于《崇古文
诀》(《崇古文诀》有陈振孙于理宗宝庆二年[1226]写的序言，而真
德秀为《文章正宗》写的自序是在理宗绍定五年[1232]，《续文章正
宗》则是在真德秀晚年还未完稿)，不过《文章正宗》正续本与《崇古
文诀》在所选的唐宋古文名家方面却非常接近。现以文渊阁《四库
全书》本《文章正宗》《续文章正宗》为统计对象，不统计诗赋部分作
品数量，《文章正宗》的统计情况如下：

先秦：《左传》139 篇、《国语》29 篇、《公羊传》11 篇、《穀梁
传》10 篇、《战国策》8 篇

两汉：《两汉诏令》152 篇、《史记》66 篇、《汉书》38 篇、贾
山 1 篇、贾谊 4 篇、董仲舒 6 篇、魏相 3 篇、王吉 2 篇、匡衡 3

篇、萧望之 3 篇、刘更生 1 篇、薛宣 1 篇、谷永 10 篇、刘向 4
篇、李寻 2 篇、杜邺 1 篇、孔光 1 篇、王嘉 4 篇、东方朔 2 篇、司
马相如 1 篇、贡禹 2 篇……(所选两汉单篇文章共 113 篇)

　　唐代：韩愈 76 篇、柳宗元 44 篇、李翱 4 篇

　　从所选文章时代来看,《文章正宗》明显是重秦汉文章,即使
《续文章正宗》选的都是北宋文,但就北宋文选文数量上来说也只
有 272 篇,不及秦汉文的篇数,所以这是南宋理学家所编诗文选本
中在重秦汉文与重唐宋文上的一个分水岭式的选本,似乎为明代
秦汉派与唐宋派的分立埋下了伏笔。

　　不过,总的来说,《文章正宗》《续文章正宗》还是肯定了唐宋八
大家文,首先《文章正宗》所选唐文最多的还是韩愈、柳宗元二人,
其次《续文章正宗》选文数量最多的前五位都是宋六家之人,他们
是欧阳修 77 篇、曾巩 53 篇、苏轼 52 篇、王安石 47 篇、苏辙 15 篇,
苏洵文选录较少,只有 4 篇。

　　6. 汤汉的父亲汤巾曾是真德秀的学生,并且《文章正宗》成书
时,真德秀曾将其授于汤汉,刘克庄《〈文章正宗〉跋》云:"西山先生
真文忠遗书曰《西山读书记》、曰《诸老集略》者,纲目详,篇恢多,其
间或未脱稿。《文章正宗》者最为全书,既成,以授汤巾仲能、汉伯
纪,某与焉。"(《后村先生大全集》卷一百)或许是因为这层关系,汤
汉编的《妙绝古今》也如《文章正宗》一样,重秦汉文章,其编目及篇
数如下:

　　先秦:《左传》8 篇、《国语》6 篇、《荀子》5 篇、《庄子》4 篇、
《列子》3 篇、《孙子》1 篇、《战国策》1 篇

汉代:《史记》10 篇、刘安 3 篇、诸葛亮 2 篇、扬雄 1 篇、刘
歆 1 篇

唐代：韩愈 6 篇、柳宗元 1 篇、杜牧 1 篇

宋代：欧阳修 7 篇、苏轼 6 篇、曾巩 4 篇、王安石 2 篇、苏
洵 3 篇、范仲淹 1 篇

秦汉文章数量总计 45 篇,而唐宋文章数量总计只有 31 篇,这
是继《文章正宗》之后又一部选秦汉文数量多于唐宋文的南宋理学
家所编诗文选本。在普及唐宋八大家文的影响方面,仍然以韩愈、
柳宗元为唐文的代表,宋六家中只少了苏辙。

7. 谢枋得《文章轨范》的选目及篇数,《四库全书总目》卷一百
八十七中已有详细说明,但其内容经核实却是有误的,其提要云：

> 《文章轨范》七卷,宋谢枋得编。枋得有《叠山集》,已著
> 录。是集所录汉晋唐宋之文,凡六十九篇,而韩愈之文居三十
> 一,柳宗元、欧阳修之文各五,苏洵之文四,苏辙之文十二,其
> 余诸葛亮、陶潜、杜牧、范仲淹、王安石、李觏、李格非、辛弃疾
> 人各一篇而已。①

我们翻检文渊阁《四库全书》本《文章轨范》却发现,《文章轨范》选
文不是六十九篇,而是六十八篇;韩愈之文不是居三十一,而是三
十二;《文章轨范》没有选苏辙之文,《四库全书总目》中的提要内容

---

① （清）永瑢等《四库全书总目》卷一百八十七,北京：中华书局,1965 年,第
1703 页。

应该是笔误,将苏轼写成了苏辙,应该是苏轼之文十二;范仲淹之文不是选了一篇,而是选了两篇(卷六中的《严先生祠堂记》、《岳阳楼记》);《文章轨范》没有选陶潜之文;其余者除了《四库全书总目》提到的诸葛亮、杜牧、范仲淹等七人外,还漏录胡铨、元结二人,《文章轨范》卷四选有胡铨的《上高宗封书》,卷六选有元结的《大唐中兴颂序》。故《文章轨范》的提要如按《四库全书总目》所述应该修改成:

> 是集所录汉、唐、宋之文,凡六十八篇,而韩愈之文居三十二,柳宗元、欧阳修之文各五,苏洵之文四,苏轼之文十二,范仲淹之文二,其余胡铨、王安石、诸葛亮、元结、辛弃疾、李觏、李格非、杜牧人各一篇而已。

其中《文章轨范》所选唐文数量还是以韩愈、柳宗元二人最多,宋文则是苏轼、欧阳修、苏洵三人最多,但所选宋六家中少了曾巩和苏辙。

通过以上 7 种南宋理学家所编诗文选本所选古文的统计来看,似乎在南宋理学家的意识中,谁是唐代最有名的古文作家这个问题已经形成共识,即韩愈、柳宗元二人是也,因为所有的南宋理学家所编诗文选本均选录此二人文章,且选文数量也是最多的。

然而,在北宋谁是著名古文作家的问题上还没有统一答案,这应与南宋人关于宋代"理学、古文高出前代"(刘克庄《本朝五七言绝句序》)的意识有关。因为自认为本朝古文优秀,那么优秀的宋代古文作家自然也相对较多,所以我们看到南宋理学家所编诗文选本中北宋古文作家的数量要比唐代多很多,这说明南宋理学家在唐宋文对比中更重宋文,而各个理学家的眼光、审美趣味又不一样,所以北宋古文大家的排名,各个选本也都不同。只是就各个选本中出现的频率而言,除了《古文关键》未选王安石、《妙绝古今》未选苏辙、《文章轨范》未选曾巩、苏辙外,欧阳修、苏洵、苏轼、苏辙、曾巩、王安石六人相对其他北宋作家而言在南宋理学家所编诗文选本中的出现频率是比较高的,也就是说唐宋八大家中的宋六家在南宋理学家所编诗文选本中已经成型。但是,如果我们对比南宋非理学家所编选本就会发现,在南宋非理学家所编选本中宋六家是不成型的。

(二) 南宋非理学家所编选本选目分析

南宋非理学家所编选本中选有唐宋古文的选本有不少,其中有名的也很多,如《唐文粹》、《宋文选》、《宋文海》等,但从这些非理学家所编选本的选目来看,唐宋八大家的形成与之似乎没有太大的关联,因为这些选本都未选全唐宋八大家中的宋六家,比如《宋文选》三十二卷选有十四位北宋古文家,但却未选三苏,其他南宋非理学家所编选本都存在这样的情况,尤其是被一些学者认为在传播唐宋八大家文的过程中起到重要作用的一个选本即周应龙的《文髓》九卷,该选本就未选全宋六家,明代高儒《百川书志》十九云:"周应龙标注韩、柳、欧、苏五家文。"则《文髓》只选了宋六家中的欧阳修、苏洵、苏轼三人而已[①],按理说,这类选本在传播唐宋八

---

① 高儒云《文髓》标注"韩、柳、欧、苏五家文",有人认为是笔误,应是四家文,其实"苏"一般代指苏洵和苏轼。如《古文关键·总论》中提到了"看苏文法""子由文",如果将"苏"只看成是苏轼一人,那么《总论》中就未提及苏洵,但《古文关键》中却选有苏洵的文章,且排在苏轼文之前,名"老苏文",故宋人已经有将"苏"代指苏洵、苏轼父子的意识,后人亦承之。

大家文的过程中是没有起到什么作用与影响的。下面以本书附录
《宋代诗文选本书目便检表》中的诗文合选本和文章选本为例来说
明这种情况。

　　《宋代诗文选本书目便检表》中 76 种诗文合选本有 30 余种
为地方诗文总集，如《会稽掇英总集》、《滁阳庆历集》、《宣城集》、
《桂林集》等；其次多为祭挽集，如《苏明允哀挽》，这是当时人哀
挽苏洵的诗文总集，《考德集》则是"集韩魏公琦卒后，时贤祭文、
挽诗"（《直斋书录解题》卷十五）；再其次就是选录当时人的诗文
总集，如《六君子文集》，明代《内阁藏书目录》卷三记载："今止存
宋《陈襄集》二十五卷。"又如《政和文选》，《郡斋读书志》卷二十
记载："政和中或编元丰以后人诗文千余篇。"①从以上三类诗文
合选本来看，显然都没有选录宋六家的特征，尤其是《六君子文
集》这类选本，南宋非理学家选录的"六君子"与理学家相比显然
是不同的，至少"陈襄"之文在南宋理学家所编诗文选本中从未
被选录过。

　　129 种宋代文章选本中，有 52 种包括残本存留至今，其中就
有上述 5 种南宋理学家文章选本《古文关键》、《崇古文诀》、《续文
章正宗》、《妙绝古今》、《文章轨范》，除了署名是吕祖谦的《丽泽集
文》等不知真伪的选本外，其余选本均为非理学家所编选本。这些
现存的非理学家所编选本有的选录的是宋前文章，如林虑的《西汉
诏令》十二卷、王十朋的《王状元标目唐文类》十二卷、倪思的《班马
异同》三十五卷、陈鉴的《西汉文鉴》二十一卷《东汉文鉴》十九卷，

---

　　①　（南宋）晁公武撰，孙猛校证《郡斋读书志校证》，上海：上海古籍出版社，
1990 年，第 1072 页。

等等。

　　有的是宋代文章作家作品合集,如三苏文集选本,留存于世的共有7种:《重广分门三苏先生文粹》一百卷、《重广眉山三苏先生文集》七十卷(残存)、《东莱标注三苏文集》(存五十一卷)、《标题三苏文》六十二卷(残存)、《三苏文粹》、《重广分门三苏先生文粹》七十卷(残存十一卷)、《三苏文集》一百卷(残存),其他的如饶辉的《圈点龙川水心二先生文粹》四十一卷,无名氏的《十先生奥论》四十卷、《诸儒鸣道集》七十二卷、《二十先生回澜文鉴》二十卷(残存)、《苏门六君子文粹》七十卷,等等,这类选本因为是"文以人分",明确标出了所选作家,与宋六家无关,所以不具备传播宋六家的功能。尤其是其中受理学思想影响明显的《十先生奥论》、《诸儒鸣道集》和《二十先生回澜文鉴》三个选本所选的宋代文章家大都为宋代理学家,如《十先生奥论》选的是陈傅良(75篇)、叶适(25篇)、杨万里(23篇)、吕祖谦(18篇)、胡寅(13篇)、戴溪(13篇)、刘穆元(12篇)、杨时(10篇)、方恬(9篇)、张栻(9篇)、郑湜(7篇)、陈武(6篇)、张震(5篇)、朱熹(2篇)、张耒(2篇)、程颐(1篇)。《诸儒鸣道集》"集濂溪、涑水、横渠、二程、上蔡、元城、龟山、横浦诸公议论著述也"[1]。这与南宋理学家所选的宋代文章家截然不同,理学家更倾向于编选宋六家文,而非理学家却热衷于编选理学家之文,这种情况充分说明南宋理学家所编诗文选本在传播宋六家过程中的重要性。

　　除了上述两类外,还有的是按"文以体分"的编纂方法编选有

---

　　①　(南宋)晁公武撰,孙猛校证《郡斋读书志校证·读书附志》,上海:上海古籍出版社,1990年,第1218页。

宋一代文章的选本,如魏齐贤、叶棻辑的《圣宋名贤五百家播芳大全文粹》一百卷、叶棻的《圣宋名贤四六丛珠》一百卷,这两个选本选的都是四六骈体文,故而与宋六家古文传播无关。还有些残本《本朝二百家文粹》三百卷、《名公书判清明集》十四卷,无法统计所选作家。剩下的就是为数不多的宋文选本,有赵汝愚的《皇朝名臣经济奏议》一百五十卷,林骃、黄履翁的《新笺决科古今源流至论》四十卷,王霆震的《古文集成》七十八卷,等等,这些选本同样与宋六家的传播无关。以《古文集成》为例,该选本受南宋理学家文论思想甚深,其中录有吕祖谦《古文关键》、真德秀《文章正宗》、楼昉《崇古文诀》中的评点文字,但是细究《古文集成》的选目却发现,这部非理学家编纂的选本选的最多的却是南宋理学家文章,据邓建统计,《古文集成》选文数量排在前 10 位的是:朱熹 41 篇、杨万里 29 篇、韩愈 26 篇、张栻 25 篇、欧阳修 16 篇、柳宗元 14 篇、苏轼 13 篇、张耒 13 篇、陈谦 12 篇、曾丰 11 篇、胡铨 11 篇[①],其中唐文选录最多的还是韩愈、柳宗元二人,但宋文选录最多的却由南宋理学家所编诗文选本中的苏轼、欧阳修二人变成了朱熹、杨万里,而且时代也变了,南宋理学家所编诗文选本选录的多为北宋古文家,而南宋非理学家选本选录的却多为南宋理学家,这种变化再一次说明南宋非理学家所编选本在传播唐宋八大家尤其是宋六家上不及南宋理学家所编诗文选本影响大,进一步说在南宋传播宋六家文的过程中,只有南宋理学家所编诗文选本起到了关键性作用。

---

① 邓建《宋代文学选本研究——基于"选学"立场的返观与重构》,武汉大学 2009 届博士毕业论文,第 186 页。

二、与明代唐宋八大家选本的区别

尽管南宋理学家所编诗文选本在传播唐宋八大家文的过程中起到了举足轻重的作用,但不可否认的是"唐宋八大家"概念的形成不是因为南宋理学家所编诗文选本,而是宋末明初朱右损益《古文关键》而成的《唐宋八家文集》,后来唐顺之《文编》、茅坤《唐宋八大家文钞》才逐渐将"唐宋八大家"固定下来,这说明南宋理学家所编诗文选本当初并不是全然有意传播唐宋八大家文,而是在选录唐宋古文的过程中有了一定的趋同性。那么南宋理学家对于唐宋八大家的看法自然也就不同于后来明代唐宋派的观点了,这种传播过程中的转变是值得关注的。

(一) 宋六家排列顺序不同

韩愈、柳宗元二人在南宋理学家心目中的地位是不可撼动的,就连当时南宋非理学家所编选本也是如此,甚至还出现了专门选录韩愈、柳宗元文章的选本《韩柳文章谱》,所以当时南宋人只要是选唐文,韩、柳二人的选文数量绝对是唐文中最多的,且排序也永远是韩愈在前,柳宗元在后,这在当时俨然成为选文传统。但唐宋八大家中的宋六家却不一样了,在南宋理学家眼中,宋六家中谁最好并不完全一定,我们只能从概率上去评判宋六家在南宋理学家心目中的大致排名。

苏轼文在大多数南宋理学家眼中无疑是最好的,以上述 7 种南宋理学家所编诗文选本选目而言,苏轼文就有 5 次选文数量在所选宋文中排第一(除了《崇古文诀》、《续文章正宗》)。

其次是欧阳修,他有 2 次选文数量排名第一(《崇古文诀》、《续文章正宗》),有 4 次选文数量排名第二(《古文关键》、《宋文鉴》、《妙绝古今》、《文章轨范》)。

其次是曾巩、苏洵,他们都有 2 次选文数量排名第三(曾巩为《观澜文集》、《妙绝古今》,苏洵为《古文关键》、《文章轨范》),只是曾巩的排名比苏洵略微靠前,因曾巩有 4 次选文数量超过苏洵(《宋文鉴》、《观澜文集》、《续文章正宗》、《妙绝古今》),而苏洵只有 3 次选文数量超过曾巩(《古文关键》、《崇古文诀》、《文章轨范》)。

再其次是王安石,他只有 1 次选文数量排名第三(《宋文鉴》),其余选本中的选文数量都不多,排序也靠后,基本上是在第四、第五位,如在《续文章正宗》中选文数量排名第四,在《崇古文诀》、《妙绝古今》中选文数量排名第五。

最后是苏辙,他有 2 次未被南宋理学家选录(《妙绝古今》、《文章轨范》)。

所以,宋六家在南宋理学家所编诗文选本中的大致排名是苏轼、欧阳修、曾巩、苏洵、王安石、苏辙。

但是,明代唐宋八大家选本中的宋六家的排名却与之不同。首先是朱右的《六先生文集》,他在《新编六先生文集序》中说:"邹阳子右编《六先生文集》,总一十六卷,唐韩昌黎文三卷六十一篇、柳河东文二卷四十三篇、宋欧阳子文二卷五十五篇(见《五代史》者不与)、曾南丰文三卷六十四篇、王荆公文三卷四十篇、三苏文三卷五十七篇(《白云稿》卷五)。"其中宋六家的排名是欧阳修、曾巩、王安石、三苏。

其次是唐顺之的《文编》,该选本对茅坤编《唐宋八大家文钞》也产生了影响,其中选韩愈 145 篇、柳宗元 66 篇,所选宋文中欧阳

修 196 篇、苏轼 194 篇、苏辙 59 篇、王安石 53 篇、苏洵 34 篇、曾巩
25 篇,此选本按"文以体分"的编纂体例编排,所以所选篇数的多
寡就决定了所选作家的排名,这与南宋理学家所编诗文选本中的
宋六家排名显然也不一样。

最后是茅坤的《唐宋八大家文钞》,该选本是按"文以人分"的
编纂体例编排,所以书目中的宋六家排列顺序其实就代表了茅坤
对宋六家的排名,依次是欧阳修、王安石、曾巩、苏洵、苏轼、苏辙,
这与朱右的《六先生文集》对宋六家的排名差不多,只是王安石和
曾巩二人的排序有别。

通过南宋理学家所编诗文选本与明代唐宋八大家选本的比
较,我们可以看出,南宋理学家更看重宋六家中的苏轼,而明代
选家则看重欧阳修,并且对于苏轼的重视程度也不及南宋理学
家,因为《六先生文集》和《唐宋八大家文钞》都将苏轼排在了后
面。此外,明代人相较于南宋理学家更重视王安石,明代唐宋八
大家选本中的王安石排名与南宋理学家所编诗文选本相比明显
靠前了。

(二) 文体、名篇的不同

南宋理学家与明代唐宋派虽然都推崇唐宋八大家文,但对于
八大家中作品文体的重视程度是不同的。从《文编》中可看出,唐
顺之将"疏"作为韩愈、柳宗元、欧阳修文的文体之首,将"表"作为
苏轼、王安石、曾巩文的文体之首,将"上书"作为苏辙、苏洵文的文
体之首,这说明唐顺之对唐宋八大家文中的疏、表、上书等应用性
文体非常看重。

《唐宋八大家文钞》虽然是"文以人分",但每位作家名下的文章又以文体分类,每位作家的文体之首同样也是应用性文体,如韩愈文的文体之首是表状,欧阳修、王安石、苏辙文的文体之首是上书,曾巩、苏洵文的文体之首是状,苏轼文的文体之首是制策。

但是,南宋理学家所编诗文选本对于唐宋八大家文的文体编排往往是重点选录记叙性和议论性文体,记叙性文体往往是碑志、记、传、序等文体,如《观澜文集》选录韩愈文章的第一篇是《南海神庙碑文》(甲集卷十三),《妙绝古今》选录韩愈文章的第一篇是《获麟解》,其次是《圬者王承福传》、《答李翊书》、《送孟东野序》(卷三)。即使是南宋理学家首录唐宋八大家议论性文体,也不是公文性质的议论文体,如《文章正宗》选录韩愈文章的第一篇《复仇议》(卷十),内容是就平民为父报仇杀人后自投县衙请罪一事发表的评论,总之,南宋理学家所编诗文选本选录的唐宋八大家文的文体主要不是公文文体,对唐宋八大家概念的形成起到关键作用的选本《古文关键》就是如此,其中所选文章除了苏洵的《上富丞相书》、《上田枢密书》为公文性文体外,其余篇章均是文学性文体,这说明南宋理学家与明代唐宋派眼中的唐宋八大家文是不一样的。

除了文体上的不同以外,唐宋八大家文被常选的篇章也是不同的,即南宋理学家与明代唐宋派对于唐宋八大家名作的认同不一样,如苏轼的《王者不治夷狄论》,此文是苏轼应制科程文六论之一,当时人对此文应该很重视,吕祖谦就评此文说:"统体好。前面闲说长,后面正说甚短,读之全不觉长短。盖后面一句转一句故也。大凡骂题,先说他好,然后骂,中间出人意外说戎,乃笔力高人处。"①不仅如此,《观澜文集》乙集卷八、《古文关键》卷下、《文章轨范》卷三都选有该文,但是明代的《文编》、《唐宋八大家文钞》均未选录该文,这说明明代选家对于苏轼的程文不太重视,不过这也正好说明南宋理学家对于苏轼文中名篇的认同与明代唐宋派不一样。

---

① （南宋）吕祖谦《古文关键》,黄灵庚、吴战垒主编《吕祖谦全集》,杭州:浙江古籍出版社,2008 年,第 11 册,第 92 页。但文渊阁《四库全书》本无《王者不治夷狄论》。《吕祖谦全集》本以《金华丛书》本为底本,版本上优于文渊阁《四库全书》本,今从《金华丛书》本。

第六章 南宋理学家所编诗文选本的缺选与影响

上一章主要谈的是南宋理学家重点选了哪些作品,本章则讨论南宋理学家未选哪类作品,这其中亦能反映出选家的文学思想。南宋理学家选文因为受儒道思想的影响,其选文范围比非理学家选文要窄、要严,但对于选编理学家自身创作的诗文作品应该不至于如此严苛,毕竟理学家的诗文作品应该是符合南宋理学家所编诗文选本的选文标准的,所以按常理而言,理学家的诗文作品应该被南宋理学家所编诗文选本大量编选,但实际情况却是北宋理学家的诗歌和南宋理学家的文章作品均缺选,这背后隐藏了怎样的文学批评思想呢? 这是本章要讨论的问题。

第一节 北宋理学家诗歌的缺选

如果我们翻看南宋理学家编选的诗文选本,会惊奇地发现除了吕祖谦的《宋文鉴》外,其他南宋理学家编选的诗文选本中竟然都未选北宋理学家创作之诗。但如果我们考虑到《宋文鉴》的编纂思想更多的是倾向于保存北宋一代文史资料的话,那么《宋文鉴》中选录的周敦颐、程颢、邵雍、张载等北宋理学家之诗便不具有选本的批评色彩,吕祖谦只是将周、程(颢)、邵、张的诗歌作品作为文献资料汇编在一起①,而不是为了通过选本的编选来品评北宋理学家诗。况且,除了《宋文鉴》,我们很难再找到一本选有北宋理学家诗的南宋理学家所编的诗文选本,这从另一方面说明南宋理学家所选的诗歌作品中,北宋理学家之诗被忽略掉了。这似乎有点出人意表,因为在我们大多数人印象当中,北宋理学家是宋代理学的开创者,其创作的诗歌是能反映宋代理学思想的,其诗中的理学思想也应该符合南宋理学家选诗标准的,但南宋理学家为何又不选北宋理学家之诗呢?

而且,如果我们将视域扩大到整个宋代非理学家编选的诗歌选本,我们也能轻易地发现宋代非理学家编选诗歌选本时也不选北宋理学家之诗。所以,不选北宋理学家诗似乎成了宋代诗歌选本中的一个普遍现象,难道北宋理学家诗在宋人看来真的就不堪入目,不配入选吗? 如果说宋代非理学家不选北宋理学家诗是情有可原,毕竟"道学之儒与文章之士各明一义"(《四库全书总目》卷一百八十七《文章正宗》提要),二者很难找到契合点,而作为理学家,自身也不选理学家之诗,这其中应该隐藏了我们忽略掉的问题,至少宋代理学家与非理学家不选北宋理学家诗的原因肯定是不一样的,这就需要我们对此问题进行深入研究。

一、北宋理学家诗歌缺选概况

南宋理学家编选的诗文选本中涉及宋人选宋诗者,除《宋文

_____

① 周敦颐、张载二人文集未录之诗,赖《宋文鉴》得以保存,如周敦颐的五言律诗《同宋复古游大林寺》就是因《宋文鉴》卷二十三的收录而流传了下来。

鉴》外,还包括林之奇的《观澜文集》、韩元吉的《极目亭诗集》、赵汝谈的《萧秋诗集》、刘克庄的《本朝五七言绝句》《本朝绝句续选》《中兴五七言绝句》《中兴绝句续选》等。不过,除了《观澜文集》,其余南宋理学家选宋诗选本都亡佚了。但是,从相关文献来看,不仅《观澜文集》未选北宋理学家之诗,这些亡佚的南宋理学家编纂的诗歌选本中也未选有北宋理学家之诗。

(一) 南宋理学家编纂诗文选本不选北宋理学家诗举隅

1. 林之奇的《观澜文集》甲乙丙三集中,只有甲乙二集选录了诗歌,并按"诗"与"歌"二体分类,其中"诗"体部分甲集选诗 16 首,乙集选诗 14 首,其作家及作品数量分别是:甲集所选诗歌作家包括释子兰、释贯休、杜牧、陆龟蒙、姚合、聂夷中、宋之问、卢仝、曹邺、杨贲、李贺、皮日休、吕与叔、郑愚,共 14 人,每人选录一首诗(不包括《古诗十九首》、《乐府上》的作家);乙集所选诗歌作家 6 人,谢灵运、谢惠连、谢玄晖、谢宣远、杜甫、苏轼,其中谢灵运 3 首,谢惠连 2 首,杜甫 4 首,苏轼 3 首。

《观澜文集》选录的"歌"体作品共 13 首,其中甲集选录 6 首,乙集选 7 首,所选作家及作品数量分别是:甲集选录了白居易、刘禹锡、韩愈、陆龟蒙 4 位作家,其中白居易选录 3 首,其余每人选录 1 首;乙集选录了蔡君谟、杜甫、李白、白居易、欧阳修、王安石 6 位作家,其中杜甫 2 首,其余每人 1 首。

从《观澜文集》诗歌部分可看出,林之奇重点选的是唐诗,宋诗选录范围仅欧阳修、苏轼、王安石三家,未选北宋理学家诗。

2. 韩元吉的《极目亭诗集》是一部裒辑当时人唱和之作的选本,韩元吉为该诗集写的序言对这一情况说得很明白,该序言中说:"婺之牙城东南隅有亭,才数椽,郡守周彦广尝取米元章所书'极目亭'三大字榜之……予再为婺之明年,值岁丰少事,乃辟而新焉。其规制不能侈大,颇与其地为称。于是来登者酒酣欢甚,往往赋诗或歌词,自见一时巨公长者,及乡评之彦与经从贤士大夫也……因类而锓诸木,俾好事者其有考云。"①由此序言可知,韩元吉辟新极目亭,一时巨公长者、乡贤和士大夫纷纷登亭唱和,韩元吉因类将其唱和之作锓梓,故该诗集显然未选北宋理学家之诗。

但是,需要提及的是,朱熹写有许多极目亭唱和之作,如朱熹《晦庵集》卷三《次秀野极目亭韵》二首、《次亭字韵诗呈秀野丈兼简王宰》三首,这极易误认为朱熹、刘韫(号秀野)参加了此次唱和活动。其实,细究创作时间就会发现,二者时间上不一致,韩元吉为《极目亭诗集》所作序言落款时间是宋孝宗淳熙六年(1179),则韩元吉辟新极目亭及群公登亭唱和的时间应是此时之前不久,而朱熹、刘韫在极目亭唱和的时间却是在淳熙二年三月,《朱熹年谱长编》中说:"(淳熙二年)三月,刘韫极目亭成,(朱熹)与刘韫、王齐舆行春再游,有诗唱酬。"②可知韩元吉辟新极目亭的时间在"刘韫极目亭成"之后。

3. 赵汝谈的《萧秋诗集》与韩元吉的《极目亭诗集》一样,也是选录时人的唱和之作。《直斋书录解题》卷十五云:"玉山徐文卿斯远作《萧秋诗》,四言九章,章四句,赵蕃昌甫而下,和者十三人。绍熙辛亥(1191)也,赵汝谈履常亦与焉。后三十三年,嘉定癸未(1223),乃序而刻之。"③由此可知该诗集选录时限是在南宋,这自然不涉及北宋理学家诗。

4. 刘克庄的《中兴五七言绝句》、《中兴绝句续选》所选诗歌时限是南宋高宗中兴及之后，所选诗人皆为南宋人，如刘克庄《后村诗话》续集卷三中云："（徐）渊子有《□竹隐集》十一卷，多其旧作，暮年诗无枣本。此公曾见石湖、放翁、诚斋一辈人，又材气飘逸，记问精博，警句巧对，天造地设，略不戟人喉舌，费人思索。人品在姜尧章诸人之上。集中及晚作尤佳者，昔已有绝句诗选……"①徐渊子，字似道，号竹隐，天台人，宋孝宗、宁宗时人，其中"绝句"应指《中兴五七言绝句》。

又《后村诗话》续集卷四中云："（李）雁湖注半山诗，甚精确，其绝句有绝似半山者，已采入诗选矣。如'平生阅世朦胧眼，偏向白鸥飞处明'，如'鸦健触翻红簌簌，鸥闲占断碧粼粼'，皆可讽咏。如金谷友，玉川奴；鷦鷯赋，蛱蝶图；双蓬鬓，寸草心；鹤友，雁奴；鹏客，蟹奴；皆的对。"②南宋人吴泳《鹤林集》卷一有与李雁湖唱和之作《和曹宪金华山韵上李雁湖》。吴泳，字叔永，潼川人，宋宁宗嘉定二年（1209）进士，理宗朝历官起居舍人兼直学士院，权刑部尚书，由此知李雁湖为南宋宁宗、理宗时人，其中"已采入诗选"应是指李雁湖诗被采入《中兴五七言绝句》或《中兴绝句续选》之中，所以可确认《中兴五七言绝句》、《中兴绝句续选》不选北宋理学家诗。

5. 而刘克庄编的《本朝五七言绝句》、《本朝绝句续选》不知是否选有北宋理学家诗，这需要进一步考证。刘克庄《本朝五七言绝句》序云：

---

① （南宋）刘克庄撰，王秀梅点校《后村诗话》，北京：中华书局，1983年，第119页。
② 同上，第130页。

《唐绝句诗选》成，童子复以本朝诗为请。余曰："兹事大难。杨、刘是一格，欧、苏是一格，黄、陈是一格，一难也；以大家数掩群作，以鸿笔兼众体，又一难也。昔赵公履常欲编本朝诗辄止，其意深矣。余病眊，旧读不能尽记，家藏前人文集苦不多，里中故家书类散落，不可借。暇日，姑取所尝记诵南渡前五七言亦各百首授童子。"或曰："本朝理学、古文高出前代，惟诗视唐似有愧色。"余曰："此谓不能言者也。其能言者，岂惟不愧于唐，盖过之矣。"①

从该序言可知，《本朝五七言绝句》选诗二百首，所选诗人应该包括杨亿、刘筠、欧阳修、苏轼、黄庭坚和陈师道。另外，从刘克庄《后村诗话》中还可以考证出两位入选宋人：

（1）王君玉，号隐叟，著有《国老谈苑》二卷

《后村诗话》后集卷一："前辈称王君玉诗刻琢深淳，且举'蚕寒冰茧瘦，蜂老露房欹'，'鱼寒不食清池钓，鹭静频惊小阁棋'二联。余以其集考之，五言如'露槿东西照，风荷向背愁'，七言如'凉吹易成团扇恨，夕阳偏结小窗愁'，如《咏明皇》云'谁将水调歌秋雁，不遣君王待曲终'，绝句如'香溪春老误寻芳，只有愁云映夕阳。今日重来已如此，何须更问海生桑'，如'正月初弦二月赊，小阳春事已如麻。强夸力健因移石，不减公忙为种花'，皆精妙有思致。绝句可入选，而《诗话》所称二联乃不在集中。君玉，晏元献客也，尝与杨大年、欧公唱和。"②

①　（南宋）刘克庄《后村先生大全集》卷九十四，《四部丛刊》本。
②　（南宋）刘克庄撰，王秀梅点校《后村诗话》，北京：中华书局，1983年，第46—47页。

（2）王令，字逢原，广陵（江苏扬州）人，著有《广陵集》

《后村诗话》续集卷四："昔读《广陵集》，草草用朱笔点出妙处，子修弟手记余所点者于册。晚见子修所钞，老矣，又偏盲，不能尽阅册子，遂再选一番。本朝诸人惟（王）逢原别是一种，如灵芝庆云，出为祥瑞。"①

以上二人中，王令的《思归赋》还被南宋理学家林之奇选入《观澜文集》丙集之中，吕祖谦《宋文鉴》卷十七也选有王令 5 首五言古诗，卷二十四选有王令 2 首七言律诗，卷二十七选有王令 1 首七言绝句，卷二十九选有王令 4 首杂体诗，可见刘克庄所选宋人，都是公认的北宋著名文士，且《后村诗话》重点阐述的是刘克庄的唐诗观，刘克庄对唐诗、诗歌格律及修辞推崇备至，所以从刘克庄的诗学观来推断，《本朝五七言绝句》和《本朝绝句续选》选录北宋理学家之诗的可能性不大，《〈本朝绝句续选〉序》中就说：

> 本朝诗尤于唐，使野处公编本朝绝句，殆不止万首。诗愈盛选愈严，遗落愈多，后世愈有遗恨矣。此本朝续选之所为作也。起建隆迄宣（和）靖（康），得诗如《唐续选》《唐绝句续选》之数。或曰："比唐风何如？"曰："五七言，余固评之矣。六言如王介甫、沈存中、黄鲁直之作，流丽似唐人，而妙巧过之。后有深于诗者必曰，翁之言然。"宝祐丙辰（1256）露节，后村翁序。②

---

① （南宋）刘克庄撰，王秀梅点校《后村诗话》，北京：中华书局，1983 年，第136 页。

② （南宋）刘克庄《后村先生大全集》卷九十七，《四部丛刊》初编本。

可见，刘克庄选宋朝绝句的目的是要为宋诗立名，与唐诗争胜，前者《本朝五七言绝句》是选五七言绝句，后者《本朝绝句续选》补选了六言绝句，且推崇的是王安石、沈括、黄庭坚等人的"流丽"之作，而北宋理学家之诗的说理特色显然不符合刘克庄的选诗标准。

　　刘克庄在《后村诗话》续集卷二中就表达了对北宋理学家张载之诗的看法，其云：

　　　　横渠绝句云："渭南泾北已三迁，水旱纵横数亩田。四十二年居陕右，老年生计似初年。"又云："两山南北雨冥冥，四牖东西万木青。面似骷髅头似雪，后生谁与属遗经。"其清苦如此，所以为一代儒宗。①

张载存诗 16 首，《宋文鉴》卷十三选有张载乐府歌行 2 首（《鞠歌行》、《君子行》），卷二十八选有张载七言绝句 12 首（《送苏修撰赴阙四首》、《别馆中诸公》、《圣心》、《老大》、《有丧》、《土床》、《芭蕉》、《贝母》、《题解诗后》），以上刘克庄所提及的张载绝句二首赖《后村诗话》得以流传，《四库全书总目》卷一百九十五中就说到《后村诗话》的文献辑佚价值："所载宋代诸诗，其集不传于今者十之五六，亦皆赖是书以存。"从以上张载二首绝句内容来看，虽不涉理学义理，为自然平易的言情之作，但多议论色彩，其中"后生谁与属遗经"就体现出张载作为一位理学家的说教情怀，并且刘克庄以"清苦"二字评价张载的这两首绝句，这与刘克庄以"流丽"二字评价王

---

　　① （南宋）刘克庄撰，王秀梅点校《后村诗话》，北京：中华书局，1983 年，第 107—108 页。

安石、沈括、黄庭坚六言绝句似唐诗是截然不同的,可见北宋理学家诗的"清苦"特点不符合刘克庄"流丽"的选诗标准,故《本朝五七言绝句》《本朝绝句续选》不可能选有北宋理学家诗。

(二) 宋代非理学家所编选本不选北宋理学家诗举隅

宋代非理学家编纂的选本也不选北宋理学家诗,这是容易看出来的一个现象,即使有的选本我们今天已看不见,但从一些书目著录以及留存现今的序言中也能判断出未选北宋理学家诗。为了更直观地反映宋代非理学家所编选本不选北宋理学家诗的情况,现以本文附录部分《宋代诗文选本书目便检表》中的宋代诗歌选本为依据,按宋代历史分期①、诗歌选本内容为划分标准,将相关数据统计如下:

宋代诗歌选本类别数量分析表

数量 \ 分期 \ 类别	北宋前期 (960— 1022)	北宋中期 (1023— 1085)	北宋后期 (1086— 1126)	南宋前期 (1127— 1194)	南宋后期 (1195— 1279)
唱和	7	13	1	15	3
杂咏	4	7	6	15	12
诗人群合集	3	5		9	26
集诗	1	3		5	24

---

① 宋代历史分期一般分为北宋前期(960—1022,宋太祖、太宗、真宗三朝)、北宋中期(1023—1085,宋仁宗、英宗、神宗三朝)、北宋后期(1086—1126,宋哲宗、徽宗、钦宗三朝)、南宋前期(1127—1194,宋高宗、孝宗、光宗三朝)和南宋后期(1195—1279,宋宁宗、理宗、度宗三朝直至南宋灭亡)五个阶段。

续表

数量\分期\类别	北宋前期（960—1022）	北宋中期（1023—1085）	北宋后期（1086—1126）	南宋前期（1127—1194）	南宋后期（1195—1279）
送别	2	6			
应制	1	1			
家集				2	
悼亡		1			
游览	1				
题画集				1	
场屋集					1
总计	19	36	7	47	66

1. 北宋非理学家所编诗歌选本未选北宋理学家诗概况

（1）唱和选本。从上表可看出，北宋诗歌选本以唱和类数量最多，但通观这些唱和选本，均为北宋文士或馆阁文臣之间的唱和，北宋理学家的唱和诗作自然就不被包括在这些北宋唱和选本中。就馆阁文臣唱和集而言，北宋有《翰林酬唱集》、《西昆酬唱集》、《君臣赓载集》、《嘉祐礼闱唱和集》等，其中以《嘉祐礼闱唱和集》的成书时间最符合北宋理学家生活之年代，其他三部馆阁文臣唱和诗集产生年代较早，为北宋初期，不可能录有理学家诗。从欧阳修《礼部唱和诗序》"嘉祐二年(1057)春，予幸得从五人者于尚书礼部，考天下所贡士……乃于其间时相与作为古律长短歌诗杂言"（《文忠集》卷四十三）可知，《嘉祐礼闱唱和集》是欧阳修与另外五位主持礼部考试的官员之间的唱和集，这五位官员中自然不包括北宋理学家。总之，北宋唱和诗集中没有理学家的唱和之作。

　　不过,北宋理学家亦有唱和诗作流传至今,留存唱和作品最多的当然是邵雍,据笔者统计,《击壤集》中以"和"字为题的诗作就有93首(组诗算作一首),其他诗题虽未标明"和"字,但所谓的《依韵寄成都李希淳屯田》(《击壤集》卷九)亦是唱和之作,如果将这类唱和之作一并算入,则邵雍的唱和之作的数量有百余首之多,但即使是这样,也未见当时之人编选邵雍的唱和之作。尤其是邵雍和富弼、程颢、吕希哲等人之间的唱和之作,也是无人加以编选,这一情况是值得关注的,因为此四人均为北宋有名的理学家。

　　邵雍《安乐窝中好打乖吟》云:

　　　　安乐窝中好打乖,打乖年纪合挨排。重寒盛暑多闭户,轻暖初凉时出街。风月煎催亲笔砚,莺花引惹傍樽罍。问君何故能如此,只被才能养不才。(《击壤集》卷九)

邵雍以自我调侃的语气述说了自己修身养性的观念,此诗无疑是首理趣诗。此诗一出,就引来了北宋其他理学家的唱和,诗歌内容多为议论,亦是谈理,其中程颢《和邵尧夫打乖吟二首》云:

　　　　打乖非是要安身,道大方能混世尘。陋巷一生颜氏乐,清风千古伯夷贫。客求墨妙多携卷,天为诗豪剩借春。尽把笑谈亲俗子,德容犹足慰乡人。
　　　　圣贤事业本经纶,肯为巢由继后尘。三币未回伊尹志,万钟难换子舆贫。且因经世藏千古,已占西轩度十春。时止时行皆有命,先生不是打乖人。(《二程文集》卷一)

程颢所言就是要学者能守得住清贫,守得住"道""德",同时也有与邵雍争论的意味,即让邵雍不要以笑谈来亲俗子,而应以德容慰乡人。

吕希哲的唱和之作与程颢之作一样,亦是有与邵雍争论的意味,其云:

> 先生不是闭关人,高趣逍遥混世尘。得志须为天下雨,放怀聊占洛阳春。家无甔石宾常满,论极锱铢意始新。任便终身卧安乐,一毫何费养天真。(《击壤集》卷九)

吕希哲(1039—1116),字原明,吕本中的祖父,朱熹在《伊洛渊源录》卷七中说:"公(吕希哲)始从安定胡先生瑗,于太学后遍从孙先生复、石先生介、李先生觏、王公安石学。"这正体现了吕希哲秉承"以广大为心,而陋专门之暖姝"(吕祖谦《祭林宗丞文》)的吕氏家学传统。此外,《宋史》卷三百七十六中说"祖希哲师程颐,本中闻见习熟",可知吕希哲还受到过程颐理学的影响。吕希哲的这首唱和之诗明显是在劝教邵雍,其中"得志须为天下雨,放怀聊占洛阳春"与邵雍所说的"只被才能养不才"相左,议论色彩鲜明。

可以说,邵雍的这首打乖诗在当时是很有名的,除了以上北宋理学家的唱和外,著名学者、官员亦有唱和,如司马光《酬邵尧夫见示安乐窝中打乖吟》云:"安乐窝中自在身,犹嫌名字落红尘。醉吟终日不知老,经史满堂谁道贫。长掩柴荆避寒暑,只将花卉记冬春。料非闲处打乖客,乃是清朝避世人。"此诗显然又是在为邵雍进行回护,与理学家唱和之作意趣相反。然而,即使是这样一组有众多知名学者、文臣参与创作的唱和作品却仍未被北宋或者南宋之人编选,北宋理学家之间的唱和被忽略掉了。

（2）杂咏选本。从上表可看出,杂咏类选本亦是北宋诗歌选本中数量较多的一类选本。"杂咏"是诗歌选本中内容较宽泛的一个类别,凡是歌咏某物、某地、虫鱼、岁时等,都可归入此类,其中又以歌咏地方名物的选本为主要类别,也就是以地域为划分标准的歌咏集。以地域为标准分类的总集最早可追溯到《诗经》里的国风,此后此种分类方法历代有之,如《汉书·艺文志》"歌诗"类录《吴楚汝南歌诗》十五篇、《燕代讴雁门云中陇西歌诗》九篇、《邯郸河间歌诗》四篇、《齐郑歌诗》四篇、《淮南歌诗》四篇、《左冯翊秦歌诗》三篇、《京兆尹秦歌诗》五篇、《河东蒲反歌诗》一篇,张舜徽先生说:"此八家歌诗,依地域成编,颇似古之采风。"①《隋志》总集类亦著录了数部按地域为分类标准的总集,如《齐杂诏》十卷、《后魏诏集》十六卷、《后周杂诏》八卷等。唐代以地域分类的选本主要是唱和集,如张说《岳阳集》、王维《辋川集》一卷、颜真卿《吴兴集》十卷等②。

宋代的诗歌选本中以地域为录文标准的选本共有 22 种,其中属于北宋的选本包括王得臣的《江夏古今纪咏集》五卷、章粲的《成都古今诗集》六卷、孙觉的《吴兴诗》一卷、马希孟的《扬州诗集》二卷、魏泰的《襄阳题咏》二卷等,这些杂咏选本早已亡佚,然仅从地域来看,这些杂咏类选本就不包括北宋理学家诗,因为众所周知,北宋理学家主要是中原一带人,如周敦颐为湖南人,二程、张载均为河南人,程门高弟谢良佐为安徽寿春上蔡人,邵雍为河北人,而

---

①　张舜徽《汉书艺文志通释》,武汉:湖北教育出版社,1990 年,第 225 页。

②　陈尚君《唐人编选诗歌总集叙录》,《唐代文学丛考》,北京:中国社会科学出版社,1997 年,第 203—204 页。

成都、吴兴、扬州均为西南和江南，地域上的不同决定了此类以地域为划分标准的诗歌选本不会编选北宋理学家诗。

（3）其他类的北宋诗歌选本。除了唱和、杂咏两类选本外，北宋其他类选本的数量都很少，绝大多数也都亡佚了，但从诸类选本的题目来看，也不存在选录北宋理学家诗的可能。以北宋诗人群合集类选本为例，如《九僧诗》、《西湖莲社诗》、《续西湖莲社诗》、《九老诗》、《高僧诗》、《四家诗选》、《唐百家诗选》、《古今名贤诗》等，除了《古今名贤诗》所选今人不可考外，其他选本选录的目标明确，有选僧人、有选诗社之人、有选唐人，均不会包括北宋理学家。

送别类选本也是北宋诸选本中较多的一类选本，如《赐陈抟诗》、《送张无梦归山诗》、《皇祐朝贤送张肃提刑诗卷》、《送王周归江陵诗》、《送元绛诗集》、《赠朱少卿诗》、《送僧符游南昌集》、《送文同诗》等，不过显然易见的是这些被送之人与北宋理学家并无交集，这类送别诗作中自然也不会选录北宋理学家的诗。

2. 南宋非理学家所编诗歌选本未录北宋理学家诗概况

南宋诗歌选本数量远多于北宋诗歌选本，这说明南宋迎来了诗歌选本兴盛的时期，但南宋诗歌选本大部分都亡佚了，所以只有从南宋诗歌选本的特点及类别来看南宋诗歌选本不选录北宋理学家诗的可能性有多大。

南宋诗歌选本的特点首先表现在对南宋诗人群即诗派之诗的推崇。从上文《宋代诗歌选本类别数量分析表》中可以看出，南宋诗人群类选本的数量是宋代各类诗歌选本中变化最大的，而南宋人最喜欢编选的诗人群是江西诗派和江湖诗派。以较早的宋人选宋诗选本《宋百家诗选》为例，该选本主要选录的就是江西诗派，关于这一点,元代人元好问早已看出,他在《自题〈中州集〉后》中说：
"陶谢风流到百家,半山老眼净无花。北人不拾江西唾,未要曾郎
借齿牙。"此诗前半句是指王安石编的《唐百家诗选》在元好问看来
编选的很好,因为"半山老眼净无花",说明王安石编选诗歌的标准
很有见地。然而曾慥《宋百家诗选》的编选意图却不符合当时人普
遍的审美取向,当时人"不拾江西唾",说明当时人已对江西诗派的
"点铁成金""夺胎换骨"的诗歌风格加以摒弃,而曾慥《宋百家诗
选》中仍然选录了大量的江西诗派中人的诗歌,难怪周辉《清波杂
志》卷八中记载："近时曾公端伯亦编《皇宋百家诗选》,去取任一己
之见,虽非捃摭诋诃,其间或未厌众论。"①总之,因《宋百家诗选》
主要选录江西诗派诗人作品,则此部已佚的诗歌选本选录北宋理
学家诗的可能性不大。

　　同样的,南宋已佚的诗歌选本中偏重选录江湖诗派、宋代高僧
及中兴以后群公之作的选本,而且这类选本主要选录南宋人之诗,
编选的时限也主要是中兴及之后,故选录北宋理学家诗的可能性
都是不大的。

　　其次,南宋诗歌选本还有一个明显特点是宗唐诗风,很多南宋
诗集选本明显倾向于编选唐诗,即使是在南宋人编选的诗人群选
本中,南宋人也是喜欢将唐宋人诗作合编在一起,如《唐宋名贤诗
准》、《唐宋诗翼》、《分门纂类唐宋时贤千家诗选》等。这些选本自
身是崇唐诗的,但在末了又加入了宋人之诗,而编选宋人之诗的标
准自然是遵循唐诗风格,上文第四章第二节引述的朱熹《答巩仲
至》的内容就很好地表现了这一现象,朱熹言："自唐初以前其为诗

---

　　①　(南宋) 周辉撰,刘永翔校注《清波杂志校注》,北京：中华书局,1994 年,第 353 页。

者,固有高下,而法犹未变,至律诗出,而后诗之古法始皆大变矣。故尝欲抄取经史诸书所载韵语,下及《文选》古诗以尽乎,郭景纯、陶渊明之作自为一编而附于《三百篇》、《楚辞》之后,以为诗之根本准则。又于其下二等之中择其近于古者各为一编,以为之羽翼舆卫,其不合者,则悉去之。"(《晦庵集》卷六十四)从朱熹的话可看出,南宋人选诗除了崇尚唐诗外,编选唐以后之诗则以唐诗风为去取标准,"其不合者,则悉去之",根据这一诗学观念编选的《唐宋名贤诗准》和《唐宋诗翼》在编选宋人之诗时,自然是更倾向于编选如陆游这样的宗唐诗风的诗人,而北宋理学家如程颐既不写诗,又贬斥杜诗,其他北宋理学家诗多议论说理,不符合唐诗意趣,故北宋理学家的诗作很难进入南宋选本编纂者的眼中。

除了南宋诗歌选本特点决定了南宋诗歌选本不可能选取北宋理学家诗外,南宋诗歌选本类别也注定了北宋理学家诗不可能被编选。如唱和类、杂咏类,前者时效性很强,只是南宋人之间的唱和,不可能编入北宋人之诗;后者地域性很强,限于南宋南方地区,而北宋理学家多为北方人。其他的家族诗集、场屋诗集更不可能编入北宋理学家诗。

结言之,北宋理学家诗歌在宋代诗歌选本中是一大空缺,除《宋文鉴》外,几乎无人编选之。

二、南宋理学家与非理学家所编诗歌选本缺选北宋理学家诗特点的异同

南宋理学家与非理学家所编选本在缺选北宋理学家诗方面有着共同的特点,即选北宋理学家文而不选其诗,也就是说二者均重

视编选北宋理学家的文章。

(一) 南宋理学家所编诗文选本

目前,我们能见到的几部南宋理学家编选的诗文选本中,除了吕祖谦的《古文关键》、真德秀的《文章正宗》、汤汉的《妙绝古今》未选有北宋理学家文之外,其余南宋理学家所编诗文选本中凡选有宋代文章者均选有北宋理学家文,以下陈述之。

1. 林之奇《观澜文集》

该选本为诗文合集,未选北宋理学家诗,但却选录了北宋理学家文。如该选本甲集卷十五选有张载的《西铭》、《东铭》,吕大临的《克己铭》;卷十六选有吕本中的《六子哀词》;乙集卷十七选有程颐的《易传序》、丙集卷九选有程颐的《养鱼记》;丙集选有石介的《怪说》(丙集卷五)、《画箴贻君象》(卷十三)、《击蛇笏铭并序》(卷十三)、《二大典》(卷十五)、《辨谤》(卷十五)、《庆历圣德颂》(卷十八)、邵雍的《无名公序》(卷十一);丙集卷十三选有程颢的《颜乐亭铭》。

《观澜文集》共选北宋人 32 人,其中北宋理学家 7 人,14 篇文章,所选比例占到了四分之一强,可见林之奇编选的北宋理学家在《观澜文集》中是一很大的群体。林之奇对这些北宋理学家是很崇敬的,他在《观澜文集》中称呼这些北宋理学家均是称其字或尊称,如张载尊称为张横渠,吕本中尊称为吕紫微,程颐尊称为程伊川、程正叔,程颢尊称为程伯淳,然而其他一些有名的宋人如司马光、曾巩、欧阳修、苏洵等则直呼其名,足见林之奇对北宋理学家文的重视。

2. 吕祖谦《宋文鉴》

《宋文鉴》共选 11 位北宋理学家,选文 76 篇,现列表如下:

《宋文鉴》选录北宋理学家文一览表

周敦颐	《拙赋》(卷五)、《太极图说》(卷一百零七)
邵　雍	《洛阳怀古赋》(卷五)、《无名君传》(卷一百四十九)、《伊川击壤集序》(卷八十七)、《戒子孙》(卷一百零八)
吕公著	《赐宰臣韩琦请郡不允诏》(卷三十一)、《除富弼尚书左仆射充观文殿大学士集禧观使制》(卷三十五)、《定州谢上表》(卷六十七)。另外,卷五十一奏疏4篇、卷五十二奏疏2篇。
富　弼	《辞枢密副使》、《论河北流民》、《论辨邪正》(以上卷四十五);《辞起复表》(卷六十四);《与陈都官书》(卷一百一十三);《哭尹舍人词》(卷一百三十二);《范纯佑墓志铭》(卷一百三十九)
程　颢	《论君道》、《论王霸》、《论十事》、《论新法》(以上卷五十三);《答横渠张子厚书》(卷一百一十九);《邵康节先生墓志铭》、《李仲通墓志铭》(以上卷一百四十四)
程　颐	《代彭思永论濮王典礼》、《论经筵事》、《论开乐御宴》等6篇奏疏(以上卷五十八);《葬说》(卷一百零八);《答人示奏草书》(卷一百一十九);《答朱长文书》(卷一百一十九);《上韩廉公启》、《定亲书》(以上卷一百二十三);《为家君祭吕申公文》(卷一百三十四);《程伯淳行状》(卷一百三十八);《易传序》、《春秋传序》(以上卷九十);《颜子所好何学论》(卷九十八);《根木》、《明禁》、《责臣》三篇策文(以上卷一百零二);《为家君作试汉州学策问一首》(卷一百二十四);《程伯淳墓表》(卷一百四十五);《上谷郡君家传》(卷一百五十)
石　介	《击蛇笏铭》(卷七十三);《庆历圣德颂》(卷七十四);《唐鉴记》(卷八十六);《辨惑》、《论汉》上中下三篇、《阴德论》(以上卷九十五);《怪说》(卷一百零七);《上孔仲丞书》(卷一百一十四);《祭孔中丞文》(卷一百三十三);《赵延嗣传》(卷一百四十九)
张　载	《西铭》、《东铭》(以上卷七十三);《庆州大顺城记》(卷八十一);《边议四首》(卷一百零六);《女戒》(卷一百零八);《与赵六观书》、《与吕微仲书》(以上卷一百一十九);《贺蔡密学启》(卷一百二十二);《策问二首》(卷一百二十四);《始定时荐告庙文》(卷一百三十五);《张天祺墓志铭》(卷一百四十四)

谢良佐	《论语解序》(卷九十二)
孙　复	《答张洞书》(卷一百一十四)、《儒辱》(卷一百二十五)
游　酢	《祭陈了翁文》(卷一百三十四)

从以上选文文体来看,这与吕祖谦的老师林之奇《观澜文集》中所
选北宋理学家文的文体范围大致一样,包括铭、哀辞、序、记、说、颂
等文体,其中吕祖谦选录的北宋理学家文的主要文体是奏疏(19
篇)、书(10 篇)、墓志(4 篇)、序(4 篇)、传(3 篇),这说明北宋理学
家文的各类文体都受到了南宋理学家的认同,这不仅包括最能反
映北宋理学家理学思想的文章如周敦颐的《太极图说》,程颐的《易
传序》、《春秋传序》,还包括最能反映北宋理学家人情味的哀辞、
祭文。

3. 楼昉《崇古文诀》

《四库全书总目》卷一百八十七:

> 《崇古文诀》三十五卷,宋楼昉编。昉,字旸叔,号迂斋,鄞
> 县人。绍熙四年(1193)进士,历官守兴化军,卒追赠直龙图
> 阁。是集乃所选古文凡二百余首,陈振孙《书录解题》称其大
> 略如吕氏(吕祖谦)《关键》(《古文关键》),而所录自秦汉而下,
> 至于宋朝,篇目增多,发明尤精,学者便之。[1]

楼昉的《崇古文诀》在其老师吕祖谦《古文关键》的基础上"推阐加

---

[1]　(清)永瑢等《四库全书总目》卷一百八十七,北京:中华书局,1965 年,第 1698 页。

密"(四库馆臣语），将《古文关键》中韩愈、柳宗元、欧阳修、曾巩、苏洵、苏轼、张耒七人扩大到秦汉至宋朝，这增加的作者中就包括两位北宋理学家，一位是程颐，《崇古文诀》卷二十六选有程颐的《论经筵第一、二札子》，以及《春秋传序》。楼昉对程颐的这两篇文章评价很高，楼昉注解前一篇文章云："此等议论关涉大，自《伊训》、《说命》、《无逸》、《立政》之后，方见此等文字。"对后一篇文章的注解云："自有《春秋》以来，惟孟子说得最好，后来太史公闻之董生数语好，自伊川之学行而后，《春秋》之用显。"

　　另一位是李觏，《崇古文诀》卷三十一选有其《袁州学记》，此文被多位南宋理学家编选，在南宋应是一篇著名文章。

　　4. 真德秀《续文章正宗》

　　《续文章正宗》是真德秀继《文章正宗》选录宋以前诗文后专录宋人文章的一个选本，共 20 卷，该选本分论理、叙事、论事三部分，所选宋人包括欧阳修（卷一 18 篇、卷三 5 篇、卷七 18 篇、卷十 3 篇）、王安石（卷二 7 篇、卷三 1 篇、卷八 19 篇、卷十 11 篇）、曾巩（卷二 9 篇、卷六 2 篇、卷九 11 篇、卷十 6 篇）、苏轼（卷二 6 篇、卷四 3 篇、卷五 3 篇、卷九 2 篇）、苏辙（卷六 1 篇）、张耒（卷九 2 篇）。

　　从以上所选作家可以看出，《续文章正宗》选录的还是唐宋八大家中的宋六家，选录的北宋理学家文有李觏的《袁州学记》（卷十二），《景德寺修殿造弥陀阁记》（卷十五）。除此之外，《续文章正宗》卷二十有"诸老先生"论君道圣学为一条、论述时政者为一条，此部分只著其目而阙其辞，但这其中应该包括北宋理学家文，因为该部分内容是宋代诸老先生论君道圣学，即论理学之文，不可能不包括北宋理学家之文。宋人梁椅在《续文章正宗序》中就说："或疑是编(指《续文章正宗》)未脱稿，不得为全书。椅解之曰：'文以理为准,理到则辞达。公(指真德秀)于论理一门最所留意,学者沉潜玩索而有得焉,则凡著其目而未录其辞,与它名家有当录而未既者,可概推也。'"(《皕宋楼藏书志》卷一百一十四)也就是说《续文章正宗》中凡当录之名家而阙如者,只因《续文章正宗》未成全书所致,而从真德秀最留意论理一门却可推知,"诸老先生"中一定包括论理的北宋理学家。

5. 谢枋得《文章轨范》

从谢枋得《文章轨范》的选目内容,我们可以发现《文章轨范》也选了北宋理学家李觏的《袁州学记》(卷六),虽然只选有一位北宋理学家文,但因该文多次被南宋理学家编选,故《文章轨范》的编选还是符合南宋理学家选文的普遍标准的。

从上可看出,林之奇、吕祖谦、楼昉三人选录北宋理学家文毕竟反映的还是吕氏家学,或者说是婺学的特点,即"以广大为心,而陋专门之暖姝"(吕祖谦《祭林宗丞文》),这一理学学派之人对北宋理学家文还是抱着兼容并蓄的态度,但是到了南宋后期,朱子后学之人真德秀、汤汉对北宋理学家文越来越不重视,选录的北宋理学家文的篇数也变得越来越少,发展到最后也不选了。

(二) 南宋非理学家所编选本

南宋非理学家也热衷编选北宋理学家文,而且还专门编选宋代理学家的论道文章,这与南宋非理学家所编选本不录北宋理学家诗的现象形成鲜明对比。就其编选宋代理学家文的现象,择三种选本说明之。

1. 无名氏《诸儒鸣道集》

《郡斋读书志·读书附志》记载:

集濂溪、涑水、横渠、二程、上蔡、元城、龟山、横浦诸公议论著述也。于中有江民表《心性说》一卷，安正《忘筌集》十卷，崇安《圣传论》二卷。①

2. 无名氏《十先生奥论》四十卷

《四库全书总目》卷一百八十七：

不著编辑者名氏，亦无刊书年月。验其板式，乃宋时建阳麻沙坊本也。书中集程子、张耒、杨时、朱子、张栻、吕祖谦、杨万里、胡寅、方恬、陈傅良、叶适、刘穆元、戴溪、张震、陈武、郑湜诸人所作之论，分类编之，加以注释。②

3.《二十先生回澜文鉴》

清人丁丙《善本书室藏书志》卷三十八著录道：

所采二十先生为司马温公（光）、范文正公（仲淹）、孙明复（复）、王荆公（安石）、石徂徕（介）、汪龙溪（藻）、洪容斋（迈）、张南轩（栻）、朱文公（熹）、吕东莱（祖谦）、周益公（必大）、杨诚斋（万里）、刘屏山（子翚）、郑艮轩（湜）、林拙斋（之奇）、刘谦斋（穆元）、张晋庵（震）、方鉴轩（恬）、戴少望（溪）、陈顺斋（公显）之文，凡一百篇……（《后集》）第十三卷所采

①　（南宋）晁公武撰，孙猛校证《郡斋读书志校证》，上海：上海古籍出版社，1990年，第1218页。

②　（清）永瑢等《四库全书总目》卷一百八十七，北京：中华书局，1965年，第1704页。

者为马存,为张耒,为李觏;十四卷为胡寅;十五卷撰名阙;十六卷为陈傅良;十七卷为陈亮;十九、二十卷为叶适(引者按:丁氏阙记卷一八)。旧注凡一百二十篇,而七十三篇以上则不可知矣。①

以上所举的三个选本虽然仅有《十先生奥论》得以留存,但从相关的书目著录内容上来看,均可发现这些南宋非理学家所编选本编选了北宋理学家文。

通过以上对南宋理学家与非理学家编纂的文章选本概述来看,二者又有些不同的特点:

首先,南宋理学家更偏重于编选北宋理学家文,而南宋非理学家所编选本却更侧重编选南宋理学家文。以上南宋理学家编选的选本中,南宋早期产生的《观澜文集》和《宋文鉴》均编选北宋文,南宋后期出现的选本《续文章正宗》、《崇古文诀》和《文章轨范》,包括未录北宋理学家文的《妙绝古今》,这些南宋理学家编选的选本都是选的北宋文,未选南宋人的文章,而南宋民间非理学家编选的选本选的却是有宋一代之文,不管是北宋理学家,还是南宋理学家,均选其文,而且选录的南宋理学家人数明显多于北宋。

其次,南宋理学家编选的北宋理学家文并未刻意突出其理学色彩,而南宋非理学家编选的诸儒选本则有意渲染选文的理学色彩,这从南宋非理学家所编本的题名就能看出,所谓的《诸儒鸣道集》就是要故意彰显选文"鸣道"的特点,而南宋理学家编选的北

---

① （清）丁丙《善本书室藏书志》卷八,转引自祝尚书《宋人总集叙录》,北京:中华书局,2004年,第428页。

宋理学家文却被唐宋八大家文所掩盖,这从选文的数量上就能看出来,北宋理学家文的选文数量远少于南宋理学家编选的唐宋八大家文的数量。

三、缺选形成的外因

南宋诗歌选本普遍不选北宋理学家诗是不争的事实,这必然影响北宋理学家诗歌的传播与留存,不过这一现象的产生有其形成的客观外因存在,现探讨如下:

(一) 北宋理学家诗数量少、影响小

诗歌选本编选的对象如果数量本来就少,这可能会影响到编选对象选录的数量。编选对象数量少,这也说明编选对象的影响力不大,而诗歌选本的编纂标准首要的是要择善者而录之,即选其精粹,如果某一类的诗歌作品影响力不大,那也就意味着该类作品的艺术水准或者说是内容上不能达到诗歌选本基本的编选要求,那么或者选录一两首,或者根本不选,这是显然的道理。

北宋理学家创作的诗歌数量除了邵雍之外都很少,而像程颐这样的北宋理学家甚至不作诗,他自己就说"某私不作诗"(《二程遗书》卷十八),程颐《伊川文集》也未录其诗歌,故注重收集北宋一代文献资料的《宋文鉴》,其诗歌部分也未录程颐之诗。这说明北宋理学家的诗歌在南宋一来留存数量少,二来也是因为北宋理学家诗在南宋未形成巨大影响,不仅南宋非理学家不重视北宋理学家创作的诗歌,就连南宋理学家自身都不看重自己所推崇的北宋理学前辈的诗歌,上文引述的南宋后期理学家刘克庄评张载诗歌

给人"清苦"的感觉,而不是刘克庄提倡的"流丽"诗风就是一明证,北宋理学家创作的诗歌艺术性无人赏识,自然也就不会有人对其进行编选。

此外,南宋后期,理学官方化后,理学地位上升,于是在南宋后期形成了编选宋代理学家文章的风气,因为只有理学家文才能最明白表述其理学思想,而北宋理学家诗则无论在传递理学思想的容量上,还是数量上都无法满足南宋后期当时人的需要。即使是南宋理学家诗其实也并不被看重,只是他们的唱和诗作被编选而已,南宋理学家创作的一些说理诗在南宋书坊间也是无人编选的。所以说宋人不编选北宋理学家诗只是一个笼统的说法,具体而言,对于整个宋代理学家创作的理学诗,并没有南宋人加以重视编选,不过这其中还有下面一种情况需要说明之。

(二) 南宋理学家对理学诗理解不同于今日

当今学界对理学诗的理解一般都是认为凡理学家所作之诗均为理学诗,如有学者提出:

> 所谓"理学诗",是与"理学"诸学派同时出现的一种诗体,这种诗体具有其独特性:从题材上,它旁溢多体,不拘一格,往往于理学家的纪事、咏史、记游、寄诗等表现出诗歌创作主体的个人情操和人生旨趣,创作主体的理学素养浸润其中,这些诗句便具有了理学意味;同时,一些理学家也往往有意识地利用诗歌的形式,抒写其理学境界,表达其理学感悟,记录其有关理学心性存养的践行与认知,以及使用诗歌为其传道服

务等,这些题材的诗歌,都应该是"理学诗"。①

从此概念中的创作主体出发,"理学诗"就是理学家创作之诗,非理学家创作之诗就不是"理学诗",这是当前学界的普遍看法。如果按照今日对"理学诗"的看法,则南宋理学家编纂诗文选本不仅不选北宋理学家诗,甚至连理学诗都不大编选,但今日对"理学诗"概念范畴的界定显然不符合当时的历史情况。历史的事实是,南宋理学家有着自己对"理学诗"的看法,他们是在按照他们自己心目中的理学诗标准选诗,或许在我们今日看来某首诗歌算不上是理学诗,但在南宋理学家看来,这就是首理学诗,所以这完全是因为观念的不同而导致的历史事实与知识架构之间的撕裂。正因南宋理学家眼中的"理学诗"不同于今日之观念,故而造成的假象便是南宋理学家编纂诗文选本未选带有鲜明理学色彩的"理学诗"。

　其实,南宋理学家对"理学诗"的看法主要是看其能否得古人"性情之正",关于这一点,学界早有人提及,张毅先生就说:"正统文学思想反映在诗歌批评上,除了主张发明儒家义理以求有补于世道教化外,就是要求诗人要吟咏性情之正,这也是当时理学诗派的作诗宗旨。"②为进一步阐明此观点,下面以吕祖谦、叶适、真德秀三人为例说明之。

　1. 吕祖谦、叶适的理学诗观

　叶适在《习学记言序目》中指出吕祖谦选诗的一个标准是"存其性情之正",他说:

①　王培友《两宋"理学诗"辨析》,《文学评论》2011 年第 5 期,第 62 页。
②　张毅《宋代文学思想史》,北京:中华书局,2006 年,第 214 页。

　　盖王道行而后王迹著,王政废而后王迹熄,诗之废兴,非
小故也。自是诗绝不继数百年。汉中世文字兴,人稍为歌诗,
既失旧制,始以意为五七言,与古诗指趣音节异,而出于人心
者实同。然后世儒者,以古诗为王道之盛,而汉魏以来乃文人
浮靡之作也,弃而不论,讳而不讲,至或禁使勿习;上既不能涵
濡道德,发舒心术之所存,与古诗庶几,下复不能抑扬文义,铺
写物象之所有,为近诗绳准,块然朴拙,而谓圣贤之教如是而
止,此学者之大患也。吕氏(祖谦)自古乐府至本朝诗人,存其
性情之正,哀乐之中者,上接古诗,差不甚异,可与学者共由,
而从之尚少,故略为明其大概如此。①

　　叶适认为后世之诗,虽失旧制("与古诗指趣音节异"),"而出于人
心者实同",故对宋儒"弃而不论"后世之诗,甚至"禁使勿习"的做
法表示反对,并指出宋儒所持的"近诗绳准",即上要"涵濡道德,发
舒心术""与古诗庶几",下要"抑扬文义,铺写物象""块然朴拙",乃
"学者之大患"。而对于吕祖谦《宋文鉴》的选诗则予以肯定,认为
《宋文鉴》所选诗歌"存其性情之正,哀乐之中者,上接古诗,差不甚
异",由此可知,叶适作为一名理学家,他对于后世之诗优劣的判断
标准就是看其是否存"性情之正",他对后世产生的宋代理学诗的
看法自然也是持此观点的。

　　叶适在上述引文中要明《宋文鉴》选诗大概,即"存其性情之
正",那叶适的这一观点是否符合吕祖谦选诗的实际情况呢? 从吕

---

　　① (南宋)叶适《习学记言序目》,北京:中华书局,1977 年,下册,第 700—
701 页。

祖谦"文须当守以正"的文学思想来看,《宋文鉴》所选之诗确有选"性情之正"的意味,因为吕祖谦本人对文是重"正"的,他说:

> 盖文之极,须当守以正。大凡有文之人,自为人所重,而此象(指贲卦九三之象)乃曰"终莫之陵"者,此盖有说。文士虽为人所爱,而亦为人所薄,若唐之王、杨、卢、骆,虽有文彩,终为人薄者,以不正故耳。若孔子、孟子,非不文也,而后人仰之,莫不肃然而敬者,以其永正也。《六经》之文亦然。①

吕祖谦在这里借谈人正而论文之正,他认为孔子、孟子之所以为后人仰之,是因人"永正",而"六经之文亦然",即六经之文之所以为后人仰之,也是因文正的缘故。那何为文之"正"? 业师杜海军先生认为,吕祖谦所说之"正",在内容上"强调议论正统,注重表达儒家思想"②。可见吕祖谦作为一名理学家还是固守着正统的文学思想,以为有德者必有言,人品与文品是统一的,这也是南宋后期普遍存在的文学思想。如果进一步探究吕祖谦对"文"中诗歌这一体裁的看法,则就落实到"性情"二字上来了,吕祖谦说:"诗者,人之性情而已,必先得诗人之心,然后玩之易入。《诗》三百篇,大要近人情而已。"③从以上两方面可以看出,吕祖谦一方面强调文正,另一方面又强调性情,二者结合自然可推出吕祖谦强调诗歌要得

---

①　(南宋)吕祖俭、吕乔年等辑《丽泽论说集录》卷一,黄灵庚、吴战垒主编《吕祖谦全集》,杭州:浙江古籍出版社,2008年,第2册,第37—38页。

②　杜海军《吕祖谦文学研究》,北京:学苑出版社,2003年,第247页。

③　(南宋)吕祖俭、吕乔年等辑《丽泽论说集录》卷三,黄灵庚、吴战垒主编《吕祖谦全集》,杭州:浙江古籍出版社,2008年,第2册,第112页。

性情之正,具体而言,就是要诗人寓正统儒家性理思想于性情感发之中。《宋文鉴》所选诗歌便是遵循着这一文学观,即吕祖谦既编选了北宋理学家诗歌,又大量编选了其他非理学家诗歌,其选诗标准就是按照"性情之正"选录的,为此还删改了所选诗歌中的内容以求符合此标准,如宋末吴子良说:"《文鉴》载谢逸《闺恨》诗,亦止六韵,削去曼语,一归之正。"(文渊阁《四库全书》本《荆溪林下偶谈》卷一)《宋文鉴》卷二十选有谢逸《闺恨》一首,但内容经吕祖谦改动了,该诗原文已不可考,今存此诗仅以《宋文鉴》为蓝本,止六韵,原诗当长于此。

总之,吕祖谦以"性情之正"审美标准选录诗歌,这说明理学诗派作诗宗旨被当成了衡量后世之诗的主要标准,吕祖谦的后辈叶适也是赞成此标准,则在他们看来凡符合"性情之正"的诗歌自然也可称得上是理学诗了,因为这类诗歌将诗人之性情与理学之正统融为一体。

2. 真德秀的理学诗观

真德秀是南宋后期朱子集大成者,他的思想最具代表性,影响也广,他对理学诗的看法表述的也最为明确,他在《〈文章正宗〉纲目》中说:

> 或曰此编以明"义理"为主,后世之诗,其有之乎?曰《三百五篇》之诗,其正言"义理"者盖无几,而讽咏之间,悠然得其性情之正,即所谓"义理"也。后世之作,虽未可同日而语,然其间兴寄高远,读之使人忘宠辱、去系吝,翛然有自得之趣,而于君亲臣子大义亦时有发焉,其为性情心术之助,反有过于他文者。盖不必颛言"性命"而后为关于"义理"也,读者以是求

之斯得之矣。

真德秀明言《文章正宗》所选诗歌以明"义理"为主,其"义理"即为今日所说之"理学",故《文章正宗》所选诗歌应该都为"理学诗",然从《文章正宗》所选诗歌篇目来看,上自尧舜时期的歌谣,下至韩愈、柳宗元诗歌,都有编选,可我们都知道理学是从北宋开始发展的一种儒学思想,到南宋时才蔚为大观,宋前各代之诗何以能够表达后代才产生的思想? 真德秀对此作了解释,他认为后世之诗只要能得古人"性情之正",则都可称为得其"义理",在真德秀看来就是"义理诗",即今日所谓"理学诗"。所以《文章正宗》诗赋部分所选诗作,表明看都是文学作品,但在理学家真德秀看来却是"义理"诗,即我们今天说的理学诗。

关于讽咏之间,悠然得古人性情之正的诗作都可视为"义理诗"的观念,真德秀对此是一以贯之的。真德秀在《问兴立成》一文中表达了与《〈文章正宗〉纲目》一样的诗学观,他说:

> 古之诗出于性情之真,先王盛时,风教兴行,人人得其性情之正。故其间虽喜怒哀乐之发微,或有过差,终皆归于正理。故《大序》曰:"变风发乎情,本乎礼义。发乎情,民之性也;本乎礼义,先王之泽也。"《三百篇诗》,惟其皆合正理,故闻者莫不兴起其良心,趋于善而去于恶,故曰"兴于《诗》"。(《西山先生真文忠公文集》卷三十一)

此段内容正好可与《〈文章正宗〉纲目》中说的"曰《三百五篇》之诗,其正言'义理'者盖无几,而讽咏之间,悠然得其性情之正,即所谓

'义理'也"相表里。总之,在真德秀看来,《诗经》"皆合正理",只要后世之诗能"兴于《诗》""得其性情之正",即使不专言理学中最重要的"性命"之学,也可为所谓"义理"也。

综上所言,南宋理学家对理学诗的判断标准不同于今日,故他们选录的一些诗歌在今天看来不是理学诗,但当时在南宋理学家看来却是蕴涵着理学思想的,也正因为如此,我们今天看南宋理学家编纂诗文选本未选北宋理学家诗,甚至也不选理学诗,其实是时代观念不同导致的错觉。

(三) 御选诗集与民间选本选诗视角的差别

现存的南宋理学家所编诗文选本中,除了吕祖谦的《宋文鉴》选有北宋理学家诗外,其余南宋理学家编纂诗文选本均未选北宋理学家诗,另外南宋非理学家所编选本也未选北宋理学家诗,这其中存在一种官方与民间选诗视角差异的情况,《宋文鉴》是御选诗文总集,其他选本则均是民间带有个人色彩的选本,性质不同。从这一情况可以看出,上层官方意识是肯定北宋理学家的诗歌创作的,但在民间却未见有知音。不仅南宋出现官方与民间对北宋理学家诗歌不同的观点、态度,在清代也同样如此。

清康熙四十八年(1709)御选诗歌总集《御选宋金元明四朝诗·御选宋诗》便选有北宋理学家诗,其卷六十四选有孙复、石介诗各1首,卷六十五选周敦颐诗3首,另外,共选张载诗4首(卷五1首、卷六十六3首),程颢诗11首(卷二十七1首、卷三十六2首、卷四十七3首、卷六十六5首),程颐诗2首(卷二十七、卷六十六选诗各1首),邵雍诗21首(卷二选9首、卷三十一选3首、卷三十六选1首、卷四十六2首、卷六十一1首、卷六十五3首、卷七十六

1首、卷七十八1首)。御制选本选诗明显是注重文献的完整性，《御选宋诗》所选北宋理学家不仅范围全面，所选诗歌数量及篇目也是基本照顾到北宋各理学家诗歌创作的实际情况，这与同样具有御制性质的吕祖谦《宋文鉴》是相同的情况。

　　但与御制选本不同的是，清初民间选本吴之振的《宋诗钞》就未选北宋理学家诗。四库馆臣言："是编(《宋诗钞》)以宋诗选本丛杂，因搜罗遗集，共得百家，其本无专集及有集而所选不满五首者，皆不录。"①可见北宋理学家诗歌创作数量少，未成专集，是民间选本不选北宋理学家诗的一个主要原因。另外，民间视角中北宋理学诗乃诗歌一厄也是一重要原因，南宋人严羽就说"诗而至此，可谓一厄"(《沧浪诗话·诗辩》)，所以官方与民间视角的差异性导致御制选本与民间选本在选或不选北宋理学家诗的问题上产生了差别。

第二节　南宋理学家文章的缺选

　　南宋理学家编纂诗文选本除了普遍不录北宋理学家诗外，还普遍不选南宋理学家文。我们翻阅一些南宋理学家所编诗文选本就会发现这些选本更多的是编选唐宋八大家文，其中的宋六家均是北宋人，而南宋人尤其是南宋理学家竟然普遍不入选。虽然从《文选》开始，就形成了不选同时代在世者作品的传统，则南宋理学家编纂诗文选本不选同时代理学家文章倒情有可原，但南宋非理

---

　　①　(清)永瑢等《四库全书总目》卷一百九十，北京：中华书局，1965年，第1731页。

学家所编选本却热衷编选南宋理学家的文章,这是一个明显的不同点,值得深入探讨。

一、文道分离思想下的缺选

　　南宋理学家编纂诗文选本在选文上有两个共同特点,其一是基本都选录北宋人的文章,且选唐代韩愈、柳宗元二人的文章较多,其二就是南宋理学家编纂诗文选本普遍不选南宋理学家的文章。

　　选录文章的南宋理学家所编诗文选本有林之奇的《观澜文集》,朱熹的《欧曾文粹》,吕祖谦的《古文关键》、《宋文鉴》,真德秀的《文章正宗》、《续文章正宗》,楼昉的《东汉诏令》、《迂斋古文标注》(又称《迂斋标注古文》,明人将其改名为《迂斋标注诸家文集》)、《崇古文诀》,汤汉的《妙绝古今》和谢枋得的《文章轨范》,这些文章选本按未选南宋理学家文的原因形成两种类别:

　　第一类是因时代限制或是编选文章时限的限制而未选南宋理学家文的选本,如林之奇的《观澜文集》、吕祖谦的《宋文鉴》、朱熹的《欧曾文粹》和楼昉的《东汉诏令》。

　　林之奇是南宋初期理学家,他编《观澜文集》时大约是在宋高宗绍兴二十一年(1151)至绍兴二十六年之间,这时有名的南宋理学家还是刚出茅庐的年轻人,与林之奇相比纯属晚辈,如朱熹是高宗建炎四年(1130)出生,张栻是高宗绍兴三年出生,林之奇的学生吕祖谦是高宗绍兴七年出生,林之奇作为长辈编选文章,自然不会选录晚辈的文章,故《观澜文集》的选文年代下限也只能定在北宋末年。

　　《宋文鉴》是在江钿的《圣宋文海》基础上编定的,《圣宋文海》的选文范围是北宋初至南渡之前,宋孝宗要求吕祖谦在此选本的基础上校正,则《宋文鉴》的选文范围不可能涉及南宋而有违圣意。

　　《欧曾文粹》已明确说明只选北宋人欧阳修、曾巩文章,这自然不涉及南宋文章。而《东汉诏令》的编选缘由是续《西汉诏令》,在选文的时间范围上早已有严格的限制,不可能选南宋理学家文。

　　所以以上四种选本不选南宋理学家文是有着客观原因的,其中并不涉及两宋文孰优孰劣的文学批评理论问题。

　　第二类是南宋理学家在文统与道统分离思想影响下形成的不选南宋理学家文章的选本。文统与道统的观念萌生于中唐古文运动中的韩愈、柳宗元,起初所谓"道统"一般都是归为尧舜儒家之道,所谓"文统"一般是指儒家经典,如韩愈在《进学解》中提到的学习写作的书目就包括《尚书》、《春秋》、《左传》、《易》、《诗经》等儒家经典。柳宗元对"文统"的看法也是限于儒家经典,他在《杨评事文集后序》中说:"文有二道:辞令褒贬,本乎著述者也;导扬讽谕,本乎比兴者也。著述者流,盖出于《书》之谟、训,《易》之象、系,《春秋》之笔削,其要在于高壮广厚,词正而理备,谓宜藏于简册也。比兴者流,盖出于虞、夏之咏歌,殷、周之风雅,其要在于丽则清越,言畅而意美,谓宜流于谣诵也。"①其中"殷周之风雅"指的就是《诗经》,所以"文统"与"道统"在产生之初的特点是文道未分,统一于儒家六经之中。直到北宋初年,文道统一的观念也未改变,柳开在《应责》中就说:"吾之道,孔子、孟柯、扬雄、韩愈之道,吾之文,孔子、孟柯、扬雄、韩愈之文也。"(《河东先生集》卷一)当然在北宋初

————————

①　(唐)柳宗元《柳宗元集》卷二十一,北京:中华书局,1979 年,第 579 页。

期文道统一观念之下,道与文的地位是不一样,道一般作为文之根本,孙复就说:"夫文者,道之用也;道者,教之本也……是故《诗》、《书》、《礼》、《乐》、《大易》、《春秋》之文也,总而谓之经者,以其终于孔子之手,尊而异之尔。斯圣人之文也,后人力薄不克以嗣,但当左右名教夹辅圣人而已。或则列圣人之微旨,或则摘诸子之异端,或则发千古之未寤,或则正一时之所失……虽其目甚多,同归于道,皆谓之文也。"①文归于道,文以载道,文是道的工具,这是北宋文道统一思想的基础。

但是,文统与道统后来分离,亦是不争的事实。张毅先生说:"在朱熹之前,儒家的道统与文统是一致的,道统中的圣贤,同时也就是文统里的作家。但朱熹之后,宋儒以程、朱等人为新道统,以韩、柳、欧、苏等人为新文统,学宗程、朱而文摹欧、苏,以古文家的文法阐述理学家的义理,有余力而顾及辞章,成为南宋后期士人文章写作的一般情形。这样一来,道统与文统遂成二水分流之势,貌合而神异。"②张先生将文道分离的时间划定在朱熹之后,但南宋当时人却将其定于北宋哲宗时期,南宋后期人吴子良在《筼窗集·续集序》中说:"自元祐后,谈理者祖程,论文者宗苏,而理与文分为二。"元祐时期人毕仲游总结当时世人文道观的话能佐证吴子良的观点,毕仲游在《文议》中说:"世之谓文者,不系于德;谓德者,不系于文。"(《西台集》卷五)所以,文统与道统的分离时间是从北宋元祐时开始产生的,这样带来的直接结果就是文统的独立,人们可以分论文道,或只论文不涉及道,而不必陷于文道孰为本末的争论

---

① (北宋)孙复《答张洞书》,《孙明复小集》,文渊阁《四库全书》本。
② 张毅《宋代文学思想史》,北京:中华书局,2006年,第212—213页。

之中。

　　于是,在文统与道统分离的宋代文学思想影响之下,南宋理学家编选的文章选本不选南宋理学家文而只选韩、柳、欧、苏等中唐和北宋人的文章则就是情理之中的事了。因为从道统方面而论,儒家先哲及北宋理学家可称为道统正宗;从文统方面而言,中唐和北宋人的文章更被南宋人推崇,视为文统正宗。然而,南宋理学家的文章在文统与道统两方面都不被看重,故而南宋理学家编的古文选本便更多倾向于编选韩、柳、欧、苏之文,而非南宋理学家文,吕祖谦编的《宋文鉴》、《古文关键》就是很好的例子。只选北宋文的《宋文鉴》,其选文数量最多的是苏轼、欧阳修二人(苏轼163篇,欧阳修133篇),《古文关键》卷首《看古文要法》首句也说:"学文须熟看韩、柳、欧、苏。"显然,吕祖谦是在道统与文统分离思想之下选取作家的,吕祖谦在《看古文要法》中还说:"以上评韩、柳、欧、苏等文字,说斋先生唐仲友常以此说诲人。"可见吕祖谦所举文统中的文宗在当时是被认可的,而这也是南宋普遍的文统观念。

　　真德秀的《文章正宗》和《续文章正宗》也有着明显的文道分离思想的痕迹,这是真德秀以朱熹之言为准编纂选本的缘故。朱熹在《答巩仲至书》中提出了诗有三等的观点,他说:"盖自《书》传所记,虞夏以来,下及魏、晋自为一等;自晋、宋间颜、谢以后,下及唐初自为一等;自沈、宋以后,定著律诗,下及今日,又为一等。"又说:"尝妄欲抄取经史诸书所载韵语,下及《文选》汉魏古词,以尽乎郭景纯、陶渊明之所作,自为一编,而附于《三百篇》、《楚辞》之后,以为诗之根本准则;又于其下二等之中择其近于古者,各为一编,以为之羽翼舆卫。其不合者则悉去之。"(《晦庵集》卷六十四)可见朱熹是将《诗经》、《楚辞》及"虞夏以来,下及魏、晋"的诗歌作品作为

诗之根本,其他朝代的诗作中近于古者才为羽翼,这显然是朱熹道
统与文统分离思想的另外一种形式的表述(朱熹曾明言:"文是文,
道是道。"[《朱子语类》卷一百三十九])。而真德秀在《〈文章正宗〉
纲目》中说:"盖魏、晋以降,文辞猥下,无复深纯温厚之指,至偶俪
之作兴而去古益远矣。"真德秀对于魏、晋之后文章的轻视与朱熹
将魏、晋之后诗歌划为二等、三等的思想是一致的,并且真德秀还
明言《文章正宗》诗歌部分就是按朱熹《答巩仲至书》中的观点编选
的。所以《文章正宗》诗文去取的标准要从文道分离的角度考虑。

　　真德秀对代表辞命、议论、叙事、诗赋四类文艺体裁的儒家经
典推崇备至,他在《〈文章正宗〉纲目》中说:"学者欲知王言之体,当
以《书》之诰、誓、命为祖。"即是以《尚书》为辞命之祖,又说:"议论
之文……大抵以六经、《语》、《孟》为祖。"至于叙事和诗赋,真德秀
认为分别以《尚书》、《史记》和《诗经》、《楚辞》为源头,而这些经典
源头,《文章正宗》是不选的,因真德秀认为"不当与后世文辞同录"
(《〈文章正宗〉纲目》),即将六经与后世文辞裂分为二,而二者的关
系其实就是道统与文统的关系。六经承载着道统的使命,后世文
辞则以文法示人门径。这一观念在《〈文章正宗〉纲目》中体现得非
常明显,如《文章正宗》议论部分,真德秀在《〈文章正宗〉纲目》中
说:"学者之议论,一以圣贤为准的,则反正之评,诡道之辩,不得而
惑;其文辞之法度,又必本之此编(《文章正宗》),则华实相副,彬彬
乎可观矣。"也就是说,学习议论文者要"以圣贤为准的",即是以议
论文之祖六经、《语》、《孟》为准的,而《文章正宗》议论部分所选文
辞包括"《春秋》内外传所载谏争论说之辞"只是示人以法度,这分
明是将儒家经典与后世文辞分别视为道统与文统的承载。至于
《文章正宗》叙事部分文章的选取思想同样如此,该部分"独取《左

氏》《史》《汉》叙事之尤可喜者,与后世记序传志之典则简严者,以为作文之式,若夫有志于史笔者,自当深求《春秋》大义,而参之以迁、固诸书,非此所能该也"(《〈文章正宗〉纲目》)。总之,真德秀将《文章正宗》中所选的后世文辞视作"文辞之法度""作文之式",学文者还需将此与六经等儒家经典结合学习,可见真德秀文道二分的思想。

从以上分析可知,真德秀推崇的文统与吕祖谦一样,都是韩、柳、欧、苏,因《文章正宗》除了大量选取先秦两汉文之外,还选了韩愈、柳宗元两位唐代古文作家,《续文章正宗》全部选的是北宋作者,其中欧阳修、曾巩、苏轼、王安石四人选文最多,都在 40 篇以上,其余者如苏辙 15 篇,苏洵 4 篇。从所选作者来看,已基本囊括了后世推崇的唐宋八大家,可见这些人的文章在真德秀看来是称得上"文辞之法度""作文之式"的,而真德秀推崇的道统则是儒家经典,这样一来,南宋人尤其是南宋理学家文章的地位在真德秀心目中自然是不高的,不被编选也就顺理成章了。

二、南宋理学家所编诗文选本中道统的代表

儒家经典在南宋理学家眼里绝对是道统的代表,但诗文选本是不能编选儒家经典的,南宋理学家于是便编选接续孔孟道统之传的作品,这样给人的印象便是南宋理学家的诗文选本与儒家之道有某种必然的关联,那在这些选本中代表道统的作品是哪些呢?

楼昉受业于吕祖谦,"因其师说推阐加密"(《四库全书总目》卷一百八十七),编成《崇古文诀》,其所选古文家范围比《古文关键》

扩大,不仅包含韩、柳、欧、苏等文宗之人的文章,亦选有北宋理学家程颐的文章,和两宋之际的理学家胡寅、胡宏、胡铨三人的文章①。这里需要说明一点的是,中国哲学界一般都将胡寅、胡宏、胡铨划入南宋理学家,如侯外庐等编的《宋明理学史》、陈来编的《宋明理学》均视胡宏为南宋理学家,但笔者以为,胡寅、胡宏、胡铨严格上来讲其实都是南渡之人,胡寅生于 1098 年,距北宋灭亡还有 20 多年;胡宏生年不详,但基本上也是 1102 至 1106 年之间,距北宋灭亡也有 20 年时间;胡铨生于 1102 年。其中胡寅、胡宏分别卒于宋高宗绍兴二十六年(1156)和绍兴三十一年(1161),即在南宋初就去世了,故将此二人归入南宋理学家行列稍嫌勉强。

《崇古文诀》选取北宋及两宋之际理学家文章的原因,陈振孙在《迁斋先生标注〈崇古文诀〉序》中有所探讨:

> 振观公(楼昉)之去取,至于伊川先生(程颐)讲筵二疏,与夫致堂、澹斋(疑为"庵"字)二胡公(胡寅、胡铨)所上高庙书,彼皆非薪以文著者也,而顾有取焉。毋亦道统之传接续孔孟,忠义之气贯通神明,殆所谓有本者非耶? 然则公之是编,岂徒文而已哉! 昔之论文者曰文以气为主,又曰文者贯道之器也,学者其亦以是观之,则得所以为文之法矣。(《皕宋楼藏书志》卷一百一十四)

文中所谓"伊川先生讲筵二疏""二胡公所上高庙书"分别是指程颐

---

① 《崇古文诀》选有胡寅《上皇帝万言书》(卷三十三),《论遣使札子》、《再论遣使札子》、《沣州谯门记》(以上卷三十四);胡宏《假陆贾对》(卷三十五);胡铨《上高宗封事》(卷三十五)。

的《论经筵第一、二札子》、胡寅的《上皇帝万言书》和胡铨的《上高宗封事》，这些文章并不以文名著称，即不符合文统的要求，而《崇古文诀》却取焉，原因在陈振孙看来是因为这些文章是"道统之传"。不仅陈振孙有这种想法，当时人对《崇古文诀》选文的看法也与陈振孙一样。南宋人姚珤在《〈崇古文诀〉跋》中说：

> 文者，载道之器。古之君子非有意于为文，而不能不尽心于明道，故曰："辞达而已矣。"能达其辞于道，非深切著明，则道不见也，此文之有关键，非深于文者，安能发挥其蕴奥而探古人之用心哉。

姚珤认为文之关键是能发挥文之蕴奥，即"道"，姚珤在《〈崇古文诀〉跋》中阐发这样一种思想，无非就是认同《崇古文诀》在选文上注重编选"达其辞于道"的文章。既然当时人都认为《崇古文诀》在选文上有重道的倾向，那楼昉在选文时是否真有其意呢？

楼昉在评价苏轼《徐州莲华漏铭》时说："坡公最长于物理上推测到义理，精微处妙于形容，而引归吏身上尤佳。"（《崇古文诀》卷二十五）可见楼昉选取苏轼此文，最看重的是该文能"推测到义理"。在评价《大悲阁记》时说："观此文如生蛇活龙，不惟义理通彻，亦是佛书精熟之故。"（同上）这里的"义理"按楼昉的意思自然是指儒家而非佛家之义理。由此可看出，楼昉在编选文宗如苏轼的文章时也是非常注重以儒家义理为编选标准的，那他编选北宋理学家的文章时自然更应倾向于"道统之传"的选文标准了，而《崇古文诀》只选有北宋理学家的文章，未选南宋理学家甚至是他老师吕祖谦的文章，那么我们就有理由相信，在楼昉的思维世界里北宋理学家的文章具备"道统之传"的色彩,是道统的代表。

刘克庄评价《崇古文诀》时说:

> 本朝文治虽盛,诸老先生率崇性理,卑艺文。朱主程而抑苏,吕氏《文鉴》去取多朱氏意。水心叶氏又谓洛学兴而文字坏。二论相反,后学殆不知所适从矣。至迂斋则逐章逐句,原其意脉,发其秘藏,与天下后世共之。惟其学之博,心之之(后一"之"字疑为衍字)平,故所采掇,尊先秦而不陋汉、唐,尚欧、曾而并取伊洛,矫诸儒相友(疑为"反"字)之论,萃历代能言之作,可以扫去《粹》、《选》,而与《文鉴》并行矣。(《后村先生大全集》卷九十六《〈迂斋标注古文〉序》)

朱熹作为南宋"诸老先生"的代表"主程抑苏",即推崇北宋理学家而卑文宗,这是刘克庄对当时"二论相反"即文统与道统分离状况的一个概括,他认为楼昉《崇古文诀》的优点是兼包并蓄,"尚欧、曾而并取伊洛"。当时南宋理学家的诗文选本恰恰普遍具有这一特点,上一节便提到过《观澜文集》、《宋文鉴》、《续文章正宗》编选北宋理学家文章的情况,这些选本除了编选北宋理学家文章,对于欧、曾这类艺文代表也如《崇古文诀》一样并取。那么《观澜文集》等南宋理学家诗文选本编选北宋理学家文章的原因应该也与楼昉一样,应该是看重了北宋理学家文章代表道统的性质。可能在南宋理学家看来同时代的理学家与北宋理学家相比不具有道统的代表性,不选其文也就必然了。

　　总而言之,文道分离的思想对于南宋理学家编纂诗文选本不选南宋理学家文起到了深刻影响,南宋理学家更多的是关注唐宋八大家文,因为他们的文章在南宋理学家看来代表了文统的正宗,并且由其文法还可探寻儒家义理,故而竞相树立其典范而忽视了本时代人的古文成就。其实在南宋后期,由于科举考试的影响,南宋理学家的文章一度被民间科试者所追捧,这一方面是因为理学在南宋后期成为正式官方思想,且渗入到科举考试内容之中,另一方面,南宋理学家文章本身也是有一定艺术成就的,在当时也是有一定地位的,所以下文将谈谈南宋民间对于南宋理学家文的接受,以探究南宋理学家编纂诗文选本对南宋理学家文的缺选对南宋民间坊本的影响。

三、缺选形成的影响

　　王兆鹏先生说:"文学选本,是一种特殊的批评方式,也是一种普遍的有效的传播方式。一般读者阅读作品,大多数是依据选本而不是作家的别集。选本的传播影响力,大于别集的传播。而选本,既然是选择,就有淘汰,因而选本既具有彰显与强化的功能,也有遮蔽与埋没作品的可能。"[①]但笔者认为选本这种遮蔽与埋没作品的功能几乎是不存在的,因为选本很难做到完全不选某类作品,就如南宋理学家选本不选南宋理学家文,但这并未遮蔽住南宋理学家文的传播,相反却给他人的编选留下了空间,这可以看成是南

---

　　① 　王兆鹏《中国古代文学传播方式研究的思考》,《文学遗产》2006 年第 2 期,第16 页。

宋理学家编纂诗文选本缺选的一种正面影响。

　　南宋理学家如朱熹、吕祖谦、张栻、陈亮等的散文创作在南宋还是很有影响的,陈亮就称赞吕祖谦的文章,《薛常州墓志铭》说:"布置有统,纪载有法,精粗本末,一般说去。正字(吕祖谦)虽不以文自名,近世名能文者要何能如此?"①在南宋人陈亮看来,当时能文者都不如吕祖谦,这种评价则是相当的高了。而陈亮的文章也被当时人所称赞,南宋人乔行简说:"(陈亮)其遗文为世所重,其渊微英特之论,雄迈超脱之气,由晋、宋、隋唐以后自成一家。"②不仅当时世人重陈亮文,陈亮自己对其文也颇为自负,他自称:"人中之龙,文中之虎。"(《陈亮集》卷十《自赞》)可见南宋理学家的散文创作成就在当时是一个不容忽视的文学现象。而后世,随着理学思想的官方化,人们对南宋理学家的文章更是称赞有加,元人虞集在《庐陵刘桂隐存稿序》中说:

　　　　乾(道)、淳(熙)之间,东南之文相望而起者,何啻十数。若益公(周必大)之温雅,近出于庐陵(欧阳修);永嘉诸贤,若季宣(薛季宣)之奇博,而有得于经,正则(叶适)之明丽,而不失其正,彼功利之说,驰骋纵横其间者,其锋亦未易婴也。文运随时而中兴,概可见焉。然予窃观之朱子(朱熹)继先圣之绝学,成诸儒之遗言,固不以一艺而成名。而义精理明,德盛仁熟,出诸其口者,无所择而无不当。本治而末修,领挈而裔

---

　　①　(南宋)陈亮《与吕伯恭正字》,邓广铭点校《陈亮集》增订本卷二十七,北京:中华书局,1987年,第320页。

　　②　(南宋)乔行简《奏请谥陈龙川札子》,邓广铭点校《陈亮集》增订本附录,北京:中华书局,1987年,第546页。

委,所谓立德立言者,其此之谓乎? 学者出乎其后,知所从事
而有得焉,则苏、曾二子望欧公而不可见者,岂不安然有拱足
之地,超然有造极之时乎? (文渊阁《四库全书》本《道园学古
录》卷三十三)

虞集对南宋孝宗时期即南宋前后交替时期的散文创作史作了一
个总结性的评述,其中论述最多的还是永嘉学派和朱熹这群理
学家的散文创作,其中尤以朱熹之文的成就被赞最大,也被后人
最为看重,清人洪亮吉就曾说:"南宋之文,朱仲晦大家也;南宋
之诗,陆务观大家也。"(《北江诗话》卷三)此将理学家与文学家
的诗文创作相提并论,足见后人对朱熹散文创作的成绩是极为
肯定的。

　　然而,南宋理学家的文章在南宋选本中却不多见,据笔者所
知,较早选录南宋理学家文章的选本是《圈点龙川水心二先生文
粹》,该集编纂者不详,却专门编选了陈亮、叶适两位南宋理学家的
文章,这在南宋选本编纂史上可谓是一创举,因为在此之前以及同
时代产生的文章选本中,还未见选有南宋理学家文章的选本,这从
本文附录部分《宋代诗文选本书目便检表》中就可以看出来。此选
本产生于宋宁宗时代,而之前的南宋文章选本多选北宋人文章,其
中专选三苏文的选本就有 7、8 种之多,同时期或稍后产生的南宋
理学家所编诗文选本正如上文提到的也是多选包括三苏在内的唐
宋八大家文,可以说在《圈点龙川水心二先生文粹》产生的南宋后
期,是无人注意编选南宋理学家文章的,尽管当时人对南宋理学家
文章推崇有加。

　　南宋理学家文的广泛编选是从宋理宗时期开始的,目前知道

有四部选有南宋理学家文的选本，分别是《十先生奥论》四十卷、《四家四六》、《二十先生回澜文鉴》二十卷、《古文真宝》十卷，其中《十先生奥论》"集程子、张耒、杨时、朱子、张栻、吕祖谦、杨万里、胡寅、方恬、陈傅良、叶适、刘穆元、戴溪、张震、陈武、郑湜诸人所作之论"（《四库全书总目》卷一百八十七），南宋理学家就包括朱熹、张栻、吕祖谦、杨万里、陈傅良、叶适等；《二十先生回澜文鉴》据上文引述的清人丁丙《善本书室藏书志》卷三十八中的内容知，前集选有南宋理学家林之奇、朱熹、张栻、吕祖谦、杨万里等，后集选有南宋理学家陈傅良、陈亮、叶适等；《四家四六》选有南宋理学家刘克庄的四六文；《古文真宝》前集选有谢枋得的文章。除了《古文真宝》知道编纂者为黄坚外，前三种选本均不刊刻编纂者姓氏，其编纂者的身份大约是平民或者是书商，从编纂者身份这一方面可看出，当时随着宋理宗推崇理学以及理学官方化的进程，民间书坊是最早开始注意编选南宋理学家文章的。下面以比较容易见到的《十先生奥论》为例来谈谈当时南宋民间非理学家对南宋理学家文的接受及其编选意图。

（一）编纂体例

《十先生奥论》现仅见文渊阁《四库全书》本，四库馆臣谓该集"不著编辑者名氏，亦无刊书年月。验其板式，乃宋时建阳麻沙坊本也"（《四库全书总目》卷一百八十七）。则该集为民间书商编辑，书商刻书的目的是为盈利，其编选的内容自然要符合广大读者的普遍口味才会有销路，所以该集能够反映南宋后期当时人对南宋理学家文的期待视野，这从《十先生奥论》的编纂体例中可以看出来，以下对其进行归纳总结。

　　《十先生奥论》分前集、后集、续集三部分，每集十五卷，但续集卷一至卷五阙，所以目前《十先生奥论》共有四十卷。其中前集选文共 72 篇，吕祖谦 5 篇，杨万里 9 篇，胡寅 5 篇，方恬 9 篇，陈傅良27 篇，叶适 5 篇，刘穆元 2 篇，戴溪 5 篇，张震 5 篇；后集选文共 96篇，朱熹 2 篇，程颐 1 篇，张耒（文潜）2 篇，胡寅 8 篇，张栻 9 篇，陈傅良 32 篇，杨时 10 篇，杨万里 14 篇，戴溪 8 篇，叶适 10 篇；续集选文共 52 篇，吕祖谦 13 篇，陈傅良 16 篇，陈武 6 篇，叶适 10 篇，郑湜 7 篇。由此可知，《十先生奥论》前、后、续三集共选文 220 篇，所选作者数不止"十先生"，而是一共 16 位先生，其按选文数量多寡排列为：陈傅良 75 篇、叶适 25 篇、杨万里 23 篇、吕祖谦 18 篇、胡寅 13 篇、戴溪 13 篇、杨时 10 篇、方恬 9 篇、张栻 9 篇、郑湜 7篇、陈武 6 篇、张震 5 篇、刘穆元 2 篇、朱熹 2 篇、张耒 2 篇、程颐1 篇。

　　由选本分前、后、续三集，以及所选作家数目与选本书名不符这两点来看，《十先生奥论》是一部不断被人递修的选本，但整个选本的编纂体例始终还是一致的，笔者将其总结为三条：

　　第一条是"以人为纲，以作品为目，按题材内容分卷编纂"。意思就是说《十先生奥论》首先是以作者为选择对象，选择好作者后再选择该作者的作品，选择作品时以类相从，选择一个作家的同一题材作品，标目后分卷。比如前集共选 9 位作家，然后对每一位作家的作品按题材选取 2 到 8 篇文章，并且每一作家的每一题材都标目取一名称，吕祖谦的为"历代圣君论"，杨万里的为"圣贤论""六经论"，陈傅良的为"古圣论""杂论"，戴溪的为"西汉论"，方恬的为"秦汉论"，最后将每位作家的作品各分为一卷。当然也有特例，那就是后集卷一"性理论"这一题材的作品中，选了朱熹、程颐、张耒三人的文章,并将此三人的文章划归为一卷之中,除此之外,其余卷次均是一个作家的文章作品即为一卷。

第二条编纂体例是"同一题目编选不同作家作品",即该选本倾向于选录不同作家的同题作品。如前集卷一选有吕祖谦"历代圣君论"五篇文章《尧舜》、《大禹》、《成汤》、《文王》、《武王》,而前集卷五及后集卷五选有陈傅良的同题作品,分别是前集卷五"古圣论"《伊尹》、《周公》、《尧舜》、《成汤》、《文王》,后集卷五"七圣论"《尧舜》、《禹》、《汤》、《武王》、《伊尹》、《周公》。除了论圣君这一题目之外,《十先生奥论》中论儒家典籍的同题异作也很多,如除了前集卷八选有杨万里"六经论"《易》、《礼》、《乐》、《书》、《诗》、《春秋》,前集卷十一还选有张震的"五经论"《易》、《礼》、《诗》、《书》、《春秋》,后集卷四还选有陈傅良的"五经论"《易》、《礼》、《诗》、《书》、《春秋》,后集卷十五还选有叶适的"五经论"。

第三条是"题注和文中注解"。《十先生奥论》前集卷四有一篇文章开始有题注,从卷八开始,全书绝大多数文章则有了题注和文中注解。该选本的题注用简短的数语解释所选文章的主旨大意,文中注解不是阐释字词的意思,而是围绕文中某句话的文意进行阐述。

(二) 南宋书坊对南宋理学家文章的接受特点

通过《十先生奥论》的编纂体例,我们可以看出《十先生奥论》是一本民间自编的教人学习理学家论说文的教科书,目的应该是为科举考试而编,四库馆臣就说此书"不出科举之学"(《四库全书总目》卷一百八十七),祝尚书先生也将《十先生奥论》归为宋代科举考试中策论类的考试用书①，这一点应是无疑的。也就是说，南宋后期人们对南宋理学家文的接受不是看重其散文创作的艺术水准，而仅仅是要学习其理学思想以备科举。

该选本所选篇目主要是宋代理学家的史论文，涉及范围包括尧舜禹古代帝王、秦汉魏晋臣子和儒家先贤和典籍，而碑志序记等文体，尤其是其中最能体现南宋理学家文学水平的记体文却没有被编选。记体文在宋代得到很大的发展，叶适就曾说："韩愈以来，相承以碑志序记为文章家大典册，而记，虽（韩）愈及（柳）宗元，犹未能擅所长也。至欧、曾、王、苏，始尽其变态。"②可见记体文是宋代成就较大的一种文体。《十先生奥论》不选记体文这类文艺散文文体，而只选论说文，说明该选本的功利性很强，因为试论是科举考试中重要的一科，宋初时"凡进士试诗、赋、论各一首"③，至南宋试论依然是科举考试中的一个环节。《十先生奥论》只选论说文体自然意在科举之业中博得更广大的销路，这从该选本选同题异作这一体例就能看出，因为这种编制体例能使人在一本书中就能看到不同的论说思路，扩宽了学习者的眼界，符合读者的购买期望。

以"五经论""六经论"为例，《十先生奥论》中这类同题异作最多，包括杨万里、张震、陈傅良、叶适四位南宋学者23篇文章（包括陈傅良《五经论序》、叶适《总论》），其中相同题目的文章，立意却不一样，现将《十先生奥论》中以论五经为题的文章题目原注题解列表如下：

---

① 祝尚书《宋代科举与文学考论》，郑州：大象出版社，2006年，第274页。
② （南宋）叶适《习学记言序目》，北京：中华书局，1977年，下册，第733页。
③ （元）脱脱等《宋史》卷一百五十五，二十四史简体字本，北京：中华书局，2000年，第43册，第2410页。

原 作 者 注 五经	杨万里	张 震	陈傅良	叶 适
诗	论圣人收天下之律	论中和	论宣民以言	论诗言周最详
书	论圣人形道之形	论三代之变	论君不敢自专	论常心
礼	论圣人示天下以可践	论性与礼俱生	论巽伏隐约之容	论其言说未具
易	论言不尽意	论穷理尽性至于命	论乾坤定君臣之分	论圣人以道易天下
春秋	论夫子之所以政	论夫子欲明王道也	论圣人之术穷	论圣人之终事

这四人中,杨万里、陈傅良、叶适是南宋著名的理学家,而张震在《宋史》中无传,《四库全书总目》卷一百八十七说他"字东父,益宁人,孝宗时中书舍人",从他对五经论性、论理的内容来看,这已是理学的范围了,故张震也应是位理学家。这四位南宋理学家的同题异作合编在一起,让人看到了一个论题的四种解说,效率是比较高的。所以同题异作的编纂体例其实是要教人写作,同时也是为了更有效地满足更广大的读者需求。

而南宋后期民间对这些理学之作的编选需求是与当时科举时文的理学化有关的,因为科举考试的评文标准也开始理学化。宋宁宗嘉定十二年(1219)九月二十七日,国子司业王棐进言:"臣谓当此大比(指科举考试),戒谕考官,悉心选取,必据经考古、浑厚典实、理致深纯、辨析该通、出于胸臆、有气概者,理胜文简为上,文繁理寡为下。"(《宋会要辑稿·选举》六之三二)此带有理学色彩的科举评文标准的奏章也被批准从之。加之，宋理宗淳祐元年（1241）"诏以周敦颐、张载、程颢、程颐、朱熹从祀（孔子），黜王安石"（《宋史》卷一百零五《礼志八》），将理学官方化，以致科举时文写作之风为之一变。周密在《癸辛杂识》后集《太学文变》中说："淳祐甲辰（淳祐四年，1244），徐霖以《书》学魁南省，全尚性理，时竞趋之，即可以钓致科第功名，自此非《四书》、《东西铭》、《太极图》、《通书》、语录不复道矣。"则宋理宗之后，科举时文涉及理学才能及第，故为科举而编的选本趋向编选理学家文章也是必然。其中又以语录最为士子所喜欢，因为语录数量多，又蕴含了丰富的理学思想，宋理宗宝庆二年（1226）进士罗大经就讲述了当时士子为学之状况："近时讲性理者，亦几于舍六经而观语录，甚者将程朱语录而编之。"（《鹤林玉露》卷六）《十先生奥论》所选理学家文章大多就是语录体，这正好符合举子们的需求。

可以说，南宋理学家未选同时代理学家的文章为南宋民间书商编选南宋理学家文留足了广阔的市场空间，对于南宋理学家文章的传播起到了间接的影响。

总结：南宋理学与选本之关系

理学与选本之间本没有什么关系，在一些理学家看来，甚至不应该有关系，张栻就批评吕祖谦编《宋文鉴》是"敝精神于闲文字中，徒自损，何益？如编《文海》（即《宋文鉴》），何补于治道？何补于后学？徒使精力困于翻阅"（《南轩集》卷二十四）。言外之意就是说理学家不应该编选本，然而还是有很多南宋理学家加入这种"敝精神于闲文字"的选本编纂活动之中，这就使得形而上的理学思想与形而下的文学载体之间发生了必然之关系，一方面是理学思想对选本编纂产生的影响，这是理学对文学的一种影响，另一方面是理学家为了编纂选本而往往做出一些与其往常言论相左的事情，这可看作是文学对理学影响的一种反拨。

一、理学思想借选本加以宣扬

南宋理学家编纂选本时，其理学思想已经潜移默化地影响到选本的编纂，诸如理学思想中的宇宙本体论，对选文标准的确定产生了影响。理学家讲究"理气"是世界的本源，二程就说"万物皆只是一个天理"（文渊阁《四库全书》本《二程遗书》卷二），这一观念是二程"自家体贴出来"的，故二程洛学才会被称为理学，南宋理学派学者基本是继承这一观念，林之奇就说："天道即天理也。"（《拙斋文集》卷一）既然在理学家看来天理是世界本源，那如何感知这天理呢？林之奇提出要靠"心闻"，他说："夫子之言性与天道不可得而闻，盖文章可以耳闻，而性与天道要在以心闻而不可以耳闻也。"（同上）心闻天理之后，所发之言即为天理了，这其实就是"有德者必有言"观念的一个理论基础。林之奇的学生吕祖谦进一步阐发了这种观念，吕祖谦说："人言之发，即天理之发也；人心之悔，即天意之悔也；人事之修，即天道之修也。"（文渊阁《四库全书》本《左氏博议》卷十二）这是将人与天理合二为一了，不过吕祖谦所谓的"人"主要还是指圣人，他就说过："一理流通，天与圣人本无间。"（《增修东莱书说》卷十二）故而编纂选本的南宋理学家基本是以圣人编修过的儒家经典作为自己选文的标准，并将文章的源头追溯至先秦典籍，如《观澜文集》将文章源头追溯到《商颂》，认为后世文章"无非繇《商颂》而入者也"（《观澜集后序》），《文章正宗》将文章之源追溯到先秦儒家经典，包括《尚书》和《诗经》，这些其实都是理学中本体论思想的一种表现。

　　虽然南宋理学家编纂诗文选本也如《文选》一般不录儒家经典，但本质上的差别还是能一眼看出的，《文选》虽也尊经，但不以儒家经典作为文章本源，也不以儒家经典作为选文的标准，而南宋理学家受本体论思想的影响，他们在编选本时普遍以儒家经典作为文章"源流之正"，后世文辞符合"源流之正"者才加以选录，即所谓"体本乎古"（《〈文章正宗〉纲目》）是也，这就是《文选》类非理学家所编选本与南宋理学家所编诗文选本的一大区别，产生的原因是后者具有了一种理学之思，而前者仅仅是从文章批评的角度选录作品的。

当然,理学家选本之所以能使中国古代传统的总集"遂判两途""别出谈理一派"(《四库全书总目》卷一百八十六),其原因除了以上所述受本体论思想的影响外,还有就是南宋理学家所编诗文选本中的选文体现了理学中的一些概念范畴。例如"德",《左传》中有很多篇章阐发了"德"这一儒家传统哲学范畴,《观澜文集》、《文章正宗》、《妙绝古今》对这类阐发"德"的《左传》文章进行编选,无疑凸显了"德",间接地宣扬了理学思想。例如《文章正宗》卷一辞命二首篇选的是《左传》僖公四年的文章,取篇名《楚屈完对齐侯》,这是一篇名作,其内容是齐侯伐楚,前期楚国派出的谈判代表在回应齐国管仲伐楚的理由时,言辞傲慢无礼,遂致诸侯之师进次于陉,后来楚国派出屈完前去谈判,屈完以"君若以德绥诸侯,谁敢不服"的言论,使诸侯国与楚国签下盟约。《文章正宗》中像这样的文章选录了很多,篇幅不长,但表达"德"的意图却非常直接,如此很容易让读者感知选家的用意及选家所推崇的思想。

二、选本编纂对理学思想的反拨

我们可以看到,南宋理学家为了编纂选本有时并不会以自己原先的理学观念为依据,也就是说,在编纂选本的过程中会修正自己原先的理学思想,这是理学与选本的一种辩证关系。

南宋理学家以教学为目的而编纂的诗文选本中,有一些是为士子考科举而编的,但理学家基本上是反对科举的,虽然有一些理学家参加了科举考试,但对科举的看法仍然是不好的。例如吕祖谦,他曾中博学宏词科,这在南宋科举考试中是非常大的成就,然而吕祖谦还是这样评价科举："科举之习，于成己成物，诚无益。"（《与朱侍讲元晦》，《东莱集》别集卷七）这在南宋理学家中是一普遍现象，就拿朱熹而言，他对科举的看法同样持矛盾的观点，朱熹一方面说："科举之业，伎俩愈精，心术愈坏，盖不如不教。"（《答詹帅书》，《晦庵集》卷二十七）但另一方面又说："科举文字固不可废。"（《答陈肤仲》，《晦庵集》卷四十九）尽管南宋理学家对科举有着矛盾的心理，但在为士子编纂科举选本的问题上，最终还是改变了原先视科举无益的观念。当然，这种改变是被现实环境所迫，朱熹就说："科举累人不浅，人多为此所夺。但有父母在，仰事俯育，不得不资于此，故不可不勉尔。"（《朱子语类》卷十三）现实的需要，使得士子不得不参加科举，理学家也不得不承认参加科举的必要，于是便有了不教科举就无人来听课的现状，吕祖谦曾说："今年缘绝口不说时文，门前绝少人迹，竹树环合，大似山间。"（《东莱集》别集卷十）他在《与朱侍讲元晦》中还说："闾巷士子舍举业，则望风自绝，彼此无缘相接，故开举业一路，以致其来。"（《东莱集》别集卷七）现实环境迫使吕祖谦非教授科举不可，而为教授科举又不得不编科举选本，如此一来，则吕祖谦不再坚持科举无益的观念，编纂了一部古文选本《古文关键》，遂成后世习举业的范本。

南宋理学家为编选本而修正自己原有的理学观念，还有一个例子就是朱熹编《南岳唱酬集》。本来朱熹是秉承二程不作诗之意，但宋代有着浓厚的唱和诗创作的风气，每每创作完后就要将诗作编集起来成一部诗歌选本，这已成为一种传统，理学家们也难以脱俗，尤其是诗兴大发之时，朱熹自己就说："自岳宫至楮州，凡百有八十里，其间山川林野，风烟景物，视向来所见，无非诗者。"（《南岳游山后记》，《晦庵集》卷七十七）如此一来便要写诗，不过这就与

理学家视诗歌为"闲言语"的思想产生了矛盾,朱熹是如何解决这个矛盾的呢?朱熹是这样回护的:

> 熹谂于众曰:"诗之作,本非有不善也,而吾人之所以深惩而痛绝之者,惧其流而生患耳,初亦岂有咎于诗哉!然而今远别之期,近在朝夕,非言则无以写难喻之怀。然则前日一时矫枉过甚之约,今亦可以罢矣。"皆应曰:"诺。"既而,敬夫(张栻)以诗赠吾三人(朱熹、范令德、林用中),亦各答赋以见意。①

从中可知,朱熹先前曾做过不写"深惩而痛绝"之诗的约定,但后来又认为是"矫枉过甚之约",遂而作罢。既然如此,则朱熹与另外三人完全抛开了理学思想的束缚,开始尽情地创作赠答唱和之诗,最后"经行上下数百里,景物之美,不可殚叙。间亦发于吟咏,更迭唱酬,倒囊得百四十有九篇,虽一时之作不能尽工,然亦可以见耳目所历,与夫兴寄所托,异日或有考焉。乃衰而录之"(张栻《南岳唱酬序》,《南轩集》卷十五)。可见就连南宋理学家张栻也将这次唱和之作的编选看成是"耳目所历"与"兴寄所托"的凭证,而非"深惩而痛绝之者",并且也不怕他们的唱和选本"流而生患",与原先的观念截然相反了,这不得不说是选本的编纂对理学思想的一种反拨。

---

① (南宋)朱熹《南岳游山后记》,《晦庵集》卷七十七,文渊阁《四库全书》本。

参 考 文 献

分古代典籍与今人著述两类,古代典籍以经、史、子、集为序,今人论文从略。

以文献名首字音序排列。

一、古代典籍

经

《四书章句集注》,(南宋) 朱熹集注,北京:中华书局,1983 年。

《左传》,《十三经注疏:整理本》,北京:北京大学出版社,2000 年。

史

《建炎以来朝野杂记》,(南宋) 李心传撰,徐规点校,北京:中华书局,2000 年。

《建炎以来系年要录》,(南宋) 李心传撰,文渊阁《四库全书》本。

《郡斋读书志校证》,(南宋) 晁公武撰,孙猛校证,上海:上海古籍出版社,1990 年。

《四库全书总目》,(清) 永瑢等撰,北京:中华书局,1965 年。

《宋元学案》,(明) 黄宗羲原著,(清) 全祖望补修,陈金生、梁运华点校,北京：中华书局,1986 年。

《隋书·经籍志》,(唐) 魏征等撰,《隋书》第四册,北京：中华书局,1973 年。

《直斋书录解题》,(南宋) 陈振孙撰,文渊阁《四库全书》本。

《直斋书录解题》,(南宋) 陈振孙撰,徐小蛮、顾美华点校,上海：上海古籍出版社,1987 年。

子

《近思录》,(南宋) 朱熹、吕祖谦撰,严佐之导读,上海：上海世纪出版集团,2010 年。

《文史通义校注》,(清) 章学诚撰,叶瑛校注,北京：中华书局,1994 年。

《习学记言序目》,(南宋) 叶适撰,北京：中华书局,1977 年。

《校雠通义通解》,(清) 章学诚著,王重民通解,上海：上海古籍出版社,1987 年。

《朱子语类》,(南宋) 黎靖德编,王星贤点校,北京：中华书局,1986 年。

集

别集

《陈亮集》增订本,(南宋) 陈亮著,邓广铭点校,北京：中华书局,1987 年。

《东莱吕太史文集》,(南宋) 吕祖谦著,《吕祖谦全集》第一册,黄灵庚、吴战垒主编,杭州：浙江古籍出版社,2008 年。

《二程集》,(北宋)程颢、程颐著,北京:中华书局,1981 年。

《后村先生大全集》,(南宋)刘克庄著,《四部丛刊》本。

《晦庵先生朱文公文集》,(南宋)朱熹著,《朱子全书》第 20—25 册,朱杰人、严佐之、刘永翔主编,上海:上海古籍出版社,合肥:安徽教育出版社,2002 年。

《南轩集》,(南宋)张栻著,文渊阁《四库全书》本。

《苏轼文集》,孔凡礼点校,北京:中华书局,1986 年。

《西山先生真文忠公文集》,(南宋)真德秀著,《四部丛刊》本。

《拙斋文集》,(南宋)林之奇著,文渊阁《四库全书》本。

总集

《崇古文诀》,(南宋)楼昉编,文渊阁《四库全书》本。

《东涧先生妙绝古今文选》,(南宋)汤汉编,《中华再造善本》,北京:北京图书馆出版社,2005 年。

《东莱标注三苏文集》,(南宋)吕祖谦编,黄灵庚、吴战垒主编《吕祖谦全集》第十一册,杭州:浙江古籍出版社,2008 年。

《东莱集注观澜文集》,(南宋)林之奇编,黄灵庚、吴战垒主编《吕祖谦全集》第十册,杭州:浙江古籍出版社,2008 年。

《分门纂类唐宋时贤千家诗选校证》,(传为)刘克庄编集,李更、陈新校证,北京:人民文学出版社,2002 年。

《古文关键》,(南宋)吕祖谦编,黄灵庚、吴战垒主编《吕祖谦全集》第十一册,杭州:浙江古籍出版社,2008 年。

《皇朝文鉴》,(南宋)吕祖谦编,黄灵庚、吴战垒主编《吕祖谦全集》第十二、十三、十四册,杭州:浙江古籍出版社,2008 年。

《濂洛风雅》,(元)金履祥编,《四库全书存目丛书》集部第 289

册,济南：齐鲁书社,1997 年。

　　《十先生奥论》,南宋无名氏,文渊阁《四库全书》本。

　　《宋朝诸臣奏议》,(南宋)赵汝愚编,北京大学中国中古史研究中心校点整理,上海：上海古籍出版社,1999 年。

　　《唐人选唐诗(十种)》,(唐)元结等编,上海：上海古籍出版社,1958 年。

　　《唐宋八大家文钞》,(元末明初)朱右,文渊阁《四库全书》本。

　　《文编》,(明)唐顺之编,文渊阁《四库全书》本。

　　《文章轨范》,(南宋)谢枋得编,文渊阁《四库全书》本。

　　《文章正宗》,(南宋)真德秀编,文渊阁《四库全书》本。

　　《新雕圣宋文海》,(北宋)江钿编,宋刻本(残存六卷),《宋集珍本丛刊》第九十一册,北京：线装书局,2004 年。

　　《续文章正宗》,(南宋)真德秀编,文渊阁《四库全书》本。

诗文评

　　《后村诗话》,(南宋)刘克庄撰,王秀梅点校,北京：中华书局,1983 年。

　　《荆溪林下偶谈》,(南宋)吴子良撰,文渊阁《四库全书》本。

二、今人著述

　　《藏园群书经眼录》,傅增湘撰,北京：中华书局,1983 年。

　　《传统文论的魅力、模式与智慧》,胡大雷著,南京：凤凰出版社,2005 年。

　　《道学思潮》,徐洪兴著,上海：上海社会科学院出版社,2006 年。

《道学之形成》,[日]土田健次郎著,朱刚译,上海：上海古籍出版社,2010 年。

《科举与诗艺——宋代文学与士人社会》,[日]高津孝著,潘世圣等译,上海：上海古籍出版社,2005 年。

《理学文化与南宋诗学》,石明庆著,北京：中国社会科学出版社,2006 年。

《历代文话》,王水照编,上海：复旦大学出版社,2007 年。

《吕祖谦年谱》,杜海军著,北京：中华书局,2007 年。

《吕祖谦文学研究》,杜海军著,北京：学苑出版社,2003 年。

《南宋的诗文选本研究——南宋人所编诗文选本与诗文批评》,张智华著,北京：北京师范大学出版社,2002 年。

《南宋科举制度史》,何忠礼著,北京：人民出版社,2009 年。

《南宋理学家散文研究》,闵泽平著,济南：齐鲁书社,2006 年。

《南宋诗选与宋代诗学考论》,卞东波著,北京：中华书局,2009 年。

《四库提要辨证》,余嘉锡著,北京：中华书局,1980 年。

《宋代科举与文学》,祝尚书著,北京：中华书局,2008 年。

《宋代科举与文学考论》,祝尚书著,郑州：大象出版社,2006 年。

《宋代文学思想史》,张毅著,北京：中华书局,2006 年。

《宋代疑经研究》,杨新勋著,北京：中华书局,2007 年。

《宋代政治与文学研究》,沈松勤著,北京：商务印书馆,2010 年。

《宋登科记考》,傅璇琮主编,南京：江苏教育出版社,2009 年。

《宋明理学》,陈来著,上海：华东师范大学出版社,2004 年。

《宋明理学史》,侯外庐、邱汉生、张岂之主编,北京：人民出版社,1987 年。

《宋人总集叙录》,祝尚书著,北京:中华书局,2004 年。

《宋诗话辑佚》,郭绍虞辑,北京:中华书局,1980 年。

《谈艺录》,钱锺书著,北京:中华书局,1984 年。

《唐代文学丛考》,陈尚君著,北京:中国社会科学出版社,1997 年。

《唐人编选诗文总集研究》,卢燕新著,北京:中国人民大学出版社,2014 年。

《〈文选〉编纂研究》,胡大雷著,桂林:广西师范大学出版社,2009 年。

《心学思潮》,翁绍军著,上海:上海社会科学院出版社,2006 年。

《修辞学发凡》,陈望道著,上海:上海教育出版社,1997 年。

《中国古代接受文学与理论》,邬国平著,哈尔滨:黑龙江人民出版社,2005 年。

《中国古代文体学论稿》,郭英德著,北京:北京大学出版社,2005 年。

《中国古代文体学研究》,吴承学著,北京:人民出版社,2011 年。

《中国转向内在——两宋之际的文化内向》,[美]刘子健著,赵东梅译,南京:江苏人民出版社,2001 年。

《朱熹年谱长编》,束景南著,上海:华东师范大学出版社,2001 年。

《朱熹文学研究》,莫砺锋著,南京:南京大学出版社,2000 年。

附　录

宋代诗文选本书目便检表

　　本表根据当代学者著录宋代诗文选本文献的内容汇编而成，
这些当代著录文献包括：

　　1. 祝尚书《宋人总集叙录》（中华书局 2004 年版）；2. 卞东波
《〈宋人总集叙录〉补遗》（《图书馆杂志》2008 年第 1 期）、《南宋诗
选与宋代诗学考论》（中华书局 2009 年版）、《宋代诗歌总集新考》
（《中国韵文学刊》2013 年第 2 期）；3. 林日波《〈宋人总集叙录〉续
补（一）（二）》（《聊城大学学报》2009 年第 4 期、2010 年第 5 期）。

　　本表备注部分，对选本的编者、编纂时间、版本等予以注明，所
参考的诸种文献如有不同看法，则依己意改，不做说明，如陈亮的
《欧公文粹》不属于总集，此是别集中的选集，不符合本文研究范
畴，故本表未著录，又如林日波《〈宋人总集叙录〉续补（一）》将周必
大《文忠集》卷十七所提及的送别类诗歌选本《皇祐朝贤送张肃提
刑诗卷》改称为《诗集》，其编者定为张肃，本表径直改为编者阙名，
诗集名仍著为《皇祐朝贤送张肃提刑诗卷》。

　　本表所辑录选本的时限以宋代为准，凡在宋代时期内编纂的选
本都划入宋代选本范畴之内，而一些编纂者虽出生在宋末，但选本

编纂时间却在元初的选本,则不视其为宋代选本,如《濂洛风雅》。

前人已考非宋代选本的伪书不录,如《同文馆唱和诗》,余嘉锡《四库提要辨证》卷二十四已证是集为清人作伪。

无法考证者不著录,如《谢氏兰玉集》十卷汪闻编。《玉海》卷五十四:"书目十卷,集谢安而下子孙历宋齐梁陈凡十有六人诗三百四十余篇,序题吴兴汪闻。"不知汪闻何时人,故不辑录该集。

本表中南宋理学家所编诗文选本著录文字加粗,字体等也与非理学家所编诗文选本著录文字有所区别,以凸显南宋理学家所编诗文选本。

凡例:

一、本表按照"诗歌选本""文章选本"和"诗文合选本"三类分类编排。已佚且无法辨识选本类别者,一律归入"诗文合选本",如《内制集》已佚,不知是集是何种类别选本,姑且归入"诗文合选本"表格之中。

二、选本书名、卷数及编者均以最早著录该选本之书目内容为据,后出书目著录内容不一样者,附备注。如《通志》著录"《两庙赞文》一卷",《宋志》著录"宋太祖、真宗《御制国子监两庙赞》二卷",本表以前者为据,后者附备注。

三、书目名以选本编纂年代为序排列,编纂年代不详者则以编者卒年先后排序,编者阙名或卒年不详者则以选本收录作品的年限为序。均不详者,一律排在表格末尾,如《应制赏花诗》。

四、本表所录集名、卷数、编者均以"最早著录书目、卷数"为准,即使最早著录的内容有误亦不径改,如《直斋书录解题》卷十五最早著录"《会稽掇英集》二十卷","孔延之、程师孟相继纂集",然集名应为《会稽掇英总集》,《直斋书录解题》漏录集名"总"字,是集二十卷本编者据祝尚书先生考证为孔延之,程师孟未参与纂集,本表为保持书目文献最早著录是集内容原貌,仍依《直斋书录解题》的错误内容著录,只是在"备注"中予以说明。

五、"备注"部分主要注明能反映选本、编者年代,选本类别,或能帮助读者大致了解选本内容的文献,偶有笔者考证内容。如《汝阴唱和集》"备注"部分:"李廌《汝阴倡和集后序》:'德麟出《汝阴倡和》。'知是集为赵令畤编。《书录解题》:'元祐中,苏轼子瞻守颍,与签判赵令畤德麟、教授陈师道阙名己唱和。'"笔者据李廌《后序》得出《汝阴唱和集》应为赵令畤编,此备注部分是笔者考证内容,后引《书录解题》是鉴于该材料能帮助读者了解是集内容。

六、续集作为另外选本独立著录,并列于前集之下。

(一) 诗歌选本(181 种)

书 名	卷数	编者	最早著录书目、卷数	存佚	备 注
翰林酬唱集	一卷	王溥	郑樵《通志》卷七十	佚	
李昉唱和诗	一卷	李昉	郑樵《通志》卷七十	佚	祝尚书《宋人总集叙录》(以下简称《叙录》)考证是集编于太平兴国四年(979)。
二李唱和诗	一卷	阙名	脱脱等《宋史》卷二百零九《艺文志》第一六二(以下简称脱脱等《宋志》卷二百零九)	存	据是集李昉序知该集编于宋太宗淳化二年(991),现有清罗振玉《宸翰楼丛书》本。

书　名	卷数	编者	最早著录 书目、卷数	存佚	备　　注
禁林宴会集	一卷	苏易简	脱脱等《宋志》卷二百零九	佚	
赐陈抟诗	八卷	阙名	脱脱等《宋志》卷二百零九	佚	《叙录》考证为太宗时选本。
养闲亭诗	一卷	郭希朴	脱脱等《宋志》卷二百零九	佚	《叙录》考证郭氏为太祖、太宗时人。
西昆酬唱集	二卷	杨亿、钱惟演、刘筠等	郑樵《通志》卷七十	存	现有王仲荦注《西昆酬唱集注》,中华书局2018年版。
九僧诗	阙录	阙名	欧阳修《六一诗话》	存	司马光《温公续诗话》:"直昭文馆陈充集而序之。"知是集乃陈充编。晁公武《郡斋读书志》卷二十著录:"《九僧诗集》一卷。"则是集在南宋初时有一卷本流传。现有汲古阁影宋本。
君臣赓载集	三十卷	杜镐	脱脱等《宋志》卷二百零九	佚	
华林书堂诗	一卷	阙名	郑樵《通志》卷七十	佚	脱脱等《宋志》卷二百零九:"王钦若、钱惟演等作。"《叙录》:"是集当收所谓公卿称美之诗……集当编于咸平三年(1000)之后。"(516页)
送张无梦归山诗	一卷	阙名	脱脱等《宋志》卷二百零九	佚	《叙录》考证为真宗时选本。

续表

书　名	卷数	编者	最早著录书目、卷数	存佚	备　注
明良集	五百卷	阙名	郑樵《通志》卷七十	佚	郑樵《通志》卷七十："真宗御制及群臣进和歌。"脱脱等《宋志》卷二百零九题李虚己编。
唐宋类诗	二十卷	罗氏、唐氏	晁公武《郡斋读书志》卷二十	佚	晁公武《郡斋读书志》："不载其名。分类编次唐及本朝祥符已前名人诗。"
庐山游览集	二十卷	姜屿	郑樵《通志》卷七十	佚	《叙录》考证姜氏为真宗时人。
四释联唱诗集	一卷	丁谓	脱脱等《宋志》卷二百零九	佚	脱脱等《宋志》卷二百零九著录该集有"丁谓序"。
西湖莲社集	一卷	阙名	郑樵《通志》卷七十	佚	
续西湖莲社集	一卷				
岁时杂咏	二十卷	宋绶	晁公武《郡斋读书志》卷二十	佚	晁公武《郡斋读书志》："手编古诗及魏、晋迄唐人岁时章什一千五百有六，厘为十八卷，今溢为二十卷。"是集内容盖存于蒲积中《古今岁时杂咏》之中。
续岁时杂咏	二十卷	宋刚叔	晁补之《鸡肋集》卷三十四	佚	晁补之《续岁时杂咏序》："宣献公（宋绶）之孙曰刚叔，尤笃志于学，不愧其先人，又尝集宋诗人之所为，为续岁时杂咏，以成其祖之意。"

续表

书　名	卷数	编者	最早著录书目、卷数	存佚	备　注
新刊古今岁时杂咏	四十六卷	蒲积中	朱学勤《结一庐书目》卷四	存	蒲积中《古今岁时杂咏序》:"《岁时杂咏》,宋宣献公所集也,前世以诗雄者俱在选中……予因暇时,乃取其卷目而择今世之诗以附之。"蒲积中,绍兴间进士。今有徐敏霞点校本《古今岁时杂咏》,辽宁教育出版社1998年版或三秦出版社2009年版。
静照堂诗	一卷	陆经	脱脱等《宋志》卷二百零九	佚	陆氏为仁宗时人。
潼川唱和集	一卷	张逸、杨谔	郑樵《通志》卷七十	佚	是集盖收张逸、杨谔二人唱和之作,据《温公续诗话》知杨谔卒于仁宗景祐元年,故二人唱和应在此年之前。
岳阳楼诗	二卷	滕宗谅	脱脱等《宋志》卷二百零九	佚	
皇祐朝贤送张肃提刑诗卷	一卷	阙名	周必大《文忠集》卷十七	佚	周必大《跋皇祐朝贤送张肃提刑诗卷》:"右皇祐庚寅(1050)冬,朝贤送张肃赴江东提刑诗,一卷,由司马温公、范蜀公而下凡十有四人。"
送王周归江陵诗	二卷	杜衍等	脱脱等《宋志》卷二百零九	佚	《叙录》考证是集编于仁宗皇祐四年(1052)或稍后。

续表

书　名	卷数	编者	最早著录书目、卷数	存佚	备　注
笑台诗	一卷	晏殊、张士逊	脱脱等《宋志》卷二百零九	佚	
阅古堂诗	一卷	韩琦	脱脱等《宋志》卷二百零九	佚	富弼《定州阅古堂诗序》："庆历间韩琦知定州时……乃择取历代贤守良将,总若干人行事,创大屋以类相次,绘于周壁,榜之曰阅古堂……公邮问索诗。"(《两宋名贤小集》卷四十九《富郑公集》)知是集当成于仁宗庆历年间。
石声编	一卷	赵师旦家	脱脱等《宋志》卷二百零九	佚	据杨杰《石声编序》知赵师旦1052年死于农智高之难后,时人悼唁歌咏,师旦弟赵师陟集其诗而成。详见《叙录》534页。
嘉祐礼闱唱和集	三卷	欧阳修	郑樵《通志》卷七十	佚	欧阳修《礼部唱和诗序》："嘉祐二年(1057)春,予幸得从五人者于尚书礼部,考天下所贡士……乃于其间时相与作为古律长短歌诗杂言。"(《欧阳文忠公集》卷四十三)脱脱等《宋志》卷二百零九著录"欧阳修《礼部唱和诗集》三卷"即是集。

书　名	卷数	编者	最早著录书目、卷数	存佚	备　注
元日唱和诗	一卷	曾公亮	脱脱等《宋志》卷二百零九	佚	
送元绛诗集	一卷	阙名	脱脱等《宋志》卷二百零九	佚	元绛,《宋史》卷三百四十三有传。
赠朱少卿诗	三卷	阙名	郑樵《通志》卷七十	佚	《通考》卷二百四十九著录"《送朱寿昌诗》三卷",据其中所引《中兴艺文志》知神宗熙宁初,朱寿昌在同州寻得五十年未见的生母,欲往尽孝,时士大夫作诗送之。又脱脱等《宋志》卷二百零九列是集于王安石条下,疑王安石编。
送僧符游南昌集	一卷	阙名	脱脱等《宋志》卷二百零九	佚	脱脱等《宋志》卷二百零九:"范镇(1008—1088)序。"《宋史》卷三百三十七有传。
南犍唱和诗	三卷	阙名	郑樵《通志》卷七十	佚	脱脱等《宋志》卷二百零九:"《南犍唱和诗集》一卷,吴中复(1011—1098)、吴秘、张谷等作。"
送文同诗	一卷	阙名	脱脱等《宋志》卷二百零九	佚	文同,《宋史》卷四百四十三有传。

续表

书　名	卷数	编者	最早著录 书目、卷数	存佚	备　　注
唐百家诗选	二十卷	宋敏求	晁公武《郡斋读书志》卷二十	存	晁公武《郡斋读书志》:"宋敏求次道编。次道为三司判官,尝取其家所藏唐人一百八家诗,选择其佳者,凡一千二百四十六首为一编。"宋敏求为三司判官是在仁宗朝时。是集后传为王安石编。今有文渊阁《四库全书》本二十卷。另有《中华再造善本》,题《王荆公唐百家诗选》九卷。
宝刻丛章	三十卷			佚	晁公武《郡斋读书志》:"聚天下古今诗歌石刻。"而陈振孙《直斋书录解题》:"以四方碑刻诗文集为此编。"不知孰是。
宝刻丛章拾遗	三十卷		脱脱等《宋志》卷二百零九		
九老诗	一卷	阙名	郑樵《通志》卷七十	佚	据《吴中纪闻》卷四知徐师闵、元绛、程师孟、间丘孝终四人致仕归老后作"九老会","九"乃虚数。是集盖取唐代《九老会诗》之名。
荆溪唱和	一卷	姚辟	脱脱等《宋志》卷二百零九	佚	姚辟,皇祐元年(1049)进士。

书　名	卷数	编者	最早著录书目、卷数	存佚	备　注
江夏古今纪咏集	五卷	王得臣	脱脱等《宋志》卷二百零九	佚	王氏为嘉祐时人(《宋诗纪事补遗》卷十五)。
高僧诗	一卷	杨杰	脱脱等《宋志》卷二百零九	佚	《叙录》考杨氏为仁宗嘉祐时人。
四家诗选	十卷	王安石	陈振孙《直斋书录解题》卷十五	佚	陈振孙《直斋书录解题》:"王安石所选杜、韩、欧、李诗。"
建康酬唱诗	一卷		脱脱等《宋志》卷二百零九		
荔枝唱和诗	一卷	孙觉	脱脱等《宋志》卷二百零九	佚	《叙录》考证是集编于神宗元丰二年(1079)至四年之间。
李定西行唱和诗	三卷	阙名	郑樵《通志》卷七十	佚	李定,《宋史》卷三百二十九有传。
集贤院诗	二卷	雍子方、沈括	脱脱等《宋志》卷二百零九	佚	盖为唱和集。
古今名贤诗	二卷	郑雍	脱脱等《宋志》卷二百零九	佚	
乐府诗集	一百卷	郭茂倩	陈振孙《直斋书录解题》卷十五	存	收入《中华再造善本》。
成都古今诗集	六卷	章察	脱脱等《宋志》卷二百零九	佚	
三游诗	三卷	阙录	周必大《文忠集》卷十九	佚	据周必大《跋〈三游诗〉》知是集收录陈岘、刘跂、刘蹈三人唱和之诗。林日波考证是集完成于1071—1074年。

续表

书　名	卷数	编者	最早著录书目、卷数	存佚	备　注
吴兴诗	一卷	孙觉	陈振孙《直斋书录解题》卷十五	佚	陈振孙《直斋书录解题》:"熙宁中知湖州孙氏集,而不著名。以其时考之,孙觉莘老也。"
吴兴分类诗集	三十卷	倪祖义	陈振孙《直斋书录解题》卷十五	佚	是集盖以孙觉《吴兴诗》增而广之。倪祖义,倪思之子。
扬州诗集	二卷	马希孟	陈振孙《直斋书录解题》卷十五	佚	陈振孙《直斋书录解题》:"元丰四年(1081)秦观作序。"则是集应编于此时之前。秦观《淮海集》卷三十九《扬州集序》:"(鲜于侁)命教授马君希孟采诸家之集而次之,又搜访于境内简编、碑板亡缺之余,凡得古律诗泪箴赋合二百二篇,勒为三卷,号《扬州集》云。"
抄斋唱和集	一卷	孙颀	脱脱等《宋志》卷二百零九	佚	孙颀号拙斋,脱脱等《宋志》卷二百零九著录"抄斋"疑为"拙斋"之误。《叙录》考孙氏为神宗元丰时人。
高丽诗	三卷	阙名	晁公武《郡斋读书志》卷二十	佚	晁公武《郡斋读书志》:"元丰中高丽遣崔思齐(等五人)……入贡,上元宴之于东阙下,神宗制诗……(毕)仲行与五人者及

续表

书　名	卷数	编者	最早著录书目、卷数	存佚	备　　注
					两府皆和进。"《叙录》考"仲行"之"行"为"衍"之误。(549页)
应制赏花诗	十卷	阙名	郑樵《通志》卷七十	佚	《叙录》:"太宗、真宗、仁宗、神宗时宫中皆有赏花钓鱼之事……盖辑诸家应制之作,编者及收诗时限不详。"(523—524页)
江湖堂诗集	一卷	元积中	马端临《文献通考》卷二百四十九	佚	《文献通考》卷二百四十九引《中兴国史·艺文志》:"皇朝知洪州元积中咏其居,和者数十人。"《宋诗纪事》卷十三载元氏为神宗时人。
汝阴唱和集	一卷	阙名	陈振孙《直斋书录解题》卷十五	佚	李廌《汝阴倡和集后序》:"德麟出《汝阴倡和》",知是集为赵令畤编。陈振孙《直斋书录解题》:"元祐中,苏轼子瞻守颍,与签判赵令畤德麟、教授陈师道阙名己唱和。"
云台编	六卷	耿思柔	晁公武《郡斋读书志》卷二十	佚	晁公武《郡斋读书志》:"纂华州云台观古今君臣所题诗什。"此编排列于曾旼《丹阳类稿》与刘禹卿《清才集》之间,前者编于神宗元丰年间,后者为哲宗元祐时人,据此将是集编于此。

续表

书　名	卷数	编者	最早著录书目、卷数	存佚	备　　注
干越题咏	三卷	阙名	脱脱等《宋志》卷二百零九	佚	脱脱等《宋志》卷二百零九:"《干越题咏》三卷,李并序。"李并,哲宗绍圣时人。
襄阳题咏	二卷	魏泰	脱脱等《宋志》卷二百零九	佚	魏氏为徽宗时人。
汉南酬唱集	一卷	许份	脱脱等《宋志》卷二百零九	佚	
世彩集	三卷	廖刚	马端临《文献通考》卷二百四十九	佚	《文献通考》引《中兴艺文志》:"政和中,廖刚曾祖母与祖母享年最高,皆及见五世孙,刚作堂,名'世彩',以奉之,士大夫为作诗。"
止戈堂诗	一卷	程迈	脱脱等《宋志》卷二百零九	佚	
艮岳集	一卷	阙名	陈振孙《直斋书录解题》卷十五	佚	艮岳乃徽宗政和七年(1117)所筑土山,以花石饰之,以供赏玩。"是集盖裒辑一时咏颂之作,当刊行于靖康之前。"(《叙录》554页)
诗八珍	阙录	周紫芝	周紫芝《太仓稊米集》卷五十一	佚	周紫芝《〈诗八珍〉序》:"携古今诸人诗,唯柳子厚(宗元)、刘梦得(禹锡)、杜牧之(牧)、黄鲁直(庭坚)、杜子美(甫)、张文潜(耒)、陈无己(师道)、陈去非(与义)皆适有之,非择而取也。"是集编于绍兴元年(1131)。

书　名	卷数	编者	最早著录书目、卷数	存佚	备　注
诸家诗集	二十卷	季文	黄裳《演山集》卷二十一	佚	是集选诗标准是"能造理而后发"。黄裳卒于高宗建炎四年(1130)，是集应编成于此时前。
红梅集	阙录	阙名	吴聿《观林诗话》	佚	是集所选包括王安石等士大夫咏梅之作。吴聿，南宋初人，是集应编成于此。
和陶集	十卷	阙名	陈振孙《直斋书录解题》卷十五	佚	陈振孙《直斋书录解题》："苏氏兄弟追和，傅共注。"傅共，绍兴二年(1132)进士。
辎轩唱和集	三卷	洪皓、张邵、朱弁	洪适《盘洲集》卷六十二	佚	洪适《题辎轩唱和集》："右《辎轩唱和集》三卷。绍兴癸亥(十三年，1143)六月庚戌，先君及张公邵、朱公弁自燕还，途中相唱和者。"(《盘洲集》卷六十二)陈振孙《直斋书录解题》卷十五："《辎轩集》一卷，鄱阳洪皓、历阳张邵、新安朱弁使金得归，道间唱酬。邵为之序。"
天台山石桥诗集	三卷	洪适	洪适《盘洲集》卷三十四	佚	是集裒辑天台山石桥之上的唐宋石刻诗作，据《南宋馆阁录》洪适于高宗绍兴十三年(1143)至十七年通判台州，知是集编于此时期。

续表

书　名	卷数	编者	最早著录书目、卷数	存佚	备　　注
许昌唱和集	阙录	叶梦得	韩元吉《南涧甲乙稿》卷十六	佚	韩元吉《书〈许昌唱和集〉后》:"绍兴甲子岁（十四年,1144),某见叶公于福唐,首问诗集在亡,抵掌慨叹,且曰:'昔与许昌诸公唱酬甚多,许人类以成编,他日当授子',其后见公石林,得之以归。"知是集成书于1144—1148年之间。
古今绝句	三卷	吴说	陈振孙《直斋书录解题》卷十五	存	陈振孙《直斋书录解题》:"书杜子美、王介甫诗。"是集吴说跋作于绍兴二十三年（1153)。收入《中华再造善本》。
古今诸家乐府	三十卷	周紫芝	周紫芝《太仓稊米集》卷五十一	佚	是集为乐府诗总集,与郭茂倩《乐府诗集》相类。
沧海遗珠	二十卷		周紫芝《太仓稊米集》卷六十六	佚	是集为宋人选宋诗。
皇宋诗选	五十七卷	曾慥	晁公武《郡斋读书志》卷二十	佚	陈振孙《直斋书录解题》卷一五:"《本朝百家诗选》一百卷……续荆公之《诗选》(按《唐百家诗选》)。"脱脱等《宋志》卷二百零九:"《宋百家诗选》五十卷。"晁公武《郡斋读书志》:"选本朝自寇莱公已次至僧璡二百余家。"

书　名	卷数	编者	最早著录书目、卷数	存佚	备　　注
续百家诗选	二十卷	郑景龙	陈振孙《直斋书录解题》卷十五	佚	陈振孙《直斋书录解题》:"以续曾慥前《选》。"郑景龙,理宗时人。
荆门集	阙录	阙名	尤袤《遂初堂书目》	佚	洪适《盘洲文集》卷三十四有《〈荆门集〉序》,知《遂初堂书目》著录的《荆门集》即为洪适所编,又脱脱等《宋志》卷二百零九著录洪适《荆门惠泉诗集》二卷,即为此集。据《建炎以来系年要录》卷一百七十九、一百八十八知洪适知荆门军在高宗绍兴二十八年(1158)至三十一年,知是集应编于此时期。
李杜韩柳押韵	二十四卷	李滨老	孙觌《鸿庆居士集》卷三十一	佚	孙觌《押韵序》:"李师武得官建康,家居待还,次悉取杜工部、李翰林、韩吏部、柳仪曹四家诗,以礼部四声之次,集而录之,以类相从,号《李杜韩柳押韵》,凡二十四卷。"李滨老,字师武。孙氏序作于高宗绍兴三十年(1160),是集盖编于此时期。
楚东唱酬集	一卷	王十朋	脱脱等《宋志》卷二百零九	佚	

续表

书　名	卷数	编者	最早著录 书目、卷数	存佚	备　　注
谢家诗集	一卷	李焘	脱脱等《宋志》 卷二百零九	佚	
单题诗	十二卷	戴觉、 李丁	脱脱等《宋志》 卷二百零九	佚	戴觉，高宗绍兴五年 (1135)进士。
岳阳唱和	三卷	廖伯宪	脱脱等《宋志》 卷二百零九	佚	廖伯宪，高宗绍兴八 年(1138)进士。
政和县斋 酬唱	一卷	刘璇	脱脱等《宋志》 卷二百零九	佚	据脱脱等《宋志》卷二 百零九排列顺序将其 列于《岳阳唱和》后。
游山唱和	一卷	陈天麟	脱脱等《宋志》 卷二百零九	佚	陈天麟，绍兴十八年 (1148)进士。
清晖阁诗	一卷	史正志	陈振孙《直斋 书录解题》卷 十五	佚	陈振孙《直斋书录解 题》："史正志创阁于 金陵，僚属皆赋诗。" 史正志，绍兴二十一 年(1151)进士。
鄞州白雪 楼诗	一卷	阙名	脱脱等《宋志》 卷二百零九	佚	脱脱等《宋志》卷二百 零九："萧德藻序。"萧 德藻，绍兴二十一年 (1151)进士。
京口诗集	十卷	熊克	陈振孙《直斋 书录解题》卷 十五	佚	陈振孙《直斋书录解 题》："集开宝以来诗 文。本二十卷，止刻 其诗。《续》又得二 卷，自南唐而上曾所 遗者，补八十余篇。" 熊克，绍兴二十七年 (1157)进士。京口， 今江苏镇江。
续京口诗 集	二卷			佚	

书　名	卷数	编者	最早著录 书目、卷数	存佚	备　注
椿桂堂诗	一卷	莫琮	脱脱等《宋志》卷二百零九	佚	莫琮,高宗时人,见《至元嘉禾志》卷十三。
馆阁诗	八卷	阙名	脱脱等《宋志》卷二百零九	佚	脱脱等《宋志》卷二百零九:"中兴馆阁诸臣所撰。"
南州集	十卷		陈振孙《直斋书录解题》卷十五		脱脱等《宋志》卷二百零九:"杨佟《南州集》十卷。"
南州续集	八卷	林桷	孙能传等《内阁藏书目录》卷八	佚	《内阁藏书目录》卷八:"《南州集》六册,全。宋淳熙间姑孰守杨公命郡教授林桷编集晋宋以来姑孰山川名贤题咏也。前集十卷,续集八卷。姑孰在六朝称南州,故云。"
草木虫鱼诗	六十八卷	家求仁	脱脱等《宋志》卷二百零九	佚	明高儒《百川书志》卷十九:"乾道中,龙溪增广之。"知是集编于孝宗乾道之前。
增广草木虫鱼杂咏	十八卷	龙溪	高儒《百川书志》卷十九	存	是集为《草木虫鱼诗》续编。《叙录》:"盖明代流传之旧椠《增广草木鱼虫杂咏》乃残帙,即前十八卷,明人因刊之,即现存本。"(98 页)今藏国家图书馆。

书　名	卷数	编者	最早著录书目、卷数	存佚	备　注
南岳倡酬集	一卷	朱熹、张栻、林用中	丁丙《善本书室藏书志》卷三十八	存	束景南、祝尚书二先生考证今传本乃伪托朱熹之名,见《叙录》第103页。
京口唱和	阙录	陆游	陆游《渭南文集》卷十四	佚	据陆游《京口唱和序》知是集乃陆游与韩元吉于孝宗乾道元年(1165)唱和之作,得歌诗三十篇。陆序作于是年二月,是集应成书于此时。
盘洲编	二卷	阙名	陈振孙《直斋书录解题》卷十五	佚	陈振孙《直斋书录解题》:"洪丞相适兄弟子侄所赋园池诗也。"洪适为相在孝宗乾道年间。
极目亭诗集	阙录	韩元吉	韩元吉《南涧甲乙稿》卷十四	佚	韩元吉《〈极目亭诗集〉序》:"予再为婺之明年,值岁丰少事,乃辟(极目亭)而新焉……于是,来登者酒酣欢甚,往往赋诗或歌词自见……因类而锓诸木。"此序落款时间为孝宗淳熙六年(1179),则是集应编成于此时。
馆阁喜雪唱和诗	二卷	熊克	脱脱等《宋志》卷二百零九	佚	熊克于孝宗淳熙七年(1180)至九年入馆阁,见《南宋馆阁续录》卷八,是集盖编于此时期。

书　名	卷数	编者	最早著录书目、卷数	存佚	备　注
临安西湖唱和诗	阙录	李石	李石《方舟集》卷十三	佚	
东莱集诗	二卷	吕祖谦	脱脱等《宋志》卷二百零九	佚	《叙录》："《东莱集诗》，或当出祖谦之手，而《丽泽集文》及《集诗》，疑是丽泽书院托名。"(573页)
丽泽诗集	一部七册	阙名	杨士奇《文渊阁书目》卷二	存	方回《跋刘光诗》："或云东莱吕成公所选也。"《铁琴铜剑楼藏书目录》卷二十三："《丽泽集诗》三十五卷，宋刊本。不著编辑姓氏，亦无序跋，方虚谷（回）谓吕成公（祖谦）所纂……王无功、沈佺期、陈伯玉、孟浩然、王摩诘、张说之、高达夫、储光羲一卷，杜子美四卷。"《叙录》："书当刊于孝宗朝。"(143页)
江西诗派	一百三十七卷	阙名	陈振孙《直斋书录解题》卷十五	残存	杨万里《江西宗派诗序》作于孝宗淳熙十一年(1184)，是集盖成书于此时。今仅存饶德操、韩驹、晁叔用、谢幼盘、吕本中五家诗集。
续派	十三卷			佚	《叙录》："似《续派》之名为诚斋所命，已至宁宗时矣。"(78页)

续表

书　名	卷数	编者	最早著录书目、卷数	存佚	备　注
声画集	阙录	阙名	尤袤《遂初堂书目》	存	傅增湘《经眼录》卷十七:"《声画集》八卷,宋孙绍远撰。明写本。"今有文渊阁《四库全书》本。该集有孙绍远于孝宗淳熙十四年(1187)写的自序,盖编成于此时。
坡门酬唱	二十三卷	邵浩	脱脱等《宋志》卷二百零九	存	张叔椿《坡门酬唱序》提到是集于孝宗淳熙十六年(1189)时已成书,则是集盖编成于此时或不久前。今有文渊阁《四库全书》本。
西江酬唱	一卷	陈谠	脱脱等《宋志》卷二百零九	佚	陈谠,孝宗隆兴元年(1163)进士。
安陆酬唱集	六卷	倪恕	脱脱等《宋志》卷二百零九	佚	倪恕,《浙江通志》卷一百二十六载孝宗淳熙二年(1175)进士,归安(今湖州)人。
清湘泮水酬和	一卷	莫若冲	脱脱等《宋志》卷二百零九	佚	莫若冲,淳熙十一年(1184)进士。莫琮之子。
会稽纪咏	六卷	汪纲	陈振孙《直斋书录解题》卷十五	佚	陈振孙《直斋书录解题》:"汪纲仲举帅越,多所修创。严陵洪璞每事为一绝。赓者四人,曰张淏、王柍、程震龙、冯大章。又有诸葛兴为古诗二十篇。"汪纲,淳熙十四年(1187)中铨试。

书　名	卷数	编者	最早著录书目、卷数	存佚	备　注
琼野录	一卷	洪迈	陈振孙《直斋书录解题》卷十五	佚	陈振孙《直斋书录解题》:"学士洪迈园池记述题咏。其曰'琼野'者,从维扬得琼花,植之而生,遂以名圃。"洪迈,洪适、洪遵之弟,孝宗时便封为学士。
万首唐人绝句	一百卷			存	《文献通考·经籍考》卷七百零六:"后村刘氏曰:野处洪公,编唐人绝句仅万首……疑其但取唐人文集杂说,令人抄类而成书,非必有所去取也。"是集编成于光宗绍熙元年(1190)。有文渊阁《四库全书》本。
盛山唱和集	一卷	阙名	郑樵《通志》卷七十	佚	脱脱等《宋志》卷二百零九:"商侑《盛山集》一卷。"商侑,光宗时人。
籍桂堂唱和集	一卷	何绂	脱脱等《宋志》卷二百零九	佚	何绂,永嘉人,高宗绍兴三十年(1160)进士,宁宗庆元二年(1196)知兴化府,是集盖编于此后不久。《福建通志》卷三十载何绂知兴化府后创"桂籍堂",疑脱脱等《宋志》卷二百零九著录集名有误。

书　名	卷数	编者	最早著录书目、卷数	存佚	备　注
群玉诗集	阙录	杨得清	周必大《文忠集》卷五十二	佚	周必大《〈群玉诗集〉序》：“今知宫事杨得清复刻自唐以来诗人题咏，附益之。”周序落款时间是宁宗庆元三年（1197），是集应编成于此时。
见一堂集	十卷	鹿昌运	楼钥《攻媿集》卷五十二	佚	楼钥《〈见一堂集〉序》：“赤城鹿公以望郎显于淳熙间，当服官政之年，不以病，不以故，致为臣而归，天子既宠褒之，朝之名卿大夫、学校之士争为歌诗，以饯其行。郡太守侈其事，裒以为《见一堂集》传于世。将三十年矣，其子龙泉大夫又辑一时诸公寄赠，若《山园留题》等，益之为十卷。”“赤城鹿公”为鹿何，其子鹿昌运，宁宗嘉泰三年（1203）知龙泉县，即文中所谓“龙泉大夫”。林日波据楼钥序中提及“年甫七十”和楼钥生年（1137）推知是集编成于宁宗开禧三年（1207）。

续表

书　名	卷数	编者	最早著录书目、卷数	存佚	备　注
天台集	二卷	林师箴原本，李兼整理	陈振孙《直斋书录解题》卷十五	存	今有文渊阁《四库全书》本《天台前集》三卷，四库馆臣谓李庚原本，误。是集乃裒辑宋前天台题咏诗，李庚原本据陈振孙《直斋书录解题》知辑宋朝人诗，其原本应为《天台续集》中的内容。李兼为是集作序于宁宗嘉定元年(1208)，当刊于此时。
天台集续集	三卷	李庚、林师箴原本，李兼整理	陈振孙《直斋书录解题》卷十五	存	今有文渊阁《四库全书》本，是集裒辑宋朝天台题咏诗。
天台集别编	一卷	林表民	陈振孙《直斋书录解题》卷十五	存	今有文渊阁《四库全书》本。林表民为是集作跋于宁宗嘉定十六年(1223)，盖编于此时。是集再辑晋、唐以来天台题咏诗。
天台续集别编	六卷	林表民	永瑢等《四库全书总目》卷一百八十七	存	今有文渊阁《四库全书》本。林表民于理宗淳祐十年(1250)为是集作跋，盖编于此时。
丘忠定与郑检法唱酬集	阙录	阙名	刘宰《漫塘集》卷二十四	佚	丘崈，谥忠定。郑舜卿，孝宗淳熙七年(1180)任道州司法参军，人称郑检法。从集名来看，是集应编成于丘崈卒后。

续表

书　名	卷数	编者	最早著录 书目、卷数	存佚	备　注
诗编	三百卷	丁明	刘宰《漫塘集》 卷三十六	佚	
赋编	一百卷				
众妙集	一卷	赵师秀	赵希弁《读书附志》卷下"拾遗"	存	是集为宋人选唐诗。有文渊阁《四库全书》本。
二妙集	一卷			佚	是集选贾岛、姚合诗。
观潮阁诗	阙录	赵君	叶适《水心集》卷十二	佚	叶适《观潮阁诗序》："赵君既成观潮阁,遍索阁上旧诗刻之。"林日波推测赵君当是赵与咨。叶适卒于1223年,则是集应编成于此之前。
萧秋诗集	一卷	赵汝谈	陈振孙《直斋书录解题》卷十五	佚	陈振孙《直斋书录解题》："玉山徐文卿斯远作《萧秋诗》,四言九章、章四句,赵蕃昌甫而下,和者十三人……嘉定癸未(十六年,1223),(赵汝谈)乃序而刻之。"
李氏棣华酬唱集	阙录	李权	刘宰《漫塘文集》卷十九	佚	刘宰《〈李氏棣华酬唱集〉序》："今特以侍郎公之孙、朝奉郎分差镇江府诸军司粮料院权,哀其先世唱酬集,俾为之序,故云。嘉定甲申(十七年,1224)小至后十日漫塘叟刘某序。"

续表

书　名	卷数	编者	最早著录书目、卷数	存佚	备　注
四灵诗	**四卷**	**阙名**	**赵希弁《读书附志》卷下**	**佚**	**叶适编著,乃赵师秀、翁卷、徐玑、徐照四人诗歌选本。现存《永嘉四灵诗集》却是四人别集的合刻本,非选本。**
昆山杂咏	四卷	龚立道	焦竑《国史经籍志》卷五	存	孙能传等《内阁藏书目录》卷八:"宋嘉定间龚道立裒集昆山自唐以来名胜题咏。"应为"龚立道",陆游有《寄龚立道》。现有《中华再造善本》据宋宁宗开禧三年(1207)斋刻本影印,共三卷。
唐初四家集	八卷	阙名	莫友芝、傅增湘《藏园订补郘亭知见传本书目》卷十六	佚	《藏园订补郘亭知见传本书目》:"收王勃、杨炯、卢照邻、骆宾王四家,每家二卷,有赋、诗而无文。前宝庆元年谢枋得序。"是集应编成于理宗宝庆元年(1225)之前。
章泉涧泉二先生选唐人绝句	**五卷**	**赵蕃、韩淲**	**莫友芝、傅增湘《藏园订补郘亭知见传本书目》卷十六**	**存**	**谢枋得注解是集。收入《宛委别藏》。是集应编成于1229年之前。**
增广圣宋高僧诗选前集	一卷	陈起	瞿镛《铁琴铜剑楼藏书目录》卷二十三	存	是集有清初毛氏汲古阁影宋本二册,藏国家图书馆。

书　名	卷数	编者	最早著录书目、卷数	存佚	备　　注
增广圣宋高僧诗选后集	三卷	陈起	瞿镛《铁琴铜剑楼藏书目录》卷二十三	存	是集有清初毛氏汲古阁影宋本二册,藏国家图书馆。
增广圣宋高僧诗选续集	一卷				
江湖集	九卷	临安书坊	陈振孙《直斋书录解题》卷十五	残存	是集为南宋书商陈起编于理宗初期。存于《永乐大典》残本之中。
江湖前集	阙录	阙名	晁瑮《晁氏宝文堂书目》"文集"	残存	《晁氏宝文堂书目》题为"江湖前后续集(宋刻)"。旧题陈起编。存于《永乐大典》残本之中。
江湖后集					
江湖续集					
宋中兴江湖集	阙录	阙名	杨士奇《文渊阁书目》卷二	残存	旧题陈起编。存于《永乐大典》残本之中。
江湖小集	九十五卷	陈起	永瑢等《四库全书总目》卷一百八十七	存	
江湖诗集	阙录	阙名	《永乐大典》	残存	费君清《论〈江湖小集〉非陈刻〈江湖集〉》(《文学遗产》1989年第4期)称今存残本《永乐大典》中有此三集。盖为史弥远死(1233),诗禁解之后,好事者继陈起《江湖集》而编集,即理宗端平以后。
江湖前贤小集					
江湖前贤小集拾遗					

书　名	卷数	编者	最早著录 书目、卷数	存佚	备　　注
江湖诗选	阙录	阙名	叶寘《爱日斋丛钞》卷三	佚	《爱日斋丛钞》:"近时《江湖诗选》有可山林洪诗:'湖边杨柳色如金,几日不来成绿阴。'"
江湖诗续选	阙录	郑景龙	方回《瀛奎律髓》卷四十二	佚	
中兴群公吟稿	四十八卷	阙名	赵希弁《读书附志》卷下	残存	顾修《读画斋重刊群贤小集例》:"亦为陈起所刻无疑"。今存《中兴群公吟稿戊集》七卷,藏天津图书馆。
选诗句图	一卷	高似孙	陈振孙《直斋书录解题》卷二十二	存	有《百川学海》本。
东皋唱和集	阙录	沈平	吴泳《鹤林集》卷三十六	佚	吴泳《东皋唱和集序》:"吴兴沈平澹然,浙民之秀焉者也。当(理宗)嘉熙初……访我于百寮山下,曰:'吾,东皋子也。'……既同游虎丘,则清远有唱,而恭子无和。"
唐宋名贤诗准	一部一册	阙名	杨士奇《文渊阁书目》卷二	残存	《叙录》谓是集收诗上起古谣歌词,下迄南朝,故叶氏著录之集名有误,另谓盖何无适编此集(433页)。是集与《诗翼》被王柏合为一编,有理宗淳祐三年(1243)王柏序。是集本有四卷,现为宋刊不全本,藏国家图书馆。

书　名	卷数	编者	最早著录书目、卷数	存佚	备　　注
唐宋诗翼	四卷	倪希程等	叶盛《菉竹堂书目》	残存	《叙录》谓是集盖倪希程编。(433页)是集有四卷,上起杜甫,下迄陆游,今国家图书馆藏有卷一至卷二。
万宝诗山	阙录	阙名	杨士奇《文渊阁书目》卷二	存	陆心源《宋麻沙本万宝诗山跋》:"《选编新奇万宝诗山》三十八卷……建阳书贾叶景达汇为此书……盖理宗淳祐末年刊本。"(《仪顾堂续跋》卷十四)今藏日本静嘉堂文库。
三体唐诗	阙录	阙名	晁瑮《晁氏宝文堂书目》	存	编者为周弼,卒于理宗宝祐以前。今有文渊阁《四库全书》本,为六卷。
雪浪阁诗	阙录	道士刘应时	姚勉《雪坡集》卷四十一	佚	姚勉《跋〈雪浪阁诗〉》:"右《雪浪阁诗》一集,道士刘应时所裒也。卷首诚斋、东山二先生诗在焉,暂倡参和,与此阁俱千古矣。"姚勉为理宗宝祐元年(1253)进士。
唐五七言绝句	阙录	刘克庄	刘克庄《后村先生大全集》卷九十四	佚	刘克庄《〈唐五七言绝句〉序》:"余家童子初入塾,始选五七各百首口授之,切情诣理之作,匹士寒女不弃也……夫发乎情者,天理不容泯;止乎理义者,圣笔不能删也"。

续表

书　名	卷数	编者	最早著录书目、卷数	存佚	备　注
唐绝句续选			刘克庄《后村先生大全集》卷九十七		是集刘克庄序撰于宋理宗宝祐四年(1256)，是集刊于此时。
本朝五七言绝句			刘克庄《后村先生大全集》卷九十四		是集乃《唐五七言绝句》后编成的童蒙教材，选北宋诗人之作。
本朝绝句续选	阙录	刘克庄	刘克庄《后村先生大全集》卷九十七	佚	是集乃《本朝五七言绝句》续选，亦选北宋诗人之作，编成于理宗宝祐四年(1256)。
中兴五七言绝句			刘克庄《后村先生大全集》卷九十四		刘克庄《〈中兴五七言绝句〉序》："取中兴以后诸篇，五七言各选百首。"
中兴绝句续选			刘克庄《后村先生大全集》卷九十七		是集编成于理宗宝祐四年(1256)。
中兴诗选	阙录	郑景龙	方回《桐江集》卷一	佚	郑景龙，理宗时人。
中兴禅林风月集	三卷	孔汝霖编集，萧瀹校正		存	萧瀹，乃《江湖后集》所录诗人，又是集名中有"中兴"二字，故是集应编于理宗朝。是集乃宋代僧诗总集。现藏日本。参看张如安、傅璇琮《日藏稀见汉籍〈中兴禅林风月集〉及其文献价值》(《文献》2004年4期)。

续表

书　名	卷数	编者	最早著录书目、卷数	存佚	备　注
大雅复古诗集	阙录	林洪	陶宗仪《说郛》卷七十四	佚	韦居安《梅磵诗话》卷中："理宗朝……刊中兴以来诸公诗，号《大雅复古集》，亦以己作附于后。"
马氏亦乐园集	阙录	阙名	林希逸《竹溪鬳斋十一稿续集》卷四	佚	林希逸卒于度宗咸淳七年（1271），则是集应编于此之前。林希逸《次韵题〈马氏亦乐园集〉》题下注曰："建安马氏、晦翁、放翁皆赋此韵。"
四家胡笳词	一卷	阙名	陈振孙《直斋书录解题》卷十五	佚	陈振孙《直斋书录解题》："蔡琰、刘商、王安石、李元白也。"李元白，宁宗嘉定十年（1217）进士。《叙录》："是集当刊于宋季。"（589页）
分类唐歌诗	一百卷	赵孟奎	莫友芝、傅增湘《藏园订补郘亭知见传本书目》卷十六	残存	是集有赵孟奎咸淳元年（1265）自序。现藏国家图书馆，有天地山川类五卷、草木虫鱼类六卷。
回文类聚	三卷	桑世昌	陈振孙《直斋书录解题》卷十五	存	桑世昌，陆游外甥，生年七十余。今国家图书馆藏明代张之象四卷本。

续表

书　名	卷数	编者	最早著录书目、卷数	存佚	备　注
九僧选句图	一卷	阙名	郑樵《通志》卷七十	佚	
金玉诗集	阙录	徐奇之	何梦桂《潜斋集》卷五	佚	何梦桂《金玉诗序》："棋溪徐君奇之一日访余于双溪之上，袖出《金玉诗集》曰：'此盖所以搜采名公巨卿、骚人墨客之所吟咏之瑰章杰句，将以为家庭恶稿借重也……'"何梦桂，度宗咸淳元年(1265)进士。
玉笥山名贤题咏集	阙录	道士陈善	欧阳守道《巽斋文集》卷二十二	佚	欧阳守道《跋〈玉笥山名贤题咏〉》："里人刘君虚舟往为道士，集录山房诸名贤遗墨。"
集贤赋	阙录	李氏	欧阳守道《巽斋文集》卷八	佚	欧阳守道《李氏赋编序》："李君编所谓《集贤赋》，实以资同业者读习之助也。"乃科举用书。
唐绝句选	五卷	柯梦得	陈振孙《直斋书录解题》卷十五	佚	赵希弁《读书附志》："《唐贤绝句》一卷，右莆田柯梦得所选李白、杜甫、元结……五十四人之作。白止四首、甫六首、愈八首、宗元四首，惟牧二十五首云。"

续表

书　名	卷数	编者	最早著录书目、卷数	存佚	备　　注
唐绝句选	四卷	林清之	陈振孙《直斋书录解题》卷十五	佚	陈振孙《直斋书录解题》卷十五："仓部郎中福清林清之直父以洪氏绝句(洪迈《万首唐人绝句》)抄取其佳者。七言一千二百八十,五言五百五十六,六言十五首。"
分门纂类唐宋时贤千家诗选	二十二卷	刘克庄	丁仁《八千卷楼书目》卷十九	存	旧题刘克庄编,乃托名。今有李更、陈新《分门纂类唐宋时贤千家诗选校证》,人民文学出版社 2002 年版。
诗家鼎脔	二卷	阙名	永瑢等《四库全书总目》卷一百八十七	存	是集为宋季书坊所编。有文渊阁《四库全书》本。
两宋名贤小集	三百八十卷	宋陈思编,元陈世隆补	永瑢等《四库全书总目》卷一百八十七	存	是集为宋季书商陈思所编。有文渊阁《四库全书》本。
诗林万选	十八卷	何新之	朱睦㮮《万卷堂书目》卷四	佚	是集选唐宋诗歌。清厉鹗《宋诗纪事》引是集 69 位宋代诗人,80 首诗。
宋二百家诗	二十三卷	阙名	脱脱等《宋志》卷二百零九	佚	
新安累政诗	二卷	高德光	郑樵《通志》卷七十	佚	

(二) 文章选本(129 种)

书　名	卷数	编者	最早著录书目、卷数	存佚	备　　注
宸章集	二十五卷	阙名	郑樵《通志》卷七十	佚	宋敏求《春明退朝录》:"(真宗)命陈文僖公衷历代帝王文章为《宸章集》二十五卷。"陈文僖公是陈彭年(961—1017)。
名臣赞种隐君书启	一卷	阙名	陈振孙《直斋书录解题》卷十五	佚	陈振孙《直斋书录解题》:"祥符诸贤所与种放明逸书启也。"
大中祥符封禅祥瑞赞	五卷	阙名	脱脱等《宋志》卷二百零九	佚	
大中祥符祀汾阴祥瑞赞	五卷	丁谓	脱脱等《宋志》卷二百零九	佚	
内外杂编	十卷	阙名	郑樵《通志》卷七十	佚	郑樵《通志》卷七十:"五代至宋初制诏及祠祭之文。"
杂麻制	十五卷	阙名	郑樵《通志》卷七十	佚	郑樵《通志》卷七十:"建隆至景德麻制。"
两庙赞文	一卷	阙名	郑樵《通志》卷七十	佚	郑樵《通志》卷七十:"太宗、真宗御制文宣、武成王等赞。"又脱脱等《宋志》卷二百零九著录"宋太祖、真宗《御制国子监两庙赞》二卷"。《叙录》:"脱

续表

书　名	卷数	编者	最早著录 书目、卷数	存佚	备　注
					脱等《宋志》卷二百零九之'太祖',当是'太宗'之误。"(524 页)
典丽赋集	六十四卷	杨翱	郑樵《通志》卷七十	佚	
宋文粹	十五卷	阙名	郑樵《通志》卷七十	佚	《欧阳文忠公集》卷五九《考异》:"庆历四年(1044),京师刊《宋文粹》十五卷,皆一时名公之古文。"
宋新文粹	三十卷	阙名	郑樵《通志》卷七十	佚	晁公武《郡斋读书志》卷二十:"《圣宋文粹》三十卷,右不题撰人。辑庆历间群公诗文,刘牧、黄通之徒皆在其选。"《圣宋文粹》盖《宋新文粹》,卷数增加,应为续编。
学士院草录	阙录	欧阳修	欧阳修《欧阳文忠公集》"奏议"卷十五	佚	欧阳修于仁宗嘉祐三年(1058)写的《论编学士院制诏札子》:"臣今欲乞将国朝以来学士所撰文书,各以门类,依其年次编成卷帙,号为《学士院草录》。"是集盖编成于此后不久。

续表

书　名	卷数	编者	最早著录书目、卷数	存佚	备　注
仕涂必用集	二十一卷	祝熙载	晁公武《郡斋读书志》卷二十	佚	晁公武《郡斋读书志》:"祝熙载编本朝杨、刘以后诸公表启为一编。"而陈振孙《直斋书录解题》:"祝熙载序云陈君材夫所编。"宋祁作《送祝熙载》,知祝熙载为仁宗时人。
追荣集	一卷	韩忠彦	脱脱等《宋志》卷二百零九	佚	与《考德集》同时期选本,是集收韩琦卒(1075)后御制碑铭及奠文。元绛《追荣集序》:"以其御制碑铭,及册谥遣奠等文,摹刻方牍,题曰《追荣集》。"(《国朝二百家名贤文萃》卷一百五十八)
赐王韶手诏	一卷	阙名	脱脱等《宋志》卷二百零九	佚	王韶,仁宗嘉祐二年(1057)进士,历仕仁宗、英宗、神宗三朝。是集盖王韶后人所编,收三朝皇帝赐王韶手诏,以追荣王氏。
天圣赋苑	十八卷	李祺	脱脱等《宋志》卷二百零九	佚	李氏为仁宗时人。
三元元祐赋	不详	阙名	徐松《宋会要辑稿·选举》五之二一	佚	是集收场屋之文。
总戎集	十卷	顾临、梁焘	脱脱等《宋志》卷二百零九	佚	《叙录》:"是集盖哀辑二人论兵之作。"

续表

书 名	卷数	编者	最早著录书目、卷数	存佚	备 注
建中治本书	一卷	任谅	脱脱等《宋志》卷二百零九	佚	是集应编于徽宗建中靖国年(1101)。
西汉诏令	十二卷	林虑	陈振孙《直斋书录解题》卷五	存	是集有徽宗大观三年(1109)程俱序,则是集应编成于此时。该集后与楼昉《东汉诏令》合编为《两汉诏令》,盖为书商所为,今收入《中华再造善本》。
太平盛典	二十三卷	阙名	晁公武《郡斋读书志》卷二十	佚	晁公武《郡斋读书志》:"或编政和间制、诰、表、章。"
宋文选	阙录	阙名	李之仪《赠人》(《姑溪居士前集》卷十七,文渊阁《四库全书》本)	存	《通志·艺文略》:"《宋文选》二十卷。"明代《江阴李氏得月楼书目摘录》:"《圣宋文选全集》三十二卷。"盖后人增广。该集未选三苏文,盖编纂于宋徽宗崇宁二年(1103)下诏禁毁三苏文集之后,又李之仪《赠人》中说丙戌(徽宗崇宁五年)得《宋文选》,则是集刊刻于此时之前。今三十二卷本南京图书馆等有藏,另有《宋集珍本丛刊》第91册影印本。

书　　名	卷数	编者	最早著录 书目、卷数	存佚	备　　注
圣宋文选 后集	阙录	阙名	张邦基《墨庄漫录》卷十	佚	《墨庄漫录》:"崔伯易尝有《金华神记》,旧编入《圣宋文选后集》中,今亡。"张邦基乃南渡初人。
重广分门 三苏先生 文粹	一百卷	阙名	彭元瑞《天禄琳琅书目后编》卷六	存	是集避讳至宋钦宗止。今藏日本宫内厅书陵部。是集与国内藏七十卷本不同,不是同一书。
中兴六臣 进策	十二卷	阙名	赵希弁《读书附志》卷下	佚	《读书附志》:"绍兴五年(1135),前宰执吕颐浩、李纲、汪伯彦、李邴、张守、王绹、韩肖胄答诏旨所问战守方略之策也。"
圣绍尧章 集	十卷	李文友	晁公武《郡斋读书志》卷二十	佚	晁公武《郡斋读书志》:"李文友编靖康末至绍兴十年(1140)敕书诏旨。"
戛玉前集	四十九卷	杨存亮	赵希弁《读书附志》卷下	佚	《读书附志》:"绍兴壬戌(十二年,1142)杨存亮元明编近世诸公举业杂文,类而次之。"
戛玉后集	五十卷				
洙泗集	阙录	陈元忠	胡寅《斐然集》卷十九	佚	胡寅《〈洙泗文集〉序》:"《洙泗集》者,龙溪陈君元忠以后世文体之目,求诸《论语》,得其义类,分明而编之,以为文章之祖也。"胡寅卒于高宗绍兴二十一年(1151),是集应编成于此时之前。

续表

书 名	卷数	编者	最早著录书目、卷数	存佚	备 注
宏辞总类	四十一卷	陆时雍	陈振孙《直斋书录解题》卷十五	佚	方回《读〈宏词总类〉跋》:"绍兴二十三年癸酉(1153),钓台陆时雍守建昌军,刊《宏词总类》,以秦桧之文冠其首,作序谀之。"是集为应博学宏词科而编。
宏辞总类后集	三十五卷	阙名	陈振孙《直斋书录解题》卷十五	佚	陈振孙《直斋书录解题》:"起绍兴乙亥(二十五年,1155),迄嘉定戊辰(元年,1208)。"皆辑场屋之文以应博学宏词科。
宏辞总类三集	十卷				
宏辞总类四集	九卷				
脍炙集	一卷	严焕	陈振孙《直斋书录解题》卷十五	佚	陈振孙《直斋书录解题》:"韩吏部而下杂文二十余篇。"严焕,绍兴十二年(1142)进士。
西汉文录	二十卷	王镇	周必大《文忠集》卷七十七	佚	
玉堂制草	十卷	李邴	陈振孙《直斋书录解题》卷五	佚	《直斋书录解题》卷五:"参政巨野李邴汉老编。承平以前制诰。"
中兴玉堂制草	六十四卷	洪遵	陈振孙《直斋书录解题》卷五	佚	《直斋书录解题》卷五:"同知枢密鄱阳洪遵景严编。起建炎,迄绍兴末。"

书　名	卷数	编者	最早著录书目、卷数	存佚	备　注
中兴续玉堂制草	三十卷	周必大	陈振孙《直斋书录解题》卷五	佚	《直斋书录解题》卷五："起隆兴,迄淳熙改元。"
神哲徽三朝制诰	三卷	阙名	脱脱等《宋志》卷二百零九	佚	《叙录》："疑当刊于绍兴间。"(555页)
溪堂师友尺牍	六卷	谢逸	脱脱等《宋志》卷二百零九	佚	谢逸,号溪堂,学于吕希哲。从选本书名来看,是集应为后人所编,且吕希哲入元祐党籍,是集应编于徽宗之后,盖绍兴时期。
皇朝大诏令	二百四十卷	阙名	赵希弁《读书附志》卷上	存	《读书附志》："右宋宣献公(宋绶)家所编纂也。皆中兴以前之典故。嘉定三年,李大异刻于建宁。"今有中华书局 1962 年点校本《宋大诏令集》。
绍兴前后论粹	阙录	阙名	徐松《宋会要辑稿·选举》五之二一	佚	是集收场屋之文。
擢犀策	一百九十六卷	阙名	陈振孙《直斋书录解题》卷十五	佚	陈振孙《直斋书录解题》："《擢犀》者,元祐、宣、政以及建、绍初年时文也。《擢象》,则绍兴末。"
擢象策	一百六十八卷				
重广眉山三苏先生文集	阙录	阙名	叶昌炽《缘督庐日记抄》卷六	残存	傅增湘《藏园群书经眼录》卷十八："宋绍兴三十年(1160)饶州德兴县银山庄溪董应梦集古堂刊本。"今存二帙共七十卷,收入《中华再造善本》。

书　名	卷数	编者	最早著录书目、卷数	存佚	备　　注
宋文薮	四十五卷	阙名	郑樵《通志》卷七十	佚	郑樵卒于1162年,则是集应编成于此时之前。
宋贤文集	三十卷	阙名	郑樵《通志》卷七十	佚	
续宋贤文集	二十三卷				
王状元标目唐文类	十二卷	王十朋		残存	存卷十至十二,藏天一阁图书馆。
典丽赋	九十三卷	王戊	陈振孙《直斋书录解题》卷十五	佚	是集郑樵《通志》卷七十、晁公武《郡斋读书志》均未著录,则是集盖编于绍兴后至唐仲友编《后典丽赋》之间。《后典丽赋》收文自唐末至绍兴止,则是集盖收唐末以前之作。脱脱等《宋志》卷二百零九:"王咸《典丽赋》九十三卷。"王戊与王咸,不知孰是。
后典丽赋	四十卷	唐仲友			陈振孙《直斋书录解题》:"此集自唐末以及本朝盛时,名公所作皆在焉,止于绍兴间。"
纶言集	一百卷	阙名	晁公武《郡斋读书志》卷二十	佚	晁公武《郡斋读书志》:"或编国朝制、册、诏、诰成此书。以其皆王言也,故以为名。"《叙录》:"据晁公武年代,是书当是宋孝宗淳熙以前人所编。"(562页)

书　名	卷数	编者	最早著录书目、卷数	存佚	备　注
指南论	十六卷	阙名	陈振孙《直斋书录解题》卷十五	佚	陈振孙《直斋书录解题》:"又本前后二集四十六卷,淳熙以前诗文。"
丽泽集文	阙录	吕祖谦	杨士奇《文渊阁书目》卷十	存	《叙录》:"《季沧苇藏书目》载:'宋刻《古文丽泽》二十卷,八本。'知是书为二十卷。"(573页)。是集收入《吕祖谦全集》第十六册。
国朝名臣奏议	十卷		陈振孙《直斋书录解题》卷十五	佚	陈振孙《直斋书录解题》:"凡二百篇。"
历代奏议	十卷		陈振孙《直斋书录解题》卷十五	佚	陈振孙《直斋书录解题》:"吕祖谦集。"
续增历代奏议丽泽集文(附《关键》一卷)	十卷		瞿镛《铁琴铜剑楼藏书目录》卷二十三	存	《铁琴铜剑楼藏书目录》:"不著撰人名氏。案卷末附《关键》,乃成公所作,则此亦成公编集也……当是光宗以前刊本。"汪士钟《艺芸书舍宋元本书目》著录《续丽泽集》十卷附《关键》、《增广丽泽集文》一卷,集名不同,盖同一书。收入《中华再造善本》,题名《续增历代奏议丽泽集文》十卷附《关键》、《增广丽泽集文》一卷。

续表

书　名	卷数	编者	最早著录书目、卷数	存佚	备　注
古文关键	二卷	吕祖谦	陈振孙《直斋书录解题》卷十五	存	今有二卷和二十卷本,前者收入《吕祖谦全集》,后者收入《中华再造善本》。
东莱标注三苏文集	五十九卷		彭元瑞《天禄琳琅书目后编》卷十一	残存	今存五十一卷,藏国家图书馆。收入《中华再造善本》。
吕氏家塾增注三苏文选	二十七卷	阙名	傅增湘《藏园群书经眼录》卷十八	佚	《藏园群书经眼录》"卷首题'东莱先生吕祖谦伯恭遴选''建安蔡文子行之增注'""选书策史论为多""前有嘉定乙亥(八年,1215)重午日武夷隐吏序,疑即当时所刊"。
标题三苏文	六十二卷	游孝恭	彭元瑞《天禄琳琅书目后编》卷六	残存	《天禄琳琅书目后编》卷六:"淳熙丙申(三年,1176)冬至日刊于登俊斋"。
贞观谏录	二卷	蔡戡	蔡戡《定斋集》卷一	佚	蔡戡于孝宗淳熙元年(1174)进呈《进〈贞观谏录〉札子》,则是集应编成于此时。
欧曾文粹	六卷	朱熹	王柏《鲁斋集》卷十一	佚	王柏《跋〈欧曾文粹〉》:"右欧阳文忠公、南丰曾舍人文粹,合上下两集,六卷,凡四十有二篇,得于考亭门人,谓朱子之所选。"

书　名	卷数	编者	最早著录书目、卷数	存佚	备　注
皇朝名臣经济奏议	一百五十卷	赵汝愚	赵希弁《读书附志》卷下	存	赵汝愚《乞进皇朝名臣奏议札子》落款时间是孝宗淳熙十三年（1186），则是集应编成于此时前不久。收入《中华再造善本》，题为《国朝诸臣奏议》。另有校点本《宋朝诸臣奏议》，上海古籍出版社1999年版。
三苏文粹	阙录	阙名	晁瑮《晁氏宝文堂书目》	存	杨绍和《宋存书室宋元秘本书目》卷四著录是集为七十卷。是集避讳至宋孝宗止。《四库存目》谓是集："所录皆议论之文，盖备场屋策论之用者也。"今收入《中华再造善本》。
重广分门三苏先生文粹	七十卷	阙名	《中国古籍善本书目》	残存	今存上海图书馆，残存十一卷。是集以人系文，盖为《三苏文粹》的续编。
三苏文集	一百卷	郎晔	脱脱等《宋志》卷二百零九	残存	《叙录》："盖原本题《经进三苏文集事略》。"（148页）是集避孝宗讳止。今有庞石帚校点本《经进东坡文集事略》，文学古籍刊行社1957年版。

续表

书　名	卷数	编者	最早著录书目、卷数	存佚	备　注
玉堂类稿	二十卷	崔敦诗	阮元《擘经室外集》卷四	存	《擘经室外集》卷四："宋崔敦诗撰,敦诗字大雅,本河北人,南渡后遂居溧阳,登绍兴进士,官至中书舍人……是编所载宋孝宗时制诏口宣批答青词甚详,诸家书目皆未著录,而《宋志》误为周必大所撰。"
西垣类稿	二卷			存	
指南赋笺	五十五卷	阙名	陈振孙《直斋书录解题》卷十五	佚	陈振孙《直斋书录解题》："皆书坊编集时文,止于绍熙以前。"
指南赋经	八卷				
大全文粹	阙录	阙名	杨士奇《文渊阁书目》卷二	存	是集有许开序,作于光宗绍熙元年(1190),则是集盖编成于此时期。收入《中华再造善本》,题为《圣宋名贤五百家播芳大全文粹》一百卷,(宋)魏齐贤、叶棻辑,宋刻本影印。另有一百五十卷本,亦藏国家图书馆。
圣宋名贤四六丛珠	一百卷	叶棻	傅增湘《藏园群书经眼录》卷十八	存	

书　名	卷数	编者	最早著录书目、卷数	存佚	备　　注
名臣碑传琬琰集	一百零七卷	杜大珪	李鹗翀《江阴李氏得月楼书目》	存	是集有作于光宗绍熙五年(1194)之序。收入《中华再造善本》，题为杜大珪辑《新刊名臣碑传琬琰之集》五十五卷又二十五卷，宋刻元明递修本影印。文渊阁《四库全书》本为全本。
皇朝名臣续碑传琬琰录	八卷				收入《中华再造善本》，元刻本影印。
本朝二百家文粹	阙录	阙名	尤袤《遂初堂书目》	残存	《读书附志》卷下："《国朝二百家名臣文粹》三百卷。"是集之序作于宁宗庆元二年(1196)。收入《中华再造善本》，题为《新刊国朝二百家名贤文粹》，共三部，分别据北京大学图书馆、上海图书馆、国家图书馆藏宋庆元三年书隐斋刻本影印。
本朝群公奏议节要	阙录	阙名	尤袤《遂初堂书目》	佚	尤袤卒于1202年，是集应编成于此时之前。
本朝尺牍	阙录	阙名	尤袤《遂初堂书目》	佚	

书　名	卷数	编者	最早著录书目、卷数	存佚	备　注
天问天对解	一册	杨万里	沈初《浙江采集遗书总录》	存	《浙江采集遗书总录》辛集:"天问天对解一册,刊本,右宋庐陵杨万里辑。取屈原《天问》篇及柳宗元《天对》合编之,各为注焉。"
古文丛珍	五十卷	艾谦	刘宰《漫塘集》卷三十	佚	
圈点龙川水心二先生文粹	四十一卷	饶辉	台北"中央图书馆"《善本书目》	存	是集有饶辉于宁宗嘉定五年(1212)所作之序,四川大学古籍研究所藏有此影印本。邓广铭在《陈龙川文集版本考》中认为此集成书约在理宗后期,编者非饶辉,乃书坊所编,饶序是"张冠李戴"。
班马异同	三十五卷	倪思	马端临《文献通考》卷二百	存	《文献通考》:"陈氏曰倪思撰。"后有题刘辰翁撰者,当误。有文渊阁《四库全书》本。
三洪制稿	六十二卷	洪偲	魏了翁《鹤山先生大全文集》卷五十一	佚	魏了翁《三洪制稿序》:"文惠公(洪适)内外制凡十四卷,文安公(洪遵)二十卷,文敏公(洪迈)二十八卷。"(《鹤山先生大全文集》卷五十一)

书　名	卷数	编者	最早著录书目、卷数	存佚	备　注
中兴诸臣奏议	四百五十卷	李壁	脱脱等《宋志》卷二百零九	佚	是集编于李壁晚年，见真德秀《故资政殿学士李公神道碑》。
播芳集	阙录	叶适	叶适《水心集》卷十二	佚	叶适《〈播芳集〉序》："取近世各公之文，择其意趣之高远、词藻之佳丽者而集之，名之曰《播芳》。"
东汉诏令	十一卷	楼昉	陈振孙《直斋书录解题》卷五	存	楼昉依林虙《西汉诏令》之体编纂而成，有宁宗嘉定十五年（1222）自序，是集应编成于此时。该集后与《西汉诏令》合编为《两汉诏令》，此与洪咨夔编的《两汉诏令》不是同一书。今收入《中华再造善本》。
两汉诏令	阙录	洪咨夔	洪咨夔《平斋文集》（《四部丛刊》本）卷十一	佚	《（咸淳）临安志》卷六十七《洪咨夔传》中称《两汉诏令》三十卷。《四部丛刊》本《平斋文集》卷十《〈两汉诏令〉序》落款时间是宁宗嘉定十六年（1223），则是集应编成于此时。
迂斋古文标注	五卷	楼昉	陈振孙《直斋书录解题》卷十五	存	是集避讳至宋宁宗止。明人著录是集名为《迂斋标注诸家文集》，有季振宜藏宋本，今藏国家图书馆。

续表

书　名	卷数	编者	最早著录书目、卷数	存佚	备　注
崇古文诀	阙录	阙名	杨士奇《文渊阁书目》卷十	存	是集有陈振孙于理宗宝庆二年(1226)所作之序,是集盖成书于此时。收入《中华再造善本》,题为《迂斋先生标注崇古文诀》三十五卷,影印元刻本。
三老奏议	七卷	程九万	脱脱等《宋志》卷二百零九	佚	程九万,光宗绍熙元年(1190)进士。
艇斋师友尺牍	二卷	曾淮	陈振孙《直斋书录解题》卷十五	佚	陈振孙《直斋书录解题》:"南丰曾季狸裘父之师友往复书简,其子淮辑而刻之。自吕居仁、徐师川以降,下至淳熙、乾道诸贤咸在焉。"《叙录》考证曾淮为宁宗开禧之人。(585页)
西汉文鉴	二十一卷	陈鉴	倪灿《宋史·艺文志补》	存	《铁琴铜剑楼藏书目录》卷二十三作《东汉文鉴》二十卷。《藏园订补郘亭知见传本书目》卷十六:"鉴,建安人,自序在端平甲午(端平元年,1234),自称石壁野人及南宋遗民。"藏台北"中央图书馆"。
东汉文鉴	十九卷				

书　名	卷数	编者	最早著录 书目、卷数	存佚	备　注
新笺决科古今源流至论	四十卷	林駉、黄履翁	沈初《浙江采集遗书总录》	存	《浙江采集遗书总录》:"右书前集十卷、后集十卷、续集十卷,为宋三山林駉辑;别集十卷,为宋进士三山黄履翁辑,皆论古今理学制度本末,有嘉熙丁酉(宋理宗嘉熙元年,1237)履翁序,题曰《新笺决科古今源流至论》,系大德间建阳书院詹氏重刊者。按:《续通考》云駉,宁德人,少颖悟,清修苦学,博极群书。德祐丙子以易魁乡荐。履翁爵未详。"
诸儒性理文锦	八卷	常珽	永瑢等《四库全书总目·总集类存目一》	佚	《总集类存目一》:"其书全录宋儒性理之文,间亦上及韩愈、柳宗元等。分六十四类,文以类附。盖专为科举之用。"《叙录》:"常珽,当是'常挺'之误。挺……嘉熙二年(1238)进士。"(590—591页)
诸儒鸣道集	七十二卷	阙名	赵希弁《读书附志》卷上	存	《读书附志》:"集濂溪、涑水、横渠、二程、上蔡、元城、龟山、横浦诸公议论著述也。"

书　名	卷数	编者	最早著录 书目、卷数	存佚	备　注
					于中有江民表《心性说》一卷,安正《忘筌集》十卷,崇安《圣传论》二卷。"崇安,即蔡沈,故是集应为理宗以后本。收入《中华再造善本》。
妙绝古今	**阙录**	**阙名**	**叶盛《菉竹堂书目》卷三**	**存**	**是集有理宗淳祐二年(1242)汤汉(淳祐四年进士)自序。收入《中华再造善本》,题为《东涧先生妙绝今古文选》四卷,影印元刻本。**
文房四友除授集	阙录	郑清之、林希逸	林希逸《文房四友除授集序》	存	林希逸之序言理宗"淳祐丙午(六年,1246)"已编成是集,但刊刻时间不详。现有《百川学海》本一卷,收入《丛书集成初编》。
立庵内制	七卷	郑起潜	钱溥《内阁藏书目录》卷四	佚	明钱溥《内阁藏书目录》卷四著录:"《立庵内制》,二册,不全。宋淳祐间礼部侍郎立庵郑起潜奉敕重编《中兴以来制草》,为《内制》七卷,今第五卷以下皆缺。"

续表

书　名	卷数	编者	最早著录 书目、卷数	存佚	备　注
诸儒批点古文集成	阙录	阙名	季振宜《季沧苇藏书目》	存	季振宜著录是集时已为残本,季本不详所终。文渊阁《四库全书》本收录为《古文集成前集》七十八卷,旧本题王霆震编,疑为理宗时刊。收入《中华再造善本》,题为《新刻诸儒批点古文集成前集》七十六卷,影印宋刻本。
文髓	九卷	周应龙	高儒《百川书志》卷十九	存	明高儒《百川书志》:"周应龙标注韩、柳、欧、苏五家文。"清倪灿《宋史艺文志补》谓周应龙为理宗绍定进士。杨万里《胡英彦(公武)墓志铭》著录墓主有《文髓》十卷,胡公武与周应龙是同乡郡,不知是否为同一书,《叙录》:"或是书为胡公武原编,周应龙标注乎?"(308页)。今有明本藏江西省图书馆。
名公书判清明集	阙录	阙名	陆心源《皕宋楼藏书志》卷一百一十四	残存	宋本为残本,有理宗景定二年(1261)"幔亭曾孙"引,是集盖编于此时期。另有明代张四维从《永乐大典》辑出本,凡十四卷,中华书局于1987年整理出版该本点校本。

续表

书　名	卷数	编者	最早著录书目、卷数	存佚	备　注
鹴藻文章百段锦	三卷	方颐孙	永瑢《四库全书总目·诗文评类存目》	存	《宋史·艺文志补》："方颐孙《鹴藻文章百段锦》三卷。三山太学生。"《绛云楼书目》卷三："宋方颐孙纂，南宋末人。"该书有淳祐九年（1249）陈岳序，《四库存目丛书》、《续修四库全书》之"诗文评"类收入该集。
古今文章正印	十八卷	刘震孙、廖起山	彭元瑞《天禄琳琅书目后编》卷七	存	是集有宋度宗咸淳九年（1273）刘震孙自序。今藏台北"故宫博物院"。
后集	十八卷				
续集	二十卷				
别集	二十卷				
文章轨范	**阙录**	**阙名**	**杨士奇《文渊阁书目》卷十**	**存**	**收入《中华再造善本》，题为《叠山先生批点文章轨范》七卷，谢枋得辑。**
十先生奥论	阙录	阙名	赵琦美《脉望馆书目》	存	是集分前集十五卷、后集十五卷、续集十卷（原为十五卷，然卷一至卷五阙），共四十卷。《叙录》："盖创始于庆元党禁之前，而又增后集、续集，殆宋季书坊所为。"（347页）今仅见文渊阁《四库全书》本。

书　名	卷数	编者	最早著录书目、卷数	存佚	备　注
论学绳尺	阙录	阙名	晁瑮《晁氏宝文堂书目》	存	《四库全书总目》卷一百八十七著录为魏天应编、林子长注，十卷。魏天应是谢枋得门人，入《宋元学案》卷八十四。有文渊阁《四库全书》本。
宋贤体要集	十三卷	阙名	赵希弁《读书附志》卷下	佚	《读书附志》："集曾巩、欧阳修、王安石、王令、王安国、吴子经、周簟父、王雱、陈之方、苏轼、苏辙、孙洙、杜植、曾宰、郑獬、范镇、唐介、姚辟所作也。"南宋时期选本。
大全赋会	五十卷	阙名	永瑢《四库全书总目·总集类存目一》	佚	《总集类存目一》："皆南宋程试之文。"
启札锦绣	一卷	赵氏	永瑢《四库全书总目·总集类存目一》	佚	《总集类存目一》："旧本题清旷赵先生编，不著其名。所录皆南宋人启札，而不题作者之姓名。盖当时盛行此体……不足以言文章也。"
群公四六续集	十卷	阙名	永瑢《四库全书总目·总集类存目一》	佚	《总集类存目一》："皆南宋人通候之启……所录无非应酬泛语，无足采录。如方云翼、葛谦白等《贺秦太师》诸启，尤秽简牍也。"

续表

书　名	卷数	编者	最早著录书目、卷数	存佚	备　　注
古文正宗前集	二十二卷	阙名	赵希弁《读书附志》卷下	佚	《读书附志》："集诸儒评论先秦、两汉、三国、二晋、六朝、唐及我宋诸公之文也。"
古文正宗后集	十二卷				
精选皇宋策学绳尺	十卷	阙名	傅增湘《藏园群书经眼录》卷十九	存	编者及编纂年代不详。今国家图书馆藏一清抄本。
苏门六君子文粹	阙录	阙名	晁瑮《晁氏宝文堂书目》	存	今有文渊阁《四库全书》本，为七十卷，编者及编纂年代不详。传为陈亮所辑。
四家四六	四卷			存	收入《中华再造善本》，题为宋方大琮等撰，包括方大琮《壶山先生四六》一卷、王迈《臞轩先生四六》一卷、刘克庄《后村先生四六》一卷、欧阳守道《巽斋先生四六》一卷。《叙录》考证巽斋先生为危稹。（413页）
三家四六	三卷			存	该集收录王子俊《格斋四六》一卷、赵汝谈《南塘先生四六》一卷、李刘《梅亭先生四六》一卷。今藏台北"中央图书馆"。

续表

书　名	卷数	编者	最早著录 书目、卷数	存佚	备　注
二十先生 回澜文鉴	十五卷	阙名	丁丙《善本书室藏书志》卷三十八	残存	二十先生为司马光、范仲淹、孙复、王安石、石介、汪藻、洪遵、张栻、朱熹、吕祖谦、周必大、杨万里、刘子翚、林之奇等。今存天一阁图书馆。
后集	八卷				
楚汉逸书	阙录	洪刍	马端临《文献通考》卷二百四十八	佚	《文献通考·经籍考》:"《楚汉逸书》八十二篇。豫章洪刍编。宋玉、司马相如、司马迁、董仲舒、贾谊、枚乘、路乔如、公孙诡、邹阳、公孙乘、羊胜、中出上胜、淮南王安、班婕妤、王褒、刘向、刘歆、扬雄、班固,凡十九家。叙其可考而读者,共八十二篇。野处洪氏题后曰:此书传自道山,又有《汉贤遗集》,所载略同,凡所脱字,皆据以衍入,犹有疑不可知者,他日当以诸书互出者参校之。"
诸儒笺解 古文真宝 前集	十卷	黄坚	《早稻田大学图书馆所藏汉籍分类目录》集部第三总集类	存	
后集	十卷				

续表

书　名	卷数	编者	最早著录书目、卷数	存佚	备　　注
新编四六宝苑群公妙语	二卷	祝穆	莫友芝、傅增湘《藏园订补郘亭知见传本书目》卷十六	佚	据《宋元学案》卷四十八、四十九载，祝穆为朱子门人。
滁州琅琊山古今名贤文章	一卷	冯翊严	脱脱等《宋志》卷二百零九	佚	
欧苏手简	四卷	杜仁杰		存	今藏台北"中央图书馆"。杜氏为入元的金人。
古文标准	阙录	敩斋		佚	《古文集成》卷一有引述。
唐文类	三十卷	陶叔献	晁公武《郡斋读书志》卷二十	佚	

（三）诗文合选本（78 种）

书　名	卷数	编者	最早著录书目、卷数	存佚	备　　注
文苑英华	一千卷	宋白等	赵希弁《读书附志》卷下	存	收入《中华再造善本》，题为"《文苑英华》七百卷，宋李昉等辑"，据宋宁宗嘉泰元年(1201)至四年周必大刻本影印。
文粹	一百卷	姚铉	晁公武《郡斋读书志》卷二十	存	收入《中华再造善本》，题为"《文粹》一百卷目录二卷"，据宋

续表

书　名	卷数	编者	最早著录书目、卷数	存佚	备　注
					绍兴九年(1139)临安府刻本影印。该书本名《文粹》,后改题《唐贤文粹》,简称《唐文粹》。
集选	二百卷	晏殊	欧阳修《晏公神道碑铭》	残存	夏承焘《二晏年谱》考证是集编于仁宗庆历七年(1047)。中国人民大学图书馆藏一明抄残本,祝尚书检核是集止存二十四卷(《叙录》39页)。陈尚君《晏殊〈类要〉研究》一文疑是集存伪。
内制集	六卷	晏殊等	脱脱等《宋志》卷二百零九	佚	
虢郡文斋集	五卷	杨伟	脱脱等《宋志》卷二百零九	佚	
苏明允哀挽	一卷	阙名	郑樵《通志》卷七十	佚	苏洵,字明允。《叙录》:"是书盖收洵卒后名公哀挽诗文。"
会稽掇英集	二十卷	孔延之程师孟	陈振孙《直斋书录解题》卷十五	存	孔延之《会稽掇英总集序》写于熙宁五年(1072),知陈振孙《直斋书录解题》漏录集名"总"字,是集应编于熙宁五年。《叙录》考证程师孟未参与是集二十卷本的编纂,陈振孙《直斋书录解题》著录有误。(54页)现有邹志方点校本《会稽掇英总集》,人民出版社2006年版。

续表

书　名	卷数	编者	最早著录书目、卷数	存佚	备　注
会稽掇英续集	四十五卷	丁燧	陈振孙《直斋书录解题》卷十五	残存	《叙录》考证是集四十五卷原本包括黄康弼编纂的程师孟赠行诗与丁燧所编续集两部分,后丁燧所编佚失。(54页)今存《续集》五卷本即程师孟赠行诗,藏日本静嘉堂文库。
曾公亮勋德集	三卷	蒲宗孟	脱脱等《宋志》卷二百零九	佚	蒲宗孟,宋仁宗皇祐五年(1053)进士,《宋史》卷三百二十八有传。是集盖哀辑后人悼词。
考德集	三卷	强至	陈振孙《直斋书录解题》卷十五	佚	与《追荣集》为同时期选本。陈振孙《直斋书录解题》:"强至所集韩魏公琦卒后时贤祭文、挽诗。"
襄题集	三十卷	孙洙	脱脱等《宋志》卷二百零九	佚	
六君子文集	阙录	阙名	孙能传等《内阁藏书目录》卷三	佚	明代《内阁藏书目录》:"今止存宋《陈襄集》二十五卷。"
丹阳类稿	十卷	曾旼	晁公武《郡斋读书志》卷二十	佚	晁公武《郡斋读书志》:"《丹阳类稿》十卷。右皇朝曾旼编。丹阳,今润州……元丰(1078—1085)中,旼守官于其地,因采诸家之集,始自东汉,终于南唐,凡得歌诗赋赞五百余篇。"陈振

书　名	卷数	编者	最早著录书目、卷数	存佚	备　注
					孙《直斋书录解题》卷十五著录为《润州类集》十卷。
孙永康简公崇终集	一卷	阙名	脱脱等《宋志》卷二百零九	佚	孙永,谥号"康简",卒于哲宗元祐元年(1086)。是集当收孙永卒后哀悼之辞,内容体裁不详。
元祐馆阁诏策词记	一卷	毕仲游	脱脱等《宋志》卷二百零九	佚	
清才集	十卷	刘禹卿	晁公武《郡斋读书志》卷二十	佚	晁公武《郡斋读书志》:"辑古今题剑门诗什铭赋。"《叙录》考刘氏为哲宗元祐时人。
桃花源集	二卷	阙名(绍圣本)	陈振孙《直斋书录解题》卷十五	佚	陈振孙《直斋书录解题》:"绍圣丙子(三年,1096)四明田孳序。"脱脱等《宋志》卷二百零九:"道士龚元正《桃花源集》二卷。"《四库全书总目·总集类存目一》:"道士龚元正所辑古石刻文及诸家题咏。"则绍圣本作者应为龚元正。
桃花源续集	二卷	赵彦琇(淳熙本)		佚	陈振孙《直斋书录解题》:"淳熙庚子(七年,1180)县令赵彦琇重编合为一卷,下卷则淳熙以后所续。"

书　名	卷数	编者	最早著录书目、卷数	存佚	备　注
滁阳庆历集	十卷	徐徽	陈振孙《直斋书录解题》卷十五	佚	明代《内阁藏书目录》卷八:"宋绍圣间曾肇知滁阳时集其州诗文,断自庆历以前。"误,据陈振孙《直斋书录解题》知曾肇为之序,非是集编者。卞东波《宋代诗歌总集新考》著录《滁州集》,即是集。
滁阳庆历后集	十卷	吴珏、张康朝、王言恭			陈振孙《直斋书录解题》:"宣和四年(1122)唐恪钦叟序之,末及绍兴,盖又后人续入之尔。"《叙录》:"陈氏所见本下迄绍兴间,盖宣和时尝刊板,到绍兴时吴珏等三人(三人事迹无考)续之而重刊也。"(562页)
梅江三孙集	三十一卷	孙立节、孙勴、孙何	脱脱等《宋志》卷二百零九	佚	脱脱等《宋志》卷二百零九:"孙立节及子勴、孙何所著。"误,宋王应麟《小学绀珠》卷七:"孙立节(介夫),子孙觌(志节)、勴(志举),父子知名号'梅江三孙'。"知是集作者是孙立节、孙觌和孙勴。

续表

书　名	卷数	编者	最早著录书目、卷数	存佚	备　注
麻姑山集	三卷	阙名	郑樵《通志》卷七十	佚	脱脱等《宋志》卷二百零九著录"上官彝《麻姑山集》三卷",则是集编者应为上官彝。《叙录》:"是集当编于绍圣中。"(552页)
宣城集	三卷	刘泾	陈振孙《直斋书录解题》卷十五	佚	陈振孙《直斋书录解题》:"元符三年(1100)序。"又脱脱等《宋志》卷二百零九:"刘珵《宣城集》三卷。"《叙录》:"疑作刘珵是。"(553页)
松江集	一卷	石处道	脱脱等《宋志》卷二百零九	佚	石处道,哲宗元符间知吴江。《叙录》:"是集当裒辑吴江县乡士遗文。"(557页)
政和文选	二十卷	阙名	晁公武《郡斋读书志》卷二十	佚	晁公武《郡斋读书志》:"政和中或编元丰以后人诗文千余篇。"
长乐集	十四卷	俞向	陈振孙《直斋书录解题》卷十五	佚	陈振孙《直斋书录解题》:"宣和三年(1121)序。"《叙录》考证《通考》卷二百四十九著录作者为"俞尚"当误。(555页)

书　名	卷数	编者	最早著录书目、卷数	存佚	备　注
丹霞赏音集	阙录	释明赜	邓肃《栟榈集》卷十五	佚	邓肃《丹霞赏音文集序》："邵武军泰宁僧明赜走人四百里,以书抵予曰:'吾师得士大夫诗文,亡虑三百篇,雄文杰句,日传千纸,师不得以私之也,仆将镂于板,命之曰《丹霞赏音集》。夫子厚于吾师者,请为我序之。'"丹霞,法名宗本,明赜师,世人多与之书信往来,故有多篇"士大夫诗文"。邓序作于宋徽宗宣和七年(1125),是集应成书于此时。
严陵集	九卷	董棻	永瑢等《四库全书总目》卷一百八十七	存	董棻为是集作序在绍兴九年(1139)。是集为地方诗文总集。
五制集	一卷	朱翌	脱脱等《宋志》卷二百零九	佚	朱翌,《宋史翼》卷二十七有传。
观澜文集	六十三卷	林之奇	脱脱等《宋志》卷二百零九	存	是集盖编于绍兴六年(1136)至二十六年之间。今有《东莱集注类编观澜文集》七十卷,清代刻本,义乌市图书馆和武汉大学图书馆均庋藏一部,现有整理本,收入《吕祖谦全集》第十册,浙江古籍出版社2008年版。

续表

书　名	卷数	编者	最早著录书目、卷数	存佚	备　注
宋文海	一百二十卷	江钿	晁公武《郡斋读书志》卷二十	残存	吕乔年《太史成公编皇朝文鉴始末》："淳熙丁酉（四年，1177），孝宗观《文海》。"知是集编于淳熙四年之前。今残本收入《宋集珍本丛刊》第 91 册。
南海集	三十卷	林安宅	脱脱等《宋志》卷二百零九	佚	
小有天后集	一卷	邓植	脱脱等《宋志》卷二百零九	佚	邓植，政和二年（1112）进士。《叙录》："小有天，乃山西阳城县西南王屋山之山洞，道家所谓十六洞天之一。"(556 页)
剑津集	十卷	胡舜举	脱脱等《宋志》卷二百零九	佚	胡舜举，建炎二年（1128）进士。
樵川集	十卷	廖迟	脱脱等《宋志》卷二百零九	佚	廖迟，廖刚长子，见《世彩集》。
桂林集	十二卷	张修	脱脱等《宋志》卷二百零九	佚	《叙录》："其编是集，当在绍兴中。"
寓公集	阙	阙名	郑康佐《唐眉山先生文集跋》	佚	脱脱等《宋志》卷二百零九："《罗浮寓公集》三卷。"《叙录》："郑氏所阅《寓公集》，当即《罗浮寓公集》，盖绍兴时辑刊苏（轼）、唐（庚）二人贬惠州时之诗文。"(561—562 页)

书　名	卷数	编者	最早著录书目、卷数	存佚	备　注
四学士文集	五卷	阙名	脱脱等《宋志》卷二百零九	佚	脱脱等《宋志》卷二百零九:"黄庭坚、晁补之、张耒、秦观所著。"《叙录》:"此四人文集,徽宗时尝毁板严禁,是集当为绍兴时所刊。"(563页)
豫章类集	十卷	鲍乔	脱脱等《宋志》卷二百零九	佚	鲍乔,绍兴十八年(1148)进士。
桂林文集	二十卷	江文叔	脱脱等《宋志》卷二百零九	佚	
桂林续集	十二卷	刘褒			刘褒,淳熙五年(1178)进士。
续横浦集	十二卷	方崧卿	脱脱等《宋志》卷二百零九	佚	
南纪集	五卷	于霆、施士衡	陈振孙《直斋书录解题》卷十五	佚	脱脱等《宋志》卷二百零九:"于霆《南纪集》五卷。"《叙录》考施士衡与张孝祥大致同时人。(571页)
南纪后集	三卷	巩丰	陈振孙《直斋书录解题》卷十五	佚	
皇朝文鉴	一百五十卷	吕祖谦	脱脱等《宋志》卷二百零九	存	今有齐治平校点本《宋文鉴》,中华书局1992年版,另有《吕祖谦全集》本《皇朝文鉴》,浙江古籍出版社2008年版。收入《中华再造善本》,题为《皇

续表

书　名	卷数	编者	最早著录书目、卷数	存佚	备　　注
					朝文鉴》一百五十卷，影印宋麻沙刘将仕宅刻本。是集于宋孝宗淳熙六年（1179）编成。
庐陵集	阙录	阙名	孙能传《内阁藏书目录》卷八	佚	《内阁藏书目录》卷八："《庐陵集》二册，宋淳熙间赵师择编次，皆庐陵古今名人诗文。"
郴江前集	十卷	丁逢	脱脱等《宋志》卷二百零九	佚	丁逢，孝宗乾道二年（1166）进士。
郴江后集	五卷				
郴江续集	九卷				
清漳集	三十卷	赵不敌	陈振孙《直斋书录解题》卷十五	佚	明代《内阁藏书目录》卷八："宋乾道间通守赵不敌编集清漳名贤诗文也。"
韩柳文章谱	三卷	黄大舆	马端临《文献通考》卷二百四十九	佚	《文献通考·经籍考七十六》："晁氏曰：皇朝黄大舆撰。大舆之意，以为文章有壮老之异，故取韩愈、柳宗元文章为三谱。其一取其诗文中官次、年月可考者，次第先后，著其初晚之异也。其一悉取其诗文比叙之。其一列当时君相于上，以见二人之出处。极为详悉。"

续表

书　名	卷数	编者	最早著录 书目、卷数	存佚	备　　注
载德集	四卷	葛郛	脱脱等《宋志》卷二百零九	佚	葛郛，乾道八年(1172)知江宁县。
成都文类	阙录	阙名	尤袤《遂初堂书目》	存	是集袁说友组织编纂，扈仲荣、杨汝明等八人编集。袁说友为是集作序于宁宗庆元五年(1199)，盖编成于此时期。有文渊阁《四库全书》五十卷本。
岳阳别集	二卷	翁忱	脱脱等《宋志》卷二百零九	佚	《叙录》："是集当是翁氏知岳州巴陵县时所编。"(573页)
永嘉集	三卷	阙名	陈振孙《直斋书录解题》卷十五	佚	脱脱等《宋志》卷二百零九"黄仁荣《永嘉集》三卷"，又"李知己《永嘉集》三卷"。黄仁荣，绍兴时人。是集编者及编纂年代不详。
临江集	三十四卷	杨恕	脱脱等《宋志》卷二百零九	佚	
括苍集	三卷	詹渊	脱脱等《宋志》卷二百零九	佚	
夷陵集	六卷	黄环	孙能传《内阁藏书目录》卷八	佚	《内阁藏书目录》卷八："嘉泰间(1201—1204)郡守黄环采集夷陵名贤诗文题咏，凡六卷。"

续表

书　名	卷数	编者	最早著录 书目、卷数	存佚	备　注
石门披云集	阙录	道士王愚叟	楼钥《攻媿集》卷七十二	佚	据楼钥《书〈石门披云集〉后》知是集乃道士王愚叟裒辑石门之上石刻诗文,成书时间当为楼钥于宁宗开禧二年(1206)"奉祠里居"之时。
钓台新集	六卷	王敳	陈振孙《直斋书录解题》卷十五	佚	《内阁藏书目录》卷八:"宋开禧间(1205—1207)舒城王敳编集钓台形胜题咏、碑文。"
钓台续集	十卷			佚	
清源文集	四十卷	程卓、李方子	真德秀《西山先生真文忠公文集》卷二十七	佚	真德秀《〈清源文集〉序》:"得诗赋杂文凡七百余篇,合为四十卷……其纂辑之例,则或以理,或以事,或以词调,而以理若事者居什之七,大抵主于关教化、存典法,否则词虽工弗录焉。"清源,即泉州,宁宗嘉定七年(1214)程卓知泉州,命李方子裒辑泉州地方诗文,是集盖编于此时期。
元祐荣观集	五卷	汪浹	脱脱等《宋志》卷二百零九	佚	《叙录》考证汪氏为宁宗嘉定时人。(587页)
又乙集	一卷	黄学行	脱脱等《宋志》卷二百零九	佚	黄学行,嘉定元年(1208)进士。

书　名	卷数	编者	最早著录书目、卷数	存佚	备　　注
章贡集	十卷	黄师参	孙能传《内阁藏书目录》卷八	佚	《内阁藏书目录》:"宋宝庆间(一)赣州守聂公命教授黄师参采集境内名胜、古今题咏及记、碣、杂文……十卷。"
宣城总集	二十八卷	李兼	吴潜《履斋遗稿》卷三	佚	吴潜《〈宣城总集〉序》:"宋宗正丞李公兼……博雅好修,老不厌学,自晋、宋、齐、梁而后,迄今皇朝渡江之初,上下一千年,前后三百家,居者、仕者、游者、寄者,苟有片言只字及于吾宣,往往渔猎而网罗。凡得诗千余首,赋颂杂文二百篇,分为二十有三门,合为二十有八卷,名曰《宣城总集》"。林日波考证是集刊刻于1227—1228年间。
文章正宗	二十卷	真德秀	陈振孙《直斋书录解题》卷十五	存	是集有理宗绍定五年(1232)真德秀自序。收入《中华再造善本》,题为《文章正宗》二十四卷,影印元刻明修本。
续文章正宗	阙录	阙名	晁瑮《晁氏宝文堂书目》	存	是集为真德秀晚年时所编。今有文渊阁《四库全书》本二十卷,另辽宁图书馆藏有宋刻残本。

书　名	卷数	编者	最早著录书目、卷数	存佚	备　注
宗藩文类	六十卷	赵钥夫	赵希弁《读书附志》卷下	佚	《读书附志》："凡朝廷之所褒嘉者,为诏、为制二十五卷;凡名公巨卿相与赞述者,为表奏、为记序、为赋类、为诗歌与夫碑铭、祭文等,作三十五卷。魏了翁为之序。"按《读书附志》"端平己亥钥夫自蜀来访,扣未尽之书","己亥(1239)"应为"乙未"(1235)之误,因端平无己亥,又魏了翁卒于1237年,他为是集作序不可能晚于此年,故理宗端平二年乙未(1235)时,是集仍是"未尽之书",盖其应于1236至1237年成书。
赤城集	十八卷	林表民	丁丙《善本书室藏书志》卷三十八	存	是集有理宗淳祐八年(1248)吴子良序,是集盖刊刻于此时期。据吴子良序知是集乃取《天台集》、《赤城志》未录之记、序、书、传、铭等文,并《天台集》中咏赤城之诗。今有文渊阁《四库全书》本十八卷。

书　名	卷数	编者	最早著录书目、卷数	存佚	备　　注
唐三百家文粹	四百卷	成叔阳	马端临《文献通考》卷二百四十八	佚	《文献通考·经籍志》："眉山成叔阳编。后村刘氏序略曰：往时有《唐文粹》百卷，姚铉之所铨纂，已倍于古。今眉山成君，乃增益之，至三百家，为四百卷。"刘克庄卒于1269年，是集应编于此时之前。
发蒙宏纲	三卷	罗黄裳	永瑢等《四库全书总目·总集类存目一》	佚	《总集类存目一》："明《内阁书目》曰：'宋咸淳间罗黄裳撰五言诗十二篇，又择古文凡有关于蒙养者三十篇以训蒙。'"
吴都文粹	十卷	郑虎臣	丁丙《善本书室藏书志》卷三十八	存	清朱学勤《结一庐书目》："《吴都文萃》十卷，宋郑虎臣集。"郑虎臣为宋末时期人。今有文渊阁《四库全书》本。余嘉锡《四库提要辨证》卷二四疑是集为坊贾作伪。
宋名臣献寿集	十二卷	阙名	永瑢等《四库全书总目·总集类存目一》	佚	傅增湘《经眼录》卷十八："卷一赋，卷二颂，卷三记，卷四四言诗，卷五五言律，卷六七言绝句，卷七、八七言律，卷九七言律……"

书　名	卷数	编者	最早著录书目、卷数	存佚	备　注
慈顺堂集	阙录	阙名	欧阳守道《巽斋文集》卷十八	佚	欧阳守道《题〈慈顺堂集〉》:"慈顺堂,赵氏奉亲事长,合门春和。自前辈谢良斋(谔)、周益公(必大)诸贤每咏叹之,以至于今又三四世矣。堂中收拾诸贤诗文重刊,以诏久远矣。"
唐山集	一卷	宋伙	陈振孙《直斋书录解题》卷十五	佚	
后集	三卷				
文选补遗	四十卷	陈仁子	朱睦㮮《万卷堂书目》卷四	存	是集赵文序云:"既成是书,又将取萧统以后迄于今,作《文选》续,以广《文粹》、《文鉴》之未备。"则是集编于《宋文鉴》之后。今有文渊阁《四库全书》本。

后　记

　　本书是在我的博士论文基础上修订而成。当初博士论文选题时，我本想跟随业师杜海军先生研究古代石刻文献与文学，但先生认为石刻文献研究较偏，出于对我未来学术长远发展的考虑，建议我研究古文选本。当时我内心颇为纠结，毕竟已看了半年多的石刻文献材料，中途放弃，以前做的努力都将白费，但当我拿起《四库全书总目》翻阅集部总集类提要时，渐渐发现不仅是古文选本，其他类的选本也值得研究，而且从当时查看选本研究成果的情况来看，其已成为学界研究的一个热点。如何在这一热点中找到合适的研究角度，以使自己的研究不至于重复，便成为了我是否选取选本研究为博士论文选题的关键问题。

　　杜海军先生是研究南宋理学家吕祖谦的专家，在先生的影响下，我的研究方向也集中在宋代理学与文学方面，所以在阅读《四库全书总目》总集类提要时，我对理学家编选的诗文选本便格外留意，而且逐步发现宋、元、明三代理学家编的诗文选本数量还不少，有些选本如吕祖谦《宋文鉴》、真德秀《文章正宗》在后世的影响还很大，当时就觉得这是一个值得研究的对象。于是我以"宋明理学家诗文选本研究"为题申请博士论文开题，首先就得到了杜海军先生的同意,在开题报告会上也得到了胡大雷先生、王德明先生的认可。在后来召开的数次论文进展报告会上,三位先生还陆续提出了我在研究中需要注意的问题,让我有如醍醐灌顶。如杜海军先生要求我扩大选本阅读范围,将理学家的选本放在当时整个环境中去考虑。胡大雷先生要求毕业论文中要有一两篇发表在核心期刊上,以保证毕业论文的质量,同时要求我研究理学家与非理学家所编选本的区别。王德明先生则要我分析理学家选文与选诗的不同标准等,这些对我研究思路的开拓大有裨益。

　　我后来以南宋理学家所编诗文选本为研究对象,是基于此时期理学家所编诗文选本数量较元明时多,且著名选本亦多的缘故。为研究南宋理学家所编诗文选本在有宋一代选本编纂史中的地位及价值,我首先根据祝尚书先生《宋人总集叙录》,卞东波先生《〈宋人总集叙录〉补遗》《宋代诗歌总集新考》,林日波先生《〈宋人总集叙录〉续补(一)(二)》及自己所见整理成《宋代诗文选本书目便检表》,对宋代诗文选本情况作整体了解,并从中获得了一些新见,比如杜甫的"三吏""三别"最早是由真德秀《文章正宗》编选的,林之奇《观澜文集》也选录了杜诗的"诗史"名作,而当时其他宋代的杜诗选本均未选录,这就说明在杜诗"诗史"经典化的道路上,南宋理学家编的诗文选本起到了很大的促进作用。又如选本不选经部、史部之文,这是从《文选》开始形成的传统,但最早却由林之奇《观澜文集》打破,而非四库馆臣所说总集之选录《左传》、《国语》自《文章正宗》始。

　　本书中还有一些其他小的创见,如认为《宋文鉴》是以史学思想而非理学思想为主进行编选的,其主要表现在与当时坊间流传的《宋文海》相比,《宋文鉴》偏重于编选史料性质的文献。这是因为吕祖谦的学术以史学为主,且编纂《宋文鉴》之前长期担任史官的缘故。又如认为《文章正宗》的编选与《大学衍义》有关,研究《大学衍义》中的文论观有助于了解《文章正宗》的选文观。这些或可看成是由点到面的研究。

　　本书获贵州民族大学文学院区域一流学科建设经费资助出版,在申请资助的过程中得到了贵州民族大学文学院龙耀宏院长、吴电雷副院长的帮助,在此表示衷心感谢。同时还要特别感谢贵州民族大学文学院的王力教授,给出版社提交定稿时正值新冠肺炎疫情肆虐的二三月份,图书馆不提供查阅资料服务,而且又在西南边省,相关文献多不易得,幸有王力教授相助,提供了不少电子文献,助我良多,且有些电子文献在我看来也是不易得到的,但在王力教授那里竟然也有,每每惊喜之余,颇感古代"中原文献之传"的美誉在王力教授那里也可受用,更何况他是处在传统学术研究不被重视的地方。

　　当然,还要感谢杜海军先生当年对拙书的指导,同时感谢胡大雷先生、王德明先生、莫道才先生、力之先生以及答辩委员会主席蒋寅先生在博士论文答辩时的指正。

李　昇

庚子庚辰改于花溪